プリント形式のリアル過去問で本番の臨場感！

佐賀県

早稲田佐賀中学校

2025年春 受験用

解答集

本書は，実物をなるべくそのままに，プリント形式で年度ごとに収録しています。
問題用紙を教科別に分けて使うことができるので，本番さながらの演習ができます。

■ 収録内容

- 解答集（この冊子です）

    書籍ＩＤ番号，この問題集の使い方，最新年度実物データ，リアル過去問の活用，
    解答例と解説，ご使用にあたってのお願い・ご注意，お問い合わせ

- 2024(令和6)年度 ～ 2019(平成31)年度 学力検査問題

JN131947

○は収録あり 年度	'24	'23	'22	'21	'20	'19
■ 問題(新思考入試・1月入試)※	○	○	○	○	○	○
■ 解答用紙	○	○	○	○	○	○
■ 配点						

全教科に解説があります

※2022年度より新思考入試を新設
(英語リスニングの原稿・音声は非公表)
年度により試験方式変更あり(2021～2019年度は1月入試A日程を収録)
注)問題文等非掲載:2024年度新思考入試総合Ⅱの2と1月入試国語の一

問題文の非掲載につきまして

著作権上の都合により，本書に収録している過去入試問題の本文の一部を掲載しておりません。ご不便をおかけし，誠に申し訳ございません。

本文の一部を掲載できなかったことによる国語の演習不足を補うため，論説文および小説文の演習問題のダウンロード付録があります。弊社ウェブサイトから書籍ＩＤ番号を入力してご利用ください。

なお，問題の量，形式，難易度などの傾向が，実際の入試問題と一致しない場合があります。

教英出版

■ 書籍ID番号

入試に役立つダウンロード付録や学校情報などを随時更新して掲載しています。
教英出版ウェブサイトの「ご購入者様のページ」画面で，書籍ID番号を入力してご利用ください。

書籍ID番号　**106141**

（有効期限：2025年9月30日まで）

【入試に役立つダウンロード付録】
「要点のまとめ(国語／算数)」
「課題作文演習」ほか

■ この問題集の使い方

　年度ごとにプリント形式で収録しています。針を外して教科ごとに分けて使用します。①片側，②中央のどちらかでとじてありますので，下図を参考に，問題用紙と解答用紙に分けて準備をしましょう（解答用紙がない場合もあります）。

　針を外すときは，けがをしないように十分注意してください。また，針を外すと紛失しやすくなりますので気をつけましょう。

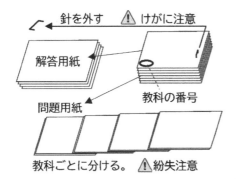

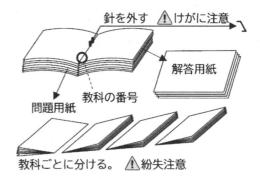

① 片側でとじてあるもの

針を外す　⚠ けがに注意
解答用紙
教科の番号
問題用紙
教科ごとに分ける。　⚠ 紛失注意

② 中央でとじてあるもの

針を外す　⚠ けがに注意
解答用紙
教科の番号
問題用紙
教科ごとに分ける。　⚠ 紛失注意

※教科数が上図と異なる場合があります。
　解答用紙がない場合や，問題と一体になっている場合があります。
　教科の番号は，教科ごとに分けるときの参考にしてください。

■ 最新年度 実物データ

　実物をなるべくそのままに編集していますが，収録の都合上，実際の試験問題とは異なる場合があります。実物のサイズ，様式は右表で確認してください。

問題用紙	A4冊子(二つ折り)
解答用紙	A4片面プリント 新思考総合Ⅰ：A4両面プリント

リアル過去問の活用
~リアル過去問なら入試本番で力を発揮することができる~

❀ 本番を体験しよう！

問題用紙の形式（縦向き / 横向き），問題の配置や余白など，実物に近い紙面構成なので本番の臨場感が味わえます。まずはパラパラとめくって眺めてみてください。「これが志望校の入試問題なんだ！」と思えば入試に向けて気持ちが高まることでしょう。

❀ 入試を知ろう！

同じ教科の過去数年分の問題紙面を並べて，見比べてみましょう。

① 問題の量

毎年同じ大問数か，年によって違うのか，また全体の問題量はどのくらいか知っておきましょう。どのくらいのスピードで解けば時間内に終わるのか，大問ひとつにかけられる時間を計算してみましょう。

② 出題分野

よく出題されている分野とそうでない分野を見つけましょう。同じような問題が過去にも出題されていることに気がつくはずです。

③ 出題順序

得意な分野が毎年同じ大問番号で出題されていると分かれば，本番で取りこぼさないように先回りして解答することができるでしょう。

④ 解答方法

記述式か選択式か（マークシートか），見ておきましょう。記述式なら，単位まで書く必要があるかどうか，文字数はどのくらいかなど，細かいところまでチェックしておきましょう。計算過程を書く必要があるかどうかも重要です。

⑤ 問題の難易度

必ず正解したい基本問題，条件や指示の読み間違いといったケアレスミスに気をつけたい問題，後回しにしたほうがいい問題などをチェックしておきましょう。

❀ 問題を解こう！

志望校の入試傾向をつかんだら，問題を何度も解いていきましょう。ほかにも問題文の独特な言いまわしや，その学校独自の答え方を発見できることもあるでしょう。オリンピックや環境問題など，話題になった出来事を毎年出題する学校だと分かれば，日頃のニュースの見かたも変わってきます。

こうして志望校の入試傾向を知り対策を立てることこそが，過去問を解く最大の理由なのです。

❀ 実力を知ろう！

過去問を解くにあたって，得点はそれほど重要ではありません。大切なのは，志望校の過去問演習を通して，苦手な教科，苦手な分野を知ることです。苦手な教科，分野が分かったら，教科書や参考書に戻って重点的に学習する時間をつくりましょう。今の自分の実力を知れば，入試本番までの勉強の道すじが見えてきます。

❀ 試験に慣れよう！

入試では時間配分も重要です。本番で時間が足りなくなってあわてないように，リアル過去問で実戦演習をして，時間配分や出題パターンに慣れておきましょう。教科ごとに気持ちを切り替える練習もしておきましょう。

❀ 心を整えよう！

入試は誰でも緊張するものです。入試前日になったら，演習をやり尽くしたリアル過去問の表紙を眺めてみましょう。問題の内容を見る必要はもうありません。どんな形式だったかな？受験番号や氏名はどこに書くのかな？…ほんの少し見ておくだけでも，志望校の入試に向けて心の準備が整うことでしょう。

そして入試本番では，見慣れた問題紙面が緊張した心を落ち着かせてくれるはずです。

※まれに入試形式を変更する学校もありますが，条件はほかの受験生も同じです。心を整えてあせらずに問題に取りかかりましょう。

━━━━━━━━━━ 《新思考　総合Ⅰ》 ━━━━━━━━━━

1 (1)(ア)**x**. ＋ **y**. ＋ **z**. ×　(イ)25

　(ウ)5×5＋7＋7＝39　(2)9.42　(3)4

　(4)(ア)14　(イ)3，20，21，128　※(5)36 通り

2 (1)(ア)13　(イ)1870　(2)987　(3)51.81

3 (1)18　(2)右図

4 (1)1.9　(2)1.4　(3)41　(4)振り子の長さによって決まり，

　おもりの重さや振り子のふれはばとは関係性がない。　(5)1.9

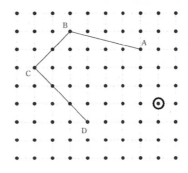

※の考え方は解説を参照してください。

━━━━━━━━━━ 《新思考　総合Ⅱ》 ━━━━━━━━━━

1 問1．ウ　　問2．イ　　問3．エ　　問4．オ　　問5．ウ　　問6．ア　　問7．エ　　問8．ア

　問9．ウ　　問10．(1)憲法　(2)国家権力　(3)権利　　問11．ア

2 問1．(1)ア，キ　(2)ウ　　問2．や／わ　　問3．(1)八　(2)「忙」には「亡」がふくまれていて，不幸を連想させ

るから。　　問4．Ｃ．愛知県　Ｄ．千葉県　　問5．（1字あける）1955 年の時点では，東京都のナンバープレー

トに地名は標示されていなかったが，1962 年に4種類の地名が表記されるようになった。その後，2000 年までに

87 種類の地名が誕生した。2006 年には「ご当地ナンバー」の制度が導入され，2022 年までに 46 種類の地名が誕生

して，全部で 133 種類となった。　　問6．ウ，キ　　問7(1)イ　(2)①地域住民の合意　②ア　③イ

3 問1．Ａ．書　Ｂ．単　Ｃ．正　Ｄ．前　Ｅ．候　Ｆ．助　Ｇ．身　Ｈ．減　Ｉ．女　Ｊ．来　　問2．①エ

②カ　③ウ　④ア　⑤イ　　問3．Ａ．ア　Ｂ．ウ　Ｃ．イ　Ｄ．エ　Ｅ．オ

━━━━━━━━━━ 《新思考　英語》 ━━━━━━━━━━

1 放送原稿非公表のため，解答例は掲載しておりません。

2 〈A〉1．②　　2．①　　3．②　　4．③　　5．④　　6．①

　〈B〉[3番目／6番目] 1．[③／①]　2．[⑥／④]　3．[④／②]

3 1．あきっぽい　2．①　3．③　4．②　5．④, ⑤

4 1．彼は冬が近づくサインを見つけると不安になりました　　2．②　　3．The waiter did not call the police

because he thought it would bother other customers.　　4．④　　5．①　　6．エ　　7．He was disappointed

because things never worked out the way he expected.

5 〈A〉The man is going to take his family to the beach because it will be sunny tomorrow.

　〈B〉①Don't you like our uniform?　②It's too warm to wear in this weather.　③I have never thought about such a

thing.　　(A)I can wear clothes I want to wear　　(B)I don't have to worry about what to wear

═══════════════════ 《一般 国語》 ═══════════════════

一 問１．ウ　問２．ウ　問３．最新の科学～なったから　問４．オ　問５．身近な自然にすがっていた
問６．(1)ウ　(2)ア　問７．Ａ．エ　Ｂ．ウ　問８．考えなくてはならない要素が多く、膨大なデータを集めて
計算しても、不確実性という限界をともなうから。　　問９．エ，オ

二 問１．Ⅰ．イ　Ⅱ．カ　問２．十分な勉強ができない　問３．(1)エ　(2)「大人には　問４．ウ　問５．嫌
いでつまらない時間も、一緒にいさえすれば、乗り切れたり、楽しみすら見出せたりする、自分にとってたった一
人の存在であるところ。　　問６．友達　問７．エ　問８．蛍雪の功　問９．村の大人や憲太の期待
問10．イ

三 問１．①防衛　②確固　③険　④耕　⑤墓穴　⑥熟　⑦看病　⑧勤　⑨はぶ　⑩うじがみ　問２．①カ
②オ　③ウ　④エ　問３．(1)Ａ．自分　Ｂ．自然　(2)エ　(3)Ｃ．はなれる　Ｄ．始める　(4)イ，エ　(5)船が海に
沈む

═══════════════════ 《一般 算数》 ═══════════════════

1 (1)1　(2)1$\frac{1}{2}$　(3)8　(4)5　(5)164　(6)14：15　(7)120　(8)57　(9)113.04　(10)12　(11)21
(12)4　(13)13.2

2 (1)5　(2)23　(3)57

3 (1)50　(2)20　(3)100

4 (1)8　(2)(ⅰ)$\frac{1}{4}$　(ⅱ)9.6

5 (1)678.24　(2)(ⅰ)653.12　※(ⅱ)61.56

※の考え方は解説を参照してください。

═══════════════════ 《一般 理科》 ═══════════════════

1 問１．衛星　問２．カ　問３．観測者の位置…キ　太陽の位置…ス　問４．イ，ウ，エ　問５．オ
問６．カ

2 問１．酸素　問２．ウ　問３．ア　問４．ア
問５．Ａ．ア　Ｂ．ア　問６．(1)29　(2)772　問７．エ

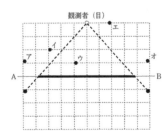
観測者（目）

3 問１．(1)①光合成　②消化管　③かん臓　(2)エ　問２．ウ　問３．イ
問４．オ　問５．エ

4 問１．ウ，エ　問２．60　問３．イ，ウ，エ　問４．長さ…8
鏡を置く場所…右図　問５．3　問６．15　問７．ア　問８．エ

═══════════════════ 《一般 社会》 ═══════════════════

1 問１．岩手　問２．ア　問３．イ　問４．黒部　問５．合掌造り　問６．エ　問７．ウ　問８．イ
問９．ア　問10．ウ　問11．エ　問12．ウ　問13．カ　問14．インバウンド

2 問１．(1)イ　(2)エ　問２．キ　問３．ウ　問４．(1)安全保障理事会　(2)エ　問５．(1)人工知能　(2)オ

3 問１．イ　問２．富本銭　問３．オ　問４．平清盛　問５．ウ　問６．琉球　問７．ア
問８．京都所司代　問９．ア　問10．正徳　問11．津田梅子　問12．ウ　問13．イ
問14．二・二六事件　問15．360　問16．エ

— 《2024 総合I 解説》 —

1 (1)(ア) x, y, zには「＋」か「×」が入るので，計算結果は大きくなっていく。$3×9＝27$ より，xに「×」を入れると，22 より大きくなるので，xは＋である。$9×2＝18$ より，yに「×」を入れると，22 よりは小さいが，22 に近い数になる。x，yが「＋」だとしても，計算結果は $3＋18＋5＝26$ となり，22 より大きくなるので，yは＋である。zに「＋」を入れると，$3＋9＋2＋5＝19$ となり，22 にならない。zに「×」を入れると，$3＋9＋2×5＝22$ となる。よって，zは×である。

(イ) 2つの数の和または積を求めるとき，一方の数に1がふくまれれば和の方が，1がふくまれなければ積の方が大きくなる。よって，最も大きいEは $1＋2×3×4＝25$ である。

(ウ) A＝B，C＝Dだから，A⌴A＋C⌴C＝39 となり，AはCより小さい。1から9までの整数のうち，同じ整数どうしの和または積で，39 より小さくなる数は右表のようにまとめられる。表の数のうち，和が39 となる2つの数を探すと $14＋25＝39$ となる。よって，計算式は $5×5＋7＋7＝39$ である。

	1	2	3	4	5	6	7	8	9
和	2	4	6	8	10	12	14	16	18
積	1	4	9	16	25	36			

(2) 右図で，三角形BOEと三角形OCFにおいて，角OEB＝角CFO＝90°，円の半径だからBO＝OCである。また，補助線BDを引くと，角BOE＝$90°×\frac{2}{3}＝60°$，BO＝DOだから，三角形BODは正三角形なので，角BOE＝60° である。角OCF＝$180°－90°－90°×\frac{1}{3}＝60°$ だから，角BOE＝角OCFである。

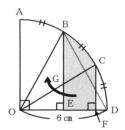

よって，三角形BOEと三角形OCFは合同であり，面積が等しい。

(三角形BOGの面積)＝(三角形BOEの面積)－(三角形GOEの面積)＝(三角形OCFの面積)－(三角形GOEの面積)＝(四角形GEFCの面積)となるから，図の矢印のように色つき部分の面積を移動すると，求める面積はおうぎ形BOCの面積だから，$6×6×3.14×\frac{90°÷3}{360°}＝9.42$(㎠)である。

(3) カード番号 9876 5432 10□2 3456 の偶数けたの数字を左から並べると，9 7 5 3 1 □ 3 5 だから，これらの数を2倍すると，18 14 10 6 2 □×2 6 10 になる。10 以上の数は十の位の数と一の位の数の和に置きかえると，9 5 1 6 2 ☆ 6 1 となる。ただし，□×2 は 10 以上の数か判断できないので，☆と表しておく。得られた数字をすべて足すと $9＋8＋5＋6＋1＋4＋6＋2＋2＋0＋☆＋2＋6＋4＋1＋6＝62＋☆$ となる。よって，☆＝8 となれば $62＋8＝70$ となり，カードは存在する。

☆が1けたの整数のとき，□＝$8÷2＝4$ である。☆が2けたの整数のとき，☆の値として考えられる数は 10，12，14，16，18 だが，いずれも各位の数の和が8にならないので，適さない。

以上より，□に当てはまる数は4である。

(4)(ア) $11→34→17→52→26→13→40→20→10→5$ となり，5は5回の操作で1になるから，11 は $9＋5＝14$(回)の操作で1になる。

(イ) 1から7回の操作を逆算していく。Aを逆算すると，「その整数を2倍する」となり，Bを逆算すると，「その整数から1を引いてから3で割る」となる。Bの逆算については，整数から1を引いた結果が3の倍数にならなければ行わないとすると，図iのようになるから，求める数は3，20，21，128 の4個である。

図i

$128→64→32→16→8→4→2→1$
$21↗$

$20→10→5$
$3↗$

(5) まずは2，0，2，4の4つの数字の並び方を考える。千の位が2のとき，0，2，4を並び替える方法は3×2×1＝6(通り)あり，千の位が4のとき，0をどの位にするかで3通りあるから，2，0，2，4の並び方は全部で6＋3＝9(通り)ある。2つの2について，並びかえてから裏返すかを考えると，裏返す方法は2，2と2，5と5，2と5，5の4通りある。よって，カードの並べ方は全部で9×4＝36(通り)ある。

2 (1) n番目にかいた正方形の1辺の長さは，n－2(番目)とn－1(番目)に書いた正方形の1辺の長さの和である。また，m番目の長方形の面積は，1番目からm番目にかいた正方形の面積の和である。

これらを表にまとめると，右表のようになるから，

表の(ア)＝13，(イ)＝1870である。

正方形の番号	①	②	③	④	⑤	⑥	⑦	⑧	⑨
正方形の1辺の長さ(cm)	1	1	2	3	5	8	13	21	34
長方形の面積(cm²)	1	2	6	15	40	104	273	714	1870

(2) m番目の長方形の長い方の辺の長さは，m－1(番目)とm番目の正方形の1辺の長さの和である。

(ア)の表から，さらに正方形⑮までの1辺の長さを表にすると，

右表のようになるから，求める長さは377＋610＝987(cm)である。

正方形の番号	⑩	⑪	⑫	⑬	⑭	⑮
正方形の1辺の長さ(cm)	55	89	144	233	377	610

(3) 半径が正方形①から正方形⑦の1辺の長さとそれぞれ等しく，中心角が90°である7個のおうぎ形の曲線部分の長さの和を求めればよいので，$(1＋1＋2＋3＋5＋8＋13)×2×3.14×\frac{90°}{360°}＝51.81$(cm)となる。

3 (1) 【図2】において，内部の格子点の数は13個，辺上の格子点の数は12個だから，ピックの定理より，求める面積は13＋12÷2－1＝18(cm²)である。

(2) 四角形ABCDについて，内部の格子点の数は13個，辺上の点は7個だから，面積は13＋7÷2－1＝15.5(cm²)である。よって，ADを1辺に持ち，面積が22－15.5＝6.5(cm²)となるような三角形ADEを考える。

三角形の面積が計算しやすいように，例えば図iのようにEをおくと，三角形ADEの面積は3×4÷2＝6(cm²)だから，実際より6.5－6＝0.5(cm²)だけ小さくなる。よって，図iの三角形ADEより0.5cm²だけ面積が大きくなるように，Eの位置を付近の格子点にずらすと，図iiの位置のとき，三角形ADEの面積は6＋3÷2－1＝6.5(cm²)となり，条件に合う。

Eが図iiの位置にあるとき，Eを通りADと平行な直線を引くと，この直線は図ii上ではE以外の格子点以外と交わらないので，Eの位置は1つに決まる。

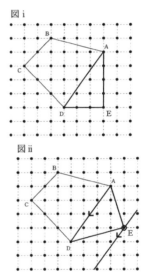

図i

図ii

4 (1) 結果①の表の90cmのとき，10往復する時間の平均は(19.0＋18.8＋19.2)÷3＝19.0(秒)だから，1往復する時間の平均は19.0÷10＝1.9(秒)である。

(2) 振り子の長さが30cmと60cmのときの結果に着目すると，15.5÷11.0＝1.40…→1.4倍となる。なお，振り子の長さが60cmと120cm，90cmと180cmのときの結果に着目してもよい。

(3) (2)の関係に着目する。420cmは210cmの2倍だから，29.1×1.4＝40.74→41秒となる。

(4) 結果②と③の10往復する時間はすべて，結果①で振り子の長さが60cmのときとほぼ同じであることに着目する。

(5) 図1で，釘の左側は120cmの振り子，釘の右側は120－60＝60(cm)の振り子として動く。表より，120cmの振り子が1往復する時間は22.0÷10＝2.2(秒)，60cmの振り子が1往復する時間は15.5÷10＝1.55(秒)だから，図1で，振り子が1往復する時間は，2.2÷2＋1.55÷2＝1.875→1.9秒である。

(4)

1　問1　ウ　　Y（桃山文化・安土桃山時代）→X（元禄文化・江戸時代前半）→Z（化政文化・江戸時代後半）

　問3　エ　　A．正しい。「満足」と「まあ満足」を合わせた割合は，日本は 21.1＋60.4＝81.5（％），欧米3か国は，76.4＋18.2＝94.6（％），52.2＋39.4＝91.6（％），56.2＋36.0＝92.2（％）である。B．正しい。4か国中，アメリカだけが「他人から感謝された時」の割合が最も高く，残りの3か国はいずれも「子供や孫など家族との団らんの時」の割合が最も高くなっている。C．誤り。「若い世代と交流している時」を見ると，最も高い国は 69.5％のアメリカ，最も低い国は 9.1％の日本であり，8倍未満である。

　問4　オ　　A．正しい。B．ジェンダー・ギャップ指数は1に近づくほど男女平等であることを示す指数であり，グラフでは，四角形が大きく均一になるほど男女平等であることになる。C．正しい。女性の国会議員や国務大臣が増えれば，最近 50 年における行政府の長（日本では内閣総理大臣）の在任年数の男女比が横ばいでも，「政治参画」の指数は大きくなる。補足として，日本では女性が内閣総理大臣になったことはない。

　問5　ウ　　A．誤り。すべての国において，無償労働時間は男性より女性の方が多い。B．正しい。折れ線グラフを見ると，無償労働時間の男女比（女性／男性），有償労働時間の男女比（男性／女性）の日本の値は，他の国より高いことがわかる。

　問6　ア　　転校してきたばかりの友人に，どこに住んでいるのかを質問することの中に「無意識の思い込み」や「無意識の偏見」は感じられない。

　問7　エ　　A．誤り。絶対的貧困者は，最低限必要とされる食糧や食糧以外のものを購入できない所得の人を指す。B．誤り。文章の後半に「日本をはじめ先進国とよばれる国にも存在している深刻な問題」とある。

　問8　ア　　右グラフにおいて，①は「賃金が上昇し労働時間が減少する」，②は「賃金が下落し労働時間が減少する」，③は「賃金が上昇し労働時間が増加する」，④は「賃金が下落し労働時間が増加する」ことを意味する。

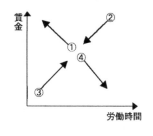

　問11　ア　　ボルダ・ルールでは，ＳＤＧｓは 3×4＋1×3＋1×2＝17（点），少子高齢化は 3×3＋2×4＋2×2＝21（点），地球温暖化は 3×2＋2×3＋1×4＝16（点）だから，少子高齢化が1位になる。

2　問1　文章中に，一連指定番号は，「・・・1」から「99-99」までだとあるので，アは適する。資料1から，レンタカー用のひらがな文字は「わ」と「れ」だけであり，この2文字は他の用途の自動車には使われていないことがわかるので，キは適する。

　問3(2)　葬儀の場で不幸を連想させる「忌み言葉」としては，他に「再び」や「重ね重ね」などがある。

　問5　まず，「地名の表記の変遷」についてまとめることに注意する。地名の表記が始まったのは，1955 年より前からである。1955 年の時点では，北海道は7つの地名が標示され，東京は標示なし，日本復帰前の沖縄県のものは存在しなかった。つまり，1955 年の時点では，51 種類の地名が使われていた。その後，さまざまな理由で「2000 年までに 87 種類の地名が誕生した」。さらに，2006 年に「ご当地ナンバー」の制度が導入されると，2020 年までに合計 46 種類が加わった。

　問6　文章中に，「ナンバープレートは，『走る広告塔』といわれることがあります」「『ご当地ナンバー』の制度が，地域振興や観光振興などに，ある程度の効果があるだろうと考えられたのです」とあるので，ウは適する。また，文章中に，「郷土の地名には愛着があり〜そこから郷土意識も芽生えてくるでしょう」とあるので，キも適する。

　問7(1)　A市とB町の複数の市区町村を含む地域を対象とするので，資料2の①の（ウ），（エ）を参照する。A市

には 4000 台の登録自動車があるので，B 町の登録自動車は $40000 \times \frac{1}{5} = 8000$（台）である。よって，当該地域の登録自動車の台数は 40000＋8000＝48000（台）だから，（ウ）の要件の「登録自動車の数が概ね 5 万台を超える」には当てはまらない。よって，（エ）の要件に当てはまることを考えると，A 市と B 町の軽自動車の台数の合計が 85000－48000＝37000（台）を超えればよい。A 市と B 町にある軽自動車の数の比は，$1 : \frac{1}{5} = 5 : 1$ なので，A 市にある軽自動車の数は $37000 \times \frac{5}{5+1} = 30833.3\cdots$（台）となるから，最も適当なものはイの 3 万 1 千台である。

(2)① 資料 2 の④の（ウ）に，「地域住民の合意状況は，<u>地域的その他の属性に大きな偏りがない</u>等の適切な方法により」とある。　　② 結果 1 ～ 3 を見ると，B 町のアンケートでは反対の方が多かったにもかかわらず，全体としては賛成が多いような印象を受ける。これは，A 市の人口が B 町よりも多いからである。よって，アが適する。

③ 前後で「B 町の住民の意見が反映されているとはいえないね」「B 町の人たちも賛成できる地域名にしないといけないということだよね」と言っているので，B 町の意見がよく反映されている結果を選ぶ。よって，イが適する。

③ 問 2 ① 石橋をたたいて渡るとは，とても用心深く物事を行うという意味。　　② 石の上にも三年とは，つらくてもしんぼうしていれば，いつかは必ず成功するという意味。　　③ 二兎を追う者は一兎をも得ずとは，欲張ると結局どちらも失敗するという意味。　　④ 三つ子の魂百までとは，持って生まれた性格は，一生変わらないという意味。　　⑤ のれんに腕押しとは，手応えや効果がないという意味。

問 3 A　アの「いたずらに」とは，むだに，むやみにという意味。　　B　ウの「ややもすると」とは，どうかすると，なにかというとという意味。　　C　イの「おざなりに」とは，いいかげんにという意味。　　D　エの「おぼつかない」とは，うまくいきそうにない，はっきりしないという意味。　　E　オの「ふがいない」とは，意気地がない，情けなくなるという意味。

─《2024 英語　解説》────────────────

② 〈A〉1　（　）の直後の it は this electronic dictionary を指している。①「（道具）を使って何かをする」ときに使う前置詞は with である。②が適切。　・with this electronic dictionary「この電子辞書を使って」

2　give＋人＋物／give＋物＋to＋人「（人）に（物）をあげる」より，①が適切。

3　Shall we ～?「～しましょう」と相手を誘う表現に対して，Yes, let's. や No, let's not. などで答える。②が適切。

4　〈関係代名詞と語句（＝father is a famous writer）〉が後ろから名詞（＝boy）を修飾する形。所有格の関係代名詞の③が適切。

5　2 つの文をつなぐ接続詞を入れる。「私の祖母はずっと若く見える」と「彼女は 60 歳を越えている」が反対の内容になっているので，④が適切。　・…although ～「～だが，…」

6　「こんなに…な〇〇」は〈such＋a/an＋形容詞＋名詞〉または〈so＋形容詞＋a/an＋名詞〉で表す。①が適切。

〈B〉1　Mike, I don't want <u>you</u> to tell <u>me</u> a lie.：「マイク，私はあなたにうそをついてほしくないの」

「（人）に～してほしい」＝want＋人＋to ～　「（人）に（もの）を言う/教える」＝tell＋人＋もの

2　I don't know as many English <u>words</u> as you <u>do</u>.：「僕は君ほどたくさんの英単語を知らないよ」

「〇〇と同じくらい…に」は〈as＋…＋as 〇〇〉で表す。文末の do は know を置きかえている。

3　The most exciting <u>activity</u> I've ever <u>tried</u> is skydiving.：「私が挑戦した中で最もわくわくする活動はスカイダイビングよ」　「私が～した中で最も…な〇〇」＝〈最上級＋名詞＋I've ever＋過去分詞〉

3 【本文の要約】参照。

1 下線部ア「彼は新しいおもちゃを手に入れてから1日で別のおもちゃに興味が移る」より，あきっぽい性格だと考えられる。

2 リザンヌが直前に「おもちゃ図書館は本の図書館のようなもの」と言っているので，おもちゃを借りて家に持ち帰り，期限までに持ってくるようなところだと考えられる。②「子どもたちにおもちゃを所有させる」，③「使い古すまでおもちゃを使う」，④「別の家族の子どもに送る」は不適切。

3（あ） 〈with A B〉「AのBに伴って」より，ここでは「生活費の上昇に伴って」となる。

（い） 「生活費」＝the cost of living

4 おもちゃ図書館を利用することで，お金を節約できることと家庭ごみを減らすことの2つの利点があるので，②が適切。

5 ①「リザンヌとカリンが住んでいる町には×おもちゃ図書館があります」 ②「オーストラリアでは×約320人がおもちゃ図書館を利用しています」 ③「おもちゃ図書館の会員の中には，×1年間で15,000ドルを節約した人もいます」 ④○「おもちゃ図書館がなかったら，ユーザーは2800万ドル以上をおもちゃに費やしていたことでしょう」 ⑤○「おもちゃ図書館のシステムによって，子どもたちは隔週で新しい種類のもので遊ぶことができます」 ⑥「リザンヌとカリンはクリスへのプレゼントを×見つけることができました」

【本文の要約】

状況:これは二人の姉妹,リザンヌ(L)とカリン(K)が弟のクリスへのクリスマスプレゼントを買いに行ったときの会話です。

L:クリスへのクリスマスプレゼントに何を買えばいいかわからないわ。彼は何でも持っているの。

K:わかるよ。おもちゃはとても高価だし，彼は新しいおもちゃを手に入れてから1日で別のおもちゃに興味が移るみたいね。

L:このショッピングモールにおもちゃ図書館があればいいのに。そうすればずっと楽になるよ。

K:おもちゃ図書館？それは何？

L:あれ，聞いたことがない？おもちゃ図書館って本の図書館みたいなものだけど，おもちゃのためにあるの。おもちゃを借りるのに家族が会費を払って，家に持ち帰って (A)①数週間後にまた持ってくるの。

K:それはとても興味深いね。この町ではきっとその種の図書館はかなり人気になると思うよ。

L:私は数日前にテレビでそれに関するドキュメンタリー番組を見ていたの。オーストラリアのタウンズビルの地元のおもちゃ図書館には320人以上の会員がいて，これは過去45年間で最も多い会員数なの。あるメンバーは，会員になってから約15000ドルを節約したと言っていたよ。

K:わあ，すごいわね！ (あ)(い)③生活費の上昇にともなって（＝with the cost of living going up），家庭はお金を節約する方法を探しているのね。なんて素晴らしいアイデアなの！

L:オーストラリアには380以上のおもちゃ図書館があり，総会員数は13万人を超えているの。5④ドキュメンタリー番組のテレビ局によると，これはユーザーによっておもちゃが2800万ドル分以上節約されたことに相当するらしいよ。

K:すごいね。5⑤そして，そんな風に新しい種類のおもちゃで遊ぶってことは，2週間ごとにクリスマスを過ごすようなものね。子どもたちはきっとそれを楽しんでいるわね。

L:確かにそうだね。それに，お金を節約すること以外にも，家庭ごみを減らすのにも役立つわね。

K:ええ，そうね。じゃあ，クリスへのプレゼントをがんばって探しましょう。

4 【本文の要約】参照。

1 接続詞 when で2つの文がつながっている。 ・uneasy「不安な」 ・signs「サイン／きざし」

・approach ~「~が近づく」

2 ソーピーは高級レストランに入れてもらえなかったので，②が適切。①「彼の計画は期待通りに進みました」，③「彼の成功は努力のたまものでした」，④「彼の最初の計画はよく練られていました」は不適切。

・attempt「試み」

3 お金がないのに食事をしたソーピーに対して，ウェイターが警察を呼ばずにソーピーを追い出した理由を答える。(例文)「ウェイターは周りのお客さんに迷惑がかかると思ったから警察を呼びませんでした」

・bother「~に迷惑をかける／~を困らせる」

4 前後の内容から判断する。ソーピーは逮捕されることを期待していたが，警官はソーピーを逮捕しなかったので，④「しかしながら」が適切。①「幸運にも」，②「まず最初に」，③「その上」は不適切。

5 （ う ）の文の because 以下に着目する。ソーピーに傘を奪われた男もその傘を盗んでいたので，警察を呼ぶことを断った。①が適切。②be willing to ~「喜んで~する」，③try to ~「~しようとする」，④be eager to ~「~することを熱望する」は不適切。

6 エ「彼は人生の挑戦を避けることにしました」は前後の内容と合わない。

7 ソーピーに起こったことは，望んでいるときには手に入らなかったものが，望まなくなると手に入るという皮肉な現実である。(例文)「彼は物事が彼が望んだようにうまくはいかなかったので，失望しました」

【本文の要約】

ソーピーはホームレスであり失業者でもありました。①彼は冬が近づくサインを見つけると不安になりました。これらのサインは，鳥が南に移動する，木々が葉を落とす，人々が暖かい衣服を新調したくなる，というようなことでした。彼は冬の間，避難所にいることを望んでいました。彼は慈善施設のような他の場所ではなく，ブラックウェルズ島の刑務所を選びました。それが最も安価な選択だったからです。

そこで，ソーピーは捕まろうとしました。彼の最初の計画は，高級レストランで食事をしてからお金がないと言うことでした。これによって，ソーピーはブラックウェルの刑務所に3か月間入れられると思いました。この計画を念頭に置いて，ソーピーは，お金持ちだけが毎晩行くようなレストランに行きました。給仕長はソーピーの破れた靴を見て，彼に出ていけと言いました。こうして，(あ)②彼の最初の試みは失敗に終わりました。

そのレストランから，ソーピーは歩いて別のレストランに行きました。そこで食事をした後，ソーピーはお金がないと言いました。ウェイターは警察を呼ばずに彼を追い出しました。

彼は書店のガラス窓を石で割るという別のアイデアを持っていました。彼は石を手に取ってガラスを割りました。警官が角を曲がって走ってきました。ソーピーは逮捕されることを期待してじっと立っていました。(い)④しかしながら（＝However），警官は犯罪者が犯罪現場に留まるとは思っておらず，ソーピーを逮捕しませんでした。

しばらくして，ソーピーは店で新聞を買っている男性を見ました。彼は立派な絹の傘を持っていました。ソーピーは彼から傘を奪って逃げました。その男は彼の後を走って追いかけました。ソーピーは走るのをやめ，角に立っている警官を呼ぶように彼に言いました。その男は，自分自身もその傘を盗んでいたので，警官を呼ぶの①を断りました（＝refused）。

その後，ソーピーは逮捕されるという望みを完全にあきらめました。彼は古い教会の前で立ち止まり，オルガン奏者が演奏する音に耳を傾けました。それは彼の人生が希望に満ちていた昔を思い出させました。頭上の美しい月も彼に安

心感を与えました。突然，彼の心に変化が起こりました。その瞬間，ソーピーは人生をより良い方向に変えようという決断に至ったのです。ェ彼は人生の挑戦を避けることにしました。そこで彼はまさにその翌日から仕事を見つけることにしました。

ちょうどそのとき警官がそこに来て，ソーピーに何をしているのか尋ねました。彼は新たにつけた自信をもって彼と口論し始めました。しかし，警察官は彼を警察署まで連れて行き，彼がその日に何をしたのかを知りました。最終的に法廷で，判事はブラックウェル島での3か月の懲役刑を宣告しました。

5 〈A〉語数を守り，指定語句を用いること。(例文)「明日は晴れそうなので，その男性は家族をビーチへ連れていくつもりである」

〈B〉① 「～は好きじゃないの？」＝Don't you like ~?　② 「こんな天気じゃ暑すぎるよ」＝制服を主語にして「それはこんな天気じゃ暖かすぎて着ることができないよ」＝It's too warm to wear in this weather.　③ 「～してもみなかった」＝「～したことがなかった」と考えて，I have never thought about such a thing.　（A）制服がないことで快適だと感じる理由を答える。(例文)「僕が着たい服を着られるからね」　「着たい服」＝clothes I want to wear　（B）制服があることによる良いことを答える。(例文)「何を着ようか悩む必要がないよ」「～する必要はない」＝don't have to ~　「～について悩む」＝worry about ~　「何を着ようか」＝what to wear

―《2024 国語 解説》―

一 著作権上の都合により文章を掲載しておりませんので、解説も掲載しておりません。ご不便をおかけし、誠に申し訳ございません。

二 問2 ここより前で、学は、「こんな村じゃ、十分な勉強なんてできない」「僕より上のやつらは、みんな都会の子だった」「環境が違うんだ、勉強する環境が」などと言っている。学は、都会と比べて生田羽村は勉強をする環境が整っていないことを理由に、このままでは自分の望む高校や大学に行けないと感じている。

問3(1) 傍線部③の6～7行後に、「さっきまでの腹立ちはどこへやら」とある。よって、エが適する。

(2) 学が「大人にはなんと噂されてもよかったけど、憲太が(僕のことをすごいと)言ってくれたのは嬉しかった」と言った後、憲太は「だんだんと不思議な気分に」なり、「さっきまでの腹立ち」はおさまり、「自分でもわけがわからぬまま、笑っていた」。

問4 傍線部③とウの「走る」は、瞬間的に現れて速く動くという意味。

問5 この後憲太は、春休みに行ったビートの間引き作業について話し始めた。その中で憲太は、「隣におまえが、学がいたから、『嫌い』や『つまんねえ』がごまかされていたんだ。おまえと一緒にやったから、あの間引き作業もそれなりに楽しかったんだ」と言っている。そして、傍線部⑤の前に、「嫌いだったりつまらない時間も、一緒にいさえすれば、乗り切れる。楽しみすら、見出せるかもしれない。そういう力を持つ、自分にとってたった一人の相手。『おまえが本当にすごいのは、そういうところだよ』」とある。

問6 傍線部⑤の5行前で、憲太は学のことを指して、「友達ってすげえんだなあ、って」と言っている。

問7 文章の最初の方で、学は、「こんな村じゃ、十分な勉強なんてできない」「環境が違うんだ、勉強する環境が」などと、成績が伸びない焦りから、苛立ちを憲太にぶつけている。その後、憲太とやりとりをする中で、憲太が自分のどこをすごいと思っているのかを知り、思いがけない言葉に驚き、考えこんでしまった。傍線部⑤より後で、学は憲太に「ごめん」と謝っていることから、傍線部⑤の時点では、自分の言動について反省し始めていると考えられる。よって、エが適する。

問8 蛍雪の功とは、苦労して勉強にはげむこと。この言葉は、貧しくて明かりを灯すための油が買えず、蛍を集めてその光で本を読んでいた人物と、やはり貧しく、雪の明かりで本を読んでいた人物の話がもとになっている。

問10 学は雷が苦手で、雷が鳴るたびにこわがる様子を見せている。学は、憲太から見て「クラスの中でははっきりと大人っぽい部類に入る」。しかし、この場面の学は、成績が伸びないことへの苛立ちを憲太にぶつけたり、携帯電話を使えば明かりが手に入ることに気づかなかったりと、とり乱したり落ち着きがなかったりする。雷雨という設定によって、そんな学の様子がより効果的に表現されている。よって、イが適する。

三 問3(2) エの「泣ける」は、他動詞ではなく、可能動詞である。 (3) Cには、「はなす」とペアになる自動詞が、Dには、「始まる」とペアになる他動詞が入る。

―《2024 算数 解説》―

1 (1) 与式 $= \{(\frac{10}{3} - \frac{5}{4}) \times \frac{4}{5} \div \frac{1}{8} - 10\} \times \frac{3}{10} = \{(\frac{40}{12} - \frac{15}{12}) \times \frac{4}{5} \times 8 - 10\} \times \frac{3}{10} = (\frac{25}{12} \times \frac{4}{5} \times 8 - 10) \times \frac{3}{10} = \frac{40}{3} \times \frac{3}{10} - 10 \times \frac{3}{10} = 4 - 3 = 1$

(2) 与式より、$\{\frac{3}{4} - (\frac{7}{4} - \square) \times 2\} \times 2 = \frac{1}{2}$　　$\frac{3}{4} - (\frac{7}{4} - \square) \times 2 = \frac{1}{2} \times \frac{1}{2}$　　$(\frac{7}{4} - \square) \times 2 = \frac{3}{4} - \frac{1}{4}$

$$\frac{7}{4} - \square = \frac{1}{2} \times \frac{1}{2} \qquad \square = \frac{7}{4} - \frac{1}{4} = \frac{6}{4} = \frac{3}{2} = 1\frac{1}{2}$$

(3) 【解き方】進む道のりが等しいとき，かかる時間の比は速さの比の逆比になる。

行きと帰りの速さの比は $4:12 = 1:3$ だから，かかった時間の比は $1:3$ の逆比の $3:1$ である。1時間20分 $= \frac{4}{3}$ 時間だから，行きにかかった時間は $\frac{4}{3} \times \frac{3}{3-1} = 2$ (時間)なので，AB間の道のりは $4 \times 2 = $ **8** (km)である。

(4) 【解き方】金額の下2桁が80だから，10円玉の枚数は3枚，8枚，13枚のいずれかである。

10円玉の枚数が8枚だとすると，残りの硬貨は $15 - 8 = 7$ (枚)であり，すべて100円だとしても合計金額は $100 \times 7 + 10 \times 8 = 780$ (円)だから，980円より少ない。よって，10円玉の枚数は3枚に決まる。このとき，100円玉と50円玉の枚数の合計は $15 - 3 = 12$ (枚)であり，合計金額は $980 - 10 \times 3 = 950$ (円)である。12枚すべてが100円玉だとすると，合計金額は $100 \times 12 = 1200$ (円)となり，実際より $1200 - 950 = 250$ (円)だけ高くなる。100円玉1枚を50円玉1枚に置きかえると，合計金額は $100 - 50 = 50$ (円)だけ安くなるから，50円玉の枚数は $250 \div 50 = $ **5** (枚)である。

(5) 【解き方】昨年の女子と男子の生徒数の比は $3:7$ だから，昨年の女子の生徒数を③，昨年の男子の生徒数を⑦として，式を立てる。

今年の女子と男子の生徒数の比は $4:6 = 2:3$ なので，今年の男子の生徒数について，$(③+50) \times \frac{3}{2} = ⑦-20$
$(③+50) \times 3 = (⑦-20) \times 2$　　⑨$+150 = ⑭-40$　　⑤$=190$ となるから，昨年の女子の生徒数は $190 \times \frac{③}{⑤} = 114$ (人)である。よって，今年の女子の生徒数は $114 + 50 = $ **164** (人)である。

(6) 弟と兄の歩幅の比は $5:4$ の逆比の $4:5$，弟と兄の同じ時間での歩数の比は $7:6$ だから，弟が歩幅4で7歩進む間に兄は歩幅5で6歩進むので，2人の速さの比は $(4 \times 7):(5 \times 6) = $ **14:15** である。

(7) 【解き方】正三角形ABCと正方形ACDEはACを共有するので，1辺の長さが等しい。

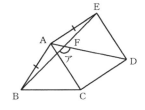

右図で，AB＝AEより，三角形ABEは二等辺三角形である。
角BAE＝$60° + 90° = 150°$ だから，角BEA＝$(180° - 150°) \div 2 = 15°$
よって，角DEF＝$90° - 15° = 75°$

ADは正方形の対角線だから，角FDE＝$45°$ であり，三角形DEFにおいて，三角形の1つの外角は，これととなり合わない2つの内角の和に等しいので，角ア＝角DEF＋角FDE＝$75° + 45° = $ **120°** である。

(8) 【解き方】右図のように補助線AFを引く。

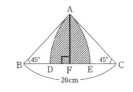

三角形ABCについて，対角線の長さが 20 cmの正方形を2等分してできた直角二等辺三角形として考えると，三角形ABCの面積は $(20 \times 20 \div 2) \div 2 = 100$ (cm²)となるので，$AB \times AB \div 2 = 100$ より，$AB \times AB = 200$ である。斜線部分の面積は，おうぎ形ABEの面積から，三角形ABFの面積を引いた値の2倍であり，BF＝AF＝$20 \div 2 = 10$ (cm)だから，$(AB \times AB \times 3.14 \times \frac{45°}{360°} - 10 \times 10 \div 2) \times 2 = (200 \times 3.14 \times \frac{1}{8} - 50) \times 2 = $ **57** (cm²)

(9) 【解き方】回転体は右図のように，底面の半径が6cmの円すいから，底面の半径が3cmの円すいを切り取り，さらに，底面の半径が3cm，高さが3cmの円柱をくり抜いた立体である。

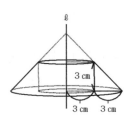

円すいアと円すいイは形が同じで大きさが異なるから，辺の長さの比は $6:3 = 2:1$ である。よって，円すいアの高さは $3 \times \frac{2}{2-1} = 6$ (cm)，円すいイの高さは $6 - 3 = 3$ (cm)である。したがって，求める体積は，

$6 \times 6 \times 3.14 \times 6 \div 3 - 3 \times 3 \times 3.14 \times 3 \div 3 - 3 \times 3 \times 3.14 \times 3 = 113.04$ (cm³)

(10) 【解き方】70円のお菓子を予定通りの個数買うと，$70 \times 4 - 40 = 240$（円）足りなくなる。

買う予定だった個数は，$240 \div (70 - 50) = 12$（個）である。

(11) 【解き方】表にまとめて考える。

算数のみ合格だった人は$40 \times \frac{1}{4} = 10$（人）だから，右のような表がかける。

国語が不合格だった人は，⑦$= 10 + 8 = 18$（人）だから，国語が合格だった

		算数		合計
		合格	不合格	
国語	合格	⑦	⑦	④
	不合格	10	8	⑦
	合計	⊕		40

人は，④$= 40 - 18 = 22$（人）である。両方合格だった人と，国語のみ合格だ

った人は同じ人数だから，⑦$= 22 \div 2 = 11$（人）となるので，算数が合格だった人は，⊕$= 11 + 10 = 21$（人）である。

(12) 【解き方】（平均点）×（人数）＝（合計点）である。つるかめ算を利用する。

15人の合計点は$3 \times 15 = 45$（点）だから，2点と4点の人の合計点は，$45 - (1 \times 2 + 3 \times 5 + 5 \times 2) = 18$（点）である。2点と4点の人の合計人数は$15 - (1 + 2 + 5 + 2) = 5$（人）なので，この5人全員が2点だとすると，$2 \times 5 = 10$（点）となり，実際よりも$18 - 10 = 8$（点）低くなる。2点の人1人を4点の人1人に置きかえると，合計点は$4 - 2 = 2$（点）上がるから，4点の人数は$8 \div 2 = 4$（人）である。よって，$b = 4$

(13) 【解き方】（間かくの数）＝（棒の本数）－1となる。

Bから数えて41番目の棒は，Aから数えて$50 - 41 = 9$（番目）の棒である。よって，間かくの数は$32 - 9 - 1 = 22$だから，$0.6 \times 22 = 13.2$（m）である。

②
(1) 【解き方】AからIまでは8マス，AからMまでは12マスそれぞれ離れている。2回のさいころの目の和の最大値は12だから，MからIに戻って止まることはない。

2回のさいころの目の和は右の表のようになる。よって，さいころの目の組み合わせは〇印をつけた5通りある。

2回のさいころの目の和

		2回目					
		1	2	3	4	5	6
1回目	1	2	3	4	5	6	7
	2	3	4	5	6	7	⑧
	3	4	5	6	7	⑧	9
	4	5	6	7	⑧	9	10
	5	6	7	⑧	9	10	11
	6	7	⑧	9	10	11	12

(2) 【解き方】(1)の解説より，2回目でゴールから折り返すことはないから，3回さいころを振ってゴールするとき，目の和は必ず12になる。2回目までの目の出方を考える。

2回目までの目の和が5以下，または11，12になると，3回目でゴールできない。このような場合となるのは(1)の表の色つき部分の13通りある。3回目にゴールするとき，3回目の目の出方は2回目までの目の出方に関わらず1通りに決まるから，求める目の組み合わせは$36 - 13 = 23$（通り）考えられる。

(3) 【解き方】AからFまでは5マスある。Lに止まってスタートに戻る回数は多くても1回であり，2回目か3回目にさいころを振ったときである。

1回もLに止まらない場合，4回さいころを投げた目の和が5になる。$5 = 2 + 1 + 1 + 1$だから，2の目が何回目に出るかで，目の組み合わせは4通りある。

2回目にLに止まる場合，1回目と2回目の目の和が11，3回目と4回目の目の和が5である。(1)の表より，2回さいころを振ったときの目の和が11になる組み合わせは2通り，目の和が5になる組み合わせは4通りだから，$2 \times 4 = 8$（通り）ある。

3回目にLに止まる場合，3回目までの目の和が11または$11 + 2 = 13$で，4回目に出る目が5である。

3回目までの目の和が11のとき，2回までの目の和は$11 - 6 = 5$以上，10以下となればよい。このような目の出方は，(1)の表と(2)より，$23 + 4 = 27$（通り）あり，3回目と4回目の目の出方はそれぞれ1通りに決まるから，27通りある。

3回目までの目の和が13のとき，2回目までの目の和は13－6＝7以上，10以下となればよい。このような目の出方は，⑴の表より18通りあり，3回目と4回目の目の出方はそれぞれ1通りに決まるから，18通りある。

以上より，4回目でコマがFにいるようなさいころの目の組み合わせは，4＋8＋27＋18＝**57**（通り）ある。

③ ⑴ 【解き方】Aの食塩水にふくまれる食塩の量は，200×0.09＝18（g）のまま変わらない。

Aの食塩水が6％になったときの食塩水の量は18÷0.06＝300（g）だから，水を入れ始めてから5×$\frac{300－200}{10}$＝**50**（秒後）である。

⑵ 【解き方】AとBの食塩水の重さはどちらも同じ割合で増えていくので，常に等しい。

Bの食塩水に最初に入っていた食塩の量は200×0.05＝10（g）であり，5秒間に10×0.2＝2（g）ずつ増える。AとBの食塩水にふくまれる食塩の量が等しくなる時間を求めればよいので，5×（18－10）÷2＝**20**（秒後）である。

⑶ 【解き方】AとBに最初に入っていた食塩水を混ぜ，その食塩水に5秒に10＋10＝20（g）の割合で食塩水を加えていくと考える。

AとBに最初に入っていた食塩水を混ぜると，200＋200＝400（g）の食塩水になるから，濃度は$\frac{18＋10}{400}$×100＝7（%）となる。この食塩水に，濃度が$\frac{2}{20}$×100＝10（%）の食塩水を5秒間に20gの割合で加えていく。このとき，右のようなてんびん図がかける。

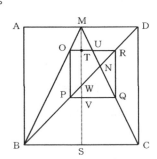

a：b＝（8.5－7）：（10－8.5）＝1：1であり，食塩水の量の比はa：bの逆比になるので，7％の食塩水と10％の食塩水の量の比は1：1である。よって，加えた食塩水は400×$\frac{1}{1}$＝400（g）だから，濃度が8.5％になるのは400÷20×5＝**100**（秒後）である。

④ ⑴ 【解き方】形が同じで大きさが異なる三角形の辺の長さの比が等しいことを利用する。

ADとBCは平行だから，三角形MNDと三角形CNBは形が同じで大きさが異なる三角形なので，辺の長さの比はDM：BC＝1：2より，MN：CN＝1：2である。よって，MC：MN＝（1＋2）：1＝3：1

RとNが一致するとき，BCとONは平行だから，三角形MBCと三角形MONは形が同じで大きさが異なる三角形であり，辺の長さの比はMC：MN＝3：1である。したがって，OP＝ON＝BC×$\frac{1}{3}$＝24×$\frac{1}{3}$＝**8**（cm）

⑵（i） 【解き方】右図で，三角形NPQと三角形NRUの辺の長さの比を考える。

三角形NBCと三角形NPQ，三角形NCDと三角形NQRはそれぞれ形が同じであり，BC＝CD，PQ＝QRだから，三角形NPQと三角形NQRの辺の長さの比は，三角形NBCと三角形NCDの辺の長さの比に等しい。

よって，NP：NR＝NB：ND＝2：1

PQとURは平行だから，三角形NPQとNRUは形が同じなので，PQ：RU＝NP：NR＝2：1より，UはORの中点である。

図の対称性より，三角形MOUはMO＝MUの二等辺三角形だから，TはOUの中点なので，OT：TU＝1：1である。

したがって，OT：OP＝OT：OR＝1：（1×2×2）＝1：4より，OTはOPの$\frac{1}{4}$倍の長さである。

（ii） 【解き方】OTの長さを①とおき，MWの長さを，丸数字を用いて表す。

MTとRQは平行だから，三角形MTUと三角形QRUは形が同じであり，辺の長さの比はTU：RU＝1：2なので，MT＝QR×$\frac{1}{2}$＝④×$\frac{1}{2}$＝②である。また，三角形WPVは直角二等辺三角形なので，WV＝PV＝①

TW＝④－①＝③だから，MW＝MT＋TW＝②＋③＝⑤より，⑤＝24÷2＝12となる。

よって，OP＝12×$\frac{④}{⑤}$＝**9.6**（cm）

5 (1) 容積は $6 \times 6 \times 3.14 \times 18 \div 3 = 216 \times 3.14 = 678.24$ (cm³)

(2)(ⅰ) 【解き方】形が同じで大きさが異なる立体の体積(容積)比は，辺の長さの比を3回かけた比になる。

水が入っていない部分は円すいの形であり，高さは $18 - 12 = 6$ (cm)となる。水が入っていない部分と容器の辺の長さの比は $6 : 18 = 1 : 3$ だから，容積の比は $(1 \times 1 \times 1) : (3 \times 3 \times 3) = 1 : 27$ となるので，入っている水の体積は $216 \times 3.14 \times \dfrac{27-1}{27} = 653.12$ (cm³)である。

(ⅱ) 【解き方】水の体積は，底面の半径が6cm，高さが18cmの円すいの体積の $\dfrac{1}{4}$ 倍から，底面が直角をつくる2辺の長さが6cmの直角二等辺三角形，高さが18cmの三角すいの体積を引いた値である。

入っている水の体積は，$6 \times 6 \times 3.14 \times 18 \div 3 \times \dfrac{1}{4} - 6 \times 6 \div 2 \times 18 \div 3 = 61.56$ (cm³)

── 《2024 理科 解説》 ────────────────

1 問2 図2のように，右側が細く光って見える月は三日月である。図3で，月は地球の周りを反時計回りに公転していて，オ(新月)→カ(三日月)→キ(上弦の月)→ク→ア(満月)→イ→ウ(下弦の月)→エ→オ(新月)の順に約30日の周期で満ち欠けする。

問3 図4の月は三日月で，図3ではカの位置にあるから，図5のカの位置に観測者がいるとき，南の空に見える。図4の三日月の位置は真南から少し西に移動しているから，図5では地球が反時計回りに自転して観測者がキの位置にきたとき，図4の位置に見える(観測者が図5のクの位置にきたときには，三日月は西の地平線付近に見える)。また，図5のオの位置に観測者がいるときの時刻が正午であり，そこから90度自転したときの位置がキの位置である。地球は1日(24時間)で約360度自転するから，90度の自転にかかる時間は $24 \times \dfrac{90}{360} = 6$ (時間)であり，図5のキの位置は午後6時ごろ(日の入りごろ)の位置である。よって，このとき太陽は西の地平線付近に見える。

問4 明けの明星とは，明け方の東の空に見える金星のことである。問3解説と同様に考えると，明け方の観測者の位置は図5のウであり，図5と図7を重ね合わせて考えたとき，明け方の観測者から見て地平線の上にある金星はイとウとエである。なお，カとキとクは夕方の西の空に見える金星(よいの明星)であり，太陽と同じ方向にあるアとオは見ることができない。

問5 地球の位置は図7の位置から変わらず，金星だけが破線の矢印の向きに動くと考えると，問4解説より，明けの明星からよいの明星に変化するのは，金星がエ→オ→カと動くときだから，見えなくなっている間の金星の位置はオである。

問6 ①金星は太陽の周りを225日で一周するから，$225 \div 30 = 7.5$ (ヶ月)である。　②③地球は1ヶ月で $360 \div 12 = 30$ (度)，金星は1ヶ月で $360 \div 7.5 = 48$ (度)公転するから，金星の方が1ヶ月で $48 - 30 = 18$ (度)多く公転することになる。よって，金星が地球よりも360度多く公転して，再び会合となるのは $360 \div 18 = 20$ (ヶ月後)だから，$30 \times 20 = 600$ (日)である。

2 問1 酸素にはものが燃えるのを助けるはたらきがある。

問3 表の物質1.0gを完全燃焼させたときに発生するエネルギーは〔④÷②〕で求めることができる。アは $890 \div 16 = 55.625$ (kJ)，イは $1560 \div 30 = 52$ (kJ)，ウは $2220 \div 44 = 50.45\cdots$ (kJ)，エは $1410 \div 28 = 50.35\cdots$ (kJ)，オは $1300 \div 26 = 50$ (kJ)である。

問4 表の〔④÷③〕より，アは $890 \div 44 = 20.22\cdots$ (kJ)，イは $1560 \div 88 = 17.72\cdots$ (kJ)，ウは $2220 \div 132 = 16.81\cdots$ (kJ)，エは $1410 \div 88 = 16.02\cdots$ (kJ)，オは $1300 \div 88 = 14.77\cdots$ (kJ)である。

問5 A．表で，メタン，エタン，プロパンについて，Cの数が1個ずつ，Hの数が2個ずつ増えていくと，④の

値が大きくなっていくが，②の値はそれ以上の割合で大きくなっていくため，1.0gあたりを完全燃焼させたときのエネルギーは小さくなっていく。よって，ブタン，ペンタン，ヘキサンについて，Cの数が1個ずつ，Hの数が2個ずつ増えていくと，1.0gあたりを完全燃焼させたときのエネルギーは小さくなっていくと考えられる(大きい順にア＞イ＞ウとなる)。　　B．表で，Cの数が2個で等しいエタン，エチレン，アセチレンについて，Hの数が2個ずつ減っていくと，④の値は小さくなっていき，②の値も同じくらいの割合で小さくなっていくので，1.0gあたりを完全燃焼させたときのエネルギーは小さくなっていく。よって，Cの数が3個で等しいプロパン，プロペン，プロピンについて，Hの数が2個ずつ減っていくと，1.0gあたりを完全燃焼させたときのエネルギーは小さくなっていくと考えられる(大きい順にア＞イ＞ウとなる)

問6(1)　気体から液体に変化したとき，質量は変化しない。液体の水素は1.0cm³で0.070gだから，2.0gの気体を液体にしたときの体積は$1.0 \times \dfrac{2.0}{0.070}=28.5\cdots \to 29$cm³である。　　**(2)**　22.4L→22400mL→22400cm³より，22400÷29＝772.4…→772倍である。ここでは「(1)で求めた液体の水素の体積」を四捨五入した後の体積で考えた。四捨五入する前の体積と比べると，$22400 \div (\dfrac{2.0}{0.070})=784$(倍)となる。

③ **問2**　養分は小腸で吸収されると，小腸から門脈を通ってかん臓に送られる。

問3　問2解説の小腸とかん臓のつながり以外では，心臓以外の臓器から別の心臓以外の臓器に直接血液が送られることはなく，心臓からある臓器に送られた血液は一度心臓にもどってから別の臓器に送られる。

問4　ヨウ素液はデンプンに反応して青紫(むらさき)色に変化する。また，図1より，アミラーゼは温度が35℃くらいのときによくはたらくことがわかる。よって，オではご飯にふくまれるデンプンが最もよく分解されるため，青紫色への変化が最も小さくなる。

問5　図2では，袋(ふくろ)Aの中のデンプンがマルトースに分解される。また，セロハンはマルトースの粒(つぶ)を通すので，袋Aだけでなく試験管aにもマルトースがふくまれていると考えられる。

④ **問1**　図1で，はね返る前の光を入射光，はね返る前の角度を入射角，はね返った後の光を反射光，はね返った後の角度を反射角という。図2では，入射光が右に1マス，下に1マスの割合で進むので，反射光は右に1マス，上に1マスの割合で進む。

問2　図3のように，図2の状態から平面鏡を30度回転させると，入射角が30度大きくなる。このとき，反射角も30度大きくなるから，入射角と反射角の間の角度が図2のときよりも30＋30＝60(度)大きくなる。入射光の向きは変化していないから，反射光は光がはね返った点を中心にして時計回りに60度ずれる。

問3　図iのように，ア～オの像ア′～オ′の位置を求め，それぞれの像と観測者を直線で結んだとき，その直線が鏡を通るイとウとエは鏡を通して見ることができ，鏡を通らないアとオは鏡を通して見ることができないと考えればよい。

図i

問4　図iで，観測者とア′，観測者とオ′を結んだ直線が鏡を通るようにすればよい。

問5　図6で，Cを，縦方向(じく)の鏡を軸として対称(たいしょう)移動させた位置に1つ(像X)，横方向の鏡を軸として対称移動させた位置に1つ(像Y)でき，さらに像Xを横方向の鏡を軸として対称移動(像Yを縦方向の鏡を軸として対称移動)させた位置に1つ(像Z)できるから，合計で3つである。なお，像XとYはそれぞれ鏡で1回反射して見え，像Zは2枚の鏡で1回ずつ反射して見える像である。このとき，像XとYは物体と左右が反対になって見え，像Zは物体と同じ向きに見える。

問6　①式より，$\dfrac{1}{60}+\dfrac{1}{20}=\dfrac{4}{60}=\dfrac{1}{15}$となるから，15cmである。

問7　図9で，凹面鏡をずらす前は，凹面鏡をずらす前の光軸の下に像ができている。凹面鏡を上方にずらすと，光軸をまたぐように像ができる（光軸の上の方が長い）から，像全体は上方にずれる。

問8　平面鏡にできる像は左右が反対になり，凹面鏡によってできる像は上下左右が反対になる。図ⅱに，それぞれの面にできる像を矢印の方向から見たときの向きをまとめた（図ⅱのア～エは問8の選択肢のア～エに対応している）。

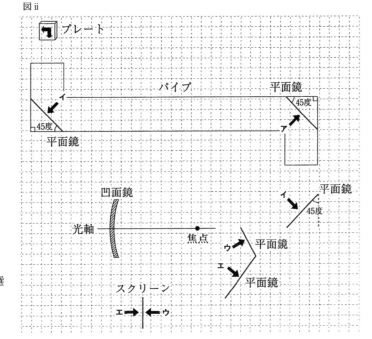

図ⅱ

―《2024　社会　解説》――

1　問1　岩手　平泉にある中尊寺金色堂は，奥州藤原氏によって建てられた。

問2　ア　日光東照宮は栃木県にある。イは山梨県，ウは奈良県，エは岡山県。

問3　イ　A．正しい。B．誤り。内陸県は群馬県・栃木県・埼玉県・山梨県・長野県・岐阜県・滋賀県・奈良県の8つある。

問4　黒部　黒部ダムは，総工費に500億円以上を費やし，7年もの歳月をかけて建設された。

問5　合掌造り　岐阜県の白川郷と富山県の五箇山の合掌造り集落は，世界文化遺産に登録されている。

問6　エ　霞ヶ浦は茨城県，猪苗代湖は福島県にある。霞ヶ浦の方が猪苗代湖より広いことは知っておきたい。

問7　ウ　A．誤り。静岡県のみかんの収穫量は，和歌山県，愛媛県につぐ第3位であった。B．誤り。石見銀山は静岡県ではなく島根県にある。C．正しい。

問8　イ　会津塗は福島県，備前焼は岡山県，熊野筆は広島県の伝統的工芸品である。

問9　ア　日本海に面する鳥取県鳥取市は，冬の降水量が多い日本海側の気候である。イは広島県広島市，ウは鹿児島県鹿児島市，エは静岡県静岡市。

問10　ウ　京浜・中京・阪神・瀬戸内の工業地帯・地域を比べた場合，瀬戸内工業地域は化学の割合が高い工業地域である。アは中京工業地帯，イは阪神工業地帯，エは京浜工業地帯。

問11　エ　Ⅰは高知県・熊本県と，温暖な気候の2県が上位にあることから，促成栽培のなすと判断する。Ⅱは山梨県，長野県が上位にあることから，ぶどうである。Ⅲは北海道が1位であることから大豆である。

問12　ウ　ア．国内最大の出力をもつ八丁原地熱発電所は大分県にある。イ．面積が3番目に小さく，最も多くの活火山がある都道府県は東京都である。東京都の離島に多くの活火山がある。エ．火山灰がたまってできた赤い土の層は関東ロームだから，群馬県や栃木県などがあてはまる。

問13　カ　Ⅰ．誤り。E，F，G，Hのうち都道府県名と都道府県庁所在地名が異なるのはF（滋賀県大津市）だ

けである。Ⅱ．誤り。北海道・長崎県などが上位にいるから，Ｉ，Ｊ，Ｋ，Ｌの４県すべてが５位以内になること
はない。

2 問1(1) イ　アメリカの国会議事堂である。　(2) エ　Ａ．正しい。2022年の内閣提出法律案はすべて成立して
いる。Ｂ．正しい。Ｃ．誤り。2020年については，議員立法提出件数より内閣提出法律案提出件数の方が多かった。

問2 キ　Ｂさん．誤り。円安ドル高は，円の価値が下がり，ドルと交換するために多くの円を必要とすること。
Ｃさん．正しい。Ｄさん．誤り。４月に100円を預けると１ドルになり，いま１ドルを円に両替すると，115円に
なるので得をする。

問3 ウ　新聞記事は第20回統一地方選挙実施前のものであり，この時点で第20回の統一地方選挙の投票率は
出ていない。また，文章中の27.40％は統一率である。

問4(1) 安全保障理事会　安全保障理事会は，５の常任理事国(アメリカ，イギリス，フランス，ロシア，中国)
と10の非常任理事国で構成される。常任理事国は非改選，非常任理事国は任期が２年で毎年半数が改選される。

(2) エ　国連のグテーレス事務総長は，世界の温室効果ガスの約８割を排出しているといわれるＧ20に対して新
たな排出削減目標が必要だとするコメントを出す中で，地球沸騰という言葉を使った。

問5(2) オ　有料版のある生成ＡＩの無料版を使用しても問題ではない。

3 問1 イ　Ａ．正しい。資料１から判断できる。Ｂ．誤り。資料１・資料２から都は難波宮(大阪府)にあったこと
がわかる。Ｃ．誤り。資料３から第一条では公地公民について示され，第三条では班田収授法について示されている。
Ｄ．正しい。改新の詔は，大宝律令制定以後に成立した『日本書紀』に記述があるため，内容が改められた可能性
が高いとされている。

問2 富本銭　富本銭は，まだ流通の確認ができていない。流通が確認された最古の貨幣は和同開珎である。

問3 オ　Ｚ(９世紀末)→Ｘ(11世紀中ごろ)→Ｙ(12世紀中ごろ)

問4 平清盛　保元の乱，平治の乱に連勝した平清盛は，後白河上皇の保護を受けて権力をにぎった。自分の娘を
天皇に嫁がせ，生まれた男子を天皇にして外戚として政治の実権をにぎる手法は，藤原氏の摂関政治と同じであった。

問5 ウ　Ａ．誤り。雪舟は15世紀中ごろに活躍した画僧であり，足利義満の治世は14世紀後半から15世紀
初頭なので，義満は雪舟を保護していない。Ｄ．誤り。応仁の乱は，足利義政のあとつぎ問題と管領をめぐる守護
大名の権力争いから起きた。

問6 琉球　南山，中山，北山の３国を中山王尚氏が統一して琉球王国とした。

問7 ア　狩野永徳の『唐獅子図屏風』である。イは俵屋宗達の『風神雷神図屏風』(江戸時代)，ウは『一遍上
人絵伝』(鎌倉時代)，エは『鳥獣人物戯画』(平安時代末)。

問8 京都所司代　鎌倉時代の六波羅探題と間違えないようにする。

問9 ア　Ａ．正しい。Ｂ．誤り。松平定信の寛政の改革の内容。Ｃ．誤り。徳川吉宗の享保の改革の内容。

問11 津田梅子　女子英学塾は現在の津田塾大学の前身である。

問12 ウ　Ｙ(1880年代)→Ｘ(1895年)→Ｚ(1905年)

問13 イ　Ａ．正しい。Ｂ．誤り。「脱亜論」は福沢諭吉が唱えた。

問14 二・二六事件　陸軍の青年将校らが起こしたクーデターを二・二六事件という。

問15 360　固定相場は１ドル＝360円で始まり，１ドル＝308円を経て，変動相場制に移行した。

問16 エ　ＮＡＴＯの成立は1949年である。

《新思考　総合Ⅰ》

1　(1)①右図　②右図

(2)□：1　▼：8　△：5　☆：2　◆：4　●：9　○：7　◎：3

(3)E→A→C→D→B　(4)ア，コ

2　(1)50.24　(2)56.52　※(3)596.16

12	4	17
16	11	6
5	18	10

1(1)①の図

8	9	13
15	10	5
7	11	12

1(1)②の図

3　(1)912, 915, 918　(2)ア．8　イ．3×33＋1　ウ．5　エ．3×3＋1

オ．8×33＋5×3　カ．3の倍数　キ．各位の数の和が3の倍数となる整数は，3の倍数

(3)738＝700＋30＋8である。10＝9＋1，100＝9×11＋1なので，

738＝700＋30＋8＝7×100＋3×10＋8＝7×(9×11＋1)＋3×(9＋1)＋8＝9×(7×11＋3)＋7＋3＋8

各位の数の和である7＋3＋8＝18だから9の倍数で，9の倍数同士の和は9の倍数なので，738は9の倍数である。逆に，各位の数の和が9の倍数でなければ，全体として9の倍数ではない。つまり，各位の数の和が9の倍数となる整数は，9の倍数である。　(4)1234567845, 1234567890

4　(1)463　(2)図4では，水素分子2個と酸素分子1個の結合を切って，水分子2個の結合を作ったので，反応熱は(926＋926)－(436＋436＋498)＝482(kJ)となる。　答え…482　(3)416　(4)800　(5)区間A－Bで発生した熱は，すべて分子間力を小さくするために使われるから。　(6)4.2　※の考え方は解説を参照してください。

《新思考　総合Ⅱ》

1　問1．イ　問2．ア　問3．エ　問4．主権　問5．ウ　問6．オ　問7．エ　問8．イ

問9．近年は上昇傾向にあるが，他のどの年代の投票率より低いよ　問10．ウ　問11．エ

2　問1．ウ　問2．妻が家事を担当すればするほど，むしろ不公平感が下がる　問3．(1)エ　(2)ア

問4．育休を取得しやすい職場かん境を整えることで，男性の育休取得率が高まり，男性が家事や育児に取り組む時間が増えて，妻の分担比率を下げることにつながる。また，育児への支えんや理解が進んでいると就職先として選ばれやすくなり，企業の成長にもつながる。

3　問1．(1)心　(2)格　(3)険　(4)初　問2．(1)血　(2)秋　(3)衣　(4)命

問3．(1)なって　(2)している　(3)とても　問4．1番目…ウ　3番目…イ　問5．(1)ア　(2)エ

《新思考　英語》

1　放送原稿非公表のため，解答例は掲載しておりません。

2　〈A〉1．①　2．④　3．③　4．②　5．②　6．①

〈B〉[3番目／6番目]　1．[①／⑦]　2．[⑥／④]　3．[②／③]

3　1．①　2．ア．③　イ．③　3．③，⑥

4　1．②，③　2．クレジットカード番号の登録によって，傘と利用者の個人情報がつながっているから。

3．ほとんどの傘が戻ってこなかったから。　4．鉄道会社から提供された，電車や駅に置き忘れた

5．私たちは，便利さだけでなく，社会の無駄をいかに減らすかについても配慮する必要があります

5　〈A〉 A boy is looking for his glasses which are in the pocket.／12

　　〈B〉①I was told to bring a dictionary to English class　②but you can use my paper dictionary　③you can come up with various ways to use　A．it is too heavy to carry／6　　B．I can find the meaning of the word quickly／9

──────────《一般　国語》──────────

一　問1．影の美学　　問2．イ　　問3．X．暗い過去　Y．失われたもの〔別解〕影のない映像　　問4．ウ
　　問5．影の怖さを味わい、人間には意識されない部分や見えない部分、不可知の部分があるということを知る経験。
　　問6．ア　　問7．エ　　問8．オ　　問9．ア

二　問1．エ　　問2．母親が病気で、父親も単身赴任中のため、家事と妹の世話をしなければならないから。
　　問3．どんより　　問4．ア　　問5．ウ　　問6．【D】　　問7．ウ　　問8．ア　　問9．(1)オ　(2)イ

三　問1．①納得　②包装　③奮発　④樹立　⑤姿勢　⑥拝　⑦忠誠　⑧でんしょう　⑨へいれつ　⑩い
　　問2．あなたの「ほこ」であなたの「たて」をついたらどうなるのか　　問3．(1)徒然草　(2)格差　(3)ウ　(4)ウ

──────────《一般　算数》──────────

1　(1)7　　(2)$\frac{4}{5}$　　(3)175　　(4)2100　　(5)(ア)83　(イ)77　　(6)74　　(7)(ア)27　(イ)105　　(8)④　　(9)18.24
　(10)36　　(11)125.6

2　(1)(ア)7　(イ)1　(ウ)56　　※(2)76個

3　(1)10人　　(2)900人　　(3)6つ

4　(1)3：5　　(2)9：5　　(3)4：1

5　(1)288　　(2)120　　(3)56　　　　　　　　　　　　　　　　　　※の考え方は解説を参照してください。

──────────《一般　理科》──────────

1　問1．A．ケ　B．キ　C．エ　　問2．オ　　問3．エ　　問4．カ　　問5．イ　　問6．オ

2　問1．イ　　問2．ウ　　問3．オ　　問4．ウ　　問5．ア　　問6．カ　　問7．イ　　問8．ア

3　問1．7.9　　問2．1.1　　問3．①イ　②ウ　　問4．10　　問5．254　　問6．250　　問7．350
　　問8．①2747.4〔別解〕2748　②1831.6〔別解〕1832

4　問1．オ　　問2．い．ア　う．ウ　　問3．895　　問4．ア　　問5．エ　　問6．イ　　問7．(a)エ　(b)ア

──────────《一般　社会》──────────

1　問1．石川県　　問2．エ　　問3．企業城下町　　問4．4　　問5．エ　　問6．イ　　問7．かもめ
　　問8．ウ　　問9．ア　　問10．イ　　問11．ア　　問12．カ　　問13．イ　　問14．⑤　　問15．大

2　問1．カ　　問2．ウ　　問3．ア　　問4．環境アセスメント　　問5．テレワーク　　問6．ア　　問7．イ
　　問8．技能実習

3　問1．冠位十二階　　問2．カ　　問3．ア　　問4．墾田永年私財法　　問5．守護　　問6．ア
　　問7．後醍醐　　問8．イ　　問9．武家諸法度　　問10．ア　　問11．前島密　　問12．ウ　　問13．米騒動
　　問14．エ　　問15．日米安全保障条約　　問16．エ

― 《2023　総合Ⅰ　解説》 ―

1 (1)① 並んでいる3つの数の和が 12＋16＋5＝33 になればよいから，真ん中の数は 33－16－6＝11 になる。

残りのマスも3つの数の和が33になるように数を入れていけばよい。

② 右図のように記号をおく。7＋11＋㋤＝8＋㋒＋㋤だから，7＋11＝8＋㋒　　㋒＝10

7＋㋒＋㋑＝8＋㋐＋㋑だから，7＋10＝8＋㋐　　㋐＝9

したがって，並んでいる3つの数の和が 9＋10＋11＝30 になるように，残りのマスに数を

入れていけばよい。

(2) 右図のように記号をおく。

筆算①の一の位から，△＋△の一の位は0とわかるから，△＝5

4けたの数から3けたの数を引いて3けたになっているから，□＝1

▼＋□＝9だから，▼＝9－1＝8

筆算②の一の位から，◆＋◆の一の位が8なので，◆は4か9。◆＝9だと1繰り上がって●に入る数がなくなる

ので，◆＝4であり，●＝9となる。したがって，☆＋☆＝◆＝4だから，☆＝2

筆算③の一の位から○は2か7だが，2はすでに使ったので，○＝7　　47×8＝376より，◎＝3

筆算①
```
 □ 0 0 0
－▼ □ △
─────
 □ ▼ △
```
筆算②
```
  ☆ ● ◆
＋ ☆ ● ◆
─────
◆ ● 8 8
```
筆算③
```
   ◆ ○
 ×    8
─────
 ◎ ○ 6
```

(3) 同時に成り立たないことを言っている複数の人を探すと，A，B，Eの言っていることがそれにあてはまる

とわかる。したがって，CとDは正しいことを言っているので，速かった順に左か

ら並べると右図のようになる。EはDより左側にいるので，Bの言っていることが

間違っている。よって，Eは1位だから，速い順に，E→A→C→D→Bである。

A	C	D	B

(4) 天びんがつりあっていても，両方の皿に1枚ずつ偽物が乗っている可能性があるので，まず，つりあってい

ない天びんから考える。つりあっていない2つの図で重い方の皿に偽物のコインがふくまれていることはないので，

㋑㋔㋕と㋗㋘は本物である。一番右の図から，㋖と㋙の一方または両方が偽物だから，一番左の図では，両方の皿

に1枚ずつ偽物が乗っていることになる。したがって，㋙が偽物であると確定する。

もう1枚は㋐か㋒だが，㋒だとすると真ん中の図と合わない。よって，もう1枚の偽物は㋐である。

2 (1) Aが動く線は右図の太線のようになる。

半径 12 cm，中心角 180°－60°＝120° のおうぎ形の曲線部分2つぶんだから，

求める長さは，$12 \times 2 \times 3.14 \times \dfrac{120°}{360°} \times 2 ＝16 \times 3.14＝50.24$（cm）

(2) Aが動く線は右図の太線のようになる。

曲線部分は半径 12 cm の円周の $\dfrac{1}{4}$ が2つぶんで，直線部分の長さは，

回転させたおうぎ形の曲線部分の長さと等しい。よって，求める長さは，

$12 \times 2 \times 3.14 \times \dfrac{1}{4} \times 2 ＋12 \times 2 \times 3.14 \times \dfrac{1}{4}＝18 \times 3.14＝56.52$（cm）

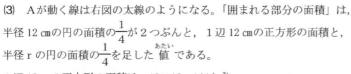

(3) Aが動く線は右図の太線のようになる。「囲まれる部分の面積」は，

半径 12 cm の円の面積の $\dfrac{1}{4}$ が2つぶんと，1辺 12 cm の正方形の面積と，

半径 r の円の面積の $\dfrac{1}{4}$ を足した値である。

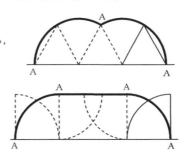

1辺 12 cm の正方形の面積は，12×12＝144（cm²）

正方形の面積は（対角線）×（対角線）÷2でも求められるから，r×rの値は，144×2＝288

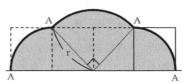

したがって，半径 r の円の面積の $\frac{1}{4}$ は，$288 \times 3.14 \times \frac{1}{4} = 72 \times 3.14$（cm²）

よって，求める面積は，$12 \times 12 \times 3.14 \times \frac{1}{4} \times 2 + 72 \times 3.14 + 144 = 144 \times 3.14 + 144 = 144 \times 4.14 = 596.16$（cm²）

3 (1) 910 の各位の数の和は $9 + 1 + 0 = 10$ だから，一の位があと 2 大きければ 3 の倍数になる。

よって，910 以上 920 以下の 3 の倍数は，912，915，918 である。

(2) 花子さんの式の変形は，$3 \times$（　オ　）$+ 8 + 5 + 2$ という形にして，「3 の倍数の部分」と「各位の数の和の部分」の足し算にすることが目的である。その流れにそうように数と式を入れていけばよい。

(3) 3 けたの 9 の倍数を変形して，$9 \times$（　　　　　）$+$（各位の数の和）という形にしたいので，10 と 100 を変形するときは，9 の倍数をふくむように，$10 = 9 + 1$，$100 = 9 \times 11 + 1$ とする。

(4) 1234567800 の各位の数の和は，$1 + 2 + 3 + 4 + 5 + 6 + 7 + 8 = 36$ だから，9 の倍数である。したがって，1234567800 は 9 の倍数であり，かつ 5 の倍数でもあるので，1234567800 は $9 \times 5 = 45$ の倍数である。

45 の倍数に 45 を加えるごとに 45 の倍数が現れるから，求める数は，1234567845 と 1234567890 である。

4 (1) $926 \div 2 = 463$（kJ）

(2) （結合を作るエネルギー）－（結合を切るエネルギー）＝（反応熱）を使って値を求める。図 5 より，水分子 1 個の結合を作るエネルギーは 926kJ だから，水分子が 2 個できるときの結合を作るエネルギーは $(926 + 926)$kJ である。また，水素分子を切るエネルギーは 436kJ，酸素分子を切るエネルギーは 498kJ だから，水素分子を 2 個と酸素分子を 1 個切るエネルギーは $(436 + 436 + 498)$kJ である。よって，$(926 + 926) - (436 + 436 + 498) = 482$（kJ）となる。

(3) 図 5 より，水素分子 1 個の結合を切るエネルギーは 436kJ だから，図 9 の結合を切るエネルギーは $(436 + 436)$kJ である。反応熱は 792kJ だから，メタンの結合を作るエネルギーは $(436 + 436) + 792 = 1664$（kJ）となる。メタンは炭素原子 1 個に水素原子が 4 個結合しているので，$1664 \div 4 = 416$（kJ）となる。

(4) $(1608 + 926 + 926) - (1664 + 498 + 498) = 800$（kJ）

(5) 水は 0℃ で固体（氷）から液体（水）に変化し，100℃ で液体（水）から気体（水蒸気）に変化する。物質の状態が変化している間は，熱が物体の状態を変化させるために使われるため，温度が一定になる。

(6) 氷 5kg が水になるときに必要な熱は $334 \times 5 = 1670$（kJ）だから，水 5kg を 0℃ から 39.5℃ に上げるために必要な熱は $2500 - 1670 = 830$（kJ）である。よって，水 1kg を 1℃ 上げるのに必要な熱は $830 \times \frac{1}{5} \times \frac{1}{39.5} = 4.20\cdots \to 4.2$kJ となる。

── 《2023　総合Ⅱ　解説》 ══════════════════════════════════

1 問1　イ　　民法施行は 1898 年（明治 31 年）のことであったため，生活様式や習慣の変化に応じて，改正の必要性が生じている。

問2　ア　　飲酒・喫煙は今までと変わらず 20 歳以上のままである。

問3　エ　　Y（1889 年）→ Z（1919 年）→ X（1947 年）

問4　主権　　主権が国民にあることを「国民主権」または「主権在民」という。

問5　ウ　　小選挙区制は，1 つの選挙区から 1 名を選出するため，当選者以外に投じられた票はすべて死票となる。例えば，A，B，C の 3 人が立候補した選挙で，有効投票が 100 票で，A が 34 票，B と C がそれぞれ 33 票を獲得して A が当選した場合，A に投じられた票より，死票の方が多くなることになる。

問6　オ　　A．正しい。資料 1 の棒グラフは，下に行くほど多くなっている。B．誤り。性別による有権者の資格の差は，1945 年を境にしているから，差があった時期（1945 年以前）の投票率の方が高い。C．正しい。第 23 回

の総選挙で投票した人数は，4091×0.68＝2781.8…より約2781万人である。第48回の選挙で投票した人数は，10609×0.537＝5697.0…より約5697万人だから，第48回の方が多い。

問7　エ　250÷125＝2より，x県は2が配分される。200÷125＝1.6より，y県は2が配分される。10÷125＝0.08より，z県は1が配分される。

問8　イ　人口の少ない鳥取県や島根県が入っているイを選ぶ。アは④，ウは③，エは②。

問9　10歳代と20歳代に共通する投票率に関することなので，他の年代より低いこと，2014年以降上昇傾向にあることの2つを盛り込む。

問10　ウ　A．誤り。第47回(2014年)以降は，「全体」の投票率を下回っている。B．正しい。

問11　エ　個別の政策では，どの政策についてもX党が2，Y党が3である。一方，投票結果をみると，支持政党はX党が3，Y党が2になっている。

2　**問2**　直前で「左側の～右上がりの分布」について「家事分担が多くなるほど妻は不公平だと感じる」と説明しているのを参考に，「右側の～右下がりの分布」が意味することを説明する。

問3(1)　「幸福」とエの「かっこ」は，本当はそのようには言えないが，という気持ちがこめられたもの。アは注意，イは引用，ウは書名，オは会話を示すもの。　　(2)　下線部の直後で「個人にとっても，『女性が財布を握っている』ことは～男性側の『強さ』と表裏一体～離婚することになれば，女性は一挙に『財布』を失います～偏りや歪みは，マクロな社会全体の仕組みにおける不公正や不効率をもたらすので，ミクロな個々人が『それでいいんだ』と思っていることによっては正当化されえない」と述べていることから，アのような理由が読みとれる。

問4　【資料1】の法改正によって，以前よりも男性が育休を取得しやすくなると考えられる。それによって夫の家事や育児に取り組む時間が増えれば，本文で述べられていた「日本は妻の家事分担比率がとても高い」という問題の改善につながると期待できる。【資料2】からは，「育休を取りたい」と考える男性が8割近くいることがわかる。この結果から，就職先として，育休を取りやすい会社を選ぶ人が多いということが想像できる。このことのメリットは，良い人材を確保しやすくなり，その会社の成長につながるということである。

3　**問2(1)**　「血となり肉となる」は，学んだことなどが完全に身に付いて，役立つようになること。「血が通う」は，形式的でなく人間味が感じられることのたとえ。「心血を注ぐ」は，心身のありったけの力をつくして物事をおこなうこと。　　(2)　「秋風が立つ」は，男女のあいだの愛情が冷めること。「一日千秋」(一日千秋)は，一日が非常に長く感じられること，待ち望む気持ちがとても強いこと。「天高く馬肥ゆる秋」は，空が高くすみわたって晴れ，気候がよいので馬がよく食べてたくましくなる秋という意味。秋が，さわやかで心身ともに心地よい季節であることをたとえた表現。　　(3)　「歯に衣着せぬ」は，思ったままをずけずけと言うこと。「馬子にも衣装」は，つまらない者でも外面をかざると立派に見えるというたとえ。「衣鉢を継ぐ」は，弟子が師からその道の奥義(極意)を受けつぐこと。　　(4)　「河豚は食いたし命は惜しし」は，おいしいフグは食べたいが毒にあたって死ぬのはいやだということから，危険がともなうのをおそれてふみきれない(思い切ってできない)というたとえ。「美人薄命」(佳人薄命)は，美人は病弱で早死にするなど不幸になることが多いという意味。「命を削る」は，寿命を縮めるほど苦労すること。

問3　「受験生に」→「なって」→「している」，「毎日」→「している」，「勉強を」→「している」とかかる。そのような「人が」(主語)─「増えた」(述語)，「とても」→「増えた」という構造。

問4　「異文化コミュニケーションの重要性が叫ばれている」が，「異文化コミュニケーションどころか，日本人同士でも意思疎通が難しい」というつながりなのでウ。この指摘について，「日本人同士でも意思疎通が難しい」

理由として「日本語はそもそも論理的ではない」ということを取り上げているので，エ→イ。「日本人同士でも意思疎通がうまくいかない」という指摘に対して，「日本人同士のコミュニケーションが取れているように思える」という見方を取り上げたうえで，そう思ってしまう根拠を「日本語という言語に頼るのではなく～その場の空気を読み取ることによって成り立っているからだ」と述べている（ア）。これらの内容を理由として，「だから，コミュニケーション能力を上げるには～重要だ」という考えを述べている。

問5(1)　「五月二日」にふさわしい時候のあいさつなので，ア。　(2)　「お別れになってから」は間違いで，「お別れしてから」が正しい。「お待ちになっています」は間違いで，「お待ちしています」が正しい。よって，Aは正しいアドバイス。Bの「開催日時や場所がわからない」も，必要な情報の不足を指摘する正しいアドバイス。手紙の文末は「です・ます調」で統一されているので，Cは不要。よって，エが適する。

━《2023　英語　解説》━━━━━━━━━━━━━━━━━━━━━━━━━━━

2　〈A〉1　go swimming in ～「泳ぎに～へ行く」より，①が適切。

2　buyer「仕入れ係」，passenger「乗客」，guest「パーティーやホテルの客」，customer「店で商品を買ったりサービスを利用したりする客」より，④が適切。

3　watch「腕時計」についての会話である。時計の針は③hands を使う。①needles「針」は使わない。

4　「あなたが図書館で（　　　）本をまだ持っていますか？」より，②borrowed「借りた」が適切。lent「貸した」と混同しないようにしよう。

5　A「昨夜のミュージカルはどうだった？」→B「正直，良くなかったよ。パフォーマンスが期待に（　　　）から，休憩中に帰る人もいたよ」…meet one's expectations「～の期待に見合う」より，②が適切。

6　whether ～ or not「～であろうとなかろうと」より，①が適切。

〈B〉1　How difficult it is to be good at speaking a foreign language! :〈How＋形容詞＋主語＋動詞〉の語順で「（主語）はなんて～なのでしょう」の意味を表す。〈it is…to～〉「～するのは…だ」の文。it（＝形式主語）は to 以下を指す。

2　Some of the apples I bought yesterday were rotten ,so .... : apples と I の間に関係代名詞が省略された文。語句（＝I bought yesterday）が後ろから名詞（＝apples）を修飾して「私が昨日買ったリンゴ」を表す。

3　It means that three people working together will do a better job than just one person. : 現在分詞（＝working）と語句（＝together）が後ろから名詞（＝people）を修飾する。

3　【本文の要約】参照。

2ア　直前にリンダが服装によって就職面接に自信が持てると言っており，それに対してアダムが君の考えがわかってきたと言っているので，③「制服のおかげで警察官が自信と権力を感じるようなものだろ」が適切。

イ　直前のリンダの話にあるテストの結果を，アダムが予想している。話の流れから，白衣によって自信を持った人の成績が良かったと考えられるので，③「白衣を着た人の方が，普通の服装をしていた人より成績が良かったんだね」が適切。

3　①「×アダムは初めて就職面接を受けます」　②×「リンダは，人は服装で他人を判断すべきではないと信じています」…本文にない内容。　③〇「アダムは，就職面接で人々はよく黒っぽい色のスーツを着ると指摘しています」　④「あなたは×高価な服を着ると，自信がつくかもしれません」　⑤×「リンダはアダムにいい仕事を見

つけてほしいと思っています」…本文にない内容。　⑥○「リンダと話をしたあと，アダムの服装に対する考えが変わりました」

【本文の要約】

状況:リンダとアダムは新しい服を買うために地元のショッピングモールにいる。

リンダ：ああ，来週の就職面接にはどうしても新しいスーツが必要ね。どれを買えばいいのかわからないわ。

アダム：着るものに ㋐どうして（＝why）そんなに気をもむのかわからないよ。就職面接は，本当は服装で決まるものじゃないよ。質問に対して君が ㋑どのように（＝how）答えるかだよ。

リンダ：私はあなたの意見に反対よ，アダム。自分が着ているものが，他人の印象に影響を与えることが証明されているわ。例えば，就職面接でピエロスーツのようなものを着るのは良くないかもしれないわ。

アダム：言っていることはわかるけど，₃③僕は就職面接を受けたことがあるんだ。みんな全く同じ形のスーツを着ているよ。黒っぽい色で，とても保守的なんだ。だから，黒っぽい色のジャケットであれば，となりの人のジャケットとあまり変わらないと思うよ。

リンダ：あのね，調査によると，着ている服が自信と行動に影響を与えるそうよ。だから，お気に入りのスーツを着て自信を持てば，さらに自信のある態度で質問に答えることができ，面接の時に有利になるかもしれないわ。

アダム：君の言いたいことがわかってきたよ。僕の予想では，例えば，㋐③制服のおかげで警察官が自信と権力を感じるようなことだろ。

リンダ：その通りよ。最近，人々の注意力をテストした記事を読んだわ。テストを受けた人の半数は普通の服装をしていたけど，残りの半数は，科学者や医者が着るような白衣を着なければならなかったの。

アダム：僕の予想では，㋑③白衣を着た人の方が，普通の服装をしていた人より成績が良かったんだね。

リンダ：そうよ。彼らはより自信を持ち，より高得点をとったわ。だから，話はやめて，₃⑥私が完璧なスーツを見つけるのを手伝って。それは私を賢く見せてくれるし，私に自信をくれるし，就職に役立つわ。

アダム：₃⑥わかったよ。そうしよう。

4 【本文の要約】参照。

　1　①「iKasa のサービスを利用したいなら，会社に ×電話する必要があります」　②○「LINE アプリを使って，最寄りの傘スポットを見つけることができます」　③○「スタンドで傘のロックを解除するために，QR コードをスキャンしなければなりません」　④×「あなたは傘を 24 時間以内に返さなければなりません」…本文にない内容。　⑤×「あなたはクレジットカードではなく現金で支払わなければなりません」…本文にない内容。⑥×「あなたはインターネットで iKasa 社へメッセージを送ることができます」…本文にない内容。

　2　下線部アの直後の since 以下の内容を日本語で答える。

　3　下線部イの直前の1文の because 以下の内容を日本語でまとめる。

　4　下線部ウの2文後の1文から必要な部分を日本語で答える。

　5　・not only A but also B「A だけでなく B も」

【本文の要約】

　一般的に，日本人は雨が降るとぬれるのがあまり好きではありません。急に雨が降ると新しい傘を買う人が多いです。新しく買ったものでもよくあることですが，傘がさまざまなところに放置されています。日本洋傘振興協議会などによると，日本では年間1億2000万本から1億3000万本が売れているのに対し，ビニール傘は年間約8000万本が捨てられています。

あるスタートアップ企業が，IoT 技術を利用して，東京を中心に，傘の無駄を減らす傘共有サービスを開始すること に成功しました。同社は 2018 年 12 月にサービスを開始し，すべての傘のレンタル利用を目指しています。「Kasa」は日 本語で「傘」を意味するため，このサービスは「iKasa」と呼ばれています。

₁②サービスの利用者は LINE メッセージアプリで会社に登録し，最寄りの傘スポットを確認します。₁③利用者はスタ ンドに行き，ハンドルについている QR コードをスキャンして選んだ傘のロックを解除し，必要な時間だけ持ち出しま す。このサービスは登録したクレジットカードでの支払いで 1 日 70 円で利用できます。

iKasa のシステムはレンタル傘の返却率 100％を達成しました。₂クレジットカード番号の登録によって，傘と利用者 の個人情報がつながっているからです。東京に本社を置く同社は，提携している 100 か所の店や事務所などに iKasa ス ポットを設置しています。

これまで多くの団体が低い返却率のために傘共有サービスの事業に失敗しました。例えば，北海道函館市内の函館商 工会議所などの団体は 2016 年 3 月に北海道新幹線が開業したとき，観光客が無料で使える 2300 本の傘を用意しました。 ₃傘がほとんど戻ってこなかったため，観光振興プログラムは 1 年後に終了しました。同様のプログラムが 10 年ほど前 に東京の渋谷区で導入されましたが，同様の理由で継続できませんでした。

iKasa サービスは人々が傘を返却しないという問題を「ビジネス」ととらえることで克服しました。創業者は言いま した。「日本の優れた鉄道網のように，日本中に普及させたいです」

他の会社も傘の無駄使いに取り組んでいます。大阪市に本社があるソフトドリンクメーカーは，オフィスビルや商店 街を中心に，自動販売機の横に無料の傘を置いています。そのような場所では多くの人が傘の存在に気付き，多くの場 合返却してくれるからです。₄このサービスで利用されている傘には，鉄道会社から提供された電車や駅に置き忘れら れた傘もふくまれています。 同社は 2015 年に大阪でサービスを開始し，その後，東京都と 15 県にサービスを拡大して います。

傘の利用者として，₅私たちは便利さだけでなく，社会の無駄をいかに減らすかについても配慮する必要があります。 そうすれば，環境を害さずに，雨の日でもぬれずに快適に過ごすことができます。

⑤ 〈A〉 語数を守り，指定語句を用いること。「少年は眼鏡をさがしています」 ・look for〜「〜をさがす」
〈B〉① 「〜するように言われる」＝be told to 〜 ② 「〜ならいいけど」＝「でも，あなたは〜できるよ」
but you can 〜 ③ 「工夫する」＝「（アイデアなどを）考え出す」＝come up with 「色々な」＝various
A 「持ち運ぶには重いよ」＝it is too heavy to carry B 「単語の意味をすばやく見つけることができるよ」＝
I can find the meaning of the word quickly

— 《2023 国語 解説》 ═══════

一　問1 　　A　の直前の一文では「影の 描 写 ひとつとっても、今日の映画はかつてのような 繊 細な美学を持って はいない」と述べていて、　　A　の後では「一九二〇年代から三〇年代にかけて〜影による 恐 怖や不安の描写を 追求して成功し〜その頂点を極めた」と述べているから、この段落では、「繊細な美学を持って」いたかつての 「影の描写」について述べているのだとわかる。よって、形式段落④の１行目「影の美学」を抜き出す。

問2 　「戦慄」とは、おそろしくて体がふるえること。ここでは、直前にある「殺人鬼の影」と、それにともな う「口笛(の音)」が、おそろしさを感じさせるのに効果的だったということ。よって、イが適する。

問3 X 　傍線部②の前で「主人公の後ろにできる影は、彼の暗い過去を意味している。反対に未来は光に満ちた 都市にある〜光は前から来て、影は後ろにできるという図式である」と述べていることから、影が表すものは、 「暗い過去」。　　Y　傍線部②「今日では〜影を描く作品までもめずらしくなった」を、直後で「影自体が画面 から消えてしまったと言ってもいいだろう」と言い直している。この、影の描写がなくなったという話は、形式段 落①で「技術が発達したせいで失われたものもまた少なくない」と述べたことの例にあたる。

問4 　「現代の照明は可能なかぎり影をなくそうとしている」「地下鉄や地下商店街〜光がすべての影を打ち消す ように計算されている。光＝安全、影＝危険が、社会の常識となっているからだろう」「この惑星からも暗闇がな くなりつつある〜都市計画〜影は物陰とともに危険を誘発するゾーンとして捉えられがちである」という現状を 取り上げたあと、形式段落⑧で「影はわたしたちの意識にとってなくてはならない部分である」と筆者の考えを述 べている。よって、ウの「安全をおびやかす存在として影がむやみに取り除かれ」が適する。

問5 　「揺れ動く影の効果が重要な役割を果たしている」という「影絵芝居」を見て、何を得られるのか。「ロウ ソクやランプの揺れ動く 炎 がつくる影には、独特の怖さがある」、その影の怖さを知ることで、「子どもたちは〜 人間にも意識されない部分や見えない部分、知ることのできない(不可知の)部分がどこかに存在していることを〜 間接的に知らされる」(形式段落⑨)と書かれている。これらの内容をまとめる。

問6 　筆者は「影はわたしたちの意識にとってなくてはならない部分である」(形式段落⑧)と考えていて(問4の 解説参照)、「わたしたちの寄る辺なさでもあるし、同時にひとつの形に縛られない自由の在処でもある」影は、 「わたしたちの分身」で、手放せないものだと述べている(形式段落⑪)。つまり、影は危険だから可能なかぎりな くそうという現代において、影の価値とその必要性を説いていると言える。よって、アが適する。

問8 　傍線部は、文章Ⅱで「(心は)どうやって休ませてあげればいいか、わかりにくい」「心が本当にリラックス できるようなこと〜人によってちがうし、心がつかれてる原因によってもちがう」「心をつかれさせる原因からき よりを置く〜何につかれてるのか、まずは自分の心によく耳をかたむけることが大事」と述べてきたことをふまえ て言っているので、オが適する。

問9 　傍線部⑥「影はわたしたちの分身」の直後に「それを無意識と呼んでも、記憶と呼んでも構わないが」とあ ることに着目する。影は、文章Ⅱで述べられた「心」と同じように、自分と切り離すことができないものであり、 また、自分では意識されないもの、見えにくいものだということ。よって、アが適する。

二　問1 　悠人から「えらいな〜家の手伝いして。妹さんもかわいがってるし」と言われた朱音がどう感じたのかを 読みとる。波線部Ⅶの直後で「だれかに見られたくない。主婦みたいに、買いものしてるのなんて。たいへんだね、 なんていわれたくない。妹をかわいがって、やさしいお姉さんだね、なんて。何もわかんないくせに」と言ってい

ることから、エのような気持ちになったのだとわかる。傍線部①の直後の「手伝いなんて、してない！」は、「家事の手伝いじゃなくて、家事なんだよ」(傍線部⑤の2行前)という意味。

問2 朱音の家の事情は、傍線部⑤の前のやりとりからわかる。悠人が「お母さん、ずっと、病気なんだね」と察したとおりであり、お父さんは「名古屋。単身赴任中」とのこと。つまり、朱音が一人で家事を担い、妹の世話もしているのである。よって、朱音が学校に遅刻したり、授業中に居眠りをしたり、しわのある制服を着ていたりする(生活が乱れている)のは、自分のことを後回しにしていて、寝不足だったり、身だしなみなどにかける時間がなかったりするからだと考えられる。

問4 「かわいた声」は、感情や気力が感じられない声。「とびおりるのかと思ったが～すべりおりてきた」とあり、朱音が「とべないよね、鳥じゃないから」と言っている。ここから、あきらめの気持ちがうかがえる。空を自由に飛べる鳥とはちがって、自分はどうしても家の事をしなくてはならないのである。逃げだしたくても逃げだせない、希望や改善の見こみがないと思っているような状態だと考えられる。よって、アが適する。

問5 話しづらそうに「……わたしは……」と口を開いたものの、言うのをやめてしまった朱音にかけた言葉である。悠人は、自分の家の事情や、心の内にある「正直、自分が、存在する意味、わかんねえんだよな」という気持ちを朱音に話した。それは、朱音に「自分の思いに重なるもの」を感じるからである。このような自分にならだれにも言えないような朱音の気持ちを受け止められる、受け止めたいと思ったのだ。よって、ウが適する。

問6 【D】の直後の「あのとき」の指す内容が、抜けている一文にある。

問7 「…」は、会話の間や、無言であることなどを表すもの。波線部Ⅳの前後に「しばしの沈黙のあとで」「ためらいがちに口を開いたが」とあるとおり、朱音が話しづらいことを打ち明けようとしている状況が表現されている。よって、ウが適する。

問8 さきほど「あわててあとを追った」のとはちがい、「建物の方に走っていった」朱音を追いかけられなくなったのはなぜか。悠人は、以前の会話から、朱音の母親が病気であることは察していた。ここで父親が単身赴任中であることもわかる。そして、朱音の「家事の手伝いじゃなくて、家事なんだよ」という言葉で、朱音が背負っているものの重さ、大変さをつきつけられたのである。自分の想像をこえる状況に衝撃を受け、朱音にかける言葉さえ見つからないのだ。よって、アが適する。

問9(2) ア.「7時間以上」の割合を見ると、「祖父母」は14.9%、「きょうだい」は14.7%だから、その差は0.2%である。　イ.「きょうだい」の「3～7時間未満」(30.5%)と「7時間以上」(14.7%)を足すと、「四割以上」になる。　ウ.「父母」の「3～7時間未満」の割合は12.0%である。　エ.「3時間未満」の割合を見ると、「父母」は45.3%、「きょうだい」は43.1%なので、「父母」の割合のほうが高い。　オ.「祖父母」の「3時間未満」(53.2%)と「3～7時間未満」(12.8%)の合計は66%、「父母」の「3時間未満」(45.3%)と「7時間以上」(9.3%)の合計は54.6%なので、一致しない。

三 **問2** 矛盾の「矛」が「ほこ」、「盾」が「たて」。「どんな『たて』でも貫き通すという『ほこ』」で「どんな『ほこ』でも防ぐという『たて』」をついたらどうなるのか、とつっこんだのである。

問3(2) 「たった八人で、貧しい人三十六億人分を合わせたお金を持っている」という、大きな差がある社会、つまり、富裕層と貧困層の両極化が進んだ社会のこと。　　(3)「美田」は、よく肥えた田んぼ。傍線部①の直前で「子どもに(お金を)残すと、争いの種になるかもしれないよね」と述べているのと同様に、財産を残すと子孫にとって良い結果にならないと考えて、あえて残さないようにするということ。よって、ウが適する。　　(4) 何が(何と)「同じ」なのかと考えると、ウの「財産が」が主語だとわかる。

$\boxed{1}$ (1)　与式＝$1-\dfrac{2}{3}+\dfrac{3}{2}+1-\dfrac{3}{4}+\dfrac{8}{3}+1+\dfrac{5}{4}=3+\dfrac{3}{2}+\dfrac{5}{4}-\dfrac{3}{4}+\dfrac{8}{3}-\dfrac{2}{3}=3+\dfrac{3}{2}+\dfrac{1}{2}+2=3+2+2=\mathbf{7}$

(2)　与式より，$\dfrac{162}{25}\times\dfrac{5}{9}\div\left(\square-\dfrac{1}{5}\right)=6$　$\dfrac{18}{5}\div\left(\square-\dfrac{1}{5}\right)=6$　$\square-\dfrac{1}{5}=\dfrac{18}{5}\div6$　$\square=\dfrac{3}{5}+\dfrac{1}{5}=\dfrac{\mathbf{4}}{\mathbf{5}}$

(3)　ふくまれる食塩の量の合計は，$300\times\dfrac{4}{100}+100\times\dfrac{6}{100}=18$（g）で，18gの食塩をふくむ8％の食塩水の量は，

$18\div\dfrac{8}{100}=225$（g）である。よって，蒸発させる水の量は，$300+100-225=\mathbf{175}$（g）

(4)　【解き方】ある点への行き方の数は，その点の左側の点までの

行き方の数と，その点の下側の点までの行き方の数の和に等しくなる。

それぞれの点への行き方の数は右図のようになるから，Bへの行き方

は **2100** 通りある。

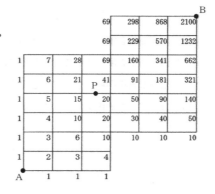

(5)　データを小さい順に並べると，70，75，77，78，82，83で，

正しい値に基づく中央値が77点だから，真ん中に並ぶ2つの値が

77になる。したがって，正しい値は **77** 点である。

誤っている値に基づく合計点は，$70+75+77+78+82+83=465$（点），

正しいデータに基づく合計点は，$76.5\times6=459$（点）だから，誤って

いる値は正しい値よりも $465-459=6$（点）高い。よって，誤っている値は，$77+6=\mathbf{83}$（点）

(6)　右図のように記号をおく。三角形の内角の和より，$●+○=180°-53°=127°$

$⑦+⑦=180°-●\times2+180°-○\times2=360°-(●+○)\times2=360°-127°\times2=106°$

三角形の内角の和より，$⑦=180°-(⑦+⑦)=180°-106°=\mathbf{74°}$

(7)(ア)　$\boxed{1}$の右側には14枚のカードがあるので，$\boxed{1}$を右端(みぎはし)まで移動させるのに14回の操作

が必要である。次に，$\boxed{15}$の左側には13枚のカードがあるので，$\boxed{15}$を左端まで移動させるのに

13回の操作が必要である。よって，求める回数は，$14+13=\mathbf{27}$（回）

（イ）　【解き方】最初に$\boxed{1}$と$\boxed{15}$を入れかえ，次に$\boxed{2}$と$\boxed{14}$を入れかえ，次に$\boxed{3}$と$\boxed{13}$を入れかえ，……と繰り返し

ていき，それぞれのカードの移動回数の規則性を考える。

(ア)のあと$\boxed{2}$から$\boxed{14}$までのカードは13枚あるから，$\boxed{2}$の移動に12回，$\boxed{14}$の移動に11回の操作が必要である。

このように各カードを移動させる操作の回数は，$\boxed{1}$の14回から1回ずつ減っていく。

最後に$\boxed{7}$と$\boxed{9}$を入れかえるとき，$\boxed{7}\boxed{8}\boxed{9}$の左右を入れかえるから，$\boxed{7}$で2回，$\boxed{9}$で1回操作を行えば，すべて

完了する。よって，求める回数は1から14までの整数の和に等しいから，$\dfrac{(1+14)\times14}{2}=\mathbf{105}$（回）

(8)　【解き方】時刻と到着した人をまとめると，右表のようになる。AとCは5分差

なので，AとCのどちらかは $9:05-5$分$=9:00$以前に到着している。したがって，

Eのあとに到着した2人は，Bと，AまたはCである。

①AはEのあとに到着した可能性があるので，確実ではない。

②9:05に到着した可能性があるのはA，B，Cの3人だから，確実ではない。

③Aが8:59に到着して3番目だった場合，Cは9:04到着で最後ではないから，確実ではない。

④Aが9:00前ならばCは9:05前なので，最後はBに決まるから，確実に言える。

⑤Aが8:59に到着した場合，Cは9:04到着で最後から2番目になるから，確実ではない。

8:56	D
8:58	F
9:00	
9:03	E
9:05	最後の人

(9) 　【解き方】斜線部分の一部は，面積を変えずに右図のように移動できる。

半径 $2 \times 2 = 4$ (cm)の円の面積から，対角線の長さが $4 \times 2 = 8$ (cm)の正方形

の面積を引けばよいから，$4 \times 4 \times 3.14 - 8 \times 8 \div 2 = 50.24 - 32 = \mathbf{18.24}$ (cm²)

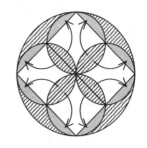

(10) 　【解き方】道以外の部分を合わせると，1辺が $10 - 2 = 8$ (m)の正三角形が

できる。

1辺が10mの正三角形と1辺が8mの正三角形の面積比は，$(10 \times 10):(8 \times 8) =$

$100:64$ である。よって，減少した面積は最初の面積の，$100 - 64 = \mathbf{36}$ (%)

(11) 　【解き方】右のように作図する。三角形EBHを回転させてできる円すい①から，

三角形EAGを回転させてできる円すい②を取り除いてできる円すい台①と，

三角形FCHを回転させてできる円すい③から，三角形FDGを回転させてできる円すい④を

取り除いてできる円すい台②の体積を求め，円すい台①の体積から円すい台②の体積を引く。

BH＝4 cm，HE＝16 cmだから，円すい①の体積は，$4 \times 4 \times 3.14 \times 16 \div 3 = \dfrac{256}{3} \times 3.14$ (cm³)

円すい①と円すい②の対応する辺の比は，BH：AG＝4：3だから，

円すい①と円すい台①の体積比は，$(4 \times 4 \times 4):(4 \times 4 \times 4 - 3 \times 3 \times 3) = 64:37$

したがって，円すい台①の体積は，$\dfrac{256}{3} \times 3.14 \times \dfrac{37}{64} = \dfrac{148}{3} \times 3.14$ (cm³)

CH＝2 cm，HF＝8 cmだから，円すい③の体積は，$2 \times 2 \times 3.14 \times 8 \div 3 = \dfrac{32}{3} \times 3.14$ (cm³)

円すい③と円すい④の対応する辺の比は，CH：DG＝2：1だから，

円すい③と円すい台②の体積比は，$(2 \times 2 \times 2):(2 \times 2 \times 2 - 1 \times 1 \times 1) = 8:7$

したがって，円すい台②の体積は，$\dfrac{32}{3} \times 3.14 \times \dfrac{7}{8} = \dfrac{28}{3} \times 3.14$ (cm³)

よって，求める体積は，$\dfrac{148}{3} \times 3.14 - \dfrac{28}{3} \times 3.14 = 40 \times 3.14 = \mathbf{125.6}$ (cm³)

2 (1) 　直線を3本引くと，右図のように7個の図形に分けられる。

新しい直線を円上の1点から少しずつ引いていくとき，すでに引かれている直線にぶつかる

たびに図形が1個増え，最後に円にぶつかるときにもう1個図形が増える。したがって，

新たに直線を引くときに増える図形の個数は，（すでに引かれている直線の本数）＋1 (個)となる。

つまり，n本目の直線を引いたときに増える図形の個数は，$(n-1)+1 = n$ (個)である。

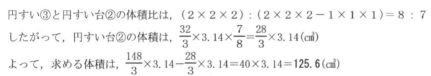

よって，10本の直線を引いたときの図形の個数は，$7 + (4+5+6+\cdots\cdots+10) = 7 + \dfrac{(4+10) \times 7}{2} = 7 + 49 = \mathbf{56}$ (個)

(2) 　右図のように最初の3本の直線が平行な直線と考える。このとき円は4個の図形に分かれて

いる。4本目の直線を引くと図形が4個増え，5本目の直線を引くと図形が5個増え，…となる

から，求める図形の個数は，$4 + (4+5+6+\cdots\cdots+12) = 4 + \dfrac{(4+12) \times 9}{2} = 4 + 72 = \mathbf{76}$ (個)

3 (1) 　【解き方】列の人数が増えるタイミングがわかりづらいが，シャトルバスが到着した少しあとに列の人数が

90人増えるものと解<ruby>釈<rt>かいしゃく</rt></ruby>する。したがって，17時30分ちょうどの時点での列の人数には，17時30分に到着した

シャトルバスの90人はふくめない。同様に，17時45分ちょうどの時点での列の人数には，17時45分に到着した

シャトルバスの90人はふくめない。このように考えると，4つのゲートを開けるとき，30分で最初の列の人数の

$\dfrac{1}{3}$ の人数だけ列を減らすことができ，7つのゲートを開けるとき，30分で最初の列の人数の $\dfrac{2}{3} \times \dfrac{30}{15} = \dfrac{4}{3}$ の人数だ

け列を減らすことができるから，これら2つの場合の列を減らす割合の比は $\dfrac{1}{3} : \dfrac{4}{3} = 1:4$ である。

4つのゲートを開けたとき，3分で①人だけ列の人数を減らすことができ，7つのゲートを開けたとき，3分で

④人だけ列の人数を減らすことができるとする。したがって，$7 - 4 = 3$ (つ)のゲートが3分で通す人数は④－①＝

③(人)である（減らすことができる人数ではなく，通す人数であることに注意）。4つのゲートが3分で通す人数は，

③$\times\dfrac{4}{3}$＝④(人)だから，3分で増える人数は，④－①＝③(人)にあたる。

よって，③＝90人だから，3つのゲートが3分で通す人数は90人なので，1つのゲートが1分で通す人数は，

90÷3÷3＝**10(人)**

(2)　4つのゲートが30分で通す人数は10×4×30＝1200(人)である。(1)の【解き方】のように解釈すると，

17:00ちょうどから17:30ちょうどまでに列の人数は10回増えて，90×10＝900(人)が追加されたから，最初の列の人数は，1200－900＝300(人)減った。よって，最初の列の人数は，300÷$\dfrac{1}{3}$＝**900(人)**

(3)　【解き方】最初の列の人数900人を3分ごとに900÷$\dfrac{30}{3}$＝90(人)以上減らせばよい。

3分ごとに90＋90＝180(人)以上を通せばよいから，求めるゲートの数は，180÷3÷10＝**6(つ)**

4 (1)　【解き方】BG：DGとBH：DHを求める。

三角形BCGと三角形DEGは同じ形だから，BG：DG＝BC：DE＝3：2

三角形BCHと三角形DFHは同じ形だから，BH：DH＝BC：DF＝3：1

BG：DG＝3：2とBH：DH＝3：1の比の数の合計を，3＋2＝5と3＋1＝4の最小公倍数の20にそろえると，BG：DG＝3：2＝12：8，BH：DH＝3：1＝15：5

よって，BG：GH：HD＝12：(15－12)：5＝12：3：5だから，GH：HD＝**3：5**

(2)　【解き方】三角形CHDと三角形HDFの面積比から求める。

三角形CHDと三角形HDFの面積比は，CH：FH＝BC：DF＝3：1である。

三角形CGHと三角形CHDの面積比は，GH：HD＝3：5だから，

三角形CGHと三角形HDFの面積比は，$\left(3\times\dfrac{3}{5}\right)$：1＝**9：5**

(3)　【解き方】(2)より，三角形CGHの面積を⑨，三角形HDFの面積を⑤とすると，三角形CHDの面積は

⑤×3＝⑮となる。

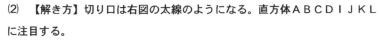

DF＝FEだから，三角形CFEの面積は三角形CDFの面積と等しく，⑤＋⑮＝⑳である。したがって，四角形EGHFの面積は，⑳－⑨＝⑪

三角形CDFと三角形CDAの面積比はDF：DA＝1：3だから，

三角形CDAの面積は，⑳×3＝⑳なので，三角形ABDの面積も⑳。

よって，四角形ABGEの面積は，⑳－⑪－⑤＝㊹なので，

四角形ABGEと四角形EGHFの面積比は，㊹：⑪＝**4：1**

5 (1)　6×8×6＝**288(㎤)**

(2)　【解き方】切り口は右図の太線のようになる。直方体ABCDIJKLに注目する。

三角形PBCと三角形QLIは合同だから，AI＝6÷2＋2＝5(㎝)

切断面は直方体ABCDIJKLの対角線が交わる点(CIの真ん中の点)をふくむので，この直方体の体積を2等分する。

よって，求める体積は，6×8×5÷2＝**120(㎤)**

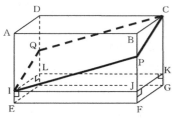

(3)　【解き方】右図の立体ABCIPの体積を求める。三角柱を，底面と垂直な3本の辺を通るように切断してできる立体の体積は，(底面積)×(底面と垂直な辺の長さの平均)で求められることを利用する。

三角柱ABC‐IJKを切断したと考えれば，

底面積が8×6÷2＝24(㎠)，高さの平均が，

$\dfrac{AE＋BP＋0}{3}=\dfrac{5＋2}{3}=\dfrac{7}{3}$(㎝)だから，求める体積は，24×$\dfrac{7}{3}$＝**56(㎤)**

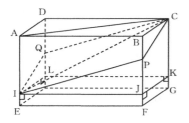

1　問1　表1より，震度階級を判断する。

問2　高潮は，台風や低気圧が海岸部を通過するときに海面が上昇する現象である。

問3　AとBのP波とS波が到着した時刻の差は10秒だから，P波はAB間110－35＝75(km)を10秒で通過したことがわかる。よって，75÷10＝(秒速)7.5(km)となる。

問4　P波は震源から35kmのAに35÷7.5＝4.66…秒で伝わるので，P波がAに到着した時刻より，およそ1時25分10秒となる。

問5　初期微動が続いている時間はAが2秒，Bが7秒だから，7÷2＝3.5(倍)となる。

問6　P波がBとCに到着した時刻の差が20秒なので，BとCの震源からの距離の差は7.5×20＝150(km)である。よって，Xは110＋150＝260(km)となる。

2　問1　開花時期はⅠ(3月～4月)→Ⅱ(7月～8月)→Ⅳ(9月～10月)→Ⅲ(1月～2月)である。

問2　開花時期はチューリップ(3月～5月)，ヒヤシンス(3月～4月)，ヒガンバナ(9月)，アジサイ(6月～7月)，アブラナ(3月～4月)となる。

問3　サクラ，ヒマワリ，ウメ，コスモスはすべて花をさかせて種子を作る種子植物で，根，くき，葉をしっかり区別することができる。

問4　フェノールフタレイン溶液はアルカリ性の水溶液に反応して赤色になるが，酸性や中性の水溶液に加えても無色のままである。光合成が盛んにおこなわれている部分では，二酸化炭素と水からでんぷんと酸素が作られるが，アルカリ性の物質は作られないので，フェノールフタレイン溶液は変化しない。

問5　水草が光合成をおこなうには，光と二酸化炭素が十分にとけた水が必要である。光は太陽のかわりに蛍光灯でもよく，二酸化炭素が十分にとけた水は息を吹き込んだ水のかわりに池の水でもよい。

問6　光合成によって酸素が発生することを確かめるので，植物が光合成をおこなう実験3と比べて，光の条件だけが異なる実験4と，植物の条件だけが異なる実験1をおこなう。実験1，3，4の結果を比べると，光が当たると植物が光合成をおこない，酸素を発生させることが確かめられる。

問7　シオグサが光合成をおこなうと酸素が発生するので，酸素に集まる性質をもつ細菌が多く集まっている赤色と青色の光が当たっているところでは，光合成が盛んにおこなわれていると考えることができる。また，緑色の光には，赤色と青色の光ほどは細菌があまり集まらなかったと考えられる。ただし，シオグサが緑色の光で全く光合成しないかどうかはわからない。

問8　降水量と気温が一定以上になると森林が形成されると考えられる。

3　問1　体積は2×2×2＝8(cm³)だから，密度(1cm³あたりの重さ)は63.2÷8＝7.9(g/cm³)となる。

問2　水200cm³の重さは200gだから，食塩を20gとかした食塩水の密度は(200＋20)÷200＝1.1(g/cm³)となる。よって，球体の密度も1.1g/cm³である。

問3，4　図2のとき，球体はビーカーの底に接しているので，台はかりにかかる重さはビーカー(100g)と水(150g)と球体の重さの合計である。よって，球体の重さは300－(100＋150)＝50(g)だから，球体の密度が5g/cm³であることから，球体の体積は$\frac{50}{5}＝10$(cm³)となる。図1のとき，球体を糸につるしたまま水の中に入れると台はかりの目盛りが260－250＝10(g)増えたので，台はかりにかかる重さはビーカー(100g)と水(150g)と水中に沈んでいる球体の体積分の水の重さ(10g)の合計である。

問5　問3より，木炭を入れると，図3の水中にある木炭の体積分の水の重さの分だけ台はかりの目盛りが増える。

よって，水中にある木炭の体積は $2 \times 2 \times 1 = 4$（㎤）だから，台はかりの目盛りは $100 + 150 + 4 = 254$（g）となる。

問6　100 g の物にはたらく重力を 1 N とするので，500 g のレンガにはたらく重力は $500 \div 100 = 5$（N）となる。底面積が 200 ㎠→0.02 ㎡だから，圧力は $5 \div 0.02 = 250$（Pa）となる。

問7　底面積が $10 \times 15 = 150$（㎠）→0.015 ㎡だから，圧力が 300 Pa になるとき，水と容器にはたらく重力の合計は $300 \times 0.015 = 4.5$（N）となる。空の容器にはたらく重力は $100 \div 100 = 1$（N）だから，水にはたらく重力は $4.5 - 1 = 3.5$（N）である。よって，容器に注がれた水の重さは $3.5 \times 100 = 350$（g）となる。

問8　木材とレンガの体積は $2 \times 2 \times 2 = 8$（㎤）だから，木材の重さは $0.8 \times 8 = 6.4$（g），レンガの重さは $2 \times 8 = 16$（g）である。よって，台はかりの目盛りは $100 + 1500 + 1125 + 6.4 + 16 = 2747.4$（g）を示すので，重力は $2747.4 \div 100 = 27.474$（N）であり，求める圧力は $27.474 \div 0.015 = 1831.6$（Pa）となる。なお，木材の体積のうち 4 ㎤は水に，4 ㎤は油に入っていることから，木材によって台はかりの目盛りは $4 + 4 \times 0.75 = 7$（g）増えるとすると，台はかりの目盛りは $100 + 1500 + 1125 + 7 + 16 = 2748$（g）を示すので，重力は $2748 \div 100 = 27.48$（N）であり，求める圧力は $27.48 \div 0.015 = 1832$（Pa）となる。

4 問3　25℃の水 100 g に砂糖は 210 g 溶けるので，25℃の水 $500 - 50 = 450$（g）には $210 \times \dfrac{450}{100} = 945$（g）の砂糖が溶ける。よって，あと $945 - 50 = 895$（g）の砂糖が溶ける。

問4　海抜 0 m の場所よりも富士山の頂上の方が大気圧が小さいので，溶けている二酸化炭素が出てきやすい。

問5　コップの内側の壁面と底面では，表面張力を受けにくいので，気ほうが出やすくなる。

問6　炭酸飲料に水を入れると，表面張力が低下して二酸化炭素のあわが出てくるため，溶けている二酸化炭素の量は減る。

問7　真空耐圧容器内を真空にすると，ペットボトル内の空気の力が非常に大きくなって水を押し出す。この後，空気を入れて大気圧に戻すと，ペットボトル内の空気の体積も元に戻る。

── 《2023　社会　解説》 ────────────────────────────

1 問1　石川県　　「川」のつく都道府県は，石川県・神奈川県・香川県であり，石川県には志賀原発がある。

問2　エ　　アは山口県，イは和歌山県，ウは福井県。

問3　企業城下町　　北海道苫小牧市（王子製紙），茨城県日立市（日立製作所），愛知県豊田市（TOYOTA），宮崎県延岡市（旭化成）などが企業城下町の典型的な例である。

問4　4　　三重県・京都府・大阪府・和歌山県が奈良県と接している。

問5　エ　　北海道の稚内市にある宗谷岬の先端がおよそ北緯 45 度であること，北緯 40 度の緯線は秋田県・岩手県を通っていることは知っておきたい。写真は幌延町にある北緯 45 度モニュメントである。

問6　イ　　宮城県では七夕まつりが行われる。アは青森県のねぶた祭，ウは秋田の竿燈まつり，エは山形県の花笠まつりである。

問7　かもめ　　佐賀県の武雄温泉駅と長崎県の長崎駅を結ぶ西九州新幹線が 2022 年に開通した。路線はフル規格新幹線であり，武雄温泉駅で在来線と同じホームで乗り換えを行う「対面乗換方式」が採用されている。

問8　ウ　　静岡県静岡市は，比較的温暖で夏の降水量が多い太平洋側の気候のウである。アが島根県松江市，イは奈良県奈良市，エは北海道札幌市の雨温図である。

問9　ア　　AとBの違いを見分けること。福岡県と佐賀県に広がる筑紫平野では，米と麦の二毛作がさかんに行われていること，兵庫県の淡路島ではたまねぎ栽培がさかんなことから，アと判断する。

問10　イ　　福岡地域の内容の中に，福岡空港が24時間運航になったことは書かれていない。

問11　ア　　日本海に面する港の中で最大の水揚げ量を誇る境港は，鳥取県にある。

問12　カ　　河川が山地から平地に流れ出るところに，扇状に形成する扇状地は砂やれきが堆積するため，水はけがよく，果樹栽培に適した土地になる。

問13　イ　　Ⅰ．②の京都府には京都市，⑥の宮城県には仙台市，⑩の福岡県には福岡市があるので正しい。
Ⅱ．③の愛知県は名古屋市，⑦の長崎県は長崎市，⑪の島根県は松江市が県庁所在地だから誤り。Ⅲ．④の奈良県は近畿地方，⑧の静岡県は中部地方，⑫の山梨県は中部地方だから誤り。Ⅳ．⑤は北海道だから最も面積が大きいので誤り。Ⅴ．⑨は(佐賀県・滋賀県)，⑩は(福岡県・福島県・福井県)，⑪は(島根県・福島県・鹿児島県・広島県・徳島県)，⑫は(山梨県・和歌山県・富山県・山口県・岡山県・山形県)だから，2→3→5→6と増えているので正しい。

問14　北海道　　②は(京都府・東京都)，③は(愛知県・愛媛県)，④は(奈良県・神奈川県)，⑥は(宮城県・宮崎県)，⑦は(長崎県・宮崎県)，⑧は(静岡県・岡山県・福岡県)がある。

問15　大　　2つの都道府県で重複しているのは，カード以外に(大分県・大阪府)，(長野県・長崎県)，(宮城県・茨城県)がある。兵庫県の明石市を通る標準時子午線が東経135度の経線だから，②の会話より1つ目は兵庫県より東，2つ目は兵庫県より西にあるので，(宮城県・茨城県)ではない。③の会話より長野県は内陸県だから，(長野県・長崎県)ではない。その後の会話からも条件に合うのは(大分県・大阪府)である。

2　問1　カ　　Ａ．誤り。参議院議員の被選挙権は，満30歳以上である。Ｂ．正しい。Ｃ．正しい。

問2　ウ　　Ａ．誤り。裁判員裁判は，重大な刑事裁判の第一審で行われる。Ｂ．正しい。

問4　環境アセスメント法　　環境影響評価法でもよい。

問5　テレワーク　　テレ(tele－離れて)とワーク(work－仕事)を合わせた造語である。

問7　イ　　ドルに対して円の価値が上がれば円高，下がれば円安という。円安になると1ドルに交換できる円の金額は上がる。最低賃金は，最大の上げ幅となっているが，物価上昇に追いつかないのが現状である。この状況は，第一次世界大戦のときの大戦景気にもみられた。

問8　技能実習生　　技能実習生は，ベトナム＞中国＞フィリピンの順に多い。

3　問1　冠位十二階　　厩戸王は聖徳太子である。氏姓制度…血縁者の集団である氏に，地位や役職によって姓が与えられた。

問2　カ　　Ｚ(白村江の戦い　663年)→Ｙ(壬申の乱　672年)→Ｘ(藤原京遷都　694年)　　年号を覚えていなくても，白村江の戦いは中大兄皇子(天智天皇)，壬申の乱は大海人皇子(天武天皇)，藤原京遷都は持統天皇(天武天皇の皇后)に，それぞれ関連することから導くことができる。

問3　ア　　東大寺の正倉院におさめられた螺鈿紫檀五絃琵琶である。イは金剛力士像(東大寺南大門　鎌倉時代)，ウは埴輪(古墳時代)，エは平等院鳳凰堂(平安時代)。

問4　墾田永年私財法　　墾田永年私財法は，聖武天皇の治世の743年に制定された。

問5　守護　　鎌倉幕府が置いた役職には，軍事・警察の仕事や御家人の取り締まりをする守護と，荘園や公領ごとの土地の管理と年貢の取り立てを行う地頭がある。これによって，朝廷の置いた国司・郡司との二重支配を受けることになった。

問6　ア　　Ａ．正しい。Ｂ．誤り。貞永式目(御成敗式目)を定めたのは，北条義時ではなく北条泰時である。Ｃ．正しい。本来元寇は，元軍と高麗軍で組織されたが，元軍の中の江南軍は旧南宋軍が主力であったことから正

しいと判断した。D．誤り。永仁の徳政令は，民衆ではなく御家人を救うためのものであった。

問7　後醍醐天皇　　「建武の新政」，「吉野に逃れた」などから後醍醐天皇と判断する。

問8　イ　　A．正しい。応仁の乱のとき，西軍の総大将山名宗全が本陣を敷いたことから西陣の名がついた。応仁の乱後に，各地に避難していた織物職人が，この地に戻って織物づくりを再開したことから西陣織と呼ばれた。B．誤り。室町時代には月に六回の定期市（六斎市）が開かれるようになった。月に三回の三斎市は，すでに鎌倉時代に開かれるようになっていた。C．誤り。山城国一揆で国人が支配していた年月は8年程度である。D．正しい。

問9　武家諸法度　　1615年，大坂夏の陣で豊臣氏を滅ぼした徳川家康は，徳川秀忠の名で，大名を統制するための武家諸法度（元和令）を出した。その後，第八代まで将軍の交代とともに改訂された武家諸法度が出された。

問10　ア　　尾張・紀伊・水戸の御三家のうち，最大の石高は尾張徳川氏である。

問12　ウ　　Y（日英通商航海条約　1894年）→X（ポーツマス条約　1905年）→Z（日米通商航海条約　1911年）

問13　米騒動　　シベリア出兵をみこした商人たちによる米の買い占めから，国内の米が不足し，富山県の漁村の主婦が立ち上がった暴動が，新聞によって全国に広まったことで，暴動が大規模化した。

問14　エ　　A．誤り。1925年の選挙法改正では，満25歳以上のすべての男子に選挙権が与えられた。B．誤り。この短歌は，石川啄木が1910年の韓国併合を批判して詠んだ短歌である。

問15　日米安全保障条約　　1951年に締結された日米安全保障条約は，1960年に改定され，10年ごとに自動継続されている。

問16　エ　　史料に「中華人民共和国政府が中国の唯一の合法政府」とあることから，日本が中華民国との国交を閉じたことがわかる。

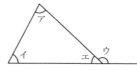

━━━━━━━━━━ 《新思考　総合Ⅰ》 ━━━━━━━━━━

1　(1)右図のように記号をおく。三角形の内角の和は180°だから，

角ア＋角イ＋角エ＝180° となる。また，角ウ＋角エ＝180° である。

よって，角ア＋角イ＝角ウとなる。

(2)問①36.48　問②おうぎ形ＡＢＣの面積は，$1×1×3.14×\frac{1}{4}=3.14×\frac{1}{4}$，直角二等辺三角形ＡＢＣの面積は，

$1×1÷2=\frac{1}{2}$だから，斜線部分の面積は，$(3.14×\frac{1}{4}-\frac{1}{2})×2=3.14×\frac{1}{2}-1=1.57-1=0.57$ となります。

正方形の面積は1×1＝1だから，斜線部分の面積は正方形の面積の0.57倍になります。

(3)問①ア．Ｂ　イ．Ａ　ウ．Ｃ　問②平均値…2390　中央値…900　最頻値…800　最大値…15000

問③平均値は極端に小さいまたは大きい値のえいきょうを受けやすい。問②では15000のえいきょうをうけたため
に平均値が2390となり，10個のデータのうち9個が平均値より小さい値となってしまうので，全体の中の自分の
位置を知るのに適切ではない。

2　(1)35　　(2)6　　(3)g　　(4)70

3　(1)8.6　　(2)7　　(3)24　　(4)86　　(5)11

4　(1)ア．270　イ．5　　(2)125　　(3)稲子さん／75　　(4)2　　(5)351

━━━━━━━━━━ 《新思考　総合Ⅱ》 ━━━━━━━━━━

1　問1．竪穴住居　　問2．カ　　問3．原城のように利用されることをおそれたから。　　　問4．高度経済成長

問5．エ　　問6．ウ　　問7．イ　　問8．ウ　　問9．ア　　問10．オ　　問11．8　　問12．減っている

2　問1．部屋にもどってきた花子は，どこに人形があると思って探すでしょうか　　問2．ウ

問3．（例文）本文には，社会的階級の複雑化により，聞き手に敬意を払う必要が出てきたから丁寧語が発生したと
推測されると書かれています。日本国憲法では，国民は法の下に平等であると定められているので，丁寧語を使う
機会が減っているのは悪いことだとは思いません。　　問4．(1)ア　(2)イ

3　問1．①ア　②カ　③エ　④ク　⑤ウ　　問2．試行錯誤／温故知新／因果応報／喜怒哀楽／大器晩成

問3．①エ　②○　③オ　④○　⑤カ

━━━━━━━━━━ 《新思考　英語》 ━━━━━━━━━━

1　リスニング問題省略

2　〈A〉1．③　2．②　3．④　4．②　5．③　6．①

　〈B〉［3番目／6番目］1．［⑤／②］　2．［④／③］　3．［③／④］

3　1．あ．②　い．④　う．③　え．①　お．⑤　　2．(1)×　(2)×　(3)○　(4)×

4　1．あ．①　い．③　う．②　え．④　　2．まったく同じ体の部位を持つ人は2人としていません。　　3．生
細胞を複製し，皮ふや骨などを作るのに利用できるようになる　　4．It creates objects by adding layer after layer
of the material until it finishes building them.

5　〈A〉 The girl fell asleep while she was doing her homework.　　〈B〉 (1)Let's clean up the room together and we'll finish it sooner.　(2)This is my first visit to Karatsu.　　〈C〉（1の例文）a person has an unexpected piece of good luck without making any effort.

《一般　国語》

一　問1．I．イ　II．オ　問2．A．キ　B．ウ　C．オ　D．イ　問3．ウ　問4．保護林に指定するには客観的根拠が必要だというきまりがあるのに、そのような根拠も示さず頼んでくるから。　問5．山の神がいる世界　問6．ア　問7．(1)合理的な思考　(2)長いあいだ森のなかで働いてきた〔別解〕若い頃から森のなかで働いてきた　問8．エ　問9．森林面積の増減は少ないが、森林蓄積が五十年間で約六倍に増えている。

二　問1．化学染料ではなく植物染料　問2．A．イ　B．オ　C．ウ　問3．思い上がり〔別解〕おごり　問4．再び二人で〜うになった　問5．植物の命を布に写し取りたい　問6．ウ　問7．糸や織りの具合を考え、薬効のある植物で染めた布。　問8．ウ　問9．ウ　問10．イ，エ

三　問1．①垂　②万国旗　③徒労　④臨　⑤輸送　⑥刷新　⑦蒸気　⑧へ　⑨ゆだ　⑩たぐ　問2．(1)①エ　④ウ　(2)②紅葉　③風　(3)⑤目　⑥首　問3．ア　問4．オ　問5．ア，カ，キ

《一般　算数》

1　(1)$\frac{9}{10}$　(2)$\frac{4}{5}$　(3)117　(4)210　(5)11　(6)16　(7)18　(8)3　(9)51　(10)ア，エ，カ　(11)60　(12)20.64　(13)62.8

2　(1)3　(2)4，9　(3)60

3　(1)200　(2)2，30　(3)1.98

4　※(1)三角形BCD　(2)①49：100　②3：20

5　(1)360　(2)①69.12　②16

※の考え方は解説を参照してください。

《一般　理科》

1　問1．カ　問2．ウ　問3．ウ　問4．7.2　問5．900　問6．イ　問7．ア　問8．エ

2　問1．A．こと　B．はくちょう　D．さそり　問2．⑤　問3．イ　問4．⑧　問5．D　問6．X．16　Y．3

3　問1．ウ　問2．ア　問3．エ，ク　問4．ウ　問5．ア　問6．ア　問7．ウ　問8．エ

4　問1．導体　問2．記号…イ，ウ　電流…2.0　問3．記号…ウ　電流…2.0　問4．記号…ウ　電流…4.0　問5．ア　問6．電流…2.0／右グラフ

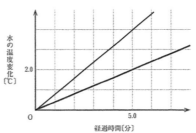

《一般　社会》

1　問1．エゾ　　問2．エ　　問3．関　　問4．ウ　　問5．(A)遠洋　(B)駿河　　問6．ウ　　問7．ウ

　　問8．淡路　　問9．10　　問10．エ　　問11．ア　　問12．イ　　問13．ア　　問14．ウ　　問15．都城

2　問1．公衆衛生　　問2．イ　　問3．女子差別撤廃条約　　問4．エ　　問5．カ　　問6．集団的自衛権

　　問7．ウ　　問8．エ

3　問1．カ　　問2．壬申の乱　　問3．ア，ウ　　問4．イ　　問5．建武の新政　　問6．信玄堤

　　問7．石高　　問8．(朝鮮)通信使　　問9．エ　　問10．ア　　問11．渋沢栄一　　問12．イ

　　問13．大隈重信　　問14．太陽　　問15．イ　　問16．ア，ウ

─《2022 総合Ⅰ 解説》─

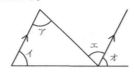

1 (1) 三角形の内角の和が等しいことを利用しない場合には，次のような解答も考えられる。

右図のように平行線を引くと，平行線の錯角や同位角は等しいから，

角エ＝角ア，角オ＝角イが成り立つ。

よって，角ア＋角イ＝角エ＋角オ＝角ウになる。

(2)問① 正方形の1辺の長さが8cmだから，正方形の面積は $8 \times 8 = 64$（cm²）になるので，

斜線部分の面積は，$64 \times 0.57 = 36.48$（cm²）

問② 解答例以外にも，半径が1の円の $\frac{1}{4}$ の面積2個分から，正方形の面積を引いて，

$1 \times 1 \times 3.14 \times \frac{1}{4} \times 2 - 1 \times 1 = 1.57 - 1 = 0.57$ としてもよい。

(3)問① ア．半分を示す代表値が中央値だから，Bが適当である。

イ．リレーの記録は，走った人のかかった時間の和になるから，走った人の記録の平均値がわかれば，時間の和も想像できるので，Aが適当である。

ウ．昨年最も多く売れたサイズは，今年も多く売れる可能性があるので，Cが適当である。

問② 10人のお小遣いの合計は，$500 + 800 + 0 + 2000 + 800 + 800 + 1000 + 15000 + 2000 + 1000 = 23900$（円）だから，

平均値は，$23900 \div 10 = 2390$（円）

10人のお小遣いを小さい順に並べると，0，500，800，800，800，1000，1000，2000，2000，15000，になるから，

5番目は800円，6番目は1000円なので，中央値は，$(800 + 1000) \div 2 = 900$（円）

最頻値は，3人いる800円である。また，最大値は15000円である。

問③ 平均値より大きい値が1つしかないことを書くことがポイントである。

2 (1) $23 + 7 \times 12 \div 5 = 39.8$，$\frac{8}{3} + \frac{7}{4} - 0.38 = 2.66\cdots + 1.75 - 0.38 = 4.03\cdots$ となることから，

与式 $= 39 - 4 = 35$

(2) 【解き方】$\frac{a}{b} \times \frac{c}{d} = \frac{a \times c}{b \times d}$ となることから，**分母どうし，分子どうしについては，入れ替えても計算結果が変わらないことに注意する。**

$a \times c$ の組み合わせを決めれば，残りの $b \times d$ の組み合わせは決まるので，$a \times c$ だけで考える。$a \times c$ の組み合わせは，（1，2）（1，3）（1，4）（2，3）（2，4）（3，4）の6通りあるから，答えも6通りある。

(3) 【解き方】まず，fからの，（おもりの個数）×（fまでの距離）の合計を左右別々に求める。

fより左側について，$5 \times 3 + 2 \times 1 = 17$　右側について，$5 \times 4 + 3 \times 1 + 2 \times 3 + 1 \times 1 = 30$

fより左に4個，右に9個のおもりがあるから，右に1つ動かすと，左側の値の合計は4増え，右側の値の合計は9減るから，左側は $17 + 4 = 21$，右側は $30 - 9 = 21$ となり，つりあう。よって，gにつなげばよい。

(4) 【解き方】AさんとC君の解答が，(1)以外すべて異なっていることに着目する。

(2)から⑩のAさんとC君の答えが異なるから，必ずどちらか1人は正解している。AさんとC君の得点の合計は $40 + 50 = 90$（点）だから，(1)を2人は間違え，残りの(2)から⑩についてはどちらかが正解したことになる。

Bさんは(1)を正解し，得点が10点だから，(2)から⑩はすべて間違えたことになる。

したがって，(1)〜⑩の正解は，b，a，a，b，a，b，b，a，b，aになる。

よって，D君は，(4)，(5)，(7)以外は正解したから，D君の得点は70点である。

3 (1) 評価Aの生徒の得点の合計は，8×10＋9×8＋10×2＝172(点)で，人数は10＋8＋2＝20(人)だから，

平均点は，172÷20＝8.6(点)

(2) 【解き方】評価Cの生徒の平均点は，8.6－6.6＝2(点)である。

評価Cの生徒のうち，平均点より不足している分の合計は，(2－0)×2＋(2－1)×3＝7(点)だから，

平均点より多い分の合計も7点になる。よって，3点の生徒は，7÷(3－2)＝7(人)

(3) 【解き方】4点の生徒を不合格にしたときは，右図のアの部分の

面積が，☆の部分の面積と等しくなる。

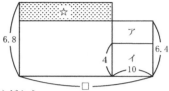

4点の生徒は10人だから，アの面積は，(6.4－4)×10＝24になる

ので，☆の部分の面積も24である。

(4) 合格者のうち，4点の生徒を除いた人数は，24÷(6.8－6.4)＝60(人)だから，

□＝60＋10＝70(人)，不合格の生徒は2＋3＋4＋7＝16(人)だから，学年全体の人数は，16＋70＝86(人)

(5) 【解き方】5点と6点と7点の生徒の人数の和は，60－20＝40(人)，得点の合計は，6.8×60－172＝236(点)

である。

評価Bの人数に10人がいるから，5点，6点，7点の人数は少なくとも15人以下である。

また合わせて40人いることから，少なくとも10人以上である。

5点，6点，7点の生徒から10人ずつ除いたとき，残りの40－10×3＝10(人)の得点の合計は，

236－(5＋6＋7)×10＝56(点)になる。(5点，6点)の人数を5人，5人とすると，得点の合計は

5×5＋6×5＝55(点)となり，56点に1点足りない。6点の生徒1人を7点にすると，得点の合計は56点にな

るから，7点の生徒は，10＋1＝11(人)

4 (1) 【解き方】時速5.4kmを秒速に直すと，時速5.4km＝秒速(5.4×1000÷3600)m＝秒速1.5mである。

㋐＝1.5×180＝270(m)　　㋑は，時速18kmを秒速に直したときの値だから，㋑＝18×1000÷3600＝5

(2) 【解き方】図2から，稲子さんは信号②から信号⑤まですべての信号で止まっている。

信号②を出発したのは80秒後，信号③に到着したのは115秒後である。115－80＝35(秒)のうち，だんだん速く

なっている時間と遅くなっている時間は，それぞれ10秒だから，同じ速さで進んだのは，35－10×2＝15(秒間)

である。よって，上底が15秒，下底が35秒，高さが5m/秒の台形の面積は，(15＋35)×5÷2＝125(m)

(3) 【解き方】図2から，200秒後の稲子さんは信号④に到着している。

(2)と同様にして，信号①から信号②まで，信号③から信号④までの距離を求めると，

信号①から信号②までは(10＋30)×5÷2＝100(m)，信号③から信号④までは(20＋40)×5÷2＝150(m)

したがって，稲子さんは200秒後に信号①から100＋125＋150＝375(m)のところにいる。

早夫君は200秒後に信号①から1.5×200＝300(m)のところを走っているから，稲子さんが375－300＝75(m)先

にいることになる。

(4) 【解き方】稲子さんは信号②(スタートから100m地点)を80秒後，信号③(スタートから225m地点)を160

秒後，信号④(スタートから375m地点)を240秒後に動き始めるから，80秒後，160秒後，240秒後の早夫君の信

号①から進んだ距離を調べる。

早夫君は80秒後に1.5×80＝120(m)，160秒後に1.5×160＝240(m)，240秒後に1.5×240＝360(m)進んでい

る。したがって，80秒後の少し前と160秒後の少し前に，早夫君は稲子さんに追いついたことになる。240秒後

から稲子さんの速さが5m/秒になるまでの10秒間に早夫君が稲子さんに追いつくことはない。

よって，早夫君は稲子さんに2回追いついている。

⑸　**【解き方】**信号⑥は，信号①から 1.5×380＝570（m）のところにある。

信号④から信号⑤までは，(10＋30)×5÷2＝100（m）だから，信号⑤は信号①から 375＋100＝475（m）のところにある。したがって，信号⑤から信号⑥までは 570－475＝95（m）である。だんだん速くなっている時間とだんだん遅くなっている時間に進む距離は，10×5÷2＝25（m）ずつだから，同じ速さで進んでいる距離は，95－25×2＝45（m）である。45mを秒速5mで走ると 45÷5＝9（秒）かかるから，☑＝380－10－9－10＝351

═《2022　総合Ⅱ　解説》═

1　**問1**　竪穴住居は，地面に穴を掘って柱を立て，草や木の枝などでつくった草ぶきの屋根でおおってつくった。

　問2　カが正しい。Ａは「狭手彦」でなく「佐用姫」であれば正しい。

　問3　直前のＡさんの言葉より，島原の乱(島原・天草一揆)で一揆軍が原城に立てこもり，幕府軍と戦ったことが読み取れる。1637年にキリシタンの天草四郎が中心となって島原の乱をおこしたが，徳川家光により鎮圧された。

　問4　昭和30年は1955年である。日本は1950年代後半から1973年の石油危機まで，技術革新や重化学工業の発展によって，高度経済成長を遂げ，1968年にアメリカに次ぐ世界第2位の国民総生産(ＧＮＰ)を記録した。

　問5　平成27年の唐津市の人口(123000人)を100としたとき，令和32年の唐津市の人口は60であるから，$\frac{123000×60}{100}$＝73800(人)＝7.38(万人)となるので，最も近いエを選ぶ。

　問6　あじやさばの水揚量が多いアとウは，日本海側の境と唐津である。その内，出荷量の多いアは境なので，唐津はウと判断する。イは枕崎，エは稚内。

　問7　イが正しい(右図参照)。

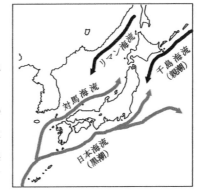

　問8　ウが誤り。令和2年1月の宿泊客数は前年を上回っている。

　問9　ア。[資料9]より，歳出と税収の差がワニの口のように開き，税収の不足を補う国債の残高が積み上がっていることが読み取れる。

　問10　アは国債費と社会保障の割合が増えていること，イは税収などの収入が大きく変わらないこと，ウは社会保障費が増えていること，エは日本が他国よりも高齢化が進んでいることを示すデータなので，オが誤り。

　問11　問10のイより，2021年度の公債金は，1990年度の 43.6÷5.6＝7.7…(倍)になる。

　問12　問10のアより，その他の公共事業，教育，防衛などの割合は減り続けている。

2　**問1**　直後の内容から，空らんに入る質問に対して，「大人は皆，かごと答える」が，三歳以下の子どもは「箱と答え」ることがわかる。また，この答えのちがいから，三歳以下の子どもには，「『花子は，かごの中に人形が入っていると思っている』ということがわからないということ」が導き出せる。こうした条件に合う質問を考える。

　問2　「ね」には，相手が同意することを期待して問いかける用法があるので，Ｘには②が入る。「よ」には，相手に何かを知らせたり教えたりする用法があるので，Ｙには①が入る。「かな」には，忘れたり確信が持てなかったりすることを自分に問いかける用法があるので，Ｚには③が入る。よって，ウが適する。

　問3　本文中に，丁寧語(対者敬語)は平安時代に，「貴族階級の複雑化とともに，社会的階級が複雑化したことによって，話す相手に対して尊敬を示す必要が出てきたから発生したのではないかと推測されています」とある。一方で，日本国憲法では「すべて国民は，法の下に平等であって」とされており，華族のような身分階級を認めない

と定めている。こうした日本国憲法の条文を考えれば，社会的階級の複雑化とともに生まれた丁寧語を使う機会が減ることは，悪いことだとはいえない。

問4(1)　同じ段落の内容に着目する。「双方向」の片方は「言語」であり，もう片方は「文化ないし思考」「認知や思考」である。この両者が「双方向的に影響を与え合う」と述べているので，アが適する。　　(2)　(1)のアにあるように，言語が思考に影響を与え，思考が言語に影響を与えているイが適する。

3　問3①　「さわやかな」と「寒々しい」はイメージが合わない。　　③　「勝ちほこった顔」を見て「いたいたしい」と感じるのは不自然である。　　⑤　おじぎをするという動作に「かいがいしく」は合わない。

── 《2022　英語　解説》 ═══════════

2　〈A〉1　Bが「約2キロです」と距離を答えたので，距離を尋ねる how far ~?となる。③が適切。

2　電話での会話表現。A「もしもし，こちらはABCレストランです」→B「あら，いやだ。ACEレストランではないですか？」より，Aは「電話番号をお間違えではありませんか」と言ったと考えられる。②が適切。　・wrong number「間違った番号」

3　（　　）の直後に me(人)，nothing(こと／もの)の順に続いている。この形をとれるのは，選択肢の中では④told(tell の過去形)だけである。　・tell＋人＋(こと／もの)「(人)に(こと／もの)を言う」

4　the evening of July 26「7月26日の晩」のような場合，〈日付〉をメインに考えるため②on が適切。

5　a piece of paper「1枚の紙」より，③が適切。

6　raise ~「～を挙げる」(他動詞)より，①が適切。rise「あがる」(自動詞)は The sun rises in the east.「太陽が東からのぼる」のように使う。　・the first person to ~「～する最初の人」

〈B〉1　This chair is comfortable to sit on. :「このいすはすわり心地が良いです」　・be comfortable to ~「～して心地良い」　・sit on ~「～にすわる」

2　Do you know where the museum is? :「博物館はどこにあるか知っていますか？」…文中に疑問詞を含む間接疑問の文では，疑問詞のうしろは the museum is のように肯定文の語順にする。

3　Lack of exercise will make you sick. :「運動をしないと君は病気になるからね」…lack of exercise「運動をしないこと」が主語の文。　・make＋人＋状態「(人)を(状態)にする」

3　2(1)　「田部井さんは，エベレストの頂上に登った×最初の人でした」…田部井さんはエベレストに登った最初の女性だが，最初の人ではない。　　(2)　「雪崩が田部井さんのキャンプを襲い，彼女は×死んでしまいました」…死にかけたが死んではいない。　　(3)　○「田部井さんはがんにかかっていることを知っていましたが，登り続けました」　　(4)　「田部井さんは，×困難な状況に遭遇したら成功すると言いました」…困難な状況に遭遇しても一歩一歩進めていくことで成功すると言っているが，困難な状況に遭遇するだけでは成功しない。

【本文の要約】

ケイトとアンディは地元の中学校の生徒です。冬休み中，地元のショッピングモールで昼食をとり，英語の先生のペリー先生に会うことにしました。

アンディ：こんにちは。ペリー先生。

ペリー　：やあ。こんにちはアンディ。こんにちはケイト。冬休みはどう？

ケイト　：順調ですが，宿題がまだ全部終わっていません。

アンディ：ぁ②私もです。 ひどく時間がかかっています。

ペリー　：うーん，学校が始まる前にそれを終えたほうがいいな。1月から有名な日本人女性，田部井淳子さんの人生を学び始めるよ。

アンディ：田部井淳子さん？僕は彼女のことを聞いたことがありません。

ケイト　：い④あら，私は聞いたことがあるわ。彼女は素晴らしい人で，見習うべき素晴らしいロールモデルよ。

アンディ：この田部井淳子さんは何者なんですか？

ペリー　：そうだな，彼女は登山家だね。山に登る人だよ。彼女は 1939 年に福島で生まれ，10 歳のときに登山を始めたんだ。

ケイト　：彼女はエベレストに登頂した最初の女性だそうです。

アンディ：おお，本当？エベレストは世界で最も高い山だよね。それは大変だったに違いないね。

ペリー　：う③たしかに，それは簡単ではなかったよ。彼女とチームは多くの課題を乗り越えなければならなかったんだ。人々は，エベレストに登るのは女性には危険すぎると彼女に言った。また，田部井さんはキャンプが雪崩に見舞われ，登頂中に死にかけたこともあったんだ。

ケイト　：それらの課題は決して彼女を止めませんでした。

アンディ：田部井さんはとても意志の強い人だったんですね。

ペリー　：え①そうだね。彼女は実際に7大陸すべての最も高い山に登り続けたんだ。彼女は登山をやめることはなく，₂③がんにかかっていることを知ったあとも続けたよ。

ケイト　：彼女の決意には本当に感激させられますね。

ペリー　：彼女はかつて数人の学生に言ったんだ。「困難な時でも，ただ一歩一歩物事を進めなさい。そうすればあなたの夢が叶うでしょう」

アンディ：うわー！それはすべての学生が心に留めておくべきことですね。

ケイト　：お⑤その通りね。さて，私たちの最初の一歩は宿題を終わらせるのに集中することよ。

4 　2　主語の no two people は「〜な人は2人といない」と訳そう。

　　3　下線部イの「この段階」は直前の1文を指している。　・〜 and so on「〜など」

　　4　第2段落の最後の1文を引用して答える。

【本文の要約】

　印刷は近代の世界を変えた発明のひとつです。1440 年，グーテンベルクは印刷機を発明しました。これにより，本をすばやく印刷できるようになりました。これによって，もう重要な書簡や本を手で書き直す必要がなくなりました。印刷機の発明以来，他の形式の印刷技術が登場しました。あ①例えば（＝For example），衣服に印刷するスクリーン印刷の技術は 1910 年に発明され，レーザー印刷は 1969 年に発明されました。最新の発明は3D印刷です。最初の3Dプリンターは 1984 年に発明されました。

　3D印刷は，コンピューターの画像からものを作る手法です。3D印刷では，ものを作るためにいろいろな種類のプラスチックい③のような（＝such as）材料を使用します。3Dプリンターは，完成するまでに素材の層を次々と積み重ねることでものを作ります。

　3D印刷の最も有用な利用方法は，健康分野にあるかもしれません。現在，医師と病院は医療目的で3D印刷を利用しています。ァまったく同じ体の部位を持つ人は2人としていません。3D印刷は，個人のために設計された医療器具を作ることができます。実際，すでに聴力補助器や歯，あるいは，歯に入れる小さな部品までも作ることが可能です！3Dプリンターを使って生細胞を「複製」する技術も始まっています。いったん生細胞を「複製」する技術が本格的に

開発されれば，皮ふや骨などを作るのに利用できるようになります。しかし，その技術がこの段階に達するには，少なくともさらに10年から20年かかるでしょう。

　３Ｄ印刷は医師や病院にとって前途有望な未来ですが，この技術は今日すでに家の小さな模型や宝石を作るのにも利用されています。 う②さらに（＝In addition），家に自分の３Ｄプリンターがある家族は，おもちゃのような楽しいものを作ることができます。芸術家は芸術作品を作るためにプリンターを利用し，菓子店までもがチョコレートキャンディーを作るためにこれらのプリンターを利用しています。

　３Ｄプリンターは，あらゆる図面を取り込んで作ることができます。 え④それゆえ（＝Therefore）， ３Ｄ印刷を利用してさまざまなものを作る能力に終わりはありません！

5 　〈Ａ〉　字数を守り，指定語句を用いること。「彼女は宿題をしながら寝ています」　・while ～「～する間に」

　〈Ｂ〉(1)　「(一緒に)～しよう」＝Let's ～　「○○を早く終わらせる」＝「finish ○○ sooner」

　(2)　「(人)にとって～に行くのは初めてである」＝This is one's first visit to ～

　〈Ｃ〉　(棚からぼたもちの例文)「この表現は努力もなしに予期せぬ幸運を得るという意味である」

　(猿も木から落ちるの例文)a professional person who has good skills sometimes makes a mistake「この表現は熟練した技術をもつプロの人でも時々ミスをすることがあるという意味である」

——《2022 国語 解説》——

一 問3　直前の「そんなこともあって」の指す内容が、理由にあたる。それは「シオジは〜家具材としては高級材である。ほとんどが切り尽くされているから、まとまったシオジの森は上野村にしかないといってもよい」ということ。よって、ウが適する。

問4　いまの日本のルールでは、保護するに値する根拠（理由）を客観的に示すことが必要だが、「そんなものは何もない」のに、「彼」から保護林に指定してほしいと何度も頼まれる。きまりがある以上、どんなに頼まれてもどうすることもできず、役人は困ってしまうのである。

問5　傍線部③の前後「彼は長いあいだ森のなかで働いてきた。森と対話してきた〜その経験が彼の信じることのできる世界を生みだしてきた。その信じることのできるものが集まっている〜森なのである」と同様のことを、最終段落で「自然と人間の境がなくなっていく森を保護林にしてほしいと頼みにいった村人は、<u>山の神がいる世界</u>のなかでいきてきた。彼にとっては、その世界は信じるに値するだけの実感のある世界だった」と述べている。

問6　この段落では「ふたつの信じている世界の違い」を述べている。山の神がいる世界でいきてきた「彼」の「信じている世界」と、科学的に根拠を示せることが大事だと考える人たちの「信じている世界」は、「けっして交わることはない」。筆者は「彼の主張が間違っているのかといえばそうではない」と述べているとおり、どちらの言いぶんが正しいとも間違っているとも言っていない。つまり、その世界ではそのように考えられている、ということなのである。よって、アが適する。

問7(1)　「（　1　）ではなく」は、「知性とは違う」にあたる。ここでの「知性」は、「山の神が森を守っている」と信じているのとは対照的な、科学的考察や客観的根拠を重視する考え方を指す。[11]段落の1行目に「<u>合理的な思考</u>」とある。　　　(2)　「自然と人間の境がなくなっていく森」を特別だと感じる「彼」の感性は、どのような経験によって生まれたのか。[7]段落の「彼は<u>長いあいだ森のなかで働いてきた。森と対話してきた</u>〜その経験が彼の信じることのできる世界を生みだしてきた。その信じることのできるものが集まっている〜森なのである」、[5]段落の「彼にとってその森は、自然と人間の境が消えていく森〜『いのち』の根源を知ることのできる森であった。<u>若い頃から森のなかで働いてきた彼が</u>〜みつけだした森なのである」より。

問8　ア．村人が「打ちひしがれている」とは言えない。また、「科学的思考の行き過ぎを批判」したり「村人のような実直な人間を守るべきと主張」したりもしていない。　イ．村人は「私にとって困った存在」ではなく、「村人の考えの問題点」を探ろうとしているわけでもない。　ウ．「不信感を抱いた」ということは書かれておらず、「科学的なものの見方の問題点」も挙げていない。信じているものの違いだということを述べているのである。　オ．本文には「話は聞いてくれても」とあり、「突っぱねられる」というわけでもない。また、「役人の問題点」を訴えたり「村人を冷笑する世の中を批判」したりもしていない。　よって、エが適する。

二 問1　祖父が言った「植物染料は〜色が褪せていく〜だから化学染料を用いるんだ」とは合わない考え方であり、以降の本文から、祖母が「植物の命を布に写し取りたい〜科学技術とは不遜な技だ」「薬効のある植物の色を布に染め〜佳い布で人を包みたい」と考えていたことがわかる。

問3　「不遜」とは、謙虚な気持ちがなく、思い上がっていること。おごりたかぶっていること。

問4　祖父母が別れたあと「しばらくして美緒が生まれた。あのショールを作るのをきっかけに、再び二人で話をしたり、食事をしたりするようになった」ということを、一度切れた糸が「よりをかければ必ずつながる」ことに

重ねて話をしているのである。

問5　（　C　）の3行後に「香代(祖母)は～植物の命を布に写し取りたいのだと言った」とある。

問6　「どうして助けを求めなかった。一言、相談してくれれば」と言ったことを改め、「私が、戻ってこいと言えばよかったんだ」と言っていることから読み取る。自分が戻ってこいと言っていたら…と、香代を助けられなかった自分を責めているのである。よって、ウが適する。

問7　香代の死後、「肌の疾患に悩む子を持つ親御さんたちのグループ」から、香代が作った布の「大口の購入の申し込みがあった」のである。それを作っていた香代について語っている「香代は～麻や絹も織るようになった～紅花、茜、藍～薬効のある植物の色を布に染め、肌着から上着、子どもからお年寄りまで、佳い布で人を包みたいと考えていた」「『だから、肌触りがいいんだ』～糸や織りの具合を考えたに違いない」からまとめる。

問8　傍線部⑥の後で、自殺ではないと考える理由を、「『帰ったら、私と食事の約束をしていた～山菜も採ってくるから、天ぷらをご馳走すると笑っていた～手にタラの芽を握っていて』(タラの芽は)私の好物だ～『タラの芽を見つけて、きっと、夢中になって手を伸ばしたんだ～』」と言っている。よって、ウが適する。

問9　祖母は「植物の命を布に写し取りたい」「薬効のある植物の色を布に染め～佳い布で人を包みたい」と考えて工房を持ったが、「売れなかった。志高く、佳いものをつくってもほとんど売れない～一人で悩んで絶望して」「販路や資金繰りに悩んで、ひどく追い詰められていた」とある。そのような苦境にあり、大量の在庫をかかえたまま世を去っていることから、作ったものを使ってもらえなかった無念さがうかがえる。よって、ウが適する。

問10　ア.「盛岡城の跡地の公園には建物はないが」とあるので誤り。　イ.「本丸～へ続く道～階段を登る」とあるので、正しい。　ウ.「銀杏の木ばかりが」は誤り。　エ.地図の「渡雲橋」から「二ノ丸」方向を見ると「石川啄木歌碑」は左側にあるので、正しい。　オ.「本丸～へ続く道だ。向かいの豪壮な石垣へ渡されたその橋」とあるとおり、本丸側の石垣は「豪壮」と表現されている。それ以外の石垣についても「崩れ落ちそうな」という説明はない。　カ.「赤い欄干の橋～本丸～へ続く道だ」より、本丸にかかる赤い橋は「渡雲橋」である。　キ.石碑周辺のどの場所からスタートし、どの道を選ぶかによるので、正しいとも間違っているとも言えない。

三　問2(1)①　「しがらみ」とは、「川の流れをせきとめるために杭をうち、そこに木の枝や竹などをからませたもの」のこと。そこから、「流れを阻害する(さまたげる)ものの『たとえ』」として使われる。　④　紅葉のしがらみを「作った」のが「風」だとしているので、擬人法(人間以外のものを人間に見立てて表現する方法)。

(3)⑤　「目をつける」は、特別な注意を向けること。　⑥　和歌を数えるには「首」を用いる。

問3　主語は「何が」にあたる部分。「これこそ(が)」→「ものだ」が、この文の要点。その間にある「私が～見つけてきた」は、その「もの」がどのようなものであるかを説明した部分。

問4　「昨日」どうしたのか(何があったのか)と考えると、「眺めた」にかかるとわかる。

問5　ア.「走馬灯(影絵が回転して見える、回り灯籠)のように」は、さまざまな思い出がよみがえってくるときに使う。　イ.「蜘蛛の子を散らすよう」は、大勢のものがちりぢりに逃げていく様子のたとえ。　ウ.「奥歯にものがはさまったよう」は、自分の思うことや言いたいことをはっきり言わない様子のたとえ。　エ.「手に取るよう」は、すぐ目の前にあるかのように、はっきりわかるさま。　オ.「芋の子を洗うよう」は、せまい場所でたくさんの人がこみ合う様子のたとえ。　カ.「鬼の首を取ったよう」は、さも大きなてがらを立てたかのように、得意になる様子のたとえ。　キ.「まな板の鯉」は、相手や運命にまかせる以外に方法がなく、自分ではどうすることもできない状態のたとえ。「往生際が悪い」(あきらめが悪い)とは合わない。

— 《2022 算数 解説》 ————————————————————

$\boxed{1}$ (1) 与式 $=\dfrac{1}{6}+\dfrac{1}{5}\times\dfrac{2}{3}+1-\dfrac{2}{5}=\dfrac{5}{30}+\dfrac{2}{15}+\dfrac{3}{5}=\dfrac{5}{30}+\dfrac{4}{30}+\dfrac{18}{30}=\dfrac{27}{30}=\dfrac{9}{10}$

(2) 与式より，$2\dfrac{3}{4}-\dfrac{1}{5}\div\square=4\div\dfrac{8}{5}$　　$2\dfrac{3}{4}-\dfrac{1}{5}\div\square=\dfrac{5}{2}$　　$\dfrac{1}{5}\div\square=2\dfrac{3}{4}-2\dfrac{1}{2}$　　$\dfrac{1}{5}\div\square=\dfrac{1}{4}$

$\square=\dfrac{1}{5}\div\dfrac{1}{4}=\dfrac{4}{5}$

(3) 【解き方】5で割ると2あまり，6で割ると3あまる数は，3を足すと5と6で割り切れる。

5と6で割り切れる数は，5と6の最小公倍数である30の倍数だから，このような数は，30－3＝27，

27＋30＝57，57＋30＝87，87＋30＝117，117＋30＝147，…と続く。

この中で，7で割ると5あまる数を探すと，117÷7＝16あまり5より，117が見つかる。

(4) 【解き方】2日目に残ったページ数→1日目に残ったページ数の順に求めていく。

50＋28＝78（ページ）は，1日目に読んだ残りのページ数の$1-\dfrac{1}{3}=\dfrac{2}{3}$にあたるから，1日目に残ったページ数は，

$78\div\dfrac{2}{3}=117$（ページ）である。117＋30＝147（ページ）は，全体のページ数の$1-\dfrac{3}{10}=\dfrac{7}{10}$にあたるから，この本の全

体のページ数は，$147\div\dfrac{7}{10}=210$（ページ）

(5) 【解き方】割引きをしない場合の代金の合計は，1674÷（1－0.1）＝1860（円）である。

プリンを18個買うと，割引きをしない代金の合計は140×18＝2520（円）になり，1860円より，2520－1860＝660（円）

多い。プリン1個をシュークリーム1個にかえると，割引きをしない代金の合計は140－80＝60（円）下がるから，

買ったシュークリームの個数は，660÷60＝11（個）

(6) 【解き方】AとBの食塩水の濃さが同じになったから，Bの食塩水の濃さは15%になった。

Aから100gの食塩水を入れなくても，Bの食塩水に食塩を加えて濃さを15%にすればよい。

Aから100gの食塩水を入れる前に，Bに入っている水の量は，200×（1－0.082）＝183.6（g）である。

水が183.6g入っている濃さが15%の食塩水は，183.6÷（1－0.15）＝216（g）だから，加える食塩の量は，

216－200＝16（g）

(7) 【解き方】クロワッサンの個数と割合から，（合計の個数）→（カレーパン・その他の割合）の順に求める。

1日に売れたパンの合計は，72÷0.12＝600（個）だから，カレーパンとその他を合わせた割合は，

（66＋84）÷600×100＝25（%）になる。よって，サンドウィッチの割合は，100－30－15－12－25＝18（%）

(8) 【解き方】右のようにベン図をかくと，19＋26＋28＝73（人）の中には，

A＋B＋Cは2回，8人は3回数えていることになる。

a＋b＋c＝9人だから，A＋B＋C＝（73－9－8×3）÷2＝20（人）

よって，少なくともどれかが好きな生徒は，20＋8＋9＝37（人）だから，

○を1個もつけなかった生徒は，40－37＝3（人）

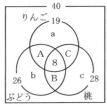

(9) 【解き方】12回の合計点から10回の合計点を引いて，最低点と最高点の和を求める。

最高点と最低点の和は，83×12－85×10＝146（点）だから，最低点は，146－95＝51（点）

(10) 【解き方】ア～カまで1つずつ調べていく。

ア　1組の平均点は，（2＋3＋12＋30＋48＋28＋16＋27＋20）÷30＝186÷30＝6.2（点）

　　2組の平均点は，（1＋2＋9＋12＋10＋24＋35＋24＋18＋40）÷28＝175÷28＝6.25（点）　　　正しい。

イ　1組の中央値は6点，2組の中央値は6.5点だから，2組の中央値は平均値より高い。誤り。

ウ　1組の最頻値は6点，2組の最頻値は7点だから，2組の中央値と最頻値は一致しない。誤り。

エ　1組と2組を合わせた58人の中央値は6点，最頻値も6点だから等しい。正しい。

オ　1組の中央値以下の生徒の人数は，1＋1＋3＋6＋8＝19(人)だから，半分以上である。誤り。

カ　2組の中央値以下の生徒の人数は，1＋1＋3＋3＋2＋4＝14(人)だから，ちょうど半分である。正しい。

(11)　【解き方】EDとBFの交わる点をGとすると，GはAC上にある。

三角形ADFは正三角形だから，角FAD＝60°である。

三角形ABFは，AB＝AFで，角FAB＝60°＋90°＝150°だから，

角ABG＝(180°－150°)÷2＝15°

三角形ABGにおいて，外角の性質から，

角ア＝角BAG＋角ABG＝45°＋15°＝60°

(12)　【解き方】3か所ある斜線部分のうちの1つの面積は，縦が4cm，横が4＋4＝8(cm)の長方形の面積から，

半径が4cmの半円の面積を引けば求められる。

求める面積は，(4×8－4×4×3.14÷2)×3＝20.64(cm²)

(13)　【解き方】右のような，底面の半径が2＋2＝4(cm)で高さが3＋3＝6(cm)の円すい

から，底面の半径が2cmで高さが3cmの円柱をくり抜いた立体ができる。

4×4×3.14×6÷3－2×2×3.14×3＝32×3.14－12×3.14＝20×3.14＝62.8(cm³)

2　(1)　【解き方】①から⑤の操作を行う。

①　すべての偶数けたの数字の和は，9＋8＋1＋5＋1＋1＝25

②　①の結果の3倍は，25×3＝75

③　1けた目を除く，すべての奇数けたの数字の和は，4＋6＋8＋3＋□＋7＝□＋28

④　②の結果と③の結果の和は，75＋□＋28＝□＋103

⑤　□＋103の一の位を10から引くと4になるから，□＋103の一の位は，10－4＝6

□には0から9のいずれかがあてはまるから，□＝3

(2)　【解き方】①から⑤の操作を行う。

①の結果は，□＋29　　②の結果は，□×3＋29×3＝□×3＋87

③の結果は，□＋17　　④の結果は，□×4＋104

□×4＋104の一の位は0だから，□×4の一の位は10－4＝6になる。

□には0から9のいずれかがあてはまるから，□＝4，または，□＝9

(3)　【解き方】3つの□の数字の和をAとすると，Aは，(偶数)＋(奇数)＋(奇数)だから，偶数になる。

①の結果は，A＋16だから，②の結果は，A×3＋16×3＝A×3＋48

③の結果は27だから，④の結果は，A×3＋75

A×3＋75の一の位は10－5＝5だから，A×3の一の位は5－5＝0になるので，Aの一の位は0になる。

Aは1けたの数字を3つ足した和だから，一の位が0になるのは，10と20が考えられる。

A＝10のとき，(偶数)＋(奇数)＋(奇数)＝10となる3つの数の組み合わせは，(0，1，9)(0，3，7)(2，1，7)(2，3，5)(4，1，5)(6，1，3)の6通りある。

A＝20のとき，(偶数)＋(奇数)＋(奇数)＝20となる3つの数の組み合わせは，(4，7，9)(6，5，9)(8，3，9)(8，5，7)の4通りある。

それぞれの組み合わせについて，偶数，奇数，奇数のあてはめ方は，3×2×1＝6(通り)あるから，

考えられるバーコードの数字は，(6＋4)×6＝60(通り)

③ (1) 【解き方】A君とB君の走る速さの比が10：9だから，同じ道のりを走る時間の比は9：10になる。

比の数の差の $10-9=1$ が1分50秒＝$\frac{11}{6}$分にあたるから，A君は池の周りを，$\frac{11}{6}\times 9=16.5$(分)で走ったことになる。3.3km＝3300mを16.5分で走ったから，その速さは，分速(3300÷16.5)m＝分速200m

(2) 【解き方】B君の走る速さは，分速$(200\times\frac{9}{10})$m＝分速180mである。

A君が走り始めてから2人が出会うまでの7分30秒＝$\frac{15}{2}$分間に進んだ2人の道のりの和は，$(200+180)\times\frac{15}{2}=2850$(m)だから，B君は先に $3300-2850=450$(m)進んでいたことになる。その時間は，$450\div180=2.5$(分)

よって，求める時間は，2分30秒後である。

(3) 【解き方】B君がS→P→X→Tにかかった時間を求める。

A君は，Y地点で15秒とまったから，16分30秒＋15秒＝16分45秒でP地点に着いている。

B君は，16分45秒－25秒＝16分20秒で着いたから，S→P→X→Tを16分20秒－1分40秒＝14分40秒で走ったことになる。B君は1周を16分30秒＋1分50秒＝18分20秒で走るから，S→Y→Tにかかる時間は，

18分20秒－14分40秒＝3分40秒である。S→P→X→Tにかかる時間とS→Y→Tにかかる時間の差が，

14分40秒－3分40秒＝11分だから，距離の差は，$180\times 11=1980$(m)，つまり，1.98kmである。

④ (1) 【解き方】三角形ＡＢＤと三角形ＢＣＤは，ＡＤ，ＢＣを底辺としたときの高さが等しいから，面積比は底辺の長さの比に等しく6：14＝3：7である。

三角形ＤＢＥと三角形ＣＢＥは，底辺をＤＥ，ＣＥとしたときの高さが等しく，ＤＥ＝ＣＥだから，面積は等しい。そこで，三角形ＤＢＥと三角形ＣＢＥの面積を7とおくと，三角形ＢＣＤの面積は，$7+7=14$

三角形ＡＢＤの面積は，$14\times\frac{3}{7}=6$になる。四角形ＡＢＥＤの面積と三角形ＢＣＤの面積の差は，三角形ＡＢＤと三角形ＢＣＥの面積の差に等しいから，この2つの三角形の面積を比べると，三角形ＢＣＥの方が $7-6=1$ だけ大きいことがわかる。よって，三角形ＢＣＤの面積の方が大きい。

(2)① 【解き方】(1)をふまえると，台形ＡＢＣＤの面積は $6+14=20$ になる。

三角形ＡＦＤと三角形ＣＦＢは同じ形で，ＤＦ：ＢＦ＝ＡＤ：ＣＢ＝6：14＝3：7である。

高さの等しい三角形の面積比は，底辺の長さの比に等しいから，三角形ＢＣＦの面積と三角形ＢＣＤの面積比は，ＢＦ：ＢＤ＝7：$(7+3)$＝7：10になる。

三角形ＢＣＦの面積は，$14\times\frac{7}{10}=\frac{49}{5}$だから，三角形ＢＣＦと台形ＡＢＣＤの面積の比は，$\frac{49}{5}:20=49:100$

② 【解き方】メネラウスの定理を使って
ＣＧ：ＧＦ，ＢＧ：ＧＥを求めれば，
三角形ＢＧＦとの面積比から求めることができる。

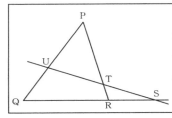

メネラウスの定理

左の三角形ＰＱＲにおいて，
$$\frac{PU}{UQ}\times\frac{QS}{SR}\times\frac{RT}{TP}=1$$
一筆書きのようになるのがポイント。
1回だけ逆に進む辺がある。

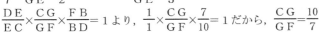

$\dfrac{DF}{FB}\times\dfrac{BG}{GE}\times\dfrac{EC}{CD}=1$ より，

$\dfrac{3}{7}\times\dfrac{BG}{GE}\times\dfrac{1}{2}=1$ だから，$\dfrac{BG}{GE}=\dfrac{14}{3}$

$\dfrac{DE}{EC}\times\dfrac{CG}{GF}\times\dfrac{FB}{BD}=1$ より，$\dfrac{1}{1}\times\dfrac{CG}{GF}\times\dfrac{7}{10}=1$ だから，$\dfrac{CG}{GF}=\dfrac{10}{7}$

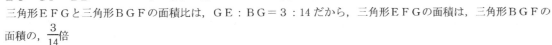

三角形ＥＦＧと三角形ＢＧＦの面積比は，ＧＥ：ＢＧ＝3：14だから，三角形ＥＦＧの面積は，三角形ＢＧＦの面積の，$\frac{3}{14}$倍

三角形ＢＣＧと三角形ＢＧＦの面積比は，ＣＧ：ＧＦ＝10：7だから，三角形ＢＣＧの面積は，三角形ＢＧＦの面積の，$\frac{10}{7}$倍

よって，三角形ＥＦＧと三角形ＢＣＧの面積比は，$\frac{3}{14}:\frac{10}{7}=3:20$

(1)　切断した立体の，点Cを含む方の立体の体積は，（6×8÷2）×9÷3＝72（cm³）だから，

点Aを含む方の立体の体積は，6×8×9－72＝360（cm³）

(2)①　【解き方】四角形ＣＤＰＱの面積を求める。

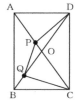

四角形ＣＤＰＱの面積は，（長方形ＡＢＣＤの面積）×$\dfrac{PC}{AC}$×$\dfrac{QD}{BD}$で求めることができる。

ＡＰ＝2×2＝4（cm）だから，ＰＣ＝10－4＝6（cm）

ＢＱ＝2×1＝2（cm）だから，ＱＤ＝10－2＝8（cm）

四角形ＣＤＰＱの面積は，（6×8）×$\dfrac{6}{10}$×$\dfrac{8}{10}$＝23.04（cm²）だから，

高さが9cmの角すいの体積，23.04×9÷3＝69.12（cm³）

②　【解き方】点Ｐの方が点Ｑより速く動くから，点ＰがＯに着くまでに，ＰＱとＢＣが平行になることはない。

したがって，ＰＱとＢＣが平行になるのは，点ＰがＯとＣの間にきたときである。

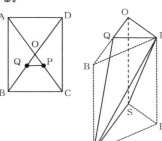

ＡＰ：ＢＱ＝2：1だから，ＡＰ：ＣＰも2：1になるので，

ＢＱ＝ＣＰ＝ＡＣ×$\dfrac{1}{2+1}$＝10×$\dfrac{1}{3}$＝$\dfrac{10}{3}$（cm）

ＱＯ＝ＰＯ＝10÷2－$\dfrac{10}{3}$＝$\dfrac{5}{3}$（cm）

三角形ＯＢＣの面積は，6×8÷4＝12（cm²）だから，

三角形ＯＢＰの面積は，12×$\dfrac{PO}{CO}$＝12×$\dfrac{5}{3}$×$\dfrac{1}{5}$＝4（cm²）

三角柱ＯＢＰ－ＳＦＲの体積は，4×9＝36（cm³）

三角すいＰ－ＳＦＲの体積は，36×$\dfrac{1}{3}$＝12（cm³）だから，

四角すいＰ－ＯＢＦＳの体積は，36－12＝24（cm³）

長方形ＢＦＳＯと台形ＯＱＦＳの面積比は，（9×5）：{（$\dfrac{5}{3}$＋5）×9÷2}＝3：2だから，

四角すいＰ－ＯＱＦＳの体積は，24×$\dfrac{2}{3}$＝16（cm³）

─《2022　理科　解説》──────────────────

1 問1　アは固体から気体，イとエは液体から気体，ウは固体から液体，オは気体から液体に変化することであり，キは水などに他の物質が溶ける現象である。なお，気体から固体に変化することを 凝 華（ぎょうか）という。

問3　液体として存在する淡水（たんすい）は全体の0.8％だから，14億×0.008＝0.112億（km³）である。

問4　体重60kgの成人男性の体の中の水は60×0.6＝36（kg）であり，そのうちの20％，つまり，36×0.2＝7.2（kg）→7.2Lの水を失うと生命の危機に至る。

問5　体に取り込（こ）む水は2200＋300＝2500（mL）だから，不 感 蒸 泄（ふかんじょうせつ）で排 出（はいしゅつ）される水の量は2500－1600＝900（mL）である。呼吸による排出が不感蒸泄に含（ふく）まれることに注意しよう。

問6　「ジ」は2個，「ハイドロゲン」は水素，「モノ」は1個，「オキサイド」は酸化物という意味。2個の水素〔H〕と1個の酸素〔O〕が結びついたもの→H_2O→水である。

問7　水は約4℃のときに体積が最も小さくなるので，約4℃のときに密度が最も大きくなっているアを選べばよい。

問8　操作1で水がすべて気体になるまで加熱すると，フラスコ内は体積が大きい高温の水蒸気で満たされる。このフラスコを図2のようにしてしばらく放置しておくと，水蒸気が水にもどることで体積が小さくなり，フラスコ内の気圧が低くなるので，赤色に着色した水が吸い上げられる。

2 問1　Ｃのアルタイルはわし座，Ｅのアークトゥルスはうしかい座に含まれる星である。

問2 南の空に見える太陽や星が，1日の中で東から西へ動いて見えるのは，地球が1日(24時間)で西から東へ360度回転するためである。よって，1時間では360÷24＝15(度)動くから，3時間後には西へ15×3＝45(度)動いた⑤の位置に見える。

問3 地球が1年(12か月)で太陽のまわりを西から東へ360度回転するため，同じ星を1か月後の同じ時刻に観察すると，西へ360÷12＝30(度)動いた位置に見える。よって，問2解説より，1か月前と同じ位置に見えるのは，Bが図1の位置に見えた午後8時ごろの30÷15＝2(時間前)の午後6時ごろである。

問4 2か月後の午後8時ごろには西へ30×2＝60(度)動いた⑥の位置に見え，その2時間後の午後10時ごろにはさらに西へ15×2＝30(度)動いた⑧の位置に見える。

問5 さそり座のアンタレスやオリオン座のベテルギウスは，表面温度が低く，赤色に見える。

問6 1等級と2等級の関係より，1等級上がると明るさは100÷40＝2.5(倍)になると考えられる。また，これをもとに4等級と6等級の○の数を比べると，1×2.5×2.5＝6.25となり，4等級と6等級の○の数の関係を正しく表している。よって，6.25×2.5＝15.625→16，または，40÷2.5＝16より，X＝16であり，1×2.5＝2.5→3，または，6.25÷2.5＝2.5→3より，Y＝3である。

|3| **問1** コスモスの開花時期は6月から11月ごろであり，ふつう春に花を咲かせることはない。

問2 タンポポの葉は，切れ込みがあり，地面に近いところから放射状に出ている。このような葉の付き方をロゼットという。

問3 ア×…カエデの葉は秋になると色づき始める。　イ×…アジサイは，酸性で青色，中性で紫色，アルカリ性で赤色の花を咲かせる。　ウ×…アサガオの茎はつるになっていて，他の植物などに巻きつく。　オ×…モモの開花時期は3月から4月ごろである。　カ×…カマキリは秋に産卵する。　キ×…ハクチョウは秋になると北の地域から日本にやってきて冬を越し，春になると北の地域に帰る渡り鳥(冬鳥)である。

問4 ア，エ×…カマキリやカイコガは卵で冬を越す。また，カマキリはさなぎにならない不完全変態のこん虫である。　イ×…は虫類のヤモリは肺呼吸をするので，水中では生きられない。

問8 こん虫のからだは，頭部，胸部，腹部の3つに分かれていて，3対(6本)のあしはすべて胸部についている。また，触角は1対(2本)で頭部についている。モンシロチョウははねを使ってとぶため，はねを動かすための胸部の筋肉が発達している。

|4| **問2** 並列つなぎの電池は1個の電池と同じ電圧と考えればよいので，アでは3個の電池が直列つなぎ，イとウでは2個の電池が直列つなぎになっていて，エでは1個の電池がつながっている。よって，イとウでは回路全体の電圧が2.0×2＝4.0(V)で等しく，電流計に同じ大きさの電流が流れる。〔V＝R×I〕より，〔I＝V÷R〕だから，イとウの電流計に流れる電流は4.0÷2.0＝2.0(A)である。

問3 ウとエのニクロム線を並列つなぎにした部分は，2.0Ωのニクロム線の太さが2倍になったと考えて，抵抗が2.0Ωの半分の1.0Ωだと考えることができる。また，直列つなぎのニクロム線の抵抗は，それぞれの抵抗の和と等しいから，回路全体の抵抗は，アが2.0Ω，イが2.0×2＝4.0(Ω)，ウが1.0Ω，エが2.0×2＋1.0＝5.0(Ω)である。よって，電流計に最も大きな電流が流れるのは抵抗が最も小さいウで，その値は2.0÷1.0＝2.0(A)である。

問4 電圧が同じであれば，抵抗が小さいときほど大きな電流が流れる。抵抗の大きさは，ニクロム線の長さに比例し，太さに反比例するから，長さが最も短く，太さが最も太い組み合わせであるウのときに，最も大きな電流が流れる。ウの抵抗は2.0×0.5÷2＝0.5(Ω)だから，電流計に流れる電流は2.0÷0.5＝4.0(A)である。

問5 ア○…水の量が2倍になれば，同じ量の水が受けとる熱の量が半分になるので，温度変化も半分になる。

イ×…銀の方が抵抗が小さいので，流れる電流が大きくなり，〔P＝I×V〕で求められる1秒当たりの発熱量が大きくなる。　ウ×…あたたまりやすい油の方が5.0分後の温度変化が大きくなる。　エ×…電圧が2倍になると電流も2倍になるので，1秒当たりの発熱量は4倍になる。

問6　R₀の抵抗が1.0Ωであることに注意して，問4解説と同様にそれぞれの抵抗を考えると，R₁は1.0×4÷1＝4.0(Ω)，R₂は1.0×2÷1＝2.0(Ω)，R₃は1.0×1÷5＝0.2(Ω)，R₄は1.0×0.5÷1＝0.5(Ω)である。図

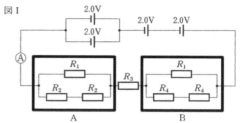

Ⅰで，2本のR₂を直列つなぎにした部分の抵抗は2.0×2＝4.0(Ω)であり，R₁も4.0Ωだから，Aの部分の抵抗は4.0Ωのニクロム線の太さを2倍にしたときと同じと考えて4.0Ωの半分の2.0Ωである。また，2本のR₄を直列つなぎにした部分の抵抗は0.5×2＝1.0(Ω)であり，大きさの異なる2本の抵抗を並列つなぎにしたときの全体の抵抗の大きさを求める式を利用すると，Bの部分の抵抗R_Bは，$\frac{1}{R_B}=\frac{1}{4.0}+\frac{1}{1.0}=\frac{5}{4}=\frac{5÷5}{4÷5}=\frac{1}{0.8}$より，0.8Ωである。よって，回路全体の抵抗は，Aの部分＋R₃＋Bの部分＝2.0＋0.2＋0.8＝3.0(Ω)であり，電圧は2.0×3＝6.0(V)だから，電流計に流れる電流は6.0÷3.0＝2.0(A)，1秒当たりの発熱量は6.0×2.0＝12.0(W)である。これに対し，図3のときの電流は6.0÷6.0＝1.0(A)で，1秒当たりの発熱量は6.0×1.0＝6.0(W)だから，図4のときの水の上昇温度は図3のときの12.0÷6.0＝2(倍)になる。つまり，経過時間が5.0分のときの水の温度変化が2.0×2＝4.0(℃)になるグラフをかけばよい。

━《2022　社会　解説》━

1　問1　蝦夷地には，北海道の先住民族であるアイヌの人々が生活していた。

問2　エが正しい。山形県のブランド米として「はえぬき」「つや姫」などが有名である。アは北海道，イは宮崎県，ウは佐賀県。

問3　岐阜県関市は刃物の産地として知られている。

問4　山梨県なのでウが正しい。アは福島県，イは栃木県，エは岡山県。

問5(A)　静岡県の焼津港は日本有数の遠洋漁業の基地で，カツオの水揚量が日本一である。

問6　静岡県は自動車製造業などの第二次産業が盛んだから，ウと判断する。アは北海道，イは兵庫県，エは宮崎県。

問7　ウが正しい。紀州南高梅から和歌山県と判断できる。アは奈良県，イは三重県，エは大阪府。

問9　地形図の左下に注目すると10mと60mの間に4本の主曲線があることから，10m間隔と判断できる。

問10　エ．岩手県が上位のBをブロイラー，北海道が1位のCを肉用牛と判断できるので，Aは豚になる。宮崎県や鹿児島県では，火山灰土のシラス台地で畜産が盛んなため，ブロイラーや豚の飼養頭数が多い。

問11　南さつま市は薩摩半島の西南端に位置するので，アと判断する。

問12　イが正しい。都道府県庁所在地名が都道府県名と不一致なのは，札幌市(北海道)，甲府市(山梨県)，神戸市(兵庫県)。空港がないのは山梨県と岐阜県，政令指定都市があるのは北海道と静岡県と兵庫県。

問13　アが正しい。　B．神戸市の緯度は和歌山市よりも低い。　C．佐賀市の経度は宮崎市よりも西に位置する。岐阜市の経度は甲府市よりも西に位置する。

問14　ウが正しい。　A．2000円以下でも寄付できるが控除される額がない。　B．平成27年度から平成30年度の船橋市へのふるさと納税額は減少している。

問15　①より，兵庫県明石市を通る東経135度線(日本の標準時子午線)よりも西に位置すると判断できる。③より，南東季節風の影響で夏の降水量が多い太平洋側の気候と判断できる。④より，2021年に登録された世界遺産は，

「奄美大島，徳之島，沖縄島北部及び西表島(鹿児島県・沖縄県)」「北海道・北東北の縄文遺跡群(北海道・青森県・岩手県・秋田県)」と判断できる。以上のことから宮崎県を導ける。②より，宮崎市に次いで人口が多い 都城市と判断する。

2 問1　公衆衛生には感染症予防や予防接種などが含まれる。また，第25条は社会権のうちの生存権を保障している。

問2　高度経済成長期は1950年代後半～1973年なので，イが正しい。バブル景気は，1980年代後半～1990年代初頭にかけて見られた，本来の価値以上に価格が値上がりする，実体のない不健全な好景気。

問4　カンボジアなのでエを選ぶ。カンボジアに派遣された自衛隊は，道路や橋の補修などを行った。アはマラウイ，イは南スーダン，ウはイラク。

問5　カが正しい。Aは「フランス」ではなく「スウェーデン」であれば正しい。

問6　前安倍政権が従来の憲法解釈を変更し，集団的自衛権の行使を可能にした安全保障関連法を成立させた。

問7　ウ．2021年度の一般会計予算は106.6兆円であり，社会保障関係費，国債費，地方交付税交付金が全体の約70%を占めている。

問8　エは国会の持つ権限なので誤り。憲法改正の発議は各議院の総議員の3分の2以上の賛成を得て行われ，両議院の立場は対等である。

3 問1　カが正しい。Aは「弓矢」ではなく「槍」であれば正しい。弓矢は，縄文時代以降にすばやい小型動物の狩るために利用された。

問2　壬申の乱は，天智天皇の死後，天智天皇の子である大友皇子と天智天皇の弟である大海人皇子の間で起こったあとつぎ争いである。大海人皇子が勝利し，天武天皇として即位した。

問3　アとウが正しい。　イ．「新羅」ではなく「百済」である。　エ．吉備真備(二位)の方が，三善清行・藤原保則・藤原公利(五位)よりも位階が高かった。　オ．男性は70人(859年頃)→9人(893年)→0人(911年)と減少した。

問4　イが正しい。日宋貿易では宋銭・陶磁器・絹織物などが輸入され，硫黄・刀・金銀などが輸出された。明銭や生糸は室町時代の勘合貿易(日明貿易)で輸入された。

問5　後醍醐天皇の建武の新政が公家・天皇中心の政治であったことから失敗に終わると，後醍醐天皇は奈良の吉野に逃れ，そこで南朝をたてた。

問6　武田信玄は，信玄堤をつくったことの他，分国法「甲州法度之次第」を制定したことでも知られる。

問7　太閤検地では予想される収穫量を米の体積である石高で表したため，年貢を確実に集めることができるようになった。また，検地によって勝手に土地を離れられなくなり，刀狩によって武器を使って戦うことができなくなったため，武士との身分がはっきりと区別されるようになった(兵農分離)。

問8　朝鮮通信使は将軍の代がわりごとに派遣された。

問9　エ．Xは老中水野忠邦の天保の改革，Yは八代将軍徳川吉宗の享保の改革，Zは老中田沼意次の政治だから，Y→Z→Xの順になる。

問11　日本の資本主義の父といわれた渋沢栄一は，富岡製糸場設立に尽力し，第一国立銀行や大阪紡績会社などの設立を進めた。

問12　イ．日露戦争後のポーツマス条約(1905年)では，Aの南樺太が日本に割譲された。Dの千島列島は，樺太・千島交換条約(1875年)で日本領となっていた。

問13　第二次大隈重信内閣の時，イギリスとの日英同盟を理由に連合国側で第一次世界大戦に参戦した。

問15　イが正しい。1937年の盧溝橋事件をきっかけに日中戦争が始まり，その中で南京事件が起きた。

問16　東京オリンピック開催は1964なので，アとウが正しい。自衛隊の発足は1954年，東海道新幹線の開通は1964年，沖縄の返還は1972年，安保闘争は1960年，日ソ共同宣言の批准・ソ連との国交回復は1956年。

═══════════════════ 《国 語》 ═══════════════════

一 問1．(1)ア (2)ア．ダウンロードしてプリントアウトしただけ イ．まったく勉強にならない

問2．ア，イ，オ 問3．ウ 問4．A．オ B．ウ 問5．まったく授業に出なかった学生が、友だちの
レポートを写させてもらったときに、ことばの意味を考えずに丸写ししたから。 問6．オ 問7．考える

問8．逮捕されること 問9．イ

二 問1．イ 問2．ア．初心者用のフルート イ．母の月給の四か月分以上 問3．イ

問4．覚悟を決め～らうのか。 問5．趣味で音楽を続ける 問6．ウ 問7．ア 問8．オ

問9．エ 問10．ア，イ，エ

三 問1．①厳格 ②機関 ③運賃 ④観衆 ⑤精算 ⑥訪問 ⑦制作 ⑧はいしゃく ⑨ごりやく

⑩せっしょう 問2．[語群／意味] ①[キ／オ] ②[エ／イ] ③[オ／カ] ④[イ／ア]

問3．低濃度の→高濃度の／たとえば→つまり／自分達で→自分達を 問4．A．ねこ B．ねこ C．いぬ

═══════════════════ 《算 数》 ═══════════════════

1 (1)$\frac{1}{6}$ (2)$6\frac{1}{2}$ (3)12 (4)$\frac{8}{13}$, $\frac{8}{11}$ (5)11 (6)12 (7)66 (8)25 (9)9 (10)3600 (11)360

(12)43.96 (13)196.25

2 (1)(ア)19 (イ)18 (ウ)909 (2)10 (3)311

3 (1)午前11，15 ※(2)午前11，35 (3)1.5

4 (1)16 (2)24.8 (3)$2\frac{2}{35}$

5 (1)9 (2)40.5 (3)144

※の考え方は解説を参照してください。

═══════════════════ 《理 科》 ═══════════════════

1 問1．エ 問2．ア 問3．青銅 問4．ア 問5．ア 問6．イ

2 問1．ア 問2．(1)①ア ②ウ ③エ ④イ ⑤ア ⑥ウ (2)イ

3 問1．カ 問2．ア 問3．ク 問4．縦向き…イ 横向き…ウ 問5．(1)ア，エ，オ (2)5.6

4 問1．(1)発芽 (2)子葉 (3)デンプン 問2．(1)①ア ②コ ③オ (2)ア 問3．表面積を大きくすることがで
きるから。

《社　会》

1　問１．⑴栃木　⑵３　　問２．ウ　　問３．牧之原　　問４．吉野川　　問５．山形　　問６．ア　　問７．イ

　　問８．ウ　　問９．エ　　問10．からっ風　　問11．フォッサマグナ　　問12．オ　　問13．エ　　問14．ア

　　問15．エ　　問16．イ　　問17．エ

2　問１．フランス　　問２．イ　　問３．ウ　　問４．エ　　問５．イ　　問６．アセスメント　　問７．エ

　　問８．（ア）　　問９．連帯　　問10．カ

3　問１．ウ　　問２．光明　　問３．貧窮問答歌　　問４．金剛峯寺　　問５．ウ　　問６．臨済　　問７．エ

　　問８．足利義満　　問９．座　　問10．エ　　問11．解体新書　　問12．蛮社の獄　　問13．ウ

　　問14．イ，ウ　　問15．ア　　問16．北里柴三郎　　問17．オ　　問18．イ　　問19．ア，エ，オ

―《2021 国語 解説》

□ **問1(1)** 「みなそれなりに資料を調べて提出するわけですが、なかにはインターネットの記事をダウンロードして、手も加えずにそのまま提出する学生がいるのです」とある。筆者は、このようなレポートでは、提出する意味がないと考えており、「レポートとして提出する以上、よく読んで、自分なりに理解してから提出しなければ、『手の運動だけで、まったく勉強にならない』」と述べている。よって、アが適する。   **(2)** 「ダウンロードしてプリントアウトしただけじゃダメ」なのは、「レポートとして提出する以上、よく読んで、自分なりに理解してから提出しなければ、『手の運動だけで、まったく勉強にならない』」からである。

問2 「『わかる』とか、『理解する』ということが、どういうことなのかということがわかっていない」ために、学生が「間違い」に気づかなかった例が、傍線部②の後の段落に挙げられている。それは、学生が間違いに気づくために重要な「意味を考える」ことをしないで、「見たままを『図形として、写生』」、「丸写し」していたからである。『わかる』ということ自体がわからない人」とは、自分の頭で「意味を考える」ことをしない人で、このような人にとっての「わかる」とは、アの「手本通りに写した」、イの「丸暗記してきた」、オの「単純に～と覚えた」のように、「意味を考える」という過程なしに、単に何かができた時だと筆者は考えている。

問6 「間違いに気づかない」人は、「最初から『意味がわかる』という目的がないから」、意味を考えない。ただ「キーワードが文字列として入っていれば満足して」しまうので、「結論の正しさは重要ではない」のだ。よって、オが適する。

問7 傍線部②のある段落に「間違えているということすらも気づかないという現象がおこりつつある、というのが現状」と述べられている。また、空欄（ C ）の次の行には「間違いが起きていることがわからないから、さらなる大きな間違いを犯すというありさま」とある。つまり、間違いに気づく力がなくなっている人が増えているために、悪循環が起きているということを述べている。

問9 「間違えるということは、考えるという行為とリンクしています。考えなければ間違いにも気づかない」とある。つまり、考えることによって間違いに気づき、その原因を探るために、「より深く物事を理解しようとするから」、「知識や考える幅が広がっていく」のである。よってイが適する。

□ **問3** サンティーニ先生は、新しいフルートを買い、プロの演奏家をめざす覚悟があるかどうかを「ぼく」に問いかけた。しかし、フルートを買うお金のない「ぼく」は、プロの道に進む決意ができず思い悩んでいる。

問4 直後の「ぼくには、どうしたいのか、なんて選択肢はない～そんな高価な楽器を買えるわけないじゃないか」より、サンティーニ先生が「前に進むか(プロの演奏家をめざすのか)」「卒業証書だけをもらうのか」という、二つの選択肢を示した言葉が入る。

問5 目の前の「分かれ道」のうち、「ふさがっていて、通れない」のは、新しいフルートを買ってプロをめざす道。もう一方の「自分が行ける一本道」は、サンティーニ先生の言う「なんとかやりすごして卒業証書だけをもらう」道である。この場合の生活について、「ぼく」は「大学は～ちゃんと稼げる仕事を見つけて、あとは趣味で音楽を続ける」と考えた。

問6 傍線部③で、プロをあきらめ趣味で音楽を続けようと思ったとき、「ぼく」は涙が出そうになった。その気持ちを、「悲しいんじゃない。くやしんだ。怒りだ」と自ら分析している。そして、階級制度の理不尽さは今でも続いているという思いにいたった。家庭の経済状況、すなわち世の中の理不尽さのせいで(プロをめざすという)選択肢がないという思いで叫んでいるから、ウの「やり場のないいきどおり(怒り)」が適する。

問7　波線部⑥の前の「ぼくは頭を下げた。涙があふれだして、もう顔を上げられなくなった」と、後の「『本当に、ありがとうございました！』頭を下げる。低く、低く。今のぼくには、これくらいしかできない」から、「ぼく」が、和田さんたちに深く感謝し、感極まって泣いていることが読みとれる。新しいフルートを買うお金がないので、プロの道をあきらめざるを得ないと思っていた「ぼく」の悔(くや)しさもふまえて考える。「打ち合わせどおり」の意味を理解していなかったから、予期していないうれしい事態だったことがわかる。よってウは適さない。

問9　「中世の美しい街並み」は、「ぼく」にとって「昔、世界は階級制度だった〜ひどく不条理な世の中だった」こと、そしてそれが今も変わっておらず「結局、ちっとも自由なんかじゃない」ということを象徴(しょうちょう)するものである。しかし、「異国の街」は、レストラン和田のように様々な国の人が集まり「おたがいに家族にはなれないけれど、寄りそいあうことはできる」街である。

問10　ア．和田さんの「きみのおかあさんはね、長年〜働いてくれて〜よく考えたら、二十年間ろくにボーナスを出したことがなかったんだ」という言葉から、適する。　イ．【B】の1行目の「吹(ふ)きおわって」より、この前で一曲演奏している。続けて「ハッピーバースデー変奏曲」を演奏したから、「二曲のフルートの演奏を行った」は適する。　ウ．七千ユーロを渡(わた)すとき、和田さんは「これはきみのおかあさんと〜みなさんがしてくれた寄付を集めた、七千ユーロです〜これでフルートを買いかえてよ。もっといいフルートできみの演奏を聞きたいからさ」と言っている。ここから音楽の道に進むことを応援(おうえん)する気持ちが読みとれる。後で「年に一回くらい、ここでリサイタルやってよ」とは言っているが、これは冗談(じょうだん)めかした発言だと考えられ、「演奏代金という名目」とまではいえないので、適さない。　エ．和田さんは七千ユーロについて「まあ、うちが出したのは半分だけだから」と言っている。七千ユーロの半分は三千五百ユーロになので、適する。　オ．七千ユーロのうち、和田さん出したのは半分で、おかあさんのへそくりと他の人からの好意の寄付も入っているので、「ボーナスとして七千ユーロ」は適さない。　カ．ウの解説参照。お金は演奏代金として払(はら)われたものではない。また会話から、お金を二十ユーロだした人がいるのはわかるが、他の人がいくらだしたかはわからない。　キ．このようなことは書かれていない。

三　問3　1番目「生態系のピラミッドの一番上にいる人間ほど低濃度の有害物質をとりこむことになる」の「低濃度の」が誤り。「有害な化学物質は、食物連鎖(れんさ)をとおして濃縮されながら〜蓄積されて」いくのだから、〝食べる、食べられる〟の関係を何度も繰り返すうちに有害物質は濃縮され、人間が食べるときには「高濃度」になっているはずである。　2番目「たとえば」に続く、「人間は、自分達の手により自分達の体に有害な物質を入れようとしている」は、前の文を言いかえているので、「たとえば」を「つまり」に直す。　3番目「海とそこにいる生き物、そして自分達で」とあるが、「海とそこにいる生き物、そして自分達」は、「危険にさらす」ことの対象だから、「自分達を」とするのが適切。

問4　「いぬ」が真実しか述べないことを利用して考えていく。Aが「いぬ」の場合、Bは「いぬ」ということになる。すると、Cも「いぬ」だということになるので、三匹とも「いぬ」だということになってしまい、「『いぬ』と『ねこ』のどちらもすくなくとも一匹はいる」という条件に合わない。よって、Aは「ねこ」。Bが「いぬ」の場合、Cも「いぬ」になるので、「いぬ」は二匹になる。すると、Cは「いぬ」なのに、「いぬは一匹だけです」と嘘(うそ)をついていることになり、適さない。よって、Bも「ねこ」。「いぬ」と「ねこ」はどちらもすくなくとも一匹はいるのだから、AとBが「ねこ」ならば、Cは「いぬ」。そうすれば、Cの発言も真実となるので、全ての条件を満たすことになる。

1 (1) 与式＝$\dfrac{5}{16}÷\dfrac{5}{8}-5×\left(\dfrac{2}{5}-\dfrac{1}{3}\right)=\dfrac{5}{16}×\dfrac{8}{5}-5×\left(\dfrac{6}{15}-\dfrac{5}{15}\right)=\dfrac{1}{2}-5×\dfrac{1}{15}=\dfrac{1}{2}-\dfrac{1}{3}=\dfrac{3}{6}-\dfrac{2}{6}=\dfrac{1}{6}$

(2) 与式＝$1+\left(1-\dfrac{1}{2}\right)+\left(1-\dfrac{1}{3}\right)+\left(1-\dfrac{1}{4}\right)+\left(1-\dfrac{1}{6}\right)+\left(1-\dfrac{1}{8}\right)+\left(1-\dfrac{1}{12}\right)+\left(1-\dfrac{1}{24}\right)=$

$1×8-\left(\dfrac{1}{2}+\dfrac{1}{3}+\dfrac{1}{4}+\dfrac{1}{6}+\dfrac{1}{8}+\dfrac{1}{12}+\dfrac{1}{24}\right)=8-\dfrac{12+8+6+4+3+2+1}{24}=8-\dfrac{3}{2}=6\dfrac{1}{2}$

(3) 与式より，$\{(25-□)×3+8\}×(37.5+5.5)=2021$　　$(25-□)×3+8=2021÷43$

$(25-□)×3=47-8$　　$25-□=39÷3$　　$□=25-13=12$

(4) 【解き方】$\dfrac{5}{9}$の分母は分子の$\dfrac{9}{5}$倍だから，分子が8で$\dfrac{5}{9}$より大きい分数の分母は，$8×\dfrac{9}{5}=14.4$より小さい。同様に考えると，分子が8で$\dfrac{11}{13}$より小さい分数の分母は，$8×\dfrac{13}{11}=9.4…$より大きい。

分母が9.4…より大きく14.4より小さいのだから，分母は10以上14以下である。分母がその範囲（はんい）内にあり分子が8で約分できない分数は，$\dfrac{8}{13}$と$\dfrac{8}{11}$の2つある。

(5) 【解き方】250gの食塩水から50gの水を蒸発させると250－50＝200（g）の食塩水ができる。これに同量の200gの食塩水を混ぜたのだから，13％は混ぜた2つの食塩水の濃度（のうど）の平均にあたる。

水を50g蒸発させることで，ふくまれる食塩の量が変わらず食塩水の量が250gから200gへと$\dfrac{200}{250}=\dfrac{4}{5}$（倍）になったのだから，濃度はこの逆数の$\dfrac{5}{4}$倍になった。したがって，$12×\dfrac{5}{4}=15$（％）になった。

よって，あとから混ぜた200gの食塩水の濃度は，$13×2-15=11$（％）

(6) 【解き方】2年後のA君の年齢を①歳とすると，2年後のお父さんの年齢は③歳である。これを元に，3年後の3人の年齢を表す。

3年後，A君は①＋1（歳），お父さんは，③＋1（歳）で，お母さんは（①＋1）×3＝③＋3（歳）である。このとき3人の年齢の和は，94＋3×3＝103（歳）だから，（①＋1）＋（③＋1）＋（③＋3）＝⑦＋5（歳）が103歳にあたる。したがって，⑦が103－5＝98（歳）にあたるので，①は$98×\dfrac{①}{⑦}=14$（歳）にあたる。

よって，現在のA君の年齢は，14－2＝12（歳）

(7) 【解き方】B，C，Dの点数が等しいものとすると，A君の点数を8点下げれば，4人の点数が等しくなる。

4人の合計点数は，60×4＝240（点）である。したがって，A君の点数を8点下げると，合計が240－8＝232（点）になるから，下げたあとのA君の点数は，232÷4＝58（点）である。よって，A君の点数は，58＋8＝66（点）

(8) 【解き方】100円玉と50円玉の枚数が決まれば，400円に足りない分を10円玉で補えばよいので，合計が400円以下になるような，100円玉と50円玉の枚数の組み合わせの数を求める。

100円玉と50円玉の枚数の組み合わせをまとめると右表のようになる。

よって，全部で，1＋3＋5＋7＋9＝25（通り）ある。

100円玉	50円玉	組み合わせ
4枚	0枚	1通り
3枚	0〜2枚	3通り
2枚	0〜4枚	5通り
1枚	0〜6枚	7通り
0枚	0〜8枚	9通り

(9) 【解き方】兄と弟が1日に行う仕事量の比は，27：45＝3：5の逆比の5：3だから，1日の仕事量を，兄が⑤，弟が③だとする。仕事全体の量は，⑤×27＝⎣135⎦である。

2人が一緒に作業をすると，兄は1日で$⑤×\left(1-\dfrac{10}{100}\right)=$⎣4.5⎦，弟は1日で$③×\left(1+\dfrac{50}{100}\right)=$⎣4.5⎦の仕事をするから，2人合わせて1日で⎣4.5⎦＋⎣4.5⎦＝⎣9⎦の仕事をする。2人が一緒に21日間仕事をすると，⎣9⎦×21＝⎣189⎦の仕事をするので，全体の量より，⎣189⎦－⎣135⎦＝⎣54⎦多い。2人が一緒に作業をする1日を，弟が作業をする1日に置きかえると，全体の仕事量は⎣9⎦－③＝⎣6⎦減るから，弟が1人で作業をした日数は，⎣54⎦÷⎣6⎦＝9（日間）

(10) 【解き方】立方体の1辺の長さを，4と5と3の最小公倍数である60cmにすればよい。

縦に60÷4＝15（個），横に60÷5＝12（個），高さにそって60÷3＝20（個）並べるから，必要な直方体の個数は，

$15 \times 12 \times 20 = 3600$（個）

(11) 【解き方】$180°$ が5つ分の角度の合計から，五角形の内角の和を引けばよい。

n角形の内角の和は $180° \times (n-2)$ で求められるから，求める角度は，

$180° \times 5 - 180° \times (5-2) = 180° \times 5 - 180° \times 3 = 180° \times (5-3) = 180° \times 2 = 360°$

(12) 【解き方】（おうぎ形CDAの面積）＋（三角形ABCの面積）－（三角形DECの面積）－（おうぎ形CEBの面積）で求められるが，三角形ABCと三角形DECは面積が等しい。

おうぎ形CDAとおうぎ形CEBの面積の差を求めればよい。回転した角度は，$180° - 54° = 126°$ だから，

求める面積は，$7 \times 7 \times 3.14 \times \dfrac{126°}{360°} - 3 \times 3 \times 3.14 \times \dfrac{126°}{360°} = (49-9) \times \dfrac{126°}{360°} \times 3.14 = 14 \times 3.14 = 43.96$（c㎡）

(13) 【解き方】組み立てると，おうぎ形ACBを底面とし，高さが5㎝の柱体ができる。おうぎ形の面積は，（曲線部分の長さ）×（半径）÷2で求められることを利用する。

曲線BCの長さが7.85㎝だから，底面積は，$7.85 \times 10 \div 2 = 39.25$（c㎡）　　よって，体積は，$39.25 \times 5 = 196.25$（c㎡）

2 以下の解説において，「百の位と一の位の数の和」をX，「十の位の数」をYとする。

(1) 【解き方】Xは最小で $1+0=1$，最大で $9+9=18$ であり，Yは最小で0，最大で9である。したがって，X－Yは最小で0，最大で $18-0=18$ であり，Y－Xは最小で1，最大で $9-1=8$ である。

XとYの差は最小で0，最大で18であり，その間の数は1刻みですべて作ることができるから，班の数は全部で，$18-0+1 =$ (ア)$\underline{19}$（班）ある。最も大きな班の数は第(イ)$\underline{18}$班であり，そこにふり分けられる数は(ウ)$\underline{909}$だけである。

(2) 【解き方】Y－X＝15となることはないから，X－Y＝15となる数を数える。Yの値によって，場合を分けて数える。

Y＝0のとき，X＝15だから，X－Y＝15となる数は，906，807，708，609の4個ある。

Y＝1のとき，X＝15＋1＝16だから，X－Y＝15となる数は，917，818，719の3個ある。

Y＝2のとき，X＝15＋2＝17だから，X－Y＝15となる数は，928，829の2個ある。

Y＝3のとき，X＝15＋3＝18だから，X－Y＝15となる数は，939の1個ある。

Y＝4のとき，X＝15＋4＝19だが，Xは18より大きくならない。

以上より，求める個数は，$4+3+2+1=10$（個）

(3) 【解き方】小さい方から数えていかなければならないので，百の位が1で第3班にふり分けられる数，百の位が2で第3班にふり分けられる数，百の位が3で第3班にふり分けられる数，…という順番で調べていく。

①百の位が1の場合

　X－Y＝3となる数は，最小で102であり，十の位と一の位を1ずつ大きくすることで他の数も見つかる。

　したがって，X－Y＝3となる数は102から179まで8個ある。

　Y－X＝3となる数は，最小で140であり，十の位と一の位を1ずつ大きくすることで他の数も見つかるから，

　140から195まで6個ある。

　したがって，合わせて $8+6=14$（個）ある。

②百の位が2の場合

　X－Y＝3となる数は，201から289まで9個ある。Y－X＝3となる数は，250から294まで5個ある。

　したがって，合わせて $9+5=14$（個）ある。

ここまでで合計 $14+14=28$（個）だから，百の位が3の数の小さい方から2番目が求める数である。

③百の位が3の場合

　X－Y＝3となる数は，300から399まであり，Y－X＝3となる数は，360から393まである。

　このうち最小の数は300，2番目に小さい数は311だから，求める数は311である。

③ (1) 家から図書館まで $5\div4=\dfrac{5}{4}=1\dfrac{1}{4}$（時間），つまり，1時間（$\dfrac{1}{4}\times60$）分＝1時間15分かかったから，到着した時刻は，午前11時15分である。

(2) 【解き方】弟が忘れ物に気付いた地点をP，弟が姉に追いついた地点をQとすると，姉が家から図書館に到着するまでに時速2kmで歩いた道のりはPQ間だけだから，PQ間の道のりがわかれば，いつもより余分にかかった時間を求められる。同じ時間に進む道のりの比は，速さの比に等しいことを利用する。

右図は，弟が忘れ物に気付いてから，弟が姉に追いつくまでの2人の移動の様子を表したものである。この間，姉と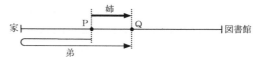弟の速さの比は2：8＝1：4だから，進んだ道のりの比も1：4である。姉が進んだ道のり，つまりPQ間の道のりを1とすると，弟が進んだ道のりは4なので，家からPまでの道のりは，（4－1）÷2＝1.5である。したがって，家からPまでとPQ間の道のりの比は，1.5：1＝3：2なので，PQ間の道のりは，$2\times\dfrac{2}{3}=\dfrac{4}{3}$（km）である。姉は，いつもならPQ間を$\dfrac{4}{3}\div4=\dfrac{1}{3}$（時間）で進むが，この日は$\dfrac{4}{3}\div2=\dfrac{2}{3}$（時間）で進んだので，余分にかかった時間は$\dfrac{2}{3}-\dfrac{1}{3}=\dfrac{1}{3}$（時間），つまり，$\dfrac{1}{3}\times60=20$（分）である。よって，到着した時刻はいつもより20分おそい，午前11時35分である。

(3) 【解き方】(2)をふまえる。家からPまでの道のりとPQ間の道のりの比は，つねに3：2になる。

2人で一緒に歩いた道のりは4×1＝4（km）だから，PQ間の道のりは5－4＝1（km）である。したがって，家からPまでの道のりは，$1\times\dfrac{3}{2}=1.5$（km）

④ 正六角形は右図のように合同な6つの正三角形に分けることができるので，1つの正三角形の面積は，72÷6＝12（cm²）である。

(1) 【解き方】三角形BCFと三角形BIFの面積比を利用する。

三角形OBFの面積は正三角形OABの面積と等しいから，

三角形BCFの面積は，12×2＝24（cm²）

三角形BCFと三角形BIFは，底辺をそれぞれBC，BIとしたときの高さが等しいから，面積比はBC：BI＝3：2と等しい。

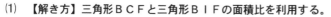
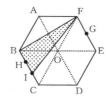

よって，三角形BIFの面積は，$24\times\dfrac{2}{3}=16$（cm²）

(2) 【解き方】五角形CDEPIを三角形CDEと四角形PICEに分けて考える。

三角形CDEの面積は12cm²である。

三角形CHEの面積は三角形BIFの面積と等しく16cm²である。ここから三角形HIPの面積を引けば四角形PICEの面積となる。

三角形HIPと三角形EGPは同じ形だから，HP：EP＝HI：EG＝$\dfrac{1}{3}:\dfrac{1}{2}$＝2：3

これより，HP：HE＝2：（2＋3）＝2：5だから，

（三角形HIPの面積）＝（三角形CHEの面積）×$\dfrac{HI}{HC}\times\dfrac{HP}{HE}=16\times\dfrac{1}{2}\times\dfrac{2}{5}=3.2$（cm²）

よって，四角形PICEの面積は，16－3.2＝12.8（cm²）だから，求める面積は，12＋12.8＝24.8（cm²）

(3) 【解き方】三角形GBEと三角形GXYの面積比を利用する。

三角形FBEの面積は，12×2＝24（cm²）

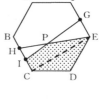

三角形GBEと三角形FBEの面積比はGE：FE＝1：2だから，

（三角形GBEの面積）＝（三角形FBEの面積）×$\dfrac{1}{2}=24\times\dfrac{1}{2}=12$（cm²）

三角形BHXと三角形EGXは同じ形だから，BX：EX＝BH：EG＝$\dfrac{1}{3}:\dfrac{1}{2}$＝2：3

三角形BIYと三角形EGYは同じ形だから，BY：EY＝BI：EG＝$\dfrac{2}{3}:\dfrac{1}{2}$＝4：3

したがって，BX＝BE×$\dfrac{2}{2+3}$＝BE×$\dfrac{2}{5}$，BY＝BE×$\dfrac{4}{4+3}$＝BE×$\dfrac{4}{7}$だから，

$$XY = BY - BX = BE \times \frac{4}{7} - BE \times \frac{2}{5} = BE \times (\frac{4}{7} - \frac{2}{5}) = BE \times \frac{6}{35}$$

三角形ＧＸＹと三角形ＧＢＥの面積比は，ＸＹ：ＢＥ＝（ＢＥ$\times \frac{6}{35}$）：ＢＥ＝$\frac{6}{35}$：１だから，

（三角形ＧＸＹの面積）＝（三角形ＧＢＥの面積）$\times \frac{6}{35} = 12 \times \frac{6}{35} = \frac{72}{35} = 2\frac{2}{35}$（㎠）

5 (1) 三角形ＥＩＪの面積が $3 \times 3 \div 2 = \frac{9}{2}$（㎠），ＡＥ＝６㎝だから，三角すいＡＥＩＪの体積は，$\frac{9}{2} \times 6 \div 3 = 9$（㎤）

(2) 【解き方】切り口は台形ＤＪＩＢとなるが，ＢＤとＩＪの長さを数値で表せないので，台形の面積の公式を使って求めることができない。そこで，図2をヒントに考える。また，対応する辺の比がａ：ｂの同じ形の図形は，面積比が（ａ×ａ）：（ｂ×ｂ）になることを利用する。

ＡＥ，ＤＪ，ＢＩを延長すると右図①のように点Ｋで交わる。

三角すいＫＡＤＢは三角すいＡＥＩＪと同じ形なので，

展開図のひとつは図②のように正方形になる。

まず，三角形ＫＤＢの面積を求める。

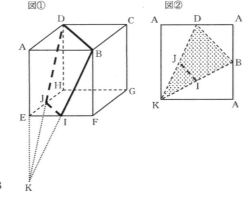

図① 図②

三角すいＫＡＤＢと三角すいＫＥＪＩは同じ形で，対応する

辺の比がＥＩ：ＡＢ＝１：２だから，ＫＥ：ＫＡ＝１：２

これより，ＫＥ＝ＥＡ＝６㎝，ＫＡ＝６×２＝12（㎝）

したがって，図②は１辺が12㎝の正方形だから，三角形ＫＤＢ

の面積は，$12 \times 12 - 6 \times 6 \div 2 - (6 \times 12 \div 2) \times 2 = 54$（㎠）

三角形ＫＤＢと三角形ＫＪＩは同じ形で，対応する辺の比がＢＤ：ＩＪ＝２：１だから，面積比は，

（２×２）：（１×１）＝４：１である。よって，三角形ＫＤＢと台形ＤＪＩＢの面積比は，４：（４－１）＝４：３

だから，台形ＤＪＩＢの面積は，$54 \times \frac{3}{4} = 40.5$（㎠）

(3) 【解き方】ＦＧの真ん中の点をＬとすると，立方体をＡ，Ｉ，Ｃを通る平面で

切断したときの切り口は台形ＡＩＬＣであり，これは台形ＤＪＩＢと合同である。

表面積を求める立体は右図の立体ＤＭＣ－ＨＪＩＬＧである。

四角形ＤＪＩＭと四角形ＣＬＩＭは合同な平行四辺形であり，これが一番面積が求

めづらい。この平行四辺形を台形と考え，(2)の台形ＤＪＩＢと｛（上底）＋（下底）｝の

値 の比を求めることで，面積比を求める。
あたい

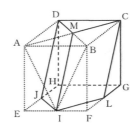

台形ＤＪＩＭと台形ＤＪＩＢは高さが等しく，｛（上底）＋（下底）｝の値の比が，（１＋１）：（２＋１）＝２：３だか

ら，面積比は２：３である。したがって，台形ＤＪＩＭ（と台形ＣＬＩＭ）の面積は，$40.5 \times \frac{2}{3} = 27$（㎠）

三角形ＤＪＨと三角形ＣＬＧの面積は，$3 \times 6 \div 2 = 9$（㎠）

正方形ＤＨＧＣの面積は，$6 \times 6 = 36$（㎠）

三角形ＤＭＣの面積は正方形ＡＢＣＤの面積の$\frac{1}{4}$だから，$6 \times 6 \times \frac{1}{4} = 9$（㎠）

五角形ＨＪＩＬＧの面積は，$6 \times 6 - \frac{9}{2} \times 2 = 27$（㎠）

よって，求める表面積は，$27 \times 2 + 9 \times 2 + 36 + 9 + 27 = 144$（㎠）

1 問1　エ×…磁石につくのは，鉄，コバルト，ニッケルなど，一部の金属だけである。金属はたたくと広がったり，引っ張ると延びたりし，電気を通しやすく，熱を伝えやすい。

問2　ア○…トタンは，鉄に亜鉛をめっきしたものである。亜鉛の表面にできるさびは，鉄のさびのようにがさがさしておらず，細かいので，さびが深く進行するのを防ぐ。また，亜鉛のさびは白色で，鉄の赤色のさびのように目立たない。なお，鉄にスズをめっきしたものがブリキである。

問3　銅を主成分としてスズをふくむ合金を青銅という。10円玉は青銅でできており，銅，スズの他に亜鉛もふくまれている。

問4　ア○…アルミニウムは塩酸にも水酸化ナトリウム水溶液にも溶ける金属である。なお，鉄は塩酸に溶け，銅と金は塩酸にも水酸化ナトリウム水溶液にも溶けない。

問5　ア○…固体の密度が液体の密度よりも大きいとき，固体は液体に沈み，固体の密度が液体の密度よりも小さいとき，固体は液体に沈むので，密度は大きい方から，金，水銀，鉄の順である。密度が大きいほど1gあたりの体積が小さいので，1gあたりの体積が最も大きいのは鉄である。

問6　イ○…膨張率が小さい金属の方にそり返るので，表より，Aの方が膨張率が小さいものを選ぶ。

2 問1　ア○…風は高気圧から吹き出し，低気圧に吹きこむ。コリオリの力によって進行方向に対して右向きに風向きが変化するので，アが正答である。

問2(1)　コリオリの力によって，北半球では進行方向に対して右向きに，南半球では進行方向に対して左向きに風向きが変化するので，北半球を南から北へ吹く①と⑤の風は右(東)に曲がって，アのように北東に向かって吹き，北半球を北から南へ吹く③の風は右(西)に曲がって，エのように南西に向かって吹く。また，南半球を北から南へ吹く②と⑥の風は左(東)に曲がって，ウのように南東に向かって吹き，南半球を南から北へ吹く④の風は左(西)に曲がって，イのように北西に向かって吹く。　　　(2)　イ○…地表での周囲の空気の気温とAの露点の差は26−24＝2（℃）であり，その差は100m上昇するごとに1−0.2＝0.8（℃）ずつ小さくなるので，周囲の空気の気温とAの露点が等しくなるのは，$100 \times \dfrac{2}{0.8} = 250$（m）となる。

3 問1　カ○…凸レンズを通過する図2と図5の光を考える。図2のように凸レンズで屈折した光は焦点を通るので，Aを近づけても，図7の一番上の光（この光を①とする）の進み方は変わらない。また，図5のように凸レンズの中心を通る光は直進するので，ものを凸レンズに近づけていくと，凸レンズの中心を通る光（この光を②とする）は①の屈折後の光と平行に近づいていく。ものと凸レンズの距離が20cmのとき，①の屈折後の光と②が平行になるので，ものと凸レンズの距離が20cmに近づくと，実像の長さが非常に長くなる。

問2　ア○…凸レンズで屈折して目にとどく光は，直進してくるように見える。図Ⅰのように，屈折後の光を反対側にのばした光と凸レンズの中心を通る光を反対側にのばした光が交わるところから，光が出ているように見える。

問3　ク○…図7は，虫眼鏡とものの距離が，凸レンズの焦点距離の2倍よりも長い場合にできる像を示している。図7より，もとのものと比べて，像が小さく見え，上下が逆になることがわかる。この図7では像の左右が逆になることは確認できないが，図2を上から見た図と考えれば，凸レンズを通ることで，上下と同様に左右も反転することがわかる。

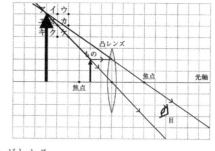

図Ⅰ

問4　ペットボトルの置き方によって反転する向きが変わる。ペットボトルを縦向きに置くと，左右方向が曲面になり，左右に反転した像が見え，ペットボトルを横向きに置くと，上下方向が曲面になり，上下に反転した像が見える。

問5(1)　ア，エ，オ○…開放Ｆ値が小さいほど，焦点距離が小さく開放絞りでの有効口径が大きいので，多くの光を取り入れることができる明るいレンズである。また，レンズが厚いほど大きく屈折するので，焦点距離が小さい。

(2)　図13のレンズに入る光の量が図12の4分の1になったのは，有効口径を直径とする円の面積が4分の1になったからである。有効口径を直径とする円の面積が4分の1になるとき，有効口径は半分になるので，Ｆ値は 2.8 ×2＝5.6 となる。

4　**問1**(2)　Ｘは胚乳，Ｙは子葉である。双子葉類は胚乳がない種子が多いが，カキの種子には胚乳がある。

(3)　ヨウ素液はデンプンに反応して青むらさき色に変化する。実験1で，芽が出た後の種子の切り口は青むらさき色が薄くなったことから，芽が出るためにデンプンが使われたと考えられる。

問2(1)　①表1より，芽が出たものすべてで，空気があたえられていることがわかる。　②③表2より，6℃と48℃ではまったく芽が出ないが，42℃では種子をまいてから2日で58%の芽が出て，12℃では種子をまいてから5日で51%の芽が出ている。　(2)　ア○…室温が18℃のとき，3日で56%の芽が出ている。　イ×…6℃や48℃のように，10日以内に芽が出ないものもある。　ウ×…1日目から2日目の間で増えた割合が最も大きいのは，室温が30℃のときである。　エ×…室温が36℃のときに最も早く芽が出るので，室温を上げれば上げるほど，芽が早く出るわけではない。

問3　根毛の他に，小腸の柔毛や肺の肺胞では，表面積を大きくすることで，効率よく栄養分の吸収や気体の交かんが行われている。

《2021　社会　解説》

1　**問1**(2)　名古屋市(愛知県)，和歌山市(和歌山県)，鹿児島市(鹿児島県)の3つである。

問2　福島県のウが正しい。アは島根県，イは茨城県，エは秋田県。

問4　日本三大暴れ川は，四国地方を流れる吉野川の「四国三郎」，関東地方を流れる利根川の「坂東太郎」，九州地方を流れる筑後川の「筑紫次郎」である。

問5　頭のさくらんぼから，山形県を導く。山形盆地は果物の産地として有名で，もも・ぶどう・りんご・さくらんぼ(おうとう)などを栽培している。

問6　アが正しい。　イ．市役所(◎)の南東(右下)に消防署(Ｙ)は見当たらない。　ウ．富士見(六)付近に老人ホーム(⌂)は見当たらない。　エ．千代田(一)や矢部(一)付近に寺院(卍)がある。

問7　下北半島の付け根部分に位置するイと判断する。アは大間町，ウは平内町，エはつがる市，オは中泊町。

問8　瀬戸内市は，比較的温暖で1年を通して降水量が少なく，梅雨時期の降水量が最も多いウである。エと迷うが，冬の平均気温と年平均気温で判断する。アは小笠原村，イは糸魚川市，エは安曇野市。

問9　両方とも誤りだからエを選ぶ。　Ａ．「南鳥島」ではなく「沖ノ鳥島」である。南鳥島は最東端に位置する。Ｂ．日本で最初に世界自然遺産に登録されたのは，鹿児島県の屋久島と，青森県・秋田県の白神山地である。

問10　冬の北西季節風は，暖流の対馬海流の上空で大量の水蒸気をふくんだ後，越後山脈にぶつかって，日本海側に大量の雪を降らせ，関東平野に乾いたからっ風をもたらす。上州からっ風，赤城おろしとも呼ばれる。

問12　九州から北海道までが，東経130度～145度，北緯30度～東経45度の範囲にほぼ入ることから，福岡県にある那珂川市はオと判断する。

問13　エ．Ｂの長野県・群馬県は，高冷地農業による抑制栽培でレタスの生産量が多い。Ｃの青森県はりんごの生産量が圧倒的に多い。よって，Ａはわさびと判断する。

問14　苫小牧市は古くから製紙業が発達し，その後トヨタ自動車の工場が進出したり，石油コンビナートが建設されたりしたからアと判断する。イは室蘭市，ウは千歳市，エは釧路市。

問15　東日本大震災による津波被害があった気仙沼市は 2011 年の水揚量が大幅に減ったから，エと判断する。ア

は焼津港，イは釧路港，ウは八戸港。

問16　Bのみ正しいからイを選ぶ。　A．「総務省」ではなく「千代松市長」の要望である（一段落）。　C．「最高裁判所の裁判官」ではなく「千代松市長」である（六段落）。

問17　エが正しい。　ア．相模原市は政令指定都市である。　イ．静岡市・糸魚川市・安曇野市は中部地方にある。ウ．東京都（I）→福岡県（L）→群馬県（J）→新潟県（K）の順に面積は大きくなっている。

2 問1　安全保障理事会の常任理事国はアメリカ・ロシア・中国・イギリス・フランスであり，大国一致の原則によって，常任理事国が1国でも反対すればその議案は否決される。また，核拡散防止条約によって核兵器の保有を認められているのも常任理事国だけである。

問2　イが正しい。　ア．国際連合の本部はアメリカのニューヨークにある。　ウ．2021年2月時点での国際連合事務総長はアントニオ・グテーレスである。テドロスは世界保健機関（WHO）事務局長。　エ．日本は，停戦や選挙を監視する国連平和維持活動（PKO）に参加している。

問3　ウが正しい。裁判員裁判では，重大な刑事事件の一審について，くじで選ばれた6人の裁判員と3人の裁判官で審議し，有罪か無罪か，有罪であればどのような量刑が適当かを決定する。民事裁判は，個人間の私的なもめごとを審理する。

問4　エが正しい。アは平等権，イとウは自由権。

問5　Bのみ誤りだからイを選ぶ。「社会福祉」ではなく「公的扶助」である。

問6　環境アセスメントの対象になるのは，道路の新設・河川の改修やダムの新築・鉄道の建設・空港整備・発電所の設置や廃棄物処理場の建設などである。

問7　両方とも誤りだからエを選ぶ。　A．10年間で最も割合が増加した年代は60～64歳である。　B．他国と比べて日本の男女間の賃金格差は大きい。

問8　（ア）が誤り。最高裁判所長官は，内閣の指名に基づき天皇が任命する。

問9　内閣が国会の信任に基づいて成立し，国会に対して連帯して責任を負う「議院内閣制」により，衆議院で内閣不信任決議案が可決されると，内閣は総辞職するか，10日以内に衆議院を解散しなければならない。

問10　BとCのみ正しいからカを選ぶ。ドイツ・日本は枢軸国であったから，Aは誤り。

3 問1　6世紀は501～600年にあたるから，ウが正しい。聖徳太子は593年に摂政に就任した。アは紀元前4世紀頃，イは5世紀，エは7世紀の出来事である。

問2　聖武天皇と光明皇后は，仏教の力で世の中を安定させようとして全国に国分寺・国分尼寺を，奈良の都に東大寺と大仏を造らせた。

問3　『万葉集』の「貧窮問答歌」には，律令制のもとで苦しい生活をおくる奈良時代の農民の様子が詠まれている。

問4　空海は高野山の金剛峯寺で真言宗を開いた。同時期，最澄は比叡山の延暦寺で天台宗を開いた。

問5　ウが正しい。Bは中尊寺金色堂，aは平泉。Aの平等院鳳凰堂は，藤原頼通によって京都府宇治に建立した。

問6　栄西は，座禅によって自分の力で悟りを開こうとする禅宗を中国（宋）から伝え，臨済宗を開いた。

問7　エが誤り。徳政令は北条貞時が出した。時政は初代執権。

問8　足利義満は，倭寇の取りしまりを条件に明と貿易することを許された。このとき，倭寇と正式な貿易船を区別するために勘合という合い札が用いられたので，日明貿易は勘合貿易ともよばれる。

問9　座は，公家や寺社などに税を納めて保護を受け，営業を独占していた。

問10　エが正しい。アとウは室町時代についての記述である。イの西陣織は平安時代頃（名の由来は室町時代），美濃和紙は奈良時代に生まれた。

問11　オランダ語で書かれた『ターヘル・アナトミア』を杉田玄白・前野良沢らが翻訳し，『解体新書』として出版した。

問12　異国船打払令によってアメリカのモリソン号が砲撃され，これを批判した渡辺崋山・高野長英らが蛮社の獄

で弾圧された。

問13　ウ．Bは新潟，Cは横浜。1854年の日米和親条約では函館(箱館)・下田，1858年の日米修好通商条約では横浜・函館(箱館)・長崎・新潟・神戸が開港された。

問14　イとウが正しい。　ア．明治政府は，五榜の掲示でキリスト教禁止の幕府政策を示した。　エ．「日露戦争」ではなく「日清戦争」である。　オ．伊藤博文は，韓国統監に就任して韓国併合を進めたことで韓国の民衆の反感を買い，1909年に安 重 根に暗殺された。その後，1910年に韓国併合条約が結ばれた。

問16　北里柴三郎は，破傷風菌の純粋培養の成功や，コレラの血清療法の発見でも知られる。

問17　オ．Z．第一次世界大戦の開始(1914年)→X．二十一カ条の要求(1915年)→Y．シベリア出兵(1918〜1922年)。

問18　日本が連合国軍の占領下だったのは，第二次世界大戦終戦の1945年から，サンフランシスコ平和条約締結の1951年までなので，イが正しい。サンフランシスコ平和条約と同時に，日本国内にアメリカ軍が駐留することを認めた日米安全保障条約が結ばれた。日韓基本条約締結は1965年，日中共同声明発表は1972年，日中平和友好条約締結は1978年。

問19　アとエとオが正しい。　イ．経済学賞を受賞した日本人はいない。　ウ．1949年から1965年まで16年空いている。

═══════════════════ 《国 語》 ═══════════════════

一 問1．卵料理やソーセージ、ベーコンなどの肉料理が付いた、農作業のためのかなりがっちりしたもの。
問2．健康食品　問3．a．オ　b．エ　c．ウ　問4．ア　問5．半　問6．A．エ　B．ウ
問7．ウ　　問8．ソフトドリンク

二 問1．「直接、東　問2．①イ　④エ　問3．ア　問4．リフォーム　問5．両親が離婚し、まもなく家
族の日々が終わろうとしている今、パパにママの話をしてはいけないと感じたから。　　問6．エ
問7．孫と過ごす最後の一晩　問8．イ　問9．ウ　問10．エ

三 問1．1．探検　2．温暖　3．模型　4．宇宙　5．忠告　6．尊重　7．俳句　8．表裏
9．並木道　10．臨海　問2．1．おっしゃる　2．くださっ　3．いただき　4．めし上がっ
問3．1．ウ　2．ウ　問4．1．読み…いっせき　意味…エ　2．読み…いちご　意味…イ

═══════════════════ 《算 数》 ═══════════════════

1 (1)51　(2)49.5　(3)$\frac{1}{25}$　(4)1212　(5)8　(6)294　(7)(ア)③，④　(イ)②，④　(ウ)①，②，③，④
(エ)③，④　(8)4　(9)2，30　(10)67.5　(11)34　(12)113.04

2 (1)10　※(2)1748　(3)14

3 (1)(ア)60　(イ)9　(2)①3　②13$\frac{4}{17}$

4 (1)1：3　(2)3：2　(3)2：7

5 (1)①18　②4　(2)24　(3)64

※の考え方は解説を参照してください。

═══════════════════ 《理 科》 ═══════════════════

1 問1．ア　　問2．(ⅰ)カ　(ⅱ)カ　(ⅲ)キ　(ⅳ)ウ　(ⅴ)ア　(ⅵ)エ　現象名…状態変化　　問3．5000
問4．7.5　問5．32

2 問1．ア　　問2．イ　問3．ウ　問4．ウ　問5．ア　問6．エ　問7．ウ

3 問1．①イ　②ウ　③エ　④ア　問2．⑤酸素　⑥二酸化炭素　問3．ヘモグロビン　問4．ウ
問5．900　問6．ウ

4 ［ばねA／ばねB］　問1．［6／2］　問2．［10／4］　問3．［4／2］　問4．［2／4］

═══════════════════ 《社 会》 ═══════════════════

1 問1．アイヌ(民族)　問2．シリコンロード　問3．奥羽　問4．ア　問5．イ　問6．中部
問7．エ　問8．長良　問9．エ　問10．ア，イ　問11．赤潮　問12．イ　問13．イ
問14．松山　問15．ウ　問16．エ　問17．1　問18．イ

2 問1．東海道　問2．エ　問3．イ　問4．イ　問5．ウ　問6．介護　問7．(1)5　(2)イ
問8．B　問9．ノーマライゼーション

3 問1．イ　問2．ウ，オ　問3．オ　問4．藤原純友　問5．ウ　問6．弘安　問7．エ
問8．天正　問9．エ　問10．ポルトガル　問11．井原西鶴　問12．ウ　問13．イ　問14．清
問15．大正デモクラシー　問16．二・二六事件　問17．ア，エ　問18．イ　問19．万葉集

←解答例は前のページにありますので，そちらをご覧ください。

━《2020　国語　解説》━

一　問1　傍線部①をふくむ段落と直後の段落に「今日、アメリカン・ブレックファーストという言葉は、かなりがっちりした朝食を意味している」「菓子パンやクロワッサンにジュース、コーヒーといった三点セットからなる簡便なものに対し〜卵料理やソーセージ、ベーコンなどの肉料理も付く」「西部開拓時代になると、農作業のために、朝をがっちり食べる習慣が定着してくる」とある。これらの部分から「西部開拓時代のアメリカの朝食」がどのようなものだったかをまとめる。

問2　「産業社会への移行とともに、消化不良を訴える人が増えていく」とある。そこで「食物繊維のお陰で便通がよくなり、消化不良を避けられる」「シリアルは、健康食品としてはアメリカで本格的に大量生産された最初のものといえる」と述べられている。また、「炭酸水」については、「産業社会とともに高まってくる健康志向は、シリアル以外にも新たな食品をアメリカ社会に定着させた。それは、清涼飲料であった」「今日、清涼飲料は、健康食品とはみなされていない〜ところが、そもそも清涼飲料は、健康食品として開発されてきた歴史がある」「炭酸水は、もともと病気の人が飲むものだったし、白衣を着た薬剤師が作った飲み物」などと述べられている。よって「シリアル」も「炭酸水」も「産業社会へ移行したアメリカの人々にとって」「健康食品」と言える。

問4　傍線部④は、一九一六年に流線形になったコカ・コーラのボトルのデザインのことである。それまでのボトルが「薬の瓶のような牛乳瓶型」だったのと比べると、当時としては、とても「近代的なデザイン」に変わったと言える。「モダン」とは、近代的・現代風という意味。よってアが適する。

問5　「ダース」とは12個を一組として品物を数える単位。コカ・コーラ12パックが1ダースなので、「6パック」ということは1／2ダース（＝半ダース）にあたる。消費者にとって「一度にまとめて購入できる」という利点が販売を促進したと思われる。

問6Ａ　直前の「自動販売機の設置を進め、どこでも簡単に飲める」より「利便性の向上に努めた」が適する。よってエが正解。　　Ｂ　直前の「コカインを少量ながら用いていたことに対しては、中毒症状になるのではないかとの批判が起こり〜コカ・コーラはコカイン成分抜きで作られるようになる」とある。このような批判は、人々の健康志向の意識が食品の安全性へと拡大していったことと関係があると言える。よってウが正解。

問7　傍線部⑤は、それまでに述べられたアメリカにおける炭酸飲料の歴史を指す。ウの「アメリカでは、昔から安全な飲料水として、アルコール度の低い飲料が飲まれてきた」は、本文の「西洋世界では、安全な飲料水を確保することに昔から苦労してきた」「西洋世界では、飲料水代わりにアルコール度の低い飲み物を活用してきた」があてはまる。また、ウの「『禁酒法』施行までの過程で甘い味の炭酸飲料が開発され」は、本文の「アルコール飲料の販売が一時的に禁止されたため、アルコール抜きの新たな飲み物を開発した。その際、従来の製法に、砂糖で甘い味をつけることに成功する」があてはまる。ウの「酒に代わる飲み物として定着」は、本文の「清涼飲料は、薬であると同時に、アルコールの代用品というべき存在といえる」があてはまる。よってウが適する。

問8　空欄　Ｄ　の1行後の「アルコールの入ったハードな飲み物に代わる存在だから」が手がかりとなる。「ソフトドリンク」は、アルコール分をふくまない飲み物。

二　問1　翔太が「東京って、どっち？」と訊いてきたのに対して、「私」が「あっちだ」と言って、「右を指さすと、翔太のまなざしもそれに倣」った。そして、そのあと「まあ、大きく見れば、ここから右だ」と動作と会話がつな

がる。

問3　傍線部②は、思わずついてしまいそうだったため息を、「私」は自分の意志で「呑み込ん」でいる。「呑み込む」とは、口から出そうになるのをこらえるという意味。よって、イの「落胆」、ウの「後悔」、オの「落ち込んでしまっている」といった気持ちのままではない。エの「憤り」は「ため息」をつきそうになった心情にふさわしくない。自分が失敗してしまったことに、がっかりしてため息をつきそうになったが、あえてその気持ちをこらえて、「今日と明日」の貴重な時間を、しっかり翔太と向き合ってすごそうと思い直しているのだ。よってアが適する。

問4　「前の年の巣が残ってる」「残ってる巣を土台にして、今年の巣をつくる」「次の年には、またそれを土台にして新しい巣をつくる」というツバメの巣のことを人間の家にたとえた言い方。「リフォーム」とは、住宅の改造・改築。

問5　翔太が祖父母の家で夕食を食べている場面に「子どもなりに気をつかっているのだろう」とある。翔太は祖父母だけでなく、父親にも気をつかっていると思われる。「離婚の話は、もう聞かせている。妻が懇々と説明した」とあり、「パパとママはこれから別々に暮らし、パパとはめったに会えなくなる」ということを聞いて「黙ってうなずいた」。翔太なりに両親の離婚を理解している。だから、パパがつらくならないように、ママの話をしてはいけないととっさに思って「口をつぐんだ」のだ。

問6　傍線部⑤よりあとに「孫と過ごす最後の一晩」「おじいちゃんとおばあちゃんとは、淡々とお別れをしたほうがいい。川の水が流れるように、ごく自然に遠ざかって、小さくなって、薄れていって、そして忘れていけばいい」とあるように、「私」は、実際は両親と翔太はもう会うことは難しいと思っている。だから、翔太に「また会えるんだ、会いたくなったらいつでも会えるんだから、べつにお別れじゃないんだって」と言っているのは本心からではない。よってエが適する。

問7　「私」の「両親」にとって「このたびの(翔太を連れた「私」の)帰省」が「どういう意味を持つのか」ということ。「私と翔太は、もうじき――一泊二日の帰省を終えて東京の我が家に戻ると、『さよなら』をお互い言わなくてはならない」とあるように、この一泊二日の帰省を終えると、翔太は父親である「私」とでさえ「めったに会えなくなる」。よって、祖父母にとっては「孫と過ごす最後の一晩」という意味を持つ帰省である。

問8　「じつを言うと私はすでに姉から」に続けて、姉の言った言葉が３つに分けて書かれている。よってイが適する。

問9　「姉」は、「思い出の一晩みたいになると～よくないんじゃない?」と言っている。それに対して「私もそう思う。おじいちゃんとおばあちゃんとは、淡々とお別れをしたほうがいい」と思っている。おそらくもう会わない祖父母やいとこたちだから、楽しく思い出に残るような一晩を過ごすより淡々とお別れをしたほうが「翔太の心に傷を残」さないですむと考えたのだ。よってウが適する。

問10　「にぎやかに盛り上がって」過ごすより、その方が翔太にとってよいと考えているので、エが適する。

三　問2. 1　相手(先生)の動作を高めて敬意を表現する、尊敬語「おっしゃる」を用いる。　　2　「お返事」をくれた相手の動作を高めて敬意を表現する、尊敬語「くださる」を用いる。「て」に続くように「くださっ」と答える。　3　自分がへりくだることで、相手(先生)に敬意を表す、謙譲語の「いただく」を用いる。「ました」に続くように「いただき」と答える。　　4　相手の動作を高めて敬意を表現する、尊敬語「めし上がる」を用いる。「て」

に続くように「めし上がっ」と答える。

問3.1　1とウは、確定していることがら(＝事実)に対して、順当なことがらがあとに続く関係。　　2　2とウは終点(範囲)を示す。

《2020　算数　解説》

1 (1)　与式＝$63-9\times(\frac{6}{3}-\frac{2}{3})=63-9\times\frac{4}{3}=63-12=51$

(2)　与式＝$(1+2+3+\cdots+9)+(0.1+0.2+0.3+\cdots+0.9)=45+4.5=49.5$

(3)　与式より，$(\frac{9}{10}-\square)\div\frac{4}{5}=\frac{7}{8}+\frac{1}{5}$　　$\frac{9}{10}-\square=\frac{43}{40}\times\frac{4}{5}$　　$\square=\frac{9}{10}-\frac{43}{50}=\frac{2}{50}=\frac{1}{25}$

(4)　4の倍数でも5の倍数でもない数の個数を求めればよい。　4の倍数は2020÷4＝505(個)，　5の倍数は2020÷5＝404(個)，　4と5の公倍数である20の倍数は2020÷20＝101(個)あるから，　4の倍数または5の倍数である数は，505＋404－101＝808(個)ある。よって，求める個数は2020－808＝1212(個)である。

(5)　$\square\odot 3=\triangle$とすると，$4\odot\triangle=35$となるから，$4\times\triangle-(4+\triangle)=35$　　$4\times\triangle=35+(4+\triangle)$
$4\times\triangle=39+\triangle$　　$4\times\triangle-\triangle=39$　　$(4-1)\times\triangle=39$　　$3\times\triangle=39$　　$\triangle=39\div3=13$
したがって，$\square\odot 3=13$　　$\square\times 3-(\square+3)=13$　　$\square\times 3=13+(\square+3)$　　$\square\times 3=16+\square$
$\square\times 3-\square=16$　　$\square\times 2=16$　　$\square=16\div2=8$

(6)　兄は弟より，全体の$\frac{22}{49}-\frac{5}{14}=\frac{44}{98}-\frac{35}{98}=\frac{9}{98}$多く読んだ。これが27ページに等しいから，本全体のページ数は，$27\div\frac{9}{98}=294$(ページ)である。

(7)　4つの辺の長さが等しい四角形はひし形であり，正方形はひし形でもある。4つの角の大きさが等しい四角形は長方形であり，正方形は長方形でもある。向かい合っている辺が2組とも平行である四角形は平行四辺形であり，長方形，ひし形，正方形は平行四辺形でもある。2本の対角線が直角に交わっている四角形はひし形であり，正方形はひし形でもある。

(8)　行きにかかった時間は12÷3＝4(時間)，帰りにかかった時間は12÷6＝2(時間)だから，往復の12×2＝24(km)進むのにかかった時間の合計は4＋2＝6(時間)である。よって，往復の平均の速さは，時速(24÷6)km＝時速4kmである。
なお，平均の速さを求めるときに，時速$\frac{3+6}{2}$kmのように，速さを平均してはいけないことに注意する。

(9)　1人が1時間に行う作業量を①とする。残りの1時間で手伝いに入ってもらった1人がした作業量と，3人が午後6時－午後5時30分＝30分間の残業でした作業量の合計が，遅刻した1人が午前中にするはずだった作業量である。これが，$①\times 1\times 1+①\times 3\times\frac{30}{60}=(\frac{5}{2})$だから，1人が遅刻した時間，つまり5人で作業をした時間は，$(\frac{5}{2})\div①=\frac{5}{2}=2\frac{1}{2}$(時間)である。よって，求める時間は，2時間($\frac{1}{2}\times 60$)分＝2時間30分である。

(10)　右のように作図し，記号をおく。
四角形ABCDは正方形だから，角CAD＝角ADB＝45度である。
三角形の1つの外角は，これととなりあわない2つの内角の和に等しく，三角形ADEはAD＝EDの二等辺三角形だから，角DAE＝角DEA＝45÷2＝22.5(度)である。

よって，角アの大きさは，角CAD＋角DAE＝45＋22.5＝67.5(度)である。

(11)　▨部分と■部分と1辺が4cmの正方形の面積の和は，11×11＝121(cm²)である。▨部分の面積が71cm²，1辺が4cmの正方形の面積は4×4＝16(cm²)だから，■部分の面積は121－71－16＝34(cm²)である。

(12) この立体を2つ右図のように組み合わせると，図のような円柱となる。

底面の半径は $6 \div 2 = 3$（cm）だから，求める体積は， $3 \times 3 \times 3.14 \times (5 + 3) \div 2 =$

$36 \times 3.14 = 113.04$（cm³）である。

2 (1) 金メダルに含まれる金の重さの割合が2%だから，求める重さは $500 \times 0.02 = 10$（g）である。

(2) 20 cm³ の金の重さは $19 \times 20 = 380$（g）だから，金メダルは $380 \div 10 = 38$（個）作れる。金メダル1個作るのに必要

な銀の重さは $500 \times 0.92 = 460$（g）だから，金メダル38個作るのに必要な銀の重さは $460 \times 38 = 17480$（g）である。

よって，必要な銀の体積は， $17480 \div 10 = 1748$（cm³）である。

(3) 準備した金，銀，銅の重さは，それぞれ $19 \times 10 = 190$（g）， $10 \times 1000 = 10000$（g）， $9 \times 900 = 8100$（g）であ

る。また，金メダル，銀メダル，銅メダルを作るのに必要な金，銀，銅の重さは，

右表のようになる。したがって，金メダルは $190 \div 10 = 19$（個）作れるから，金メダル

19個を作った後に残る銀は $10000 - 460 \times 19 = 1260$（g），銅は $8100 - 30 \times 19 = 7530$（g）

	金	銀	銅
金メダル	10 g	460 g	30 g
銀メダル	0 g	400 g	100 g
銅メダル	0 g	0 g	500 g

である。銀メダルは $1260 \div 400 = 3$ 余り 60 より，3個作れるから，残る銅は $7530 - 100 \times 3 = 7230$（g）である。

よって，銅メダルは $7230 \div 500 = 14$ 余り 230 より，14個作れる。

3 (1) A駅を9時に出発する列車は，B駅に着くまでに15分 $= \dfrac{1}{4}$ 時間かかるから，速さは，時速 $(15 \div \dfrac{1}{4})$ km $=$

時速 (ア)$\underline{60}$ km である。

右図のように記号をおく。求める時刻はグラフが交わるEの時刻である。

三角形ECDと三角形EGFは同じ形の三角形だから，CE：GE$=$

CD：GF$= 3：2$ となり，CG：CE$= (3 + 2)：3 = 5：3$ である。

CからGまでに15分かかるのだから，CからEまでにかかる時間は

$15 \times \dfrac{3}{5} = 9$（分）である。よって，求める時刻は9時 (イ)$\underline{9}$ 分である。

(2)① W君はA駅からB駅まで $15 \div 12 = 1\dfrac{1}{4}$（時間），つまり

1時間 $(\dfrac{1}{4} \times 60)$ 分 $= 1$ 時間15分かかるから，グラフにW君がA駅から

B駅まで行くようすをかくと，右図の点線のようになる。

よって，列車に追い越されるのは，右図の〇印の3回あるとわかる。

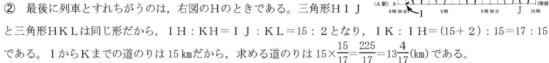

② 最後に列車とすれちがうのは，右図のHのときである。三角形HIJ

と三角形HKLは同じ形だから，IH：KH$=$ IJ：KL$= 15：2$ となり，IK：IH$= (15 + 2)：15 = 17：15$

である。IからKまでの道のりは15kmだから，求める道のりは $15 \times \dfrac{15}{17} = \dfrac{225}{17} = 13\dfrac{4}{17}$（km）である。

4 三角形ABCの面積を1とする。

(1) 右の「1つの角を共有する三角形の面積」より，

三角形ADEの面積は，

（三角形ABCの面積）$\times \dfrac{AD}{AB} \times \dfrac{AE}{AC} =$

$1 \times \dfrac{1}{1 + 1} \times \dfrac{2}{2 + 1} = \dfrac{1}{3}$ である。

よって，求める面積の比は， $\dfrac{1}{3}：1 = 1：3$ である。

<table>
<tr><td colspan="2">1つの角を共有する三角形の面積
右図のように三角形QRSと三角形QTUが
1つの角を共有するとき，三角形QTU
の面積は，
（三角形QRSの面積）$\times \dfrac{QT}{QR} \times \dfrac{QU}{QS}$
で求められる。</td></tr>
</table>

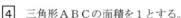

(2) 三角形DFEの面積は，三角形ABCの面積から，三角形ADEと三角形DBFと三角形EFCの面積を引

いて求められる。

三角形ＡＤＰと四角形ＣＥＰＦの面積は等しいから，それぞれに三角形ＡＰＥを加えた，三角形ＡＤＥと三角形ＡＦＣの面積は等しく$\frac{1}{3}$となる。ＢＦ：ＦＣ＝（三角形ＡＢＦの面積）：（三角形ＡＦＣの面積）＝$\left(1-\frac{1}{3}\right)$：$\frac{1}{3}$＝２：１である。したがって，三角形ＤＢＦの面積は$1\times\frac{1}{2}\times\frac{2}{3}=\frac{1}{3}$，三角形ＥＦＣの面積は$1\times\frac{1}{3}\times\frac{1}{3}=\frac{1}{9}$となる。よって，三角形ＤＦＥの面積は$1-\left(\frac{1}{3}+\frac{1}{3}+\frac{1}{9}\right)=\frac{2}{9}$だから，求める面積の比は，$\frac{1}{3}:\frac{2}{9}=$３：２である。

(3) 三角形ＡＤＥと三角形ＤＥＦの底辺をともにＤＥとすると，高さの比は面積の比に等しい。高さの比はＡＰ：ＦＰと等しいから，ＡＰ：ＦＰ＝３：２である。

したがって，三角形ＡＰＥの面積は，（三角形ＡＦＣの面積）$\times\frac{3}{3+2}\times\frac{2}{3}=\frac{1}{3}\times\frac{3}{5}\times\frac{2}{3}=\frac{2}{15}$となる。

四角形ＢＦＰＤの面積は，（三角形ＡＢＦの面積）－（三角形ＡＤＰの面積）$=\frac{2}{3}-\left(\frac{1}{3}-\frac{2}{15}\right)=\frac{7}{15}$となる。

よって，求める面積の比は，$\frac{2}{15}:\frac{7}{15}=$２：７である。

5 (1)① 表面積は，展開図の面積と等しい。

図の方眼紙は縦５cm，横６cm，展開図以外の部分（右図の斜線部分）は１辺が１cmの正方形が12個だから，求める面積は$5\times6-1\times1\times12=18$（cm²）である。

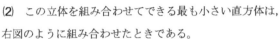

② 展開図を組み立ててできる立体は，右図のような形で，１辺が１cmの立方体を４個組み合わせた立体だから，求める体積は，$1\times1\times1\times4=4$（cm³）である。

(2) この立体を組み合わせてできる最も小さい直方体は，右図のように組み合わせたときである。

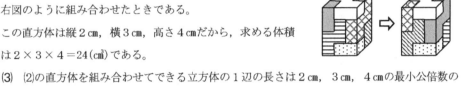

この直方体は縦２cm，横３cm，高さ４cmだから，求める体積は$2\times3\times4=24$（cm³）である。

(3) (2)の直方体を組み合わせてできる立方体の１辺の長さは２cm，３cm，４cmの最小公倍数の12cmであるが，(2)の直方体を使わずに，立体を組み合わせてこれよりも小さい立方体が作れないか考える。できる立方体の１辺の長さは，立体の形から最も短くて３cmである。立方体の１辺の長さが３cm，４cm，５cm，…であるとき，体積は$3\times3\times3=27$（cm³），$4\times4\times4=64$（cm³），$5\times5\times5=125$（cm³），…となるが，立体１個の体積が４cm³だから，できる立方体の１辺の長さとして調べるのは，４cm，６cm，８cm，10cmの４通りである。

まず立方体の１辺の長さが４cmとなるように，立体を組み合わせられるか考えると，右図のような縦４cm，横４cm，高さ２cmの直方体が見つかる。これを２つ重ねれば立方体になるから，１辺が４cmの立方体が作れるとわかる。

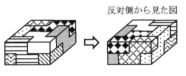
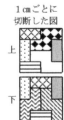

よって，求める体積は64cm³である。

《2020　理科　解説》

1 問１　金属に限らず，ものはふつう温度が高くなると体積が大きくなる。

問３　圧力と空気の体積は反比例の関係にある。体積が10mLから２mLへと$\frac{2}{10}=\frac{1}{5}$（倍）になれば，圧力は1000hPaの５倍の5000hPaになる。

問４　空気の体積は温度に273を加えた値に比例する。温度に273を加えた値が$127+273=400$から$27+273=300$へと$\frac{300}{400}=\frac{3}{4}$（倍）になれば，空気の体積は$10\times\frac{3}{4}=7.5$（mL）になる。

問５　圧力が$\frac{500}{1000}=\frac{1}{2}$（倍）に，温度に273を加えた値が$\frac{127+273}{27+273}=\frac{4}{3}$（倍）になれば，空気の体積は$12\times2\times\frac{4}{3}=$

32 (mL)になる。

2 問2 イ○…無色鉱物は石英や長石である。表では，右側ほど無色鉱物の体積が大きく，岩石の密度が小さくなっていることがわかる。

問3 ウ○…玄武岩は火山岩だから，細かい結晶と大きく成長した血しょうからなる斑状組織を持つ。また，表より，斜長石，輝石，かんらん石をふくむことがわかる。

問4 ウ○…円錐形でカルデラ(火山活動によってできたへこみ)が形成されていて，標高が 2568m であることなどから考える。

問5 有色鉱物がある交点の数を数えると 31 個になるから，色指数は $\frac{31}{153}$＝20.2…→20%である。

3 問3 ヘモグロビンには，酸素が多いところでは酸素と結びつき，酸素が少ないところでは酸素をはなす性質がある。この性質により，全身の細胞に酸素を届けている。

問4 ウ○…水蒸気や気体の二酸化炭素は色がなく，目で見ることができない。また，息をはいたときに出てきた気体の二酸化炭素が空気中で液体になることはない。

問5 ふだんの呼吸で 1 分間に取りいれる酸素の量は 9×20＝180 (mL) だから，100m 走をした直後では 180×5＝900 (mL) になる。

問6 ウ○…ヒトと同じホニュウ類のイルカは，海の中で生活しているが，肺で呼吸をしている。

4 問1 図2のようにばねとおもりをつなぐと，Aには 20＋40＝60 (g)，Bには 40g の重さがかかることになる。したがって，図1より，Aの伸びは 6 cm，Bの伸びは 2 cm になる。

問2 200g のおもりの重さは，それをつないだ滑車の左右の糸に等しく 100g ずつに分かれてかかるので，Aは左から 100g の力で引っぱられる。このときAは静止しているので，右からも 100g の力で引っぱられていることになる。ばねが左右から同じ力で引っぱられるときは，その大きさの力で引っぱられたときと同じだけ伸びるので，図1より，10 cm である。また，Aの右の糸は 20g のおもりとBを 100g の力で引っぱるので，Bは 100－20＝80 (g) の力で引っぱられることになり，図1より，4 cm 伸びる。

問3 図Ⅰの点 a～e にかかる力の大きさを考える。a にかかる力を x g とすると，b と c にも x g の力がかかる。さらに，d には b と c を合わせた $(x+x)$ g の力がかかるから，e にも $(x+x)$ g の力がかかる。おもりの重さ 160g は a，b，e の 3 点に分かれてかかると考えればよいから，$x+x+(x+x)$＝160 (g) となり，x＝160÷4＝40 (g) となる。したがって，AとBにはどちらも 40g の力がかかるから，図1より，Aは 4 cm，Bは 2 cm 伸びる。

問4 図Ⅱの点 f～j にかかる力の大きさを考える。f と g にはおもりの重さ 200g が等しく分かれて 100g ずつかかり，h と i には g にかかる 100g が等しく分かれて 50g ずつかかる。i と j にかかる力の大きさの比は，半径の逆比と等しくなるから，j には 50g の 2 倍の 100g がかかる。この 100g がAとBに分かれてかかることで，AとBの長さが同じになる。AとBの元の長さの差は 2 cm であり(Aの方が 2 cm 長い)，100g すべてがBにかかると，Bの伸びは 5 cm になるから，Bの方が 5－2＝3 (cm) 長くなる。100g のうち 20g がAにかかると，Aの伸びが 2 cm 増えて，Bの伸びが 1 cm 減るから，差が 3 cm 縮まる(差がなくなる)。したがって，Aの伸びは 2 cm，Bの伸びは 5－1＝4 (cm) である。

図Ｉ

図Ⅱ

1 　問1　室蘭はアイヌ語で「小さな下り路」を意味する。

　問2　半導体産業がさかんな，アメリカの太平洋岸の都市サンノゼ付近をシリコンバレーと呼ぶことにならって，集積回路など電子部品の生産がさかんになった東北地方の東北自動車道沿いを「シリコンロード」と呼ぶ。

　問4　茨城県のアを選ぶ。イは宮城県，ウは群馬県，エは山梨県。

　問5　イ．人口は東京都→神奈川県→大阪府→愛知県の順に多い。神奈川県には100万都市の横浜市と川崎市があり，東京・大阪・名古屋は三大都市である。

　問6　中部地方は新潟県・富山県・石川県・福井県・山梨県・長野県・岐阜県・静岡県・愛知県。

　問7　エ．山梨県の甲府盆地や長野県の長野盆地の扇状地で，ぶどうやももの栽培が盛んなことは覚えておきたい。

　問8　木曽三川は木曽川・長良川・揖斐川である。

　問9　最も適当とあるのでエを選ぶ。アについて，伸び率が減少しても1人暮らしの増加は読み取れない。ウについて，人口の伸び率より世帯数の伸び率の方が大きいから，人口と世帯数の差は2005年から2015年にかけて減少傾向にある。

　問10　アとイが正しい。　ア．1段落に「政府は…混雑やマナー違反など観光地を評価する指標を作成する」とある。イ．4段落に「訪日外国人旅行者は…1663万600人と，過去最高を更新」とある。　ウ．京都で訪日客離れが進んだことは読み取れない。　エ．住民デモが起きたのはイタリアである。　オ．オーバーツーリズムの改善は読み取れない。

　問11　窒素・リン・ケイ素などの栄養塩類が増加(富栄養化)すると，プランクトンが異常発生し，赤潮が引き起こされる。

　問12　米子は日本海側の気候だから，1月の降水量が多いイである。アは長崎，ウは安芸，エは郡山。

　問13　Bのみ誤りだからイを選ぶ。日本海流と千島海流が出合うところを潮目(潮境)という。日本を取り巻く海流については右図参照。

　問14　松山市は愛媛県の県庁所在地である。

　問15　ウを選ぶ。アは阿久根市，イは桜島(鹿児島市)，エは大隅半島の南大隅町。

　問16　エ．日本は北緯20°〜46°の範囲にあり，長崎市はその真ん中辺りにあるから北緯30°〜35°である。兵庫県明石市を通る日本の標準時子午線が東経135°，西端の与那国島が東経約120°だから，その真ん中辺りにある長崎市は東経125°〜130°である。

　問17　「和」がつくのは和歌山県のみである。

　問18　イ．政令指定都市は，北海道が札幌市，神奈川県が横浜市・川崎市・相模原市，京都府が京都市，広島県が広島市である。

2 　問2　エが正しい。世界人権宣言の採択は1948年，男女雇用機会均等法の制定は1985年。

　問3　Bのみ誤りだからイを選ぶ。ペレストロイカは1980年代後半にソ連ですすめられた政策である。

　問4　イ．消費税の税率を上げると，低所得者の負担が大きくなる逆進性が問題となっている。それに対して，所得税のように所得が高い人ほど納税率が高くなる制度を累進課税制度という。

　問5　ウ．文部科学省の外局に，オリンピック・パラリンピックを統轄するスポーツ庁がある。

　問7(1)　参議院議員の任期は6年で3年ごとに半数が改選されるから，1968年，1980年，1992年，2004年，2016

年に選挙が行われた。　　(2)　Bのみ誤りだからイを選ぶ。Bの投票率は，18歳が612433÷1194344×100＝51.27…(%)と50%以上であるが，19歳は508088÷1201028×100＝42.30…(%)で30%以上である。

問8　1973年の石油危機についての記述だからBを選ぶ。

3　問1　イ．『後漢書』東夷伝には，1世紀の半ばに倭の奴国の王が後漢に使いを送り，金印を授かったことが記されている。

問2　ウとオが正しい。　ウ．Dより，749年は「天平感宝」の後，「天平勝宝」に再び改元している。　オ．Eより，大雨や疫病によって「延長」に改元した。　ア．AやBは飛鳥時代の改元についての記述である。　イ．Aは対馬から金が献上されたこと，Bは慶雲が現れたことを祥瑞としている。　エ．Dより，「天平感宝」「天平勝宝」は漢字4字の元号である。

問3　オ．Z．乙巳の変(645年)→X．庚午年籍(670年)→Y．壬申の乱(672年)

問4　10世紀中頃に伊予国の国司であった藤原純友が瀬戸内海で海賊を率いて反乱を起こした。

問5　ウが誤り。大輪田泊は兵庫の港である。

問6　絵巻物に石塁(防塁)が描かれていることから，弘安の役と判断する。石塁は，文永の役(1274年)ののち，元・高麗連合軍の再度の襲来に備えて，博多湾岸に築かれた。

問7　エが正しい。東山文化は，室町幕府8代将軍足利義政のころに広まった文化で，銀閣は義政によって建てられた。アとウは3代将軍足利義満のころの北山文化，イは戦国時代から安土桃山時代にかけての南蛮文化。

問9　エが誤り。鎌倉時代についての記述である。

問10　キリスト教の布教を行うため，ポルトガルやスペインの船の来航が禁止された。幕府は，キリシタンの増加がヨーロッパによる日本侵略のきっかけとなり，幕府の支配のさまたげになると考えた。キリスト教の布教を行わないオランダとキリスト教と関係のない中国の2か国のみ，長崎での貿易が認められた。

問11　井原西鶴は，18世紀前半の上方(京都・大阪)の町人らを担い手とする元禄文化で活躍した。

問12　ウが正しい。老中田沼意次は，商工業を活発にさせるため，株仲間の結成の奨励や印旛沼の干拓なども進めた。アは老中水野忠邦の天保の改革，イは8代将軍徳川吉宗の享保の改革，エは老中松平定信の寛政の改革。

問13　Bのみ誤りだからイを選ぶ。戊辰戦争のさ中，旧幕府方の勝海舟と新政府方の西郷隆盛が江戸城の無血開城を決定したことで，江戸幕府の滅亡は決定的となった。

問14　1911年に孫文による指導のもとで辛亥革命が起こり，その翌年の1912年に中華民国が建国された。

問16　二・二六事件は1936年2月26日，陸軍の青年将校らによって大臣が殺傷された事件である。

問17　平成時代は1989年～2019年だから，アとエが正しい。アは1989年，イは1972年，ウは1970年，エは1997年，オは1987年。

問18　大宰府が置かれた筑前国は西海道に含まれるからイを選ぶ。五畿は大和国・山城国・摂津国・河内国・和泉国，七道は東海道・東山道・山陽道・山陰道・北陸道・南海道・西海道である。

━━━━━━━━━━━━━━━ 《国 語》 ━━━━━━━━━━━━━━━

一 問1．A．オ　B．イ　　問2．イ　　問3．(1)年をとり、美しい顔が色あせる　(2)長年見続け ～ 続けている

　　問4．イ　　問5．左右が逆さに映っていて、他の人に見られている顔とはまったく印象が違って見えるから。

　　問6．ウ　　問7．ウ　　問8．A．広い　B．どろ　C．面　D．目　　問9．ウ，オ

二 問1．⑦男の子供　④裕福な家の子供　　問2．ア　　問3．一文の銭にもならない　　問4．幸せ　　問5．鈴

　　は確かに　　問6．ひらがな　　問7．オ　　問8．胡桃をかじるリス　　問9．ウ，カ　　問10．算盤を使わず、

　　式を暗算しやすいように変形させて解いたこと。

三 問1．①打開　②包帯　③郷里　④任務　⑤保有　⑥無茶　⑦度胸　⑧察知　⑨気質　⑩破竹

　　問2．ア．④　イ．④　ウ．⑥　　問3．①イ　②ア

━━━━━━━━━━━━━━━ 《算 数》 ━━━━━━━━━━━━━━━

1 (1)35　(2)1　(3)$4\frac{1}{16}$　(4)$\frac{5}{36}$　(5)10　(6)16　(7)8　(8)24　(9)4　(10)20　(11)900

　(12)348.54　(13)37.68

2 (1)① 4　② 5　(2)68　※(3)18

3 (1)①，④，⑥　理由…5回の合計点が整数にならないから。　(2)③，⑧　(3)イ，エ

4 (1)25　(2)20　(3)$5\frac{15}{17}$

5 (1)56.52　(2)$8\frac{4}{27}$　(3)5.8

※の考え方は解説を参照してください。

━━━━━━━━━━━━━━━ 《理 科》 ━━━━━━━━━━━━━━━

1 問1．①×　②○　③×　④○　　問2．イ，オ　　問3．エ　　問4．ウ，エ　　問5．食物連鎖　　問6．イ

2 問1．(1)イ　(2)A．炭酸水　B．食塩水　(3)ウ　　問2．(1)水素　(2)エ　　問3．(1)中性　(2)20

3 問1．大地が隆起した場合…ア　大地が沈降した場合…イ　　問2．(1)ア　(2)オ

　　問3．(1)a→b→c→B→d→e→f→A　(2)ア　(3)イ

4 問1．(1)D　(2)なし　(3)D，E　　問2．E　　問3．d，f　　問4．A，C，E

　　問5．時間がもっとも長いもの…ア　時間がもっとも短いもの…オ

━━━━━━━━━━━━━━━ 《社 会》 ━━━━━━━━━━━━━━━

1 問1．輪中　問2．ウ，エ　問3．オ　問4．ア　問5．近畿　問6．オ　問7．ラムサール

　　問8．赤石／天竜　問9．焼津　問10．ア　問11．オ　問12．瀬戸内　問13．ウ　問14．2

　　問15．イ　問16．ウ

2 問1．被選挙権　問2．成人　問3．エ　問4．男女雇用機会均等　問5．エ　問6．子どもがある程

　　度大きくなると，非正社員として働く　問7．(1)ア　(2)野党　問8．ウ

3 問1．ウ　問2．黒曜石　問3．ウ，オ　問4．戸籍　問5．イ　問6．エ　問7．エ

　　問8．馬借　問9．イ　問10．イ　問11．年貢　問12．本　問13．本居宣長　問14．ウ

　　問15．ウ，オ　問16．20　問17．地券　問18．柳条湖事件　問19．リットン

←解答例は前のページにありますので，そちらをご覧ください。

── 《2019 国語 解説》 ──

一 **問1A** 「若いみなさんは、大人へと変化している自分を〜感じ取っている」のに対して「周りの大人たちは〜幼い頃の姿を〜追い求めている」と、前後で２つのことを比べているので、どちらかといえば、という意味の言葉が入ると考えられる。よって、オの「むしろ」が適する。 **B** 前後で「人は結局、自分の顔を正しく見ることができない〜鏡に映る自分の顔と写真の顔は、違って見えます」「一番気になる自分の顔を、私たちは自分自身の目で、きちんと見ることはできない」ということを述べている。つまり、どんなに「鏡に映る自分の姿を見つめて」も、正しく見ることはできない。それなのに鏡の中の顔を見つめて「自己満足に浸っている人たち」の残念なこと。その驚きや失望の気持ちを強調しているので、イの「なんと」が適する。

問2 傍線部②の３〜５行前を参照。「服を着がえるように顔を変えられたら、どんなにか自由で気楽でしょうか」と投げかけ、「でも、それは絶対に無理なことですね。顔は自分を表現する標識でもあり、『私の表札』みたいなものです。ころころ着替えていたら、誰にも『私』をわかってもらえません。『私らしさ』がなくなってしまいます」と述べているのが、「『自分の顔立ち』を変えてはいけない理由」にあたる。この内容に、イが適する。

問3(1) 傍線部②のある段落で述べようとしていること、つまり「顔は、年齢により変化します〜美しい顔も、いつか色あせる」ということ。それを受け止められなかったのが白雪姫の「継母」。 **(2)** 傍線部②の２段落後に「老化する変化と成長する変化、どちらの変化も、気持ちが追いつくのは大変なのです」とあるとおり、「継母」は、自分の老化に気持ちが追いつけなかったのである。さらにその直後の段落で、「人は古いものに固執する〜慣れ親しんだ古いものを好み〜新しいことは受け入れ難くなる」ということが述べられている。つまり「継母」は、美しかった昔の自分の姿を追い求め続けてしまったということ。（ B ）の５行前の「継母の場合はむしろ、長年見続けた昔の顔のイメージを求め続けている可能性がある」より、下線部が22字。

問4 「親近化選好」は、「古いものに固執する〜慣れ親しんだ古いものを好み〜新しいことは受け入れ難くなる」ということ。よって、イの「昔から好きだった〜長年にわたり応援」が適する。アの「母が学生だったときに流行したファッション」は、自分にとっては慣れ親しんだ古いものではなく、かえって新鮮だと感じられるもの。ウの旅館は、老舗ではあるが「観光情報誌を見て興味がわいた」ものであり、自分が慣れ親しんだ古いものではなく、むしろ新しく知ったものである。エの「新しくできた」、オの「最新の」も適さない。

問5 直前の「先にも話をしたように」は、「中略」の前で述べた「人は結局、自分の顔を正しく見ることができない〜鏡に映る自分の顔〜違って見えます〜自分自身の目で、きちんと見ることはできない」という内容を受けている。傍線部④以降を読み進めると、３段落後に「左右を逆にする効果は大きく、それは鏡に映る顔が見られる顔とは違うということにも、つながる」とあるが、より具体的に述べている段落がある。 Z の２〜３段落後の「鏡は顔を左右逆転させて映し出すため、印象が強い顔が左右逆転する〜鏡の顔は、印象が違って見えると考えられる〜鏡を見てチェックする自分の顔は、みなに見られている顔とは違うものだといえる」からまとめる。

問6 X．直後に「右側が男性らしい顔」とあるので、左側は「女性らしい」顔。 Y．「答えは半々で、（どちらが）女性らしいという正解はないはず」なのに「大半の人は、右の顔を女性らしいと答えます」というつながり。 Z．２枚の写真のうち、女性らしく見えるのは右の写真。右の写真は「向かって左側が女性らしい顔で、右側が男性らしい顔」なので、印象を決定するのは「左」側にある顔だと読みとれる。 よってウが適する。

問7　「逆転」なので、これまでと反対の考えにするということ。ここまでの本文で「鏡を見てチェックする自分の顔は、みなに見られている顔とは違う」と述べているから、鏡で自分の顔を見つめてもわからないということがわかる。では、鏡で自分の顔を見つめるのと反対に、どうすればよいのか。「その答えは」で始まる傍線部⑥の直後の段落を参照。「自分ではなく、周りの顔をチェックすればよい〜こちらがよい顔をしていれば、相手もきっと、よい顔をしているはず〜相手の顔からわかるはず」と述べていることに、ウが適する。

問9　ア．「全く違う人生が送れるので〜容姿を気にするようになる」わけではない。また「年をとればとるほど容姿は〜気にならなくなる」も誤り。「老化する変化」に「気持ちが追いつくのは大変」で、昔の容姿を追い求めがちになる。　イ．アと同様、「年をとればとるほど気にしなくなる」が誤り。また、「古いものに固執する」のは「新規選好」ではなく「親近化選好」。　ウ．「中略」の直前の４段落の内容に合う。　エ．「一般的に目の大きさ<ruby>一般的<rt>いっぱんてき</rt></ruby>で決まると思われている」という内容は本文にない。　オ．最終段落の内容に合う。

二問1　傍線部②の３行後からの段落に「私塾<rt>しじゅく</rt>へ通うように桃が熱心に勧めた筆子は数人いた。どれも<u>男の子供</u>だ。彼ら<rt>かれ</rt>は〜良い家の生まれだ〜<u>裕福な家の子供</u><rt>ゆうふく</rt>ばかりだ」とあり、それをふまえて傍線部④の３〜４行前で「家が裕福な商家である鈴は〜私塾で学ぶ余裕が、一応ありそうだ。しかし鈴は、何と言っても女に生まれた子供だ」と述べている。ここから、「桃」が私塾に進学するのにふさわしいと考えているのは「男の子供」と「裕福な家の子供」であると読みとれる。

問2　「言わずもがな」とは、言う必要のないこと、言うまでもないこと。「そんな建部<rt>たけべ</rt>」とは、「前代未聞の優秀<rt>しゅう</rt>な算術家」であり「極限の考え方や円周率の数え上げに至っては、(師匠である)関孝和<rt>せきたかかず</rt>を越えた能力と称された」人物である。その「建部」に学んだのだから、もちろん「清道」も優秀だということ。よって、アが適する。

問3　「金のない家の子供」が私塾に進むと「家の仕事をしながら必死で〜研究を続ける」「痩せ細り睡眠不足で<rt>や　すいみんぶそく</rt>血走った目をした」という状態になる。そのように、決して幸せそうではない状態になると思うと、「桃」は、貧しい家の子供を学問の道に進ませるのが良いとは思えないのである。(　　　)の前に「算術の研究は」とあるから、算術家で、苦労しながら研究している「清道」について述べた一文に着目する。(　Ａ　)の５〜６行前に「<u>一文の銭にもならない</u>のに憔悴<rt>しょうすい</rt>(＝疲労や心労のためにやせおとろえること)しながら机にかじり付いている清道の姿を見ると、学問とは何なのかがまったくわからなくなった」より、下線部。

問4　問3で読みとったように、算術研究の道に進んだら「清道」のような苦しい生活をしいられることになる。だから「もっと気楽」な道があるのなら、そちらを選んだほうがいいと思っているのだ。傍線部③の直後の段落の「彼らは決して<u>幸せ</u>そうには見えなかった」より、下線部。

問5　傍線部④の直後に「九九を唱える二人の声が〜乱れていた」とあることから、「鈴」と「春」の二人が「九九を唱え」ている間に、「桃」は「鈴」について考えをめぐらせていたのだとわかる。よって、二人が「九九」を唱え始めた直後の、「鈴は確かにとても優秀な娘<rt>むすめ</rt>だ」(傍線部①の４行前)から。

問6　「いんいちが、いち。いんにが、に」「ろくにじゅうに」と、<u>ひらがな</u>で表現している。

問7　傍線部⑥以降の「桃は状況<rt>じょうきょう</rt>が呑<rt>の</rt>み込<rt>こ</rt>めない気分で質問した〜春が〜答<rt>ぬす</rt>を盗み見るなんてことはできない」、「桃の胸がぎくりと震<rt>ふる</rt>えた。桃自身はまったく意図していなかった解法だった」、「『お師匠<rt>ししょう</rt>さま、お春に罰を！』<rt>ばつ</rt>〜鈴が高らかな声を上げた。桃の動揺<rt>どうよう</rt>にはまったく気付いていない様子だ。『キメ板で叩<rt>たた</rt>くか、鞭打<rt>むちう</rt>ちに！』〜桃は鈴の言葉に思わず吹き出した」という流れに、オが適する。

問8　傍線部⑥の16行前に「鈴が、<u>胡桃<rt>くるみ</rt>をかじるリスのように一心不乱にカチカチ珠<rt>たま</rt>を弾<rt>はじ</rt>く姿</u>」とある。

問9　ア.「春」は、「ゆったりと」ではあるが「九の段の終わりまで辿り着いた」とあり「九九の覚えは完璧」である。九九を完璧に言える「春」が、「鈴」に向かって「お鈴はもう、九九が言えるのか？　頭の良い子供だなあ」と言っていることから、「春」が「鈴」より年上であることが読みとれる。また、「春」の「鈴を見つめる目は優しい〜挫折したばかりの鈴の心を 慮 っていたのだろう」という様子がえがかれている。よって、適する。

イ.「春のほうは〜家の商売を手伝っていただけあって、さすがに九九の覚えは完璧だ」とあるので、適する。

ウ.「春」にこのような強い意欲があるとは書かれていないので、適さない。　エ.「春のほうは、一度も己の速さを崩さずにゆったりと九の段の終わりまで辿り着いた」という様子に適する。　オ.最後の場面で『〜鞭打ちだけは勘弁してくだせえ』〜おどけて尻を守る真似をした」と調子を合わせてふざけていることに適する。

カ.九九を言う時も、「鈴」の速さにあわてたりせず「一度も己の速さを崩さ」なかった。また、「桃」から質問されると「へい。おらは〜」としっかり答え、自分が考えたことを説明している。「心底恥ずかしそうに顔を伏せながら」という様子は「どうも春らしくない演技がかった振る舞い」なので、本来の「春」はそのようにおどおどしないのだとわかる。また、「鈴」の気持ちを思いやる心の広さも見受けられる。このように、マイペースで気持ちに余裕がある人物だと読みとれるので、適さない。

問10　「春」が「十二掛けるところの二十五」の答えを算盤を使わずに出したことを、「鈴」が「ずる」と言った。それを受けて「ずる」という言い方をしている。「春」は、12を6×2と考え、式を6×2×25と変形させて考えた。すると6×50であることがわかり、暗算ですぐに「三百です」と答えられた。この内容をまとめる。

三　問2ア　「君の瞳はまるで輝く真珠のようだ」という文ができる。よって、④の「らしい」が不要。

イ　「薬を飲むことができないはずはない」という文ができる。よって、④の「つもりが」が不要。

ウ　「米を主食にしてきた日本人の食生活は変わった」という文ができる。よって、⑥の「私たちに」が不要。

問3①　イは、「しかし」と同じ意味。他は、「振っていることに」「修理すること（ため）に」「学校へ行くために」「大泣きしたことに」という意味で、「のに」の「の」が、名詞に近いはたらきをしている。

②　アは、「合格する」という目的を表している。他は、原因・理由を表している。

《2019　算数　解説》

1 (1)　与式＝$\frac{1}{4}×28+21×\frac{4}{3}=7+28=35$

(2)　与式＝$\frac{9}{14}+(\frac{28}{12}-\frac{9}{12})÷\frac{19}{5}×\frac{6}{7}=\frac{9}{14}+\frac{19}{12}×\frac{5}{19}×\frac{6}{7}=\frac{9}{14}+\frac{5}{14}=\frac{14}{14}=1$

(3)　与式より，$(3-□÷\frac{13}{4})÷(\frac{25}{4}-\frac{18}{4})=1$　　$(3-□÷\frac{13}{4})÷\frac{7}{4}=1$　　$3-□÷\frac{13}{4}=1×\frac{7}{4}$

　　$□÷\frac{13}{4}=3-\frac{7}{4}$　　$□=\frac{5}{4}×\frac{13}{4}=\frac{65}{16}=4\frac{1}{16}$

(4)　与式＝$(\frac{1}{4}-\frac{1}{5})+(\frac{1}{5}-\frac{1}{6})+(\frac{1}{6}-\frac{1}{7})+(\frac{1}{7}-\frac{1}{8})+(\frac{1}{8}-\frac{1}{9})=\frac{1}{4}-\frac{1}{9}=\frac{9}{36}-\frac{4}{36}=\frac{5}{36}$

(5)　5％の食塩水400gにふくまれる食塩の量は400×0.05＝20（g），8％の食塩水100gにふくまれる食塩の量は100×0.08＝8（g）だから，できた食塩水にふくまれる食塩の量は20＋8＝28（g）である。また，できた食塩水の量は，400＋100－220＝280（g）だから，求める食塩水の濃さは，28÷280×100＝10（％）である。

(6)　太郎君の速さは，時速4.8km＝分速（$\frac{4.8×1000}{60}$）m＝分速80mである。2人が出会うまでに進んだ道のりの和は2400mで，2人の速さの和は，分速（80＋70）m＝分速150mだから，2人が出会うのは同時に出発してから，

2400÷150＝16(分後)である。

(7)　1人が1時間でする仕事量を①とすると，この仕事全体は，①×7×8＝㊱である。2人が12時間ででき
る仕事量は，①×2×12＝㉔だから，4人でした仕事量は，㊱－㉔＝㉜である。4人が1時間にする仕事量は
①×4＝④だから，4人で仕事をした時間は，㉜÷④＝8(時間)である。

(8)　定価が500×(1＋0.3)＝650(円)だから，売り値は650×(1－0.2)＝520(円)である。したがって，1個あた
りの利益は520－500＝20(円)だから，仕入れた品物の個数は，480÷20＝24(個)である。

(9)　32＝2×2×2×2×2より，2◎32＝5，9＝3×3より，3◎9＝2だから，(2◎32)－(3◎9)＝
5－2＝3である。したがって，□◎64＝3となり，□に入る数は，□を3回かけると64となる数である。
よって，64＝2×2×2×2×2×2＝4×4×4より，□＝4である。

(10)　100円玉と50円玉の枚数の組み合わせが決まると，残りの金額を10円玉で用意すればよいから，100円玉と
50円玉の枚数の組み合わせを求めればよい。100円玉が3枚のとき，50円玉は1枚，0枚の2通り，100円玉が
2枚のとき，50円玉は3枚，2枚，1枚，0枚の4通り，100円玉が1枚のとき，50円玉は5枚，4枚，3枚，
2枚，1枚，0枚の6通り，100円玉が0枚のとき，50円玉は7枚，6枚，5枚，4枚，3枚，2枚，1枚，
0枚の8通りあるから，求める組み合わせは，2＋4＋6＋8＝20(通り)ある。

(11)　右図のように記号をおく(Ⓐは真ん中の三角形を，ⓑ，ⓒ，ⓓはそれぞ
れ角を指す)。

色付きの角と角ⓑと角ⓒと角ⓓの和は，三角形と四角形と五角形の内角の
総和に等しい。五角形の内角の和は，180×(5－2)＝540(度)だから，
色付きの角と角ⓑと角ⓒと角ⓓの和は，180＋360＋540＝1080(度)である。

対頂角は等しいから，角ⓑと角ⓒと角ⓓの和は，三角形Ⓐの内角の和に等しく180度である。

よって，求める角の大きさは，1080－180＝900(度)である。

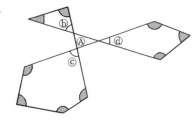

(12)　点Qが動ける範囲は，右図の色付き部分と斜線部分である。

斜線のおうぎ形の中心角は，それぞれ180－60＝120(度)だから，求める面積は，
$12×12×3.14×\frac{1}{2}＋6×6×3.14×\frac{120}{360}＋9×9×3.14×\frac{120}{360}＝$
(72＋12＋27)×3.14＝111×3.14＝348.54(m^2)

(13)　求める体積は，底辺の半径が3cm，高さが2cmの円柱の体積から，底辺の半径が
3cm，高さが1cmの円すい(右図の色付き部分)2つ分の体積を引いたものである。

よって，求める体積は，3×3×3.14×2－3×3×3.14×1÷3×2＝
(18－6)×3.14＝12×3.14＝37.68(cm^3)

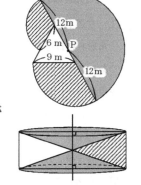

2 (1)　表より，猫の年齢が6－3＝3(才)増えると，人間の年齢は40－28＝12(才)増えるから，3才以降の猫の
1才分は人間の12÷3＝①4(才分)にあたる。
ウサギの年齢が6－2＝4(才)増えると，人間の年齢は48－28＝20(才)増えるから，2才以降のウサギの1才分
は人間の20÷4＝②5(才分)にあたる。

(2)　猫は3才で人間の28才にあたり，3才以降の13－3＝10(才分)は人間の4×10＝40(才分)にあたる。
よって，猫の13才を人間の年齢になおすと，28＋40＝68(才)と考えられる。

(3) まずウサギの 14 才を人間の年齢になおす。ウサギの 14 才は，人間の 28＋5×(14－2)＝88(才)と考えられる。次に人間の 88 才を猫の年齢になおす。猫の最初の 3 才は人間の 28 才にあたるから，人間の 88－28＝60(才分)を猫の 3 才以降の年齢になおすと，60÷4＝15(才分)となるから，求める猫の年齢は，3＋15＝18(才)である。

3 (1) 得点は全て整数だから，5 回の合計点も整数でなければならない。したがって，5 倍して整数にならないものは 5 回の平均点として考えられない。したがって，①…79.5×5＝397.5(点)，④…81.1×5＝405.5(点)，⑥…69.9×5＝349.5(点)を選べばよい。

(2) 考えられる最も高い平均点は，91 点が 4 回，58 点が 1 回のときの(91×4＋58)÷5＝84.4(点)，考えられる最も低い平均点は，91 点が 1 回，58 点が 4 回のときの(91＋58×4)÷5＝64.6(点)である。
したがって，84.4 点より高い⑧の 92.2 点，64.6 点より低い③の 62.8 点は考えられないとわかる。

(3) 5 回の平均点は，A さんが 66.8 点，B さんが 72.4 点，C さんが 83.6 点である。
アについて，A さんの 5 回の合計点は 66.8×5＝334(点)，C さんの 5 回の合計点は 83.6×5＝418(点)だから，6 回目で A さんが C さんより，418－334＝84(点)より高い得点をとれば，A さんの平均点の方が高くなるから，正しくない。
イについて，B さんの 6 回の平均点が 76 点であるとすると，6 回の合計点は 76×6＝456(点)であり，5 回の合計点は 72.4×5＝362(点)だから，6 回目の得点は 456－362＝94(点)である。5 回目までの最高点が 91 点だから，B さんは 6 回目で自分自身の最高点をとったことになり，正しい。
ウについて，合計点の差は変わらないが，平均点の差は変わるから，正しくない。
エについて，例えば，5 回の合計点が A さんと近い B さんの得点を比べる。A さんと B さんの 5 回の合計点の差は，362－334＝28(点)だから，6 回目の A さんの得点が B さんの得点より 29 点以上高いと，A さんが 3 人の中で平均点が最も低くはならない。したがって，例えば A さんが 5 回目までの最低点 58 点より低い 57 点で，B さんが 57－29＝28(点)だと B さんの平均点が最も低くなるから，正しい。

4 (1) 右図 i のように作図し，記号をおく。
三角形 FCD を矢印のように移動すると，平行四辺形 GBCF ができ，その面積は 100 ㎡である。A と E はそれぞれ GF，BC の真ん中の点だから，四角形 AECF の面積は平行四辺形 GBCF の面積の半分の 100÷2＝50(㎡)である。また，四角形 AHIF は四角形 AECF を半分にした図形だから，求める面積は，50÷2＝25(㎡)である。

(2) 右図 ii のように作図できるから，面積が 100 ㎡の正方形を ▦ の正方形と合同な小さな正方形 5 個に分けられるとわかる。よって，求める面積は，100÷5＝20(㎡)である。

(3) 右図 iii のように作図し，記号をおく。
色付きの図形⑦と㊁を組み合わせると，▦ の正方形と合同な正方形ができ，斜線の図形①と⑰を組み合わせると，▦ の正方形と合同な正方形ができる。同じように他の部分についても考えると，▦ の正方形と合同な正方形 17 個に分けられるとわかるから，求める面積は，$100 \div 17 = \frac{100}{17} = 5\frac{15}{17}$(㎡)である。

5 (1) あふれでた水の体積は，水の中に沈んでいる円すいの体積に等しい。
鉄の円すいと，これが水の中に沈んでいる部分の円すいは，同じ形の立体で，水の中に沈んでいる円すいの大き

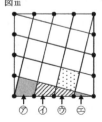

さは鉄の円すいの$\frac{6}{12}=\frac{1}{2}$である。したがって，水の中に沈んでいる円すいの底面の半径は$6\times\frac{1}{2}=3$ (cm)だから，求める体積は，$3\times3\times3.14\times6\div3=18\times3.14=56.52$(cm³)である。

(2) 円柱と鉄の円すいの底面積は，$6\times6\times3.14=36\times3.14$(cm²)，円柱の容器に残っている水の量は，$36\times3.14\times12-36\times3.14\times12\div3=(432-144)\times3.14=288\times3.14$(cm³)である。このとき鉄の円すいと，これが水の中に沈んでいる部分の円すいは，同じ形の立体で，水の中に沈んでいる円すいの大きさは鉄の円すいの$\frac{4}{12}=\frac{1}{3}$である。したがって，水の中に沈んでいる円すいの底面の半径は$6\times\frac{1}{3}=2$ (cm)だから，水の体積と水の中に沈んでいる円すいの体積の和は，$288\times3.14+2\times2\times3.14\times4\div3=(288+\frac{16}{3})\times3.14=\frac{880}{3}\times3.14$(cm³)である。よって，求める水面の高さは，$(\frac{880}{3}\times3.14)\div(36\times3.14)=\frac{220}{27}=8\frac{4}{27}$(cm)である。

(3) 右のように作図する。

容器の底面から10.2cmまでの高さに入る水の量は，$36\times3.14\times10.2=367.2\times3.14$(cm³)，実際に入っている水の量は，(2)より，288×3.14(cm³)だから，右図の白の斜線部分に入る水の量は，$367.2\times3.14-288\times3.14=79.2\times3.14$(cm³)とわかる。白の斜線部分と色付きの斜線部分に入る水の量は等しいから，白と色付きの斜線部分に入る水の量の和は，$79.2\times3.14\times2=158.4\times3.14$(cm³)である。したがって，この部分の高さ（○cm）は，$(158.4\times3.14)\div(36\times3.14)=4.4$(cm)である。よって，□にあてはまる数は，$10.2-4.4=5.8$(cm)である。

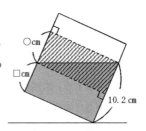

○cm
□cm
10.2cm

──《2019　理科　解説》────────────

1　問1　①水道水には消毒用の塩素が入っているので，くみ置きして塩素を抜いてから水そうの中に入れる。③水がにごってきたら，水そうの中の水の$\frac{1}{3}$程度をくみ置きした水と入れ替える。

問2　ア．オス，メスに共通する魚類の特ちょうである。イ～オ．オスとメスの背びれとしりびれは図Ⅰのようになっている。

図Ⅰ　〈オス〉切れこみがある　〈メス〉切れこみがない
平行四辺形に近い　三角形に近い

問3　メダカの卵の直径は1.0～1.5mmほどである。また，水温が高すぎたり低すぎたりすると使えないが，産卵からふ化までのおよその日数は，〔水温×日数＝250〕で求められる。

問4　植物プランクトンであるハネケイソウとミカヅキモは光合成を行うための葉緑体をもち，緑色をしている。

問5　「食べる」「食べられる」の関係を食物連鎖という。(食べられる生物)→(食べる生物)の順に並べると，(小さなエビ)→(イワシ)→(イカ)→(カモメ)となる。

問6　ア．生態ピラミッドの一番下には，光合成を行って自ら栄養を合成する生物が入るから正しい。イ．植物を食べるバッタはCに入るからまちがっている。ウ．何らかの原因でCの個体数が増えすぎると，CのエサであるDの個体数が一時的に減ることがあるから正しい。エ．Aが絶滅するとBの個体数が増え，Bの個体数が増えるとBのエサであるCの個体数が減るから正しい。

2　問1(1)　ア．においをかぐときは，手であおぐようにしてかぐ。ウ．うすめた薬品であっても，薬品が手についたときは，すぐに多量の水で洗い流す。エ．水溶液を蒸発させると有毒な気体が発生することがあるので，窓を開け換気する。　(2)　実験1で，においがあるCとEの水溶液は塩酸かアンモニア水のどちらかである。実験2で，試験管をゆっくり左右に振っただけで溶けている気体が出てきたAの水溶液は炭酸水である。実験3と4で，どちらのリトマス紙の色も変化しなかったBの中性の水溶液は食塩水である。炭酸水以外で青色リトマス紙を赤色に変化させたEの酸性の水溶液は塩酸であり，実験1より，Cの水溶液はアンモニア水である。アンモニア水以外で赤色リトマス紙を青色に変化させたDの水溶液は石灰水である。　(3)　炭酸水（A）は二酸化炭素が溶けた水溶液な

ので，石灰水（D）と混ぜると，石灰水に息をふきこんだときと同じように白くにごる。

問2(1) 塩酸に金属が溶けたときに発生する気体は水素である。 (2) 塩酸とアルミニウムが反応すると，塩化アルミニウムという物質ができる。水を蒸発させて残った固体aは塩化アルミニウムである。塩化アルミニウムはアルミニウムとは異なる物質で，金属ではない。塩化アルミニウムは電気を通さず，水に溶け，塩酸や硫酸には気体を発生させずに溶ける。また，磁石につくのは鉄などの限られた物質だけで，塩化アルミニウムは磁石にくっつかない。よって，エがまちがっている。

問3(1) ＢＴＢ液は酸性で黄色，中性で緑色，アルカリ性で青色になる。 (2) 表2より，石灰水と表2の塩酸は体積比 50：100＝1：2で過不足なく反応して中性(緑色)になるから，石灰水20mLと過不足なく反応する表2の塩酸は 20×2＝40(mL)である。塩酸の濃度（のうど）を2倍にすると，同じ石灰水と過不足なく反応するときの体積が半分になるので，40÷2＝20(mL)が正答である。

③ 問1 大きな粒（つぶ）は重いので河口に近い（浅い）ところに堆積（たいせき）し，小さな粒は軽いので河口から遠い（深い）ところに堆積する。大地が隆起（りゅうき）するとA地点は河口に近くなるから大きな粒が堆積するようになり，大地が沈降（ちんこう）するとA地点は河口から遠くなるから小さな粒が堆積するようになる。

問2(1) ア．一般的に褶曲（しゅうきょく）した地層が水平状態（じょう）に戻（もど）ることはない。 (2) 図Ⅱ参照。

問3(1) 地層はふつう，下にあるものほど古い時代に堆積したものだから，a〜fが堆積した順はa→b→c→d→e→fである。褶曲が見られるのはa〜cだけだからBはcとdの間，

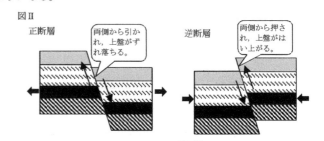

図Ⅱ

正断層　両側から引かれ，上盤がずれ落ちる。

逆断層　両側から押され，上盤がはい上がる。

断層はすべての地層に見られるからAは最後に形成されたことになる。 (2) ア．泥岩（でいがん）の層（c）の上に，泥岩より粒が大きいれき岩の層（d）が堆積しているから，cができてからdができるまでに浅い海に変化するように隆起し，その原因が褶曲であったと考えることができる。 (3) 褶曲による地層の変化は，10万年で 0.5×10万＝5万(cm)→500mになる。

④ 問1 ⑴乾電池の＋極から流れる電流がDだけを通って－極に戻ってくる。⑵乾電池の＋極から途切れることなく－極までたどりつく道すじがないので，光る豆電球はない。⑶乾電池の＋極から流れる電流がD→Eの順に通って－極に戻ってくる。DとEは直列つなぎになっている。

問2 図Ⅲのような回路になる。Dがもっとも明るく，次にBとEが同じ明るさで明るく，AとCが同じ明るさでもっとも暗い。

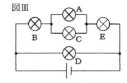

図Ⅲ

問3 d，fを閉じると，図Ⅳのような回路になる。Dが，CとEの並列部分と直列につながる。Dがもっとも明るく，CとEは同じ明るさになる。

図Ⅳ

問4 電流は，できるだけ流れやすいところを流れようとする。a以外のスイッチをすべて閉じたときの電流の流れ方は図Ⅴのように，乾電池の＋極から流れる電流はBやDを通ったあと，A，C，Eがある（電流が流れにくい）導線を通らず，何もつながっていない（電流が流れやすい）導線を通って－極に戻ってくる。

問5　問4解説の考え方を元に，ア～カの回路図をかくと，図Ⅵのようになる。乾電池から流れる電流が小さいものほど豆電球の光る時間が長い。例えば，アとイでは，2個の豆電球が直列つなぎになっているアの方が乾電池から流れる電流は小さくなる。また，イとオでは，2個の豆電球が並列つなぎになっているオの方が乾電池から流れる電流は大きくなる。このように考えると，ウではイと同じ，エではアより大きくイより小さい，カではイより大きくオより小さい電流が乾電池から流れることになるので，豆電球の光る時間を長い順に並べると，ア＞エ＞イ＝ウ＞カ＞オとなる。

図Ⅴ

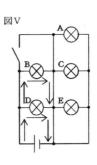

図Ⅵ

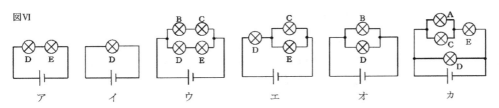

ア　　　イ　　　ウ　　　エ　　　オ　　　カ

《2019　社会　解説》

1　問1　木曽三川が流れる濃尾平野につくられた輪中は，江戸時代に発達し，明治時代にはデレーケによって分流工事が行われた。輪中の高台には，災害時の避難場所として水屋が設けられていた。

問2　ウとエが正しい。アについて，九州・沖縄の2045年の総人口は約1200万人になると推計されている。イについて，県別では，最も減少率が少ない沖縄県でも0.4%減と減少する。オについて，九州・沖縄のうち，2045年の各県の人口に占める高齢者の割合が全国平均を上回る県は，福岡県・沖縄県を除く6県である。

問3　オが正しい。東京都（約1370万人）＞神奈川県（約920万人）＞大阪府（約880万人）である。埼玉県の人口は約730万人で，4位の愛知県（約750万人）についで第5位である。

問4　アが正しい。温帯地域の海に面した地域で吹く季節風は，夏は海洋から大陸に向かって，冬は大陸から海洋に向かって吹く。これは，海洋と大陸の温まりやすさと冷えやすさの違いから生じる。

問5　近畿地方には，大阪府・兵庫県・京都府・滋賀県・三重県・奈良県・和歌山県の7府県が位置する。

問6　オが正しい。Aのみかんはすぐに判断できるが，かきとうめの判断が難しい。関東で柿を生産しているのは茨城県だけであることを知っていれば，Bがかき，Cがうめと判断できる。

問7　釧路湿原をはじめ多くの湿地帯や湖がラムサール条約に登録されている。

問8　赤石山脈（南アルプス）は標高3000mをこえる山脈で，飛騨山脈（北アルプス），木曽山脈（中央アルプス）と合わせて日本アルプスと呼ばれる。静岡県西部を流れる天竜川は，諏訪湖を水源とする唯一の河川である。

問9　水揚げ高では焼津港，水揚げ量では銚子港が1位になる。これは水揚げされる魚種の違いによる。

問10　アが正しい。屋久島・種子島・大隅半島・薩摩半島の位置関係はしっかりと覚えておきたい。

問11　オが正しい。四国の香川県あたりを日本の標準時子午線（東経135度）が通ること，九州の西側が東経130度に位置することは知っておきたい。北緯35度の緯線が京都府あたりを通過することからオと判断できる。

問12　四国地方北部と中国地方南部にはさまれた海域が瀬戸内海だから，瀬戸内工業地域を導く。

問13　ウが島根県である。アは福岡県，イは和歌山県，エは愛媛県である。

問14　人口の少ない都道府県は，少ない順に，鳥取県，島根県，高知県，徳島県，福井県である。

問 15　それぞれの県の代表的な農産物を考えればよい。静岡県は茶の生産がさかんであり，鹿児島県は豚やブロイラーをはじめとする畜産がさかんである。また，群馬県はレタスやキャベツなどの野菜の栽培がさかんである。茶は工芸農作物に分類されるので，Aが静岡県，Bが群馬県，Cが鹿児島県と判断してイを選ぶ。

問 16　ウが正しい。ぎふ→ふくおか→かなざわ→わかやま→まえばし→しずおか→かごしま→まつやま→まつえ

2 問 1　日本の選挙権・被選挙権については右表参照。

問 2　成人年齢を 18 歳に引き下げる民法改正が行わ

選挙権	満 18 歳以上
衆議院議員・都道府県の議会議員・市(区)町村長・市(区)町村の議会議員の被選挙権	満 25 歳以上
参議院議員・都道府県知事の被選挙権	満 30 歳以上

※2019 年 4 月現在

れるが，逆に女性の婚姻の年齢は 16 歳から 18 歳に引き上げられることになった。また，飲酒・喫煙などの権利も 20 歳以上を維持することになった。今後は，国民の祝日である「成人の日」の扱いに注意しておきたい。

問 3　エが正しい。ほとんどの国連機関の本部や事務局はニューヨークにある。ニューヨークにない国連機関として，オランダのハーグにある国際司法裁判所がよく扱われる。

問 4　「1985 年」，「男女の不平等」から男女雇用機会均等法を導く。

問 5　エが誤り。福祉より，医療や年金にかかる割合の方が高い。

問 6　資料 3 から年代が上がるにつれて非正社員の割合が高くなること。資料 4 から，子育てがひと段落する 35～40 歳を境に再び働きだす女性が多いことを読み取る。

問 7(1)　アが正しい。文部科学省の下部組織には，スポーツ庁と文化庁がある。　(2)　野党には，内閣の方針を批判するだけでなく，議会で討論を繰り返すことで，より多くの国民の権利を守る姿勢を期待したい。

問 8　男女共同参画社会とは，「男女が対等な立場で，政治的・経済的・文化的・社会的利益を均等に享受し，ともに責任を担う社会」だから，ウの内容が適さない。

3 問 1　野尻湖は長野県にあるからウを選ぶ。

問 2　北海道の十勝岳や長野県の和田峠あたりで産出された黒曜石が，青森県の三内丸山遺跡から出土したことで，縄文時代に広く交易が行われていたことがわかっている。

問 3　ウとオが正しい。アについて，以前は 100 余国であった国が，現在は 30 余国になっている。イについて，いれずみをしているのは男子である。エについて，諸国の監視は一大率であり，大倭は市場を監督する役人である。

問 4　天智天皇が作成させた庚午年籍が最も古い戸籍として知られる。

問 5　Bが誤りだからイである。九州の守りにつく負担は防人であり，衛士は京都を警備する負担である。

問 6　ⅡとⅣが正しいからエを選ぶ。Ⅰは守護について述べた文。Ⅲは旗本ではなく御家人であれば正しい。

問 7　エが正しい。愛知県は尾張と三河，高知県は土佐，広島県は安芸，備後と呼ばれていた。

問 8　陸上では馬借や車借，海運では問丸が輸送を手掛けていた。

問 9　イが正しい。平泉は中尊寺，宇治・山田は伊勢神宮，石山は本願寺の門前町であった。

問 10　イが誤り。六波羅探題は，鎌倉時代の朝廷の監視や西国大名の統制のための役職。江戸時代に朝廷や公家の行動を監視したのは，京都所司代であった。

問 11　江戸時代の農民の年貢負担は，五公五民(収穫した米の 50％を年貢として差し出す)や四公六民(収穫した米の 40％を年貢として差し出す)と，非常に重いものであった。

問 12　土地持ちの百姓を本百姓，土地を持たない小作人を水呑百姓と呼んだ。

問13　本居宣長らが大成させた国学は，古事記や万葉集などの古典を研究することで，古代日本の思想や文化を明らかにしようとする学問であり，幕末の尊王運動に影響を与えた。本居宣長は伊勢(現在の三重県)の出身である。

問14　ウが正しい。Y．享保の改革→X．寛政の改革(囲い米)→Z．天保の改革(人返し令)　　Zは，寛政の改革の帰農令と迷うが，「強制的に」とあるので人返し令と判断する。帰農令は，強制的に帰らせる人返し令と違って，農村に帰って農業にはげむことを奨励した法令である。

問15　ウとオが正しい。アについて，鉄道の建設は大隈重信や伊藤博文らによって進められた。また，前島密が進めたのは郵便制度であった。イについて，学制開始時の義務教育は初等教育のみで，当初は授業料負担や家庭での労働力の問題から就学率は低かった。エについて，クラークは札幌農学校で指導したお雇い外国人である。

問16　徴兵令では，20歳以上の男子に兵役の義務があったが，免除規定が多く，徴兵されたのは農家の次男，三男などがほとんどであった。

柳条湖

問17　地券には，土地所有者と地価が記載されていた。

問18　満州の奉天近郊で起きた，関東軍による鉄道爆破事件を柳条湖事件という。

問19　リットン調査団の報告後の決議では，満州国は中国に帰属することが42対1の大多数で決定された。この後，日本代表の外交官松岡洋右は退席したといわれている。

■ ご使用にあたってのお願い・ご注意

（1）問題文等の非掲載

　著作権上の都合により，問題文や図表などの一部を掲載できない場合があります。

　誠に申し訳ございませんが，ご了承くださいますようお願いいたします。

（2）過去問における時事性

　過去問題集は，学習指導要領の改訂や社会状況の変化，新たな発見などにより，現在とは異なる表記や解説になっている場合があります。過去問の特性上，出題当時のままで出版していますので，あらかじめご了承ください。

（3）配点

　学校等から配点が公表されている場合は，記載しています。公表されていない場合は，記載していません。

　独自の予想配点は，出題者の意図と異なる場合があり，お客様が学習するうえで誤った判断をしてしまう恐れがあるため記載していません。

（4）無断複製等の禁止

　購入された個人のお客様が，ご家庭でご自身またはご家族の学習のためにコピーをすることは可能ですが，それ以外の目的でコピー，スキャン，転載（ブログ，ＳＮＳなどでの公開を含みます）などをすることは法律により禁止されています。学校や学習塾などで，児童生徒のためにコピーをして使用することも法律により禁止されています。

　ご不明な点や，違法な疑いのある行為を確認された場合は，弊社までご連絡ください。

（5）けがに注意

　この問題集は針を外して使用します。針を外すときは，けがをしないように注意してください。また，表紙カバーや問題用紙の端で手指を傷つけないように十分注意してください。

（6）正誤

　制作には万全を期しておりますが，万が一誤りなどがございましたら，弊社までご連絡ください。

　なお，誤りが判明した場合は，弊社ウェブサイトの「ご購入者様のページ」に掲載しておりますので，そちらもご確認ください。

■ お問い合わせ

　解答例，解説，印刷，製本など，問題集発行におけるすべての責任は弊社にあります。

　ご不明な点がございましたら，弊社ウェブサイトの「お問い合わせ」フォームよりご連絡ください。迅速に対応いたしますが，営業日の都合で回答に数日を要する場合があります。

　ご入力いただいたメールアドレス宛に自動返信メールをお送りしています。自動返信メールが届かない場合は，「よくある質問」の「メールの問い合わせに対し返信がありません。」の項目をご確認ください。

　また弊社営業日（平日）は，午前９時から午後５時まで，電話でのお問い合わせも受け付けています。

2025 春

株式会社教英出版

〒422-8054　静岡県静岡市駿河区南安倍３丁目 12-28

TEL　054-288-2131　　FAX　054-288-2133

URL　https://kyoei-syuppan.net/

MAIL　siteform@kyoei-syuppan.net

教英出版　2025　44 の１　早稲田佐賀中

教英出版 2025年春受験用 中学入試問題集

学校別問題集
★はカラー問題対応

北 海 道
① [市立] 札幌開成中等教育学校
② 藤 女 子 中 学 校
③ 北 嶺 中 学 校
④ 北 星 学 園 女 子 中 学 校
⑤ 札 幌 大 谷 中 学 校
⑥ 札 幌 光 星 中 学 校
⑦ 立 命 館 慶 祥 中 学 校
⑧ 函 館 ラ・サ ー ル 中 学 校

青 森 県
① [県立] 三本木高等学校附属中学校

岩 手 県
① [県立] 一関第一高等学校附属中学校

宮 城 県
① [県立] 宮城県古川黎明中学校
② [県立] 宮城県仙台二華中学校
③ [市立] 仙台青陵中等教育学校
④ 東 北 学 院 中 学 校
⑤ 仙 台 白 百 合 学 園 中 学 校
⑥ 聖ウルスラ学院英智中学校
⑦ 宮 城 学 院 中 学 校
⑧ 秀 光 中 学 校
⑨ 古 川 学 園 中 学 校

秋 田 県
① [県立] 大館国際情報学院中学校
　　　　 秋田南高等学校中等部
　　　　 横手清陵学院中学校

山 形 県
① [県立] 東桜学館中学校
　　　　 致道館中学校

福 島 県
① [県立] 会 津 学 鳳 中 学 校
　　　　 ふたば未来学園中学校

茨 城 県
　　　　 日立第一高等学校附属中学校
　　　　 太田第一高等学校附属中学校
　　　　 水戸第一高等学校附属中学校
　　　　 鉾田第一高等学校附属中学校
　　　　 鹿島高等学校附属中学校
　　　　 土浦第一高等学校附属中学校
① [県立] 竜ヶ崎第一高等学校附属中学校
　　　　 下館第一高等学校附属中学校
　　　　 下妻第一高等学校附属中学校
　　　　 水海道第一高等学校附属中学校
　　　　 勝 田 中 等 教 育 学 校
　　　　 並 木 中 等 教 育 学 校
　　　　 古 河 中 等 教 育 学 校

栃 木 県
　　　　 宇都宮東高等学校附属中学校
① [県立] 佐野高等学校附属中学校
　　　　 矢板東高等学校附属中学校

群 馬 県
　　 [県立] 中 央 中 等 教 育 学 校
① [市立] 四ツ葉学園中等教育学校
　　 [市立] 太 田 中 学 校

埼 玉 県
① [県立] 伊 奈 学 園 中 学 校
② [市立] 浦 和 中 学 校
③ [市立] 大宮国際中等教育学校
④ [市立] 川口市立高等学校附属中学校

千 葉 県
① [県立] 千 葉 中 学 校
　　　　 東 葛 飾 中 学 校
② [市立] 稲毛国際中等教育学校

東 京 都
① [国立] 筑波大学附属駒場中学校
② [都立] 白鷗高等学校附属中学校
③ [都立] 桜修館中等教育学校
④ [都立] 小石川中等教育学校
⑤ [都立] 両国高等学校附属中学校
⑥ [都立] 立川国際中等教育学校
⑦ [都立] 武蔵高等学校附属中学校
⑧ [都立] 大泉高等学校附属中学校
⑨ [都立] 富士高等学校附属中学校
⑩ [都立] 三 鷹 中 等 教 育 学 校
⑪ [都立] 南多摩中等教育学校
⑫ [区立] 九 段 中 等 教 育 学 校
⑬ 開 成 中 学 校
⑭ 麻 布 中 学 校
⑮ 桜 蔭 中 学 校
⑯ 女 子 学 院 中 学 校
★⑰ 豊 島 岡 女 子 学 園 中 学 校
⑱ 東京都市大学等々力中学校
⑲ 世 田 谷 学 園 中 学 校
★⑳ 広尾学園中学校（第2回）
★㉑ 広尾学園中学校（医進・サイエンス回）
㉒ 渋谷教育学園渋谷中学校（第1回）
㉓ 渋谷教育学園渋谷中学校（第2回）
㉔ 東京農業大学第一高等学校中等部
　　（2月1日 午後）
㉕ 東京農業大学第一高等学校中等部
　　（2月2日 午後）

④[府立]富田林中学校
⑤[府立]咲くやこの花中学校
⑥[府立]水都国際中学校
⑦清 風 中 学 校
⑧高槻中学校（Ａ日程）
⑨高槻中学校（Ｂ日程）
⑩明 星 中 学 校
⑪大 阪 女 学 院 中 学 校
⑫大 谷 中 学 校
⑬四 天 王 寺 中 学 校
⑭帝 塚 山 学 院 中 学 校
⑮大 阪 国 際 中 学 校
⑯大 阪 桐 蔭 中 学 校
⑰開 明 中 学 校
⑱関 西 大 学 第 一 中 学 校
⑲近 畿 大 学 附 属 中 学 校
⑳金 蘭 千 里 中 学 校
㉑金 光 八 尾 中 学 校
㉒清 風 南 海 中 学 校
㉓帝塚山学院泉ヶ丘中学校
㉔同 志 社 香 里 中 学 校
㉕初 芝 立 命 館 中 学 校
㉖関 西 大 学 中 等 部
㉗大 阪 星 光 学 院 中 学 校

兵 庫 県
①[国立]神戸大学附属中等教育学校
②[県立]兵庫県立大学附属中学校
③雲 雀 丘 学 園 中 学 校
④関 西 学 院 中 学 部
⑤神 戸 女 学 院 中 学 部
⑥甲 陽 学 院 中 学 校
⑦甲 南 中 学 校
⑧甲 南 女 子 中 学 校
⑨灘 中 学 校
⑩親 和 中 学 校
⑪神 戸 海 星 女 子 学 院 中 学 校
⑫滝 川 中 学 校
⑬啓 明 学 院 中 学 校
⑭三 田 学 園 中 学 校
⑮淳 心 学 院 中 学 校
⑯仁 川 学 院 中 学 校
⑰六 甲 学 院 中 学 校
⑱須磨学園中学校（第1回入試）
⑲須磨学園中学校（第2回入試）
⑳須磨学園中学校（第3回入試）
㉑白 陵 中 学 校

㉒夙 川 中 学 校

奈 良 県
①[国立]奈良女子大学附属中等教育学校
②[国立]奈良教育大学附属中学校
③[県立]｛国 際 中 学 校
　　　　青 翔 中 学 校
④[市立]一条高等学校附属中学校
⑤帝 塚 山 中 学 校
⑥東 大 寺 学 園 中 学 校
⑦奈 良 学 園 中 学 校
⑧西 大 和 学 園 中 学 校

和 歌 山 県
①[県立]｛古 佐 田 丘 中 学 校
　　　　向 陽 中 学 校
　　　　桐 蔭 中 学 校
　　　　日高高等学校附属中学校
　　　　田 辺 中 学 校
②智 辯 学 園 和 歌 山 中 学 校
③近 畿 大 学 附 属 和 歌 山 中 学 校
④開 智 中 学 校

岡 山 県
①[県立]岡 山 操 山 中 学 校
②[県立]倉 敷 天 城 中 学 校
③[県立]岡山大安寺中等教育学校
④[県立]津 山 中 学 校
⑤岡 山 中 学 校
⑥清 心 中 学 校
⑦岡 山 白 陵 中 学 校
⑧金 光 学 園 中 学 校
⑨就 実 中 学 校
⑩岡山理科大学附属中学校
⑪山 陽 学 園 中 学 校

広 島 県
①[国立]広 島 大 学 附 属 中 学 校
②[国立]広島大学附属福山中学校
③[県立]広 島 中 学 校
④[県立]三 次 中 学 校
⑤[県立]広島叡智学園中学校
⑥[市立]広 島 中 等 教 育 学 校
⑦[市立]福 山 中 学 校
⑧広 島 学 院 中 学 校
⑨広 島 女 学 院 中 学 校
⑩修 道 中 学 校

⑪崇 徳 中 学 校
⑫比 治 山 女 子 中 学 校
⑬福 山 暁 の 星 女 子 中 学 校
⑭安 田 女 子 中 学 校
⑮広 島 な ぎ さ 中 学 校
⑯広 島 城 北 中 学 校
⑰近畿大学附属広島中学校福山校
⑱盈 進 中 学 校
⑲如 水 館 中 学 校
⑳ノートルダム清心中学校
㉑銀 河 学 院 中 学 校
㉒近畿大学附属広島中学校東広島校
㉓Ａ Ｉ Ｃ Ｊ 中 学 校
㉔広 島 国 際 学 院 中 学 校
㉕広島修道大学ひろしま協創中学校

山 口 県
①[県立]｛下 関 中 等 教 育 学 校
　　　　高 森 み ど り 中 学 校
②野 田 学 園 中 学 校

徳 島 県
①[県立]｛富 岡 東 中 学 校
　　　　川 島 中 学 校
　　　　城ノ内中等教育学校
②徳 島 文 理 中 学 校

香 川 県
①大 手 前 丸 亀 中 学 校
②香 川 誠 陵 中 学 校

愛 媛 県
①[県立]｛今 治 東 中 等 教 育 学 校
　　　　松 山 西 中 等 教 育 学 校
②愛 光 中 学 校
③済 美 平 成 中 等 教 育 学 校
④新 田 青 雲 中 等 教 育 学 校

高 知 県
①[県立]｛安 芸 中 学 校
　　　　高 知 国 際 中 学 校
　　　　中 村 中 学 校

K 教英出版

〒422-8054
静岡県静岡市駿河区南安倍3丁目12-28
TEL 054-288-2131
FAX 054-288-2133

詳しくは教英出版で検索

教英出版　検索

URL https://kyoei-syuppan.net/

令和6年度（2024年度）

中学校入学試験問題

国　語

（60分）

早稲田佐賀中学校

1　次の【文章A】・【文章B】は、二人の気象予報士が書いた文章である。よく読んで、後の問いに答えよ。（字数制限のある問いは、句読点・記号も一字に数える。なお、設問の都合で本文を一部改めたところがある。）

【文章A】

（松元梓「空を見上げて（二〇二二年一月一六日　読売新聞　朝刊）」）

（森さやか『いま、この惑星で起きていること　気象予報士の眼に映る世界』岩波ジュニア新書）

問1　傍線部①「義理の母が送ってくれた写真」を筆者はどのように思っているか。筆者の気持ちとして最も適当なものを次のア〜オの中から一つ選び、記号で答えよ。

ア　迷惑　　イ　軽蔑（けいべつ）　　ウ　感謝　　エ　恐怖　　オ　歓喜

問2　傍線部②「モズのはやにえ」とあるが、モズがはやにえを行う理由として適当なものを次のア〜オの中から一つ選び、記号で答えよ。

ア　晩秋にオスがカエルを木の枝に突き刺すことで、メスへの求愛を示すため。

イ　餌がなくなる晩秋に、オスが鳴けなくなったメスの栄養を補ってあげるため。

ウ　オスが春におこなう求愛のときに、早口でさえずることができるようにするため。

エ　スズメと同様に、冬に食べる餌を木の枝に突き刺しておき、冬に備えるため。

オ　オスが春に食べる餌を大雪に埋もれさせず、メスに「モテ」ようとするため。

問3　傍線部③「今では翌日に雨や雪が降るかどうかの的中率が9割近くまで上がっています」とあるが、その理由を【文章B】から抜き出し、はじめと終わりの五字を答えよ。

問4　傍線部④「それはやめておいた方がよさそうですね」とあるが、それはなぜか。その理由として最も適当なものを次のア〜オの中から一つ選び、記号で答えよ。

ア　「モズのはやにえ」の写真は、誰にでも見せることができない貴重な写真だから。

イ　「モズのはやにえ」の写真は、仕事のために義母からもらった大切な写真だから。

ウ　「モズのはやにえ」の写真は、なかなか撮影することができない珍しい写真だから。

エ　「モズのはやにえ」の写真は、誰も知らないので季節ネタには使えない写真だから。

オ　「モズのはやにえ」の写真は、相手が驚いてしまうほどの不気味な写真だから。

問5　傍線部⑤「牛やカエルが気象予報をしていた」とは、どういうことか。次の文の空欄を【文章A】の中の語句を用いて十一字以上十五字以内で埋めよ。

　科学に基づいた天気予報になる以前は、天気を知るために（　　　　　　　　　）ということ。

問6　傍線部⑥「天気予報と三回唱えれば食あたりしないというジョークが生まれた」について次の(1)・(2)に答えよ。

(1)　「天気予報と三回唱えれば食あたりしない」という表現の説明として正しいものを次のア〜オの中から一つ選び、記号で答えよ。

ア　念仏のように「天気予報」と唱えれば食あたりをしないとありがたがられるぐらい、たまに天気予報が当たった時の喜びの大きさが誇張されている。

イ　食あたりを予防するため、「天気予報」の確認を怠らないように、毎日「天気予報」と三回唱えていた当時の人々の食あたりへの不安が正確に伝わってくる。

ウ　食あたりをしないためのおまじないとして、「天気予報」と唱えればよいとばかにされるほど、天気予報は外れることが多かったということが強調されている。

エ　食あたりよりも「天気予報」のほうが当たる確率が低いので、「天気予報」への不満を人々が口にしていたことがおおげさに表現されている。

オ　食あたりは自然に治すしか方法がなかったという当時の状況がわかりやすくなったととらえられているので、呪文のように「天気予報」と三回唱えるしか方法がなかった

(2) ここでの「ジョーク」の意味として適切なものを次のア～オの中から一つ選び、記号で答えよ。

　ア　皮肉　　イ　陰口　　ウ　流行語　　エ　ことわざ　　オ　批判

問7　空欄　A　・　B　に入る語を次のア～キからそれぞれ選び、記号で答えよ。

　ア　あたかも　　イ　なぜなら　　ウ　もちろん　　エ　ところが

　オ　まさに　　カ　すなわち　　キ　あるいは

問8　傍線部⑦「スパコンも全知万能ではなく、東京の雪予想のように大いに外すことはある」とあるが、そ
れはなぜか。その理由を「天気予報は、」に続くように【文章B】の本文中の語句を用いて具体的に六十
字以内で説明せよ。ただし、「計算」という語を必ず用いること。

問9　【文章A】・【文章B】を読んだ児童たちの発言のうち、本文の内容としてふさわしいものを次のア～カ
から二つ選び、記号で答えよ。

　ア　【文章A】の筆者は、コンピューターによる予報だけでなく、自然占いでも十分に次の日の天気を当
てることができると言っているよね。

　イ　そうかな、コンピューターの予測は正しいけど、言い伝えは、当たったり、外れたりするから、信用
しない方がいいって言っていると思うけどな。

　ウ　そうだね、【文章B】の筆者も天気予報の進歩は、フィッツロイが作ったコンピューターのおかげだっ
て言っている。

　エ　でも二人ともコンピューターの予想を伝えるだけが気象予報士の役割ではないって考えていると思
うよ。

　オ　【文章B】の筆者からはコンピューターの予報を伝えるだけでなく、地球温暖化の現状を人々に伝え
ていきたいという気持ちが伝わってくるね。

　カ　【文章A】の筆者からも自然占いを正しく使って、災害から身を守るための予報を伝えていきたいと
いう意気込みが感じられるね。

二 次の文章を読んで、後の問いに答えよ。（字数制限のある問いは、句読点・記号も一字に数える。）

北海道にある村立生田羽中学校生田羽分校。医者になることを夢見ている「学」といつも寄り添ってくれる優しい「憲太」が、『夜空を見る会』に参加するため中学校を訪れた日のこと。急に天候が悪化したため、会は中止となる。一緒に来た学が学校に着いた直後から姿を消していた。憲太は学を探し出し、二人が話をしている場面である。

「……憲太は、両親もおじいさんもおばあさんも、ずっとこの村じゃないか。でも僕は違う。親が勝手に変な夢抱いて、こんな村に来て」

村おこしの一環として、十数年前に農地を無償で貸し出すと都会から若夫婦を誘致したたのは、憲太の祖父の策だった。

「うちの親がそのまま都会にいてくれたら、僕の今はきっと違ってた。こんな村じゃ、十分な勉強なんてできない。札幌や大きな街の子は、なんの苦労もなく進学塾や予備校に通っている。ネットの授業配信も、もう少し先だっていうし」

泣きながらも理由を推しはかりながら、憲太は学をとりあえず励ましてみた。

「でもおまえ、今でも十分すごいじゃん」

「どこがだよ！」

大声を出した学の頬を伝い、細い顎の先からしずくが落ちる。「成績は下がったんだよ、僕は僕なりにやったつもりだったのに……僕より上のやつらは、みんな都会の子だった。彼らと同じことをやれたら、絶対負けなかったのに」

そして、苦しげに絞り出すような声で、こう断じた。

① 生田羽村が、僕の未来を閉ざすんだ」

学は顎を手の甲で拭いながら、進学塾のテキストを拾い上げた。

「環境が違うんだ、勉強する環境が……こんな田舎にいるって、それだけですごいハンデだ。このままなら、望む高校に行けないかもしれない、大学にだって」

きっとこれからもどんどん成績は下がる。眼鏡を外して肘をつき、両手で顔を覆って、学はとうとう嗚咽しだした。憲太は暗さにまぎれてしまいそうな彼のつむじを、しばらく睨んだ。

「……だっせ。めそめそしやがって」

口から出た声は、憲太自身も驚くほどに低かった。

「おまえの未来って、なんだよ」

その低さで、② 内にくすぶる A を憲太は自覚した。学も異変を悟ったのか顔を上げた。

「どんな未来がお望みなんだよ、言ってみろよ、おい」

そういえば、学の将来の夢は知らないのだった。憲太も教えていなかった。というか、真面目に考えたことがなかった。学校でそういった課題の作文を書かされたこともなかった。学の未来については、村の大人たちが口々に好き勝手なことを語るのを耳にするだけだった。

ああそうか――憲太は腑に落ちた――こいつは悔しいんだ。悔しくて泣いているんだ。自分ではどうにもならないことが自分を邪魔していると信じ込んで。

「……医師」

― 5 ―

学も低い声で一言答えた。

「は？　イシ？」

「医師。　お医者さんだよ、久松先生みたいな」

子どものころから世話になっている、穏やかで優しそうなおじいさん先生の像が、憲太の頭の中で結ばれた。また雷が連続して落ちた。

なるほど、医者なら難しいだろう。学の喉が、　Ⅰ　鳴った。

「俺、今のおまえみたいなお医者さんなら、診てほしくない。人の命を預かる仕事なのだから。でも。雷が落ちたみたいに、学の体が　Ⅱ　なった。憲太はたたみかけた。「だって今のおまえなら、手術失敗しても、器具が悪かったとか、とにかく上手くいかなかったら周りのせいにしそうじゃん」

「なんだって？」

学が眉をつり上げて席を立ち、上目遣いでねめつけてきたが、憲太は動じなかった。

「おまえ、さっき言ったこと忘れたのかよ？　自分の成績が落ちたのを生田羽村のせいにしてただろ。こんな田舎だから駄目なんだってさ」

右手が勝手に動いて、向かい合う学の肩を摑んでいた。

「バッカじゃねえの？　久松先生だってこの村の出身だぞ。そりゃたしかにここは田舎だよ。でも、それだけの理由でおまえが駄目になるなら、それはおまえがその程度だっただけだよ。全世界のお医者さんは一人残らず都会出身なのかよ？　違うだろ？　本当にすごいやつは、どこにいたってちゃんとやれる」

「でも」

「でも……僕のことをすごいと言ったのは、僕じゃない。大人たちや、憲太だよ」

憲太の手首が、そっと学の右手で押しのけられた。冷たい手だった。

「大人にはなんと噂されてもよかったけど、憲太が言ってくれたのは嬉しかった。だからずっと、誰よりすごくあり続けなくてはいけないと思った――学は打ちひしがれたみたいにうなだれた。

「あ……僕、憲太のせいにしたね」

学はもう泣き声をたてなかった。ただ、両手で顔を拭い続けた。空が明るくなるごとに、一面を覆う雷雲の形が、黒と群青と紫を混ぜたような色で浮かび上がる。憲太はだんだんと不思議な気分になった。学はクラスの中でははっきりと大人っぽい部類に入る。本校の生徒を含めてもそうだし、実際に目にしたわけではないけれど、札幌の進学塾のクラスでだって、群を抜いて冷静で落ち着き払った雰囲気だっただろう。けれども今、自分の前にいるのは、まるで子どもだった。

そうか、嬉しかったのか。俺の言葉が。

もう何度目かわからない稲光と轟音が襲う。雷が光るたびに、幼かったころの学が今の学と重なり、さっきまでの腹立ちはどこへやら、憲太は自分でもわけがわからぬまま、笑っていた。

「俺さ、おまえのことすごいって言ったけどさ、別におまえが勉強すごいやつだから　　B　　なんじゃないよ」

「俺は学が神童だから好きなんじゃない。おまえがブサイクでも頭悪くても、おまえがおまえならそれでいいんだ」

「憲太……」

「テストの成績がすごいところがすごいと思ったのは嘘じゃないよ。学が褒められるのもすげえ嬉しい。④でも俺、おまえの本当にすごいところ、別にあるのを知ってる」

「え？」

「春休みさ、おまえいなかっただろ？　だから俺、ビートの間引き作業、一人で手伝わされたんだよな」

稲妻につい言葉を切り、窓の外へと目をやった憲太を、学が遠慮がちに急かした。

「……間引き作業がどうかしたの？」

「ああ、それな。あのさあ、間引き作業ってすげえ面倒くさくてつまんねえの。おまえ、知ってた？」

「まあ、地味で遅々として進まない作業っていうよね。うちの親は好きじゃないって言ってた」

「だろ？　おまえは？」

「僕は別に好きでも嫌いでもない」

「俺もそうだった。でも俺さ、今年初めて、うわ、この作業つまんねえって気づいたんだよ。それまでは間引き作業を嫌いじゃないと思ってた。うんざりなんてしなかったからさ。でも、本当は嫌いだったみたいなんだ」

学は頷いた。「それで？」

「でさ、なんで今まで嫌いって気づかなかったのかなって考えてみてさ、俺わかったんだよ」

憲太は学の胸元を人差し指で軽く押した。「去年まで、おまえと一緒にやってたからだって」

虚を突かれたような学の表情が、稲光に照らされる。その光の力を借りて、憲太は学の目を覗き込む。

「そうだよ、隣におまえが、学がいたから、『嫌い』や『つまんねえ』がごまかされていたんだ。おまえと一緒にやったから、あの間引き作業もそれなりに楽しかったんだ」

「ただでさえ停電中のうえ、裸眼の学は視界がうまくとらえにくいのか、目を凝らすようにじっと憲太を見返してくる。

「僕も、嫌いだと思ったことはない……」

「来年おまえ、一人でやってみろよ。びっくりするほど時間経たねーから。あ、来年もおまえ札幌行くのか？」

学は特になにも答えなかった。構わなかった。憲太は心の内をそのまま言葉にした。

「とにかく俺、思ったんだ。友達ってすげえんだなあ、って」

嫌いだったりつまらない時間も、一緒にさえすれば、乗り切れる。

楽しみすら、見出せるかもしれない。

そういう力を持つ、自分にとってたった一人の相手。

「おまえが本当にすごいのは、そういうところだよ」

⑤学は静かに顔を伏せた。

稲妻が闇を裂く。妻まじい明るさだった。

憲太は窓辺で激しい光が生まれて消滅するまでを、しっかりと目にすることができた。小さな音がした。学がいったん外して長机の上に置いた眼鏡を、またかけたのだった。

そして彼は椅子に腰かけ、テキストにそっと触れた。

「おまえ、勉強好き？」

訊けば、学は少し考えてこう答えた。

— 7 —

「……わからないことを覚えたり、問題の解答を見つけるのは、嫌いじゃない」

学らしい答えだった。

「停電になって残念だったな」

憲太はテキストを指差した。真摯で求道者的な匂いがする。

憲太に寂しい思いをさせるほど、学は頑張っていた。「こんなに真っ暗じゃ読めないもんな」

本気で医師になりたいのだ。村の大人や憲太の期待に、必死で応えようともしていたに違いない。

勉強しても努力しても結果がついてこなければ、もっとやらなければいけないと思うだろう。心の弱い人は、だったらいいやと投げだすかもしれないけれど、学はそうじゃなかった。

ちょっと言い過ぎたな、と思っていたら、小さな声が耳に届いた。

「ごめん」

学が先に謝った。「せっかく『夜空を見る会』に誘ってくれたのに、一人でこんなところにひっこんで」

こういうの空気読めてないよね、と呟いた学は、まだどこか幼いような感じがした。でもそれは幼稚という

のではなかった。

じゃあなんだろうと頭をひねって、気がついた。

幼いというより、素直なのだ。

「もういいよ、会は中止なんだしさ。それより」

雷雲はまだ停滞していて、雷は収まる様子がない。「おまえももっと窓に近づけよ。そうしたらさ、雷落ち

たときにそれ、読めるだろ」

「雷の光で本を読むの?」

「なんか、あるじゃん。ホタルと……」

「 C ?」

「そうそう、それ。それの雷バージョン」

「……一瞬すぎるよ」

学の指先がテキストの表紙に触れる。「それに、僕は無理だよ。僕は雷が……」

「あーあ。俺も林先生みたいに懐中電灯持ってたらな。おまえの役に立てたのに」

「明かりは、その気になればあるんだ」

学は隣の席に置いていたバッグの中から、携帯電話を取り出した。「これを開けばいいだけなんだ」

「あ、そっか。おまえ持ってたもんな。え、じゃあ、でも、なんでそうしてなかったんだよ?」

「だって、⑥雷がうるさすぎて……」

言い訳がましく、学は語尾を濁す。その態度はずっと昔、憲太に怖がりとからかわれてふくれたときを思い

出させた。

うるさいんじゃなく、本当はおっかなくて、それどころじゃなかったくせに。

憲太は手を伸ばして、学の手首を摑んだ。

（乾ルカ『願いながら、祈りながら』徳間書店）

問1　空欄　Ⅰ・Ⅱ　に入る言葉を次のア～カの中からそれぞれ選び、記号で答えよ。

ア　さくっと　　イ　ひゅっと　　ウ　ひやっと

エ　ごくっと　　オ　どきっと　　カ　びくっと

問2　傍線部①「生田羽村が、僕の未来を閉ざすんだ」とあるが、学がそう感じているのはなぜか。次の一文の空欄を、本文中の語句を用いて十字で埋めよ。

　　生田羽村では、[　　　　　　　　]から。

問3　傍線部②「内にくすぶる　A　」について、次の(1)・(2)に答えよ。

(1)　空欄　A　に入る語を次のア～オの中から一つ選び、記号で答えよ。

ア　落胆　　イ　悲しみ　　ウ　憎しみ　　エ　怒り　　オ　もどかしさ

(2)　空欄　A　の憲太の感情はこの後、学の発言によって一変するが、そのきっかけとなる学の発言を抜き出し、はじめの五字を答えよ。

問4　傍線部③「雷が夜を走る」とあるが、傍線部の「走る」と同じ使い方をしているものを次のア～オの中から一つ選び、記号で答えよ。

ア　ペンが走る　　イ　山脈が南北に走る　　ウ　衝撃が走る

エ　列車が走る　　オ　私利私欲に走る

問5　傍線部④「でも俺、おまえの本当にすごいところ、別にあるのを知ってる」とあるが、「本当にすごいところ」とはどんなところか。本文中の言葉を使い、「～たり、～たり」の形を用いて六十五字以内で答えよ。

問6　空欄　B　に入る言葉を、　B　以降から傍線部⑤までの本文中から漢字二字で抜き出せ。

— 9 —

問7 傍線部⑤「学は静かに顔を伏せた」とあるが、ここまでの学の心情の変化の説明として最も適当なもの
を次のア～オの中から一つ選び、記号で答えよ。

ア 札幌のような大きな街とは違う、現在の学習環境の不遇をなげいていたが、憲太からの励ましをうけ
て村を出て頑張ろうと決意している。

イ 村に馴染めない辛さから憲太に愚痴をこぼしていたところに、さらに憲太から自分を否定するような
言葉をかけられ自信をなくしている。

ウ 成績が下降した自分の情けなさに加えて、憲太から激しい口調で責められ、ますます傷ついたが、憲
太が自分を励まそうとしていると気づき安堵している。

エ 成績が伸びない焦りから苛立ちを憲太にぶつけてしまったが、憲太の自分に対する思いがけない言葉
にふれて自らの行いを反省し始めている。

オ 村のみんなの期待に応えられないばかりか、結果が出せない自分のせいにしようとした自分の
いたらなさを実感している。

問8 空欄 C に入る四字のことわざを答えよ。

問9 傍線部⑥「雷がうるさすぎて……」のように、本文中には学が轟音に怯えている描写が数ヶ所あるが、
「雷」以外に学が「うるさい」と感じていることを本文全体の内容をふまえた上で、傍線部⑤以降から十
字で抜き出せ。

問10 本文における表現の特徴を説明したものとして最も適当なものを次のア～オの中から一つ選び、記号で
答えよ。

ア 過去と現在を交錯させ話を進めていくことで、複雑な憲太と学の関係が徐々に明らかになっていく。

イ 雷雨の設定によって、学のとり乱した様子やパニックの様子がより効果的に表現されている。

ウ 視覚のみではなく五感をすべて使った表現によって、より臨場感のある二人の様子が伝わってくる。

エ 学にだけ「……」を使うことで、気持ちの整理がつかない学の様子を表現している。

オ 二人が行った農作業の辛さを詳細に描くことで、厳しい北海道の自然の様子が伝わってくる。

三

後の問いに答えよ。

問1　次の傍線部のカタカナは漢字に改め、漢字はその読みを平仮名で答えよ。

① 判定勝ちでタイトルをボウエイする。
② 彼女はカッコたる自信を持っている。
③ ケワしい山道にさしかかる。
④ 荒れ地をタガヤす。
⑤ 自らボケツをほる。
⑥ 柿の実がジュクしている。
⑦ 熱を出したので母がカンビョウしてくれた。
⑧ 兄は貿易会社にツトめている。
⑨ むだなことはできるだけ省く。
⑩ 村の氏神さまにお願いする。

問2　次のことわざの空欄（　A　）〜（　D　）に入る言葉を次のア〜カの中からそれぞれ選び、記号で答えよ。

① 立つ（　A　）あとをにごさず
② （　B　）の川流れ
③ （　C　）心あれば水心あり
④ とらぬ（　D　）の皮算用

ア　麒麟（きりん）　　イ　猿　　ウ　魚
エ　狸（たぬき）　　オ　河童（かっぱ）　　カ　鳥

問3　次の文章を読んで、後の問いに答えよ。

「自動詞」の「自」という文字に着目してみよう。訓読みは何になるだろうか。「みずから」と「おのずから」がある。「みずから」とは、　A　の意志で、ということ。「おのずから」は　B　と、勝手に、の意味である。

自動詞とされるものには、「みずから」行うものと、「おのずから」発生するものの二種類がある。①自動詞と他動詞がペアになっているものから見てみよう。

壊れる、開く、開ける／取れる、取る／　C　、はなす／　D

このように並べてみると、「壊す、開ける、取る、はなす、　D　」という他動詞はすべて主体が動く行動である。

一方、ペアになる自動詞「壊れる」「開く」「取れる」「　C　」「始まる」は、主体の能動性は感じられない。何かの事態が　ア　発生したことを表す。「ドアが開いた」という場合、誰かがドアを開けたかどうかは問題ではない。とにかくドアが　B　と開いたことが言及されているのだ。「始まる」もそうで、誰かが始めているのかもしれないけれども、　B　とそれが開始したと述べる。

次に、ペアがない自動詞を見てみよう。

「歩く」「走る」「飛ぶ」はすべて主体が意識的に行う動作である。「笑う」も「待つ」も同様だ。

一方、「眠る」「死ぬ」「降る」はどうか。「眠る」は意識的にできることもできるが、どちらかというと眼を閉じている間に眠るものだし、「死ぬ」は意識的にできない。「降る」の主語は「雨」や「血」など、意志を持って動けないものである。こういう動詞は、「 イ 」行うものではなく、「 ウ 」発生する出来事である。

このように分けてみると、「 エ 」行うものは、「笑う」だけでなく、「歩く」「走る」「飛ぶ」なども、「〜を」をともなうことができることがわかる。とすると、「道を歩く」と言うとき、主体の能動的な動作が道に及んでいると考えていると、捉えることができる。

「私は眠る」「彼が死んだ」「雨が降った」など、「 オ 」発生することは、主語はとれるが、「〜を」取ることができない。「沈む」などは、一見すると移動を表すから、「歩く」に近い。しかし「〜を沈む」とはいいがたい。「海を泳ぐ」とは言えるが、②「船が海を沈む」とは言えないのである。

（橋本陽介『「文」とは何か 愉しい日本語文法のはなし』光文社新書）

---

(1) 空欄 A ・ B に入る語を「自」を用いた漢字二字でそれぞれ答えよ。

(2) 傍線部①「自動詞と他動詞がペアになっているもの」に当てはまらないものを次のア〜オから一つ選び、記号で答えよ。

　ア　落ちる、落とす　　イ　消える、消す　　ウ　付く、付ける

　エ　泣く、泣ける　　　オ　出る、出す

(3) 空欄 C ・ D に入る語を答えよ。

(4) 空欄 ア 〜 オ には「みずから」と「おのずから」のどちらかが入る。「みずから」が入る空欄をすべて選び、記号で答えよ。

(5) 傍線部②「船が海を沈む」を正しい表現に直せ。

令和6年度（2024年度）

中学校入学試験問題

算　数

（60分）

注　意

「始め」の合図があるまでは問題を開いてはいけません。

1　「始め」という合図で始め，「やめ」という合図ですぐにやめなさい。

2　問題は1ページから8ページまでです。

3　解答を始める前に，まず，解答用紙に受験番号と氏名を記入しなさい。
　　受験番号は5桁です。算用数字で横書きにしなさい。

4　答えは，すべて解答用紙に記入しなさい。

5　質問や用があるときは，声を出さずに静かに手をあげなさい。
　　問題の内容についての質問は受け付けません。

6　分度器，定規，コンパス，計算機類の使用は認めません。

7　比で答えるときは，最も簡単な整数の比にしなさい。

8　分数で答えるときは，約分して最も簡単な形にしなさい。

9　円周率を用いるときは，3.14として計算しなさい。

10　角すいや円すいの体積は，「底面積×高さ÷3」で計算しなさい。

1　以下の □ に当てはまる数字を答えなさい。

(1)　$\left\{\left(3\dfrac{1}{3}-1.25\right)\times 0.8 \div 0.125 - 10\right\}\times \dfrac{3}{10}=$ □

(2)　$\left\{\dfrac{3}{4}-\left(1.75-\boxed{}\right)\div \dfrac{1}{2}\right\}\div \dfrac{1}{2}=0.5$

(3)　2つの地点 A，B の間を，行きは時速 4 km，帰りは時速 12 km で往復しました。行きと帰りとのかかった時間の差が 1 時間 20 分であったとすると，AB 間の距離は □ km である。

(4)　100 円玉，50 円玉，10 円玉が合わせて 15 枚あり，金額の合計は 980 円である。このとき 50 円玉は □ 枚ある。

(5) ある学校の昨年の女子の生徒数は，全生徒数の30％でした。今年は女子が50人増え，男子が20人減ったので，女子は今年の全生徒数の4割になった。今年の女子の生徒数は □ 名である。

(6) 弟が5歩であるく距離を兄は4歩であるき，弟が7歩あるく間に兄は6歩あるきます。弟と兄があるく速さの比は □:□ である。

(7) 右の図において，三角形ABCは正三角形，四角形ACDEは正方形である。角アの大きさは □ 度である。

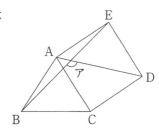

(8) 右の図において，図形 ABE は，B を中心とした中心角 45°
のおうぎ形，図形 ACD は，C を中心とした中心角 45° の
おうぎ形である。このとき，斜線部分の面積は ☐ cm²
である。

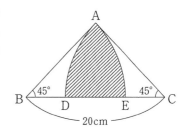

(9) 右の図において，斜線部分の三角形を直線 ℓ のまわりに
1 回転してできる立体の体積は ☐ cm³ である。

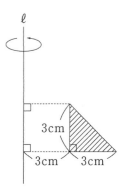

(10) 1 個 50 円のお菓子を ☐ 個買う予定でおつりが無いようにお金を用意したが，70 円の
お菓子しかなかったので，予定よりも 4 個少なく買って 40 円余った。

⑾ 40人のクラスで，国語と算数のテストを行いました。算数のみ合格だった人は全体の$\frac{1}{4}$で，両方とも合格だった人と国語のみ合格だった人は同じ人数でした。両方不合格の人が8人だったとき，算数が合格だった人は　　　　人である。

⑿ 右の表は，15人に5点満点のテストを行ったときの結果である。平均点が3点であったとき，bに入る数字は　　　　である。

得点	0	1	2	3	4	5	計
人数	1	2	a	5	b	2	15

⒀ AからBまでまっすぐに50本の棒が0.6m間かくで立てられている。Aから数えて32番目の棒と，Bから数えて41番目の棒とは　　　　m離れている。ただし，棒の太さは考えないものとする。

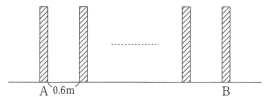

A　0.6m　　　　　　　　　　　　　　B

2 　下の図のようなすごろくがあり，Aをスタート地点とする。さいころを振って出た目の数だけコマをゴール地点に向かって進める。このすごろくには次のようなルールがある。

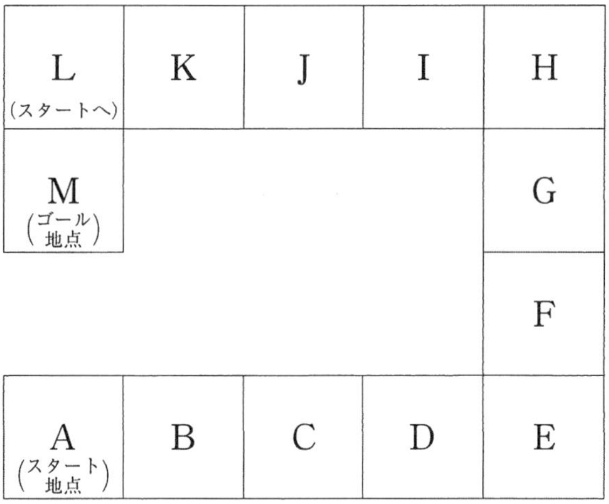

L (スタートへ)	K	J	I	H
M (ゴール 地点)				G
				F
A (スタート 地点)	B	C	D	E

ルール①　Mでちょうど止まった場合にのみゴールすることができ，それ以降さいころは振らないものとする。

ルール②　Mを超える目が出た場合は，その分だけM（ゴール地点）から戻る。
　　　　　例：Jにいて5の目を出した場合は，J→K→L→M→L→KでKになる。

ルール③　Lで止まった場合はただちにスタート地点に戻される。
　　　　　例：Jにいて4の目を出した場合は，J→K→L→M→LでA（スタート地点）へ戻される。

次の問いに答えなさい。

(1)　さいころを2回振った後，コマがIにいた。1回目，2回目のさいころの目の組合せは何通り考えられるか。

(2)　さいころをちょうど3回振ったとき，ゴールすることができた。1回目，2回目，3回目のさいころの目の組合せは何通り考えられるか。

(3)　さいころを4回振った後，コマがFにいた。1回目，2回目，3回目，4回目のさいころの目の組合せは何通り考えられるか。

3 2つの容器A，Bがあって，Aには9%の食塩水が200g，Bには5%の食塩水が200g入っている。Aには5秒間に10gの割合で水を，Bには5秒間に10gの割合で20%の食塩水を常に一定の割合で同時に入れはじめる。　□　に当てはまる数字を答えなさい。

(1) 水を入れはじめてから □ 秒後にAの食塩水が6%になった。

(2) 水や食塩水を入れはじめてから □ 秒後にAとBの食塩水の濃度が同じになった。

(3) 水や食塩水を入れはじめてから □ 秒後のA，Bの食塩水を全て混ぜると8.5%になった。

4　　1辺が 24 cm の正方形 ABCD があり，辺 AD の中点
を M，MC と DB の交点を N とする。さらに，頂点 O
が BM 上にあり辺 AD と辺 OR が平行である正方形
OPQR を考える。次の問いに答えなさい。

【図1】

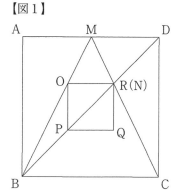

(1)　【図1】のように点 R が点 N と一致するとき，辺 OP
の長さを求めなさい。

(2)　【図2】のように点 P，Q がそれぞれ DB，MC 上にあ
るとき，辺 OP の長さを求めることを考える。

【図2】

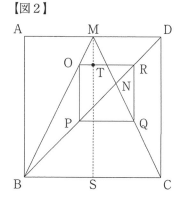

　(i)　辺 BC の中点を S とし，MS と辺 OR の交点を T と
する。OT の長さは辺 OP の長さの何倍か求めなさい。

　(ii)　辺 OP の長さを求めなさい。

5　底面の半径が 6 cm，高さが 18 cm の円すい状の容器に水が入っている。次の問いに答えなさい。

(1)　この容器の容積を求めなさい。

(2)　次のそれぞれの場合において，入っている水の体積を求めなさい。

　(i)　この容器の底面を下にして置いたところ，水面の高さが 12 cm になった。

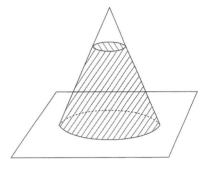

　(ii)　この容器を図のように傾けたとき，水面が容器の頂点を通り，底面の一部が水に触れている。底面の中心は O で，図の角 O は直角となった。

　　なお，この問題は解答までの考え方を示す式や文章を書いて答えなさい。

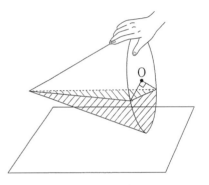

K 教英出版

令和6年度（2024年度）

中学校入学試験問題

理　科

（40分）

1 次の文章を読んで，下の各問に答えよ。ただし，**図1**～**図7**における天体の大きさや天体間の距離の比は実際と異なる。

　　図1は太陽，金星，地球，月を北極星から見たときの模式図である。金星や地球は太陽の周りを，月は地球の周りをそれぞれ**図1**の破線の上をまわっており，これを公転という。また，これらの天体自体も回転しており，これを自転という。

　　地球から見た月などの天体の位置や見え方は時間や季節によって変化する。これは天体の公転や自転によって，地球から見たときの太陽と天体の位置が変化するためである。

図1

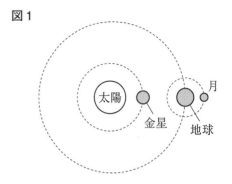

問1　**図1**の月のように，惑星（わく）の周りをまわる天体を何というか，漢字で答えよ。

問2　ある日，月を観察すると**図2**のような形の月が見えた。このときの月の位置として最も適当なものを，**図3**のア～クの中から1つ選び，記号で答えよ。

図2　　　　　　　　　　　　　図3

問3　**図4**のような月が南西の空に見えるとき，地球上での観測者の位置として最も適当なものを，**図5**のア～クの中から1つ選び，記号で答えよ。また，観測者から見た太陽の位置として最も適当なものを，**図6**のケ～スの中から1つ選び，記号で答えよ。

図4

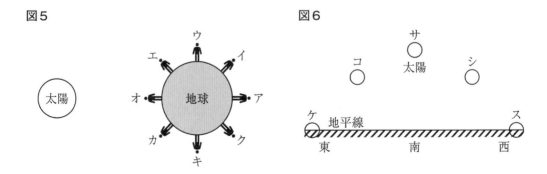

図5　　　　　　　　　　　　　図6

問4　図7のように，太陽と地球が並んでいるとき，明けの明星として見ることができる金星の位置を，図7のア〜クの中からすべて選び，記号で答えよ。ただし，図の破線の矢印は金星や地球の公転の向きを表し，実線の矢印は地球の自転の向きを表している。

図7

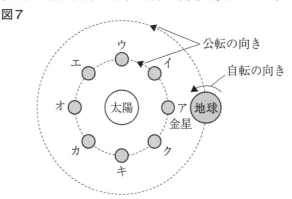

問5　明け方に見えていた金星はある日見えなくなり，数日後の夕方に再び見えるようになった。金星が見えなくなっている間の金星の位置として最も適当なものを，図7のア〜クの中から1つ選び，記号で答えよ。ただし，地球の位置は図7の位置から変わらないものとする。

問6　太陽から見て，太陽，金星，地球が一直線に並ぶことを会合といい，次の会合までの間を会合周期という。次の文章のように会合周期を求めた。空欄に入る数値の組合せとして最も適当なものを，下のア〜クの中から1つ選び，記号で答えよ。ただし，太陽の周りを金星は225日，地球は365日で一周するものとする。

　　まず，1ヶ月を30日とすると，太陽の周りを地球はおよそ12ヶ月，金星は（　①　）ヶ月で一周する。次に，1ヶ月あたりの地球と金星の公転する角度をそれぞれ計算し，比べると1ヶ月で金星の方が（　②　）度進んでいることになる。つまり，この差が360度になるときに次の会合となるので，会合周期はおよそ（　③　）日となる。

	①	②	③
ア	6	18	240
イ	6	18	600
ウ	6	30	240
エ	6	30	600
オ	7.5	18	240
カ	7.5	18	600
キ	7.5	30	240
ク	7.5	30	600

2 次の文章を読んで，下の各問に答えよ。

　人類が他の生き物と異なる要因として「言葉」とともに「火」の使用が挙げられる。人類はこれまで火のエネルギーを利用して様々なものを製造してきた。このように人類とエネルギーの関係は密接であるといえる。産業革命までの人類は，木炭・植物油などを燃焼させて得られるエネルギーや，水力・風力などから得られる再生可能なエネルギーを使用していた。しかし，産業革命以降は石炭を利用することでエネルギーの大量使用が可能となった。20世紀になると使い勝手のよい石油の利用が拡がり，近年では増大するエネルギー需要を支えるために天然ガス，原子力等が利用されるようになった。

　石炭・石油・天然ガス等の化石燃料に含まれる物質には，メタンやプロパンなどがある。**表**は，①化石燃料に含まれる物質と化学式，②①の質量，③②を完全燃焼させたときに発生する二酸化炭素の質量，④②を完全燃焼させたときに発生するエネルギーの大きさを示している。エネルギーの単位はkJ（キロジュール）で表す。

表

①	② 〔g〕	③ 〔g〕	④ 〔kJ〕
メタン CH_4	16	44	890
エタン C_2H_6	30	88	1560
プロパン C_3H_8	44	132	2220
エチレン C_2H_4	28	88	1410
アセチレン C_2H_2	26	88	1300

　化学式は物質を構成する最小単位の粒子（原子）の組合せを表す式である。例えば，メタン CH_4 は炭素原子1つと水素原子4つからできていることを表している。

　化石燃料を燃焼させると温室効果ガスの一種である二酸化炭素が排出される。そこで燃焼時に二酸化炭素を排出せず，水だけを排出する水素が新しいエネルギー源として注目されるようになった。水素をエネルギー源として電気エネルギーに変換させる装置の1つに燃料電池がある。しかし，燃料電池には製造時にかかるコスト，水素は液体になりにくいため運搬が難しいことや水から水素をつくるときに必要なエネルギーなどの問題点があるため，まだまだ実用化が進んでいない。

問1　物質が燃焼するときに，必要な気体の名称を答えよ。

問2　「燃える氷」と呼ばれ，日本海の海底に大量にあるとされているエネルギー源として最も適当なものを，次のア～エの中から1つ選び，記号で答えよ。
　　ア　アンモニア　　イ　ピーファス（PFAS）　　ウ　ハイドレート　　エ　ビスフェノール

問3　**表**の物質1.0gをそれぞれ完全燃焼させたとき，発生するエネルギーが最も大きいものとして適当なものを，次のア～オの中から1つ選び，記号で答えよ。
　　ア　メタン　　イ　エタン　　ウ　プロパン　　エ　エチレン　　オ　アセチレン

問4　**表**の物質をそれぞれ完全燃焼させたとき，発生する二酸化炭素が1.0gの場合，発生するエネルギーが最も大きいものとして適当なものを，次のア～オの中から1つ選び，記号で答えよ。
　　ア　メタン　　イ　エタン　　ウ　プロパン　　エ　エチレン　　オ　アセチレン

問5　**表**より，物質を構成する原子の数と完全燃焼したときに発生するエネルギーの大きさには規則性があることがわかる。物質 1.0 g あたりを完全燃焼させたときに発生するエネルギーが最も大きいものとして適当なものを，【解答群A】および【解答群B】のア～ウの中からそれぞれ1つ選び，記号で答えよ。

　　　【解答群A】　ア　ブタン C_4H_{10}　　　イ　ペンタン C_5H_{12}　　　ウ　ヘキサン C_6H_{14}
　　　【解答群B】　ア　プロパン C_3H_8　　　イ　プロペン C_3H_6　　　ウ　プロピン C_3H_4

問6　気体の水素を液体にするためには圧縮・冷却が必要である。0℃において，2.0 g で 22.4 L の気体の水素を，ある温度まで圧縮・冷却して液体にした。次の各問に答えよ。ただし，答えが割り切れない場合は，小数第1位を四捨五入し，整数値で答えよ。なお，ある温度の液体の水素は 1.0 cm³ で 0.070 g とし，物質が状態変化したとき，質量は変化しないものとする。

　⑴　液体の水素の体積は何cm³か求めよ。

　⑵　0℃における気体の水素の体積は⑴で求めた液体の水素の体積の何倍か求めよ。

問7　水から水素をつくるためのエネルギー源として，再生可能エネルギーに注目が集まっている。再生可能エネルギーとして適当でないものを，次のア～カの中から1つ選び，記号で答えよ。

　　　ア　太陽光　　　　　イ　風力　　　　　ウ　水力
　　　エ　原子力　　　　　オ　地熱　　　　　カ　バイオマス

3 次の文章を読んで，下の各問に答えよ。

　植物は太陽から受け取ったエネルギーを利用し（　①　）をおこない，糖を合成している。この糖を生命活動のエネルギー源としている。一方，動物は（①）をおこなうことができないため，他の生物などを食べ，消化して吸収した物質を生命活動のエネルギー源としている。吸収した物質は血液によって全身に運ばれる。私たちが食事をするとき，口の中では食べ物がかみくだかれるとともに，だ液が分泌される。だ液と混ざった食べ物は食道を通り，胃や十二指腸へと運ばれる。その後，小腸や大腸での物質の吸収を経て，吸収されなかった物質はこう門から体の外へ排出される。この食べ物の通り道を（　②　）という。だ液の中にはアミラーゼという酵素がふくまれている。アミラーゼのはたらきはデンプンをマルトースという糖に分解することである。マルトースが舌にふれることで，脳が「あまい」と認識する。よって，パンやご飯といった炭水化物をよくかんでいくと，アミラーゼと炭水化物に含まれているデンプンがよく反応して，より「あまい」と感じる。マルトースは，その後もさらに分解されて別の糖に変化し，私たちの体に吸収されることになる。吸収された糖の一部は（　③　）という臓器に貯えられる。その際，吸収された糖とは別の糖に合成される。（③）に貯えられた糖は必要に応じて合成される前の糖にもどり，全身の細胞へ送り出されている。

問1　次の各問に答えよ。

　(1)　文章中の空欄（　①　）～（　③　）にあてはまる語句を答えよ。ただし，（　①　）および（　②　）は漢字で答えよ。

　(2)　文章中の空欄（　③　）を説明している文として最も適当なものを，次のア～エの中から1つ選び，記号で答えよ。
　　ア　体内に侵入しようとする異物を繊毛で排除する。
　　イ　血液中から不要なものをこし出している。
　　ウ　体外から酸素を取り入れて二酸化炭素を体外へ出す。
　　エ　有毒な物質を解毒している。

問2　下線部について，最も多くの養分がふくまれる血液として適当なものを，次のア～エの中から1つ選び，記号で答えよ。
　　ア　じん臓から出ていく血液　　　　　イ　肺に入ってくる血液
　　ウ　小腸から出ていく血液　　　　　　エ　大腸に入ってくる血液

問3　血液は心臓から体中に送り出されている。ヒトにおいて，心臓から送り出された血液が流れる経路の例として最も適当なものを，次のア～エの中から1つ選び，記号で答えよ。
　　ア　心臓→肺→じん臓→肺→心臓　　　　イ　心臓→肺→心臓→じん臓→心臓
　　ウ　心臓→脳→じん臓→肺→心臓　　　　エ　心臓→肺→脳→じん臓→心臓

問4　図1はアミラーゼのはたらきと温度の関係を示したものである。すりつぶしたご飯を袋に入れ，次のア～カの操作をおこないしばらく放置した。その後，袋の中にヨウ素溶液を加えた。このとき，青紫色への変化が最も小さいものとして適当なものを，次のア～カの中から1つ選び，記号で答えよ。ただし，すりつぶしたご飯の量は十分あるものとする。

図1

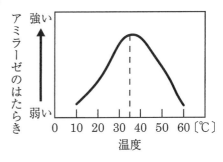

ア　すりつぶしたご飯を入れた袋に水を加えて，袋を20℃の蒸留水が入っているビーカーに入れた。

イ　すりつぶしたご飯を入れた袋に水を加えて，袋を35℃の蒸留水が入っているビーカーに入れた。

ウ　すりつぶしたご飯を入れた袋に水を加えて，袋を60℃の蒸留水が入っているビーカーに入れた。

エ　すりつぶしたご飯を入れた袋にだ液を加えて，袋を20℃の蒸留水が入っているビーカーに入れた。

オ　すりつぶしたご飯を入れた袋にだ液を加えて，袋を35℃の蒸留水が入っているビーカーに入れた。

カ　すりつぶしたご飯を入れた袋にだ液を加えて，袋を60℃の蒸留水が入っているビーカーに入れた。

　デンプン溶液を入れたセロハン袋を2つ用意し，一方にはだ液を加えた（袋A）。もう一方には袋Aに加えただ液と同じ量の水を加えた（袋B）。セロハンはデンプンのような粒の大きな物質は通さないが，マルトースのような粒の小さな物質は通す性質をもつ。図2のように，袋Aと袋Bを40℃の蒸留水が入っているビーカーに入れてしばらく放置した。その後，袋A，袋Bを入れたビーカーのセロハン袋の外側の水の一部を試験管a，試験管bにとった。

問5　袋A，袋B，試験管a，試験管bにベネジクト液（マルトースに加えて加熱すると反応して赤褐色の沈殿を生じさせる薬品）をそれぞれ加えて加熱したところ，赤褐色の沈殿が生じるものとして最も適当なものを，次のア～カの中から1つ選び，記号で答えよ。ただし，セロハンはアミラーゼを通さない。

ア　袋A，袋B，試験管a，試験管b

イ　袋A，袋B，試験管a

ウ　袋A，試験管a，試験管b

エ　袋A，試験管a

オ　袋B，試験管b

カ　試験管a

図2

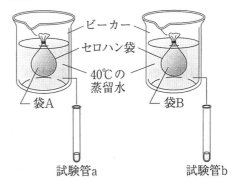

4 　次の文章を読んで，下の各問に答えよ。ただし，図2，図4，図5，図6，図10中の方眼は1マスを1mとする。

　私たちが目を通して物を認識できるのは，太陽や蛍光灯などの光が物の表面ではね返り，その光が私たちの目に届いているからである。図1のように，物の表面ではね返った光は鏡の表面でもはね返っており，その光が目に届くことで鏡にうつった物の姿を認識できる。また，光が平面鏡の表面ではね返るとき，はね返る前の光の角度とはね返った後の光の角度が等しいことが知られている。鏡にうつった物のことを像といい，観測者ははね返った光の道筋の延長線上に物があると認識する。これは，観測者が鏡にうつる物の像から光が直接目に届いていると認識しているということである。

図1

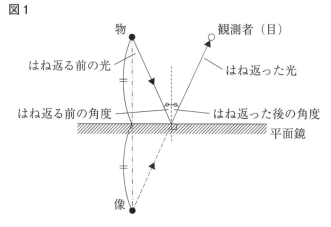

問1　図2において，平面鏡ではね返った後の光が通る点としてあてはまるものを，図2中のア～オの中からすべて選び，記号で答えよ。

図2

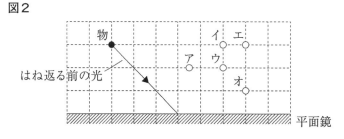

問2　図3のように，図2の状態から平面鏡を30度回転させた場合，平面鏡ではね返った後の光は図2ではね返った後の光と比べて何度ずれるか答えよ。

図3

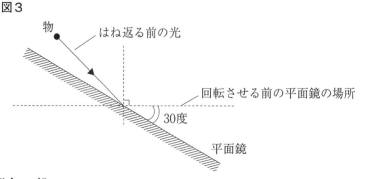

問3　図4のように，点ア～オの位置に物を置いた。図4の観測者が，平面鏡を通して見ることの
できる物の位置として適当なものを，図4のア～オの中からすべて選び，記号で答えよ。

図4

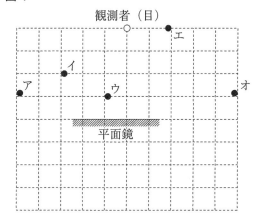

問4　図5において，点ア～オの位置に置いた物の像が観測者からすべて見えるようにするために
は，鏡の長さは少なくとも何 m 必要か整数で答えよ。また，その鏡を直線 AB 上のどこに置
けばよいか，図1～図4のような平面鏡を作図せよ。ただし，答えまでの過程がわかるように
図示せよ。

図5

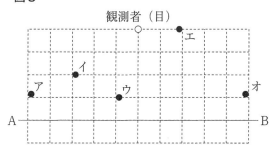

問5　図6のように，点Cに物を置き，さらに2枚の平面鏡を置いた。観測者の位置から見ること
のできる平面鏡にうつる物の像の位置はいくつか答えよ。

図6

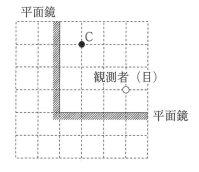

図7のような，表面が球面になっており，球面の内側を鏡面とした鏡を凹面鏡といい，凹面鏡の中心を通る線を光軸という。また，薄い凹面鏡の場合，光軸に平行な光は凹面鏡ではね返った後に，一点で集まることが知られており，この点を凹面鏡の焦点という。図7の光軸に対する点Dの方向を真上とし，図7を真横から見たときに，物の点Dから出た光軸に平行な光と，凹面鏡ではね返る前に焦点を通る光の道筋のみを示すと図8のようになる。これらの光が凹面鏡ではね返った後に交わる場所（点D′）で点Dの像ができ，下の①式が成り立つ。なお，図7を真下から見ても，物の点Eから出た光軸に平行な光と，凹面鏡ではね返る前に焦点を通る光の道筋は図8と同じになるので，図7のように，物に対して上下と左右が逆転した像ができる。

図7　　　　　　　　　　　　　　　　　　　　　図8

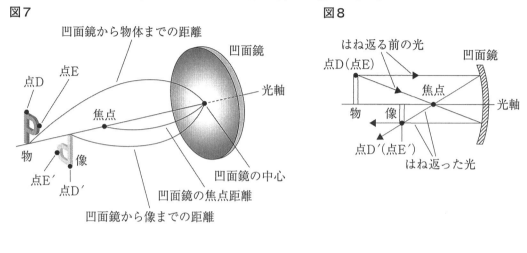

$$\frac{1}{凹面鏡から物体までの距離} + \frac{1}{凹面鏡から像までの距離} = \frac{1}{凹面鏡の焦点距離} \quad \cdots ①式$$

問6　凹面鏡の中心から 60 cm 離れた凹面鏡の光軸上に物を置いたところ，凹面鏡から 20 cm 離れたところに凹面鏡による像ができた。このときの凹面鏡の焦点距離はいくらか求めよ。

問7　図9のように，図8の状態から凹面鏡を上方にずらした場合，凹面鏡による像は図8の状態と比べてどうなるか最も適当なものを，次のア〜オの中から1つ選び，記号で答えよ。

図9

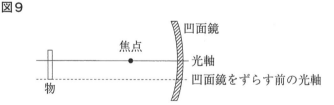

　　ア　図8の状態から像全体が上方にずれる。
　　イ　図8の状態から像全体が下方にずれる。
　　ウ　図8の状態から上方が欠けた像ができる。
　　エ　図8の状態から下方が欠けた像ができる。
　　オ　図8の状態から何も変化はない。

問8　図10のように，プレートを水平面に置き，同じ水平面上の様々な位置に平面鏡や凹面鏡を置き，図中の位置（透けて見えるスクリーンの裏側）から観測した。なお，図10は全体を真上から見た図を示している。観測者が見ることのできる像として最も適当なものを，次のア〜エの中から１つ選び，記号で答えよ。

図10

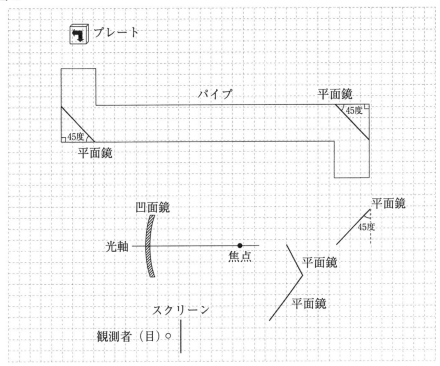

　ア

　イ

　ウ

　エ

令和6年度（2024年度）

中学校入学試験問題

社　会

（40分）

注　意

1　　Aさんは、夏休みの自由研究として日本国内の観光地・観光名所について調べ、表にまとめた。表を見て、あとの各問に答えよ。なお、表は上段が観光地・観光名所、下段が都道府県名となっている。

表

A	B	C	D
中尊寺金色堂 （　①　）県	日光東照宮 （　②　）県	草津温泉 ③群馬県	（　④　）ダム 富山県
E	F	G	H
下呂温泉 ⑤岐阜県	⑥琵琶湖 滋賀県	富士山 ⑦静岡県	京都タワー ⑧京都府
I	J	K	L
水木しげるロード ⑨鳥取県	尾道 ⑩広島県	太宰府天満宮 ⑪福岡県	桜島 ⑫鹿児島県

問1　（　①　）に入る適語を答えよ。

問2　（　②　）に入る県の形として正しいものを、次のア〜エの中から1つ選び、記号で答えよ。なお県境と海岸線は同じ線で示しており、ア〜エの縮尺は異なっている。便宜上、離島は省いて表示している。

ア　　　　　　　イ　　　　　　　ウ　　　　　　　エ

問3　下線部③について、群馬県に関して述べたA・Bの文の正誤の組み合わせとして正しいものを、次のア〜エの中から1つ選び、記号で答えよ。
　　A　群馬県にある富岡製糸場は、世界遺産に登録されている。
　　B　群馬県は内陸県であり、日本には群馬県を含めて内陸県が7つある。
　　ア　A—正　B—正　　イ　A—正　B—誤　　ウ　A—誤　B—正　　エ　A—誤　B—誤

問4　（　④　）には、日本で堤高（ダムの高さ）が最も高いダムの名称が入る。（　④　）に入る適語を答えよ。

問5　下線部⑤について、岐阜県では次の写真のような伝統的な家屋がみられる。この家屋の建築
　　　様式を何というか、答えよ。

写真

(岐阜の旅ガイドHP)

問6　下線部⑥について、琵琶湖は日本で最も面積が大きい湖である。次の表中の（　Ⅰ　）・
　　（　Ⅱ　）には湖沼名、（　Ⅲ　）・（　Ⅳ　）には都道府県名が入る。（　Ⅰ　）・（　Ⅳ　）に
　　入る組み合わせとして正しいものを、次のア～エの中から1つ選び、記号で答えよ。

表

順位	湖沼名	都道府県名	湖沼面積
1	琵琶湖	滋賀県	669.3 km²
2	（　Ⅰ　）	（　Ⅲ　）県	168.1 km²
3	サロマ湖	北海道	151.6 km²
4	（　Ⅱ　）	（　Ⅳ　）県	103.2 km²
5	中海	島根県・鳥取県	85.7 km²

(データブックオブ・ザ・ワールド 2023より作成)

	ア	イ	ウ	エ
Ⅰ	猪苗代湖	猪苗代湖	霞ヶ浦	霞ヶ浦
Ⅳ	茨城	福島	茨城	福島

問7　下線部⑦について、静岡県に関して述べた次のA～Cの文のうち、正しいものはどれか。最
　　も適当なものを、次のア～クの中から1つ選び、記号で答えよ。
　　　A　温暖な気候を利用したみかんの栽培がさかんであり、2022年は収穫量が日本一であった。
　　　B　日本を代表する鉱山遺跡である石見銀山遺跡があり、世界遺産に登録されている。
　　　C　県内には静岡市と浜松市があり、ともに政令指定都市に指定されている。
　　ア　Aのみ　　　イ　Bのみ　　　ウ　Cのみ　　　エ　A・B
　　オ　A・C　　　カ　B・C　　　キ　A・B・C　　　ク　なし

問8　下線部⑧について、京都府の伝統的工芸品として正しいものを、次のア～エの中から1つ選
　　び、記号で答えよ。
　　ア　会津塗　　イ　西陣織　　ウ　備前焼　　エ　熊野筆

問9　下線部⑨について、次のア～エはAさんが作成した静岡県・広島県・鳥取県・鹿児島県の都道府県庁所在地にある観測地点の月別平均気温および降水量を示した雨温図である。鳥取県の雨温図として正しいものを、次のア～エの中から1つ選び、記号で答えよ。

ア

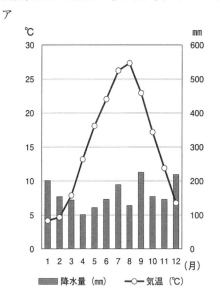

イ

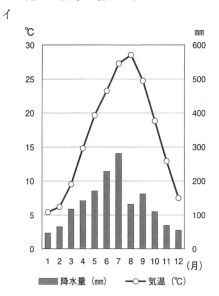

ウ

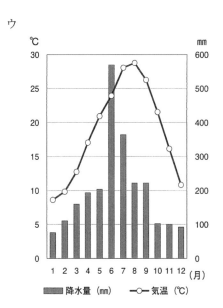

エ

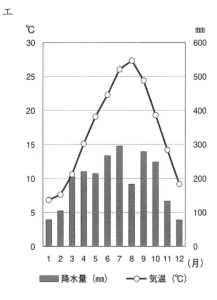

（データブックオブ・ザ・ワールド 2023より作成）

問10　下線部⑩について、次のア〜エは日本の京浜・中京・阪神・瀬戸内の工業地帯・地域の製造品出荷額等の構成（2020年）を示した図である。広島県を含む瀬戸内工業地域に当てはまるものを、次のア〜エの中から１つ選び、記号で答えよ。

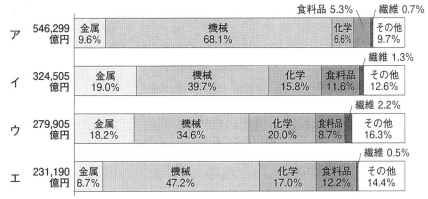

		食料品 5.3%		繊維 0.7%

ア 546,299億円　金属 9.6%　機械 68.1%　化学 6.6%　その他 9.7%

イ 324,505億円　金属 19.0%　機械 39.7%　化学 15.8%　食料品 11.6%　その他 12.6%（繊維 1.3%）

ウ 279,905億円　金属 18.2%　機械 34.6%　化学 20.0%　食料品 8.7%　その他 16.3%（繊維 2.2%）

エ 231,190億円　金属 8.7%　機械 47.2%　化学 17.0%　食料品 12.2%　その他 14.4%（繊維 0.5%）

（日本国勢図会2023/24より作成）

問11　下線部⑪について、次の表はＡさんが福岡県で生産がさかんな農産物の収穫量上位５都道府県についてまとめたものである。Ⅰ〜Ⅲの組み合わせとして正しいものを、次のア〜カの中から１つ選び、記号で答えよ。

表

順位	Ⅰ	Ⅱ	Ⅲ
1	高知県	山梨県	北海道
2	熊本県	長野県	宮城県
3	群馬県	岡山県	秋田県
4	茨城県	山形県	滋賀県
5	福岡県	福岡県	福岡県

（作物統計調査2022年より作成）

	ア	イ	ウ	エ	オ	カ
Ⅰ	大豆	大豆	なす	なす	ぶどう	ぶどう
Ⅱ	なす	ぶどう	大豆	ぶどう	大豆	なす
Ⅲ	ぶどう	なす	ぶどう	大豆	なす	大豆

問12　下線部⑫について、鹿児島県に関して述べた文として最も適当なものを、次のア〜エの中から１つ選び、記号で答えよ。
　ア　複数の活火山があり、国内最大の出力をもつ地熱発電所がある。
　イ　都道府県の中では３番目に面積が小さいが、都道府県の中では最も多くの活火山がある。
　ウ　県庁所在地に活発に活動する火山があり、火山灰を除去する対策がとられている。
　エ　火山灰がたまってできた赤い土の層に覆われた台地が広がり、近郊農業が行われている。

問13　表について、次のⅠ～Ⅳの文のうち、正しく述べているものはどれか。最も適当なものを、次のア～カの中から1つ選び、記号で答えよ。

　　　Ⅰ　カードE・F・G・Hは、いずれも都道府県名と都道府県庁所在地名が異なる。
　　　Ⅱ　カードI・J・K・Lは、いずれも2022年の漁獲高が上位5位に入っている都道府県である。
　　　Ⅲ　カードC・G・Kは、C→G→Kの順に人口が多くなっている。
　　　Ⅳ　カードD・H・Lは、いずれも新幹線の停車駅がある。

　ア　Ⅰ・Ⅱ　　イ　Ⅰ・Ⅲ　　ウ　Ⅰ・Ⅳ　　エ　Ⅱ・Ⅲ　　オ　Ⅱ・Ⅳ　　カ　Ⅲ・Ⅳ

問14　Aさんは、観光地を調べる中で、外国人観光客の日本国内での消費について興味をもった。次の資料中の　X　には、「訪日外国人旅行」を示す言葉が入る。　X　に入る適語をカタカナで答えよ。

資料

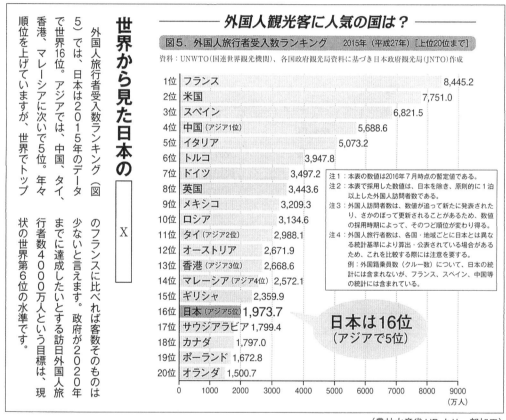

外国人観光客に人気の国は？

図5.　外国人旅行者受入数ランキング　2015年（平成27年）［上位20位まで］

資料：UNWTO（国連世界観光機関）、各国政府観光局資料に基づき日本政府観光局（JNTO）作成

順位	国	万人
1位	フランス	8,445.2
2位	米国	7,751.0
3位	スペイン	6,821.5
4位	中国（アジア1位）	5,688.6
5位	イタリア	5,073.2
6位	トルコ	3,947.8
7位	ドイツ	3,497.2
8位	英国	3,443.6
9位	メキシコ	3,209.3
10位	ロシア	3,134.6
11位	タイ（アジア2位）	2,988.1
12位	オーストリア	2,671.9
13位	香港（アジア3位）	2,668.6
14位	マレーシア（アジア4位）	2,572.1
15位	ギリシャ	2,359.9
16位	日本（アジア5位）	1,973.7
17位	サウジアラビア	1,799.4
18位	カナダ	1,797.0
19位	ポーランド	1,672.8
20位	オランダ	1,500.7

注1：本表の数値は2016年7月時点の暫定値である。
注2：本表で採用した数値は、日本を除き、原則的に1泊以上した外国人訪問者数である。
注3：外国人訪問者数は、数値が追って新たに発表されたり、さかのぼって更新されることがあるため、数値の採用時期により順位が変わり得る。
注4：外国人旅行者数は、各国・地域ごとに日本とは異なる統計基準により算出・公表されている場合があるため、これを比較する際には注意を要する。
　　　例：外国籍乗員数（クルー数）について、日本の統計には含まれないが、フランス、スペイン、中国等の統計には含まれている。

日本は16位（アジアで5位）

世界から見た日本の　X

外国人旅行者受入数ランキング（図5）では、日本は2015年のデータで世界16位。アジアでは、中国、タイ、香港、マレーシアに次いで5位。年々順位を上げていますが、世界でトップ状の世界第6位の水準です。

5）のフランスに比べれば客数そのものは少ないと言えます。政府が2020年までに達成したいとする訪日外国人旅行者数4000万人という目標は、現

（農林水産省HPより一部加工）

— 次のページに問題があります —

2 　Aさんはインターネットを使って、公民分野についての調べ学習を行った。下の図はAさんが調べ学習を行った際に使ったポータルサイトである。図を見て、あとの各問に答えよ。

図

Woog!e

ウェブ　画像　動画　ニュース　他

🔍検索

最近の主要ニュース

・政治：①国会（第211回国会　通常国会）が閉会

・経済：②4月と比べると15円　円安ドル高が進んだ

・地域：③統一地方選挙が終わる

・国際：④国際連合の事務総長が「地球　X　化の時代が来た」と警告

・社会：⑤生成AIの利用者が爆発的に増加

問1　下線部①に関する(1)・(2)の問に答えよ。

(1)　次のア〜エは、Aさんが「国会」を画像検索した際に出てきた画像である。ただし、1つだけは日本の国会に関係ない画像が含まれていた。日本の国会に関係ないものを次のア〜エの中から1つ選び、記号で答えよ。

ア

イ

ウ

エ

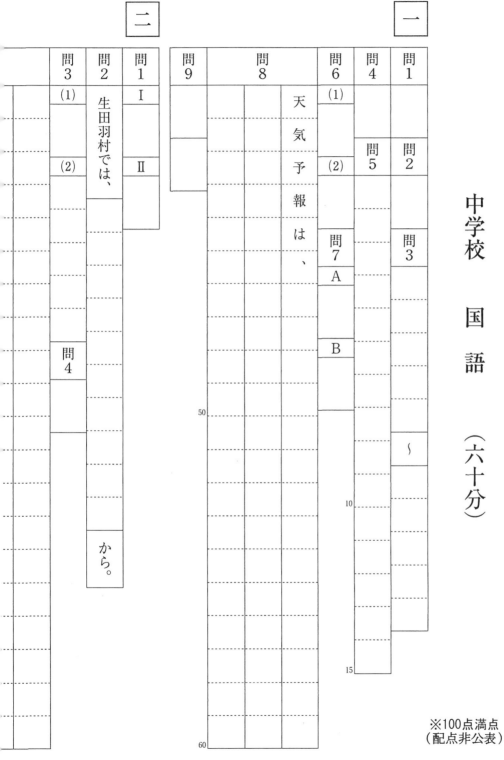

中学校　国語　（六十分）

※100点満点
（配点非公表）

一

問1

問2

問3

〜

問4

問5

問6
(1)
(2)

問7
A
B

問8
天気予報は、

問9

二

問1
Ⅰ
Ⅱ

問2
生田羽村では、
から。

問3
(1)
(2)

問4

3　(1) _____ (2) _____ (3) _____

4　(1) _____ cm　(2) (i) _____ 倍　(2) (ii) _____ cm

5　(1) _____ cm³　(2) (i) _____ cm³

(2) (ii)

(答) _____ cm³

問1

(2) [　　] 問2 [　　] 問3 [　　]

問4 [　　] 問5 [　　]

4 問1 [　　] 問2 [　　] 度 問3 [　　]

問5 [　　] 個

問6 [　　] cm

問4 長さ [　　] m

問7 [　　]

問8 [　　]

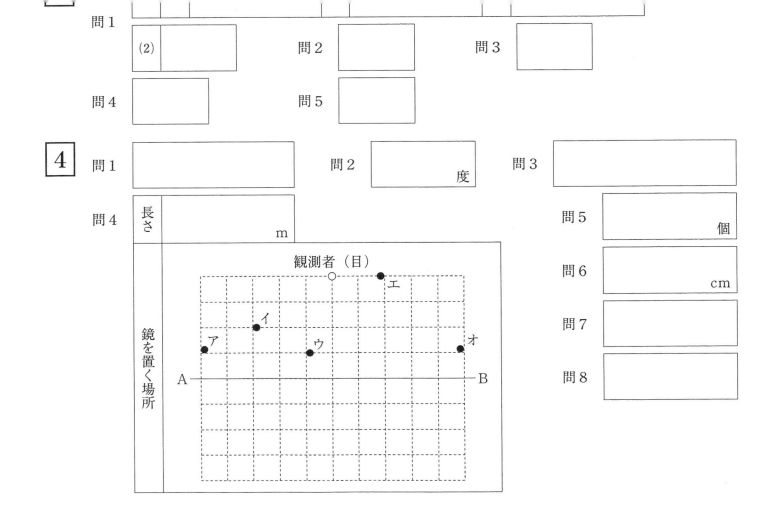

観測者（目）

エ

イ

ア ウ オ

A————————————————B

鏡を置く場所

問 9	
問10	
問11	
問12	
問13	
問14	

問 9	
問10	
問11	
問12	
問13	
問14	
問15	円
問16	

K 教英出版

中学校　　社会　　（40分）

1			**2**			**3**		
問1		県	問1	(1)		問1		
問2				(2)		問2		
問3			問2			問3		
問4		ダム	問3			問4		
問5			問4	(1)		問5		
問6				(2)		問6		王国
問7				(1)		問7		

【解答用紙

中学校　　理科　　（40分）　　※50点満点
（配点非公表）

1　問1 [　　　]　問2 [　　]　問3 観測者の位置 [　] 太陽の位置 [　]

問4 [　　　　　]　問5 [　　]　問6 [　　]

2　問1 [　　　]　問2 [　　]　問3 [　　]

問4 [　　]　問5 A [　] B [　]

問6 (1) [　　cm³] (2) [　　倍]　問7 [　　]

中学校　　算数　　（60分）

1

(1)		(2)		(3)	
(4)		(5)		(6)	:
(7)		(8)		(9)	
(10)		(11)		(12)	
(13)					

2

| (1) | 通り | (2) | 通り | (3) | 通り |

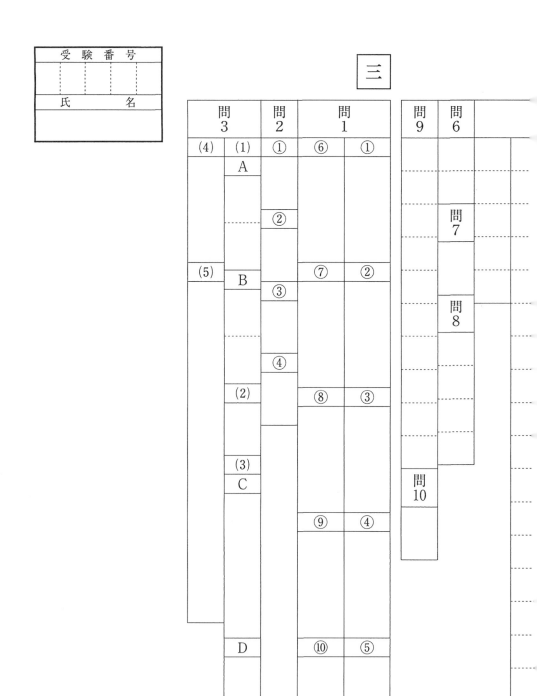

受験番号

氏　名

三

問3		問2		問1	
(4)	(1)	①	⑥	①	
	A				
		②			
(5)	B		⑦	②	
		③			
		④			
	(2)		⑧	③	
	(3)				
	C		⑨	④	
	D		⑩	⑤	

問9	問6
	問7
	問8
問10	

(2) 次の表は、Aさんが国会のウェブサイトにアクセスし、過去7年間の通常国会における法案の提出件数および成立件数を調べ、まとめたものである。表の内容に関して述べた次のA〜Cの文のうち、正しく述べているものはどれか。最も適当なものを、次のア〜クの中から1つ選び、記号で答えよ。

表

	内閣提出法律案 提出件数	内閣提出法律案 成立件数	議員立法 提出件数	議員立法 成立件数
2023年	60	58	67	13
2022年	61	61	96	17
2021年	63	61	82	21
2020年	59	55	57	8
2019年	57	54	70	14
2018年	65	60	71	20
2017年	66	63	136	10

(内閣法制局HPより作成)

A　内閣提出法律案については、提出した法律案がすべて成立した年がある。
B　議員立法については、提出した法律案の30%以上が成立した年が1度もない。
C　全ての年で提出件数は議員立法の方が多いが、成立件数は内閣提出法律案の方が多い。

ア　Aのみ　　　イ　Bのみ　　　ウ　Cのみ　　　　エ　A・B
オ　A・C　　　カ　B・C　　　キ　A・B・C　　　ク　なし

問2　下線部②について、次の会話は、Aさん・Bさん・Cさん・Dさん・Eさんが円安について話したものである。円安で見られる状況について適切に述べている人物の組み合わせとして、正しいものはどれか。最も適当なものを、次のア〜クの中から1つ選び、記号で答えよ。なお、この問題については、外貨両替に生じる手数料等は発生しないものとして考えること。

会話文

A さん：4月から比べると、いまは15円も円安ドル高になったんだって。
B さん：ということは、例えば4月に1ドル＝100円だったとしたら、それがいまは1ドル＝85円になったんだね。
C さん：いやいや、違うよ。4月に1ドル＝100円だったら、いまは1ドル＝115円になったということを言うんだよ。
A さん：う〜ん…　BさんとCさんの言うことはどちらが本当なのだろう。

D さん：円安か…　4月にアメリカの銀行に預金した1ドルをいま日本円に替えると損しちゃうね。
E さん：円安のおかげで、日本の観光地には、外国人観光客がたくさん来るようになったよ。
A さん：DさんとEさんの言うことはどちらともあっているのかな。

ア　Bさんのみ　　イ　Bさん・Dさん　　ウ　Bさん・Eさん　　エ　Bさん・Dさん・Eさん
オ　Cさんのみ　　カ　Cさん・Dさん　　キ　Cさん・Eさん　　ク　Cさん・Dさん・Eさん

問3 下線部③について、次の資料は、統一地方選挙に関する新聞記事である。資料から読み取れる内容について説明した次の文のうち<u>誤っている</u>ものを、次のア～オの中から１つ選び、記号で答えよ。

資料

> 統一地方選は、1947年４月に第１回が実施された。日本の民主化を進めていた連合国軍総司令部（GHQ）の方針で、首長を直接選挙で決める地方自治制度が導入されるタイミングだった。戦前の知事は官選で、市町村長も議会の推薦や選挙で決められていた。直接選挙の規定が盛り込まれた日本国憲法が同年５月に施行されるのを前に、衆参両院選や全ての地方選が４月に行われた。
>
> これ以降、４年に１度、選挙期日を定める特例法を制定した上で、前半戦と後半戦に分けて統一選を行っている。３～５月に任期満了を迎える首長、議員の選挙が対象となり、６月上旬に任期満了を迎える場合も任意で実施が可能だ。選挙をまとめて行うことで、選挙への有権者の関心を高め、経費を節約する狙いがあるとされる。
>
> ただ、全ての地方選に占める割合を示す「統一率」の低下は顕著だ。選挙の時期は、首長の死去や辞職、議会の解散、市町村合併を理由に次第にずれていく。第１回は100％だったが、昭和の大合併を経て、３回目の1955年の統一選では46.35％となった。平成の大合併や、2011年の東日本大震災で被災地の選挙が延期されたことを受け、同年以降の統一率は27％台が続く。20回目となる今回の統一率も27.40％（２月１日現在）で、統一選の意義が失われているとの指摘も出ている。
>
> 今回は前半戦が４月９日投開票で、知事選、道府県議選、政令市長・市議選を行う。同23日投開票の後半戦では、一般市長・市議選、東京都の区長・区議選、町村長・町村議選が行われる。
>
> 総務省のまとめ（２月１日現在）によると、今回は４年前より２減となる計980の首長選と議員選が行われる見通しだ。知事選は北海道や大阪、大分など９道府県で実施される。前回と比べて、三重、福岡両県が知事の辞職によって、統一選からは外れた。道府県議選（41道府県）や政令市長選（６市）、政令市議選（17市）を行う自治体は前回と同じだ。
>
> 一方で、６月８日に任期満了を迎える堺市長選は、統一選に合わせた実施が議論されたが、見送られた。経費の節約よりもミスのない実施を優先し、単独選挙の方が争点がわかりやすいためだという。

（2023年３月９日　讀賣新聞オンライン）

ア　第１回の統一地方選挙実施後に、日本国憲法が施行された。
イ　1947年の統一地方選挙の統一率は100％だった。
ウ　第20回の統一地方選挙の投票率は、27.40％だった。
エ　2019年の統一地方選挙では982の首長選挙と議員選挙が行われた。
オ　2023年の統一地方選挙の前半戦では知事選挙、後半戦では町村長選挙が行われた。

問4 下線部④に関する(1)・(2)の問に答えよ。
 (1) 国際連合には6つの主要機関があるが、その中で最も大きな権限をもち、法的に国際連合加盟国に拘束力をもつ決議を行うことができる機関の名称を何と言うか、答えよ。

 (2) ▢X▢ に入る語句として最も適当なものを、次のア～オの中から1つ選び、記号で答えよ。
  ア 寒冷 イ 乾燥 ウ 温暖 エ 沸騰 オ 蒸発

問5 下線部⑤に関する(1)・(2)の問に答えよ。
 (1) 生成AIの「AI」とはどういう意味か、4字で答えよ。

 (2) Aさんは、生成AI（ユーザーがテキストを入力すると学習データから新たな画像・文章・音楽・デザインを作り出すアルゴリズム）を利用する際の注意点をインターネットで検索し、レポートにまとめた。Aさんがまとめたレポートの内容のうち適当でないものを、次のア～オの中から1つ選び、記号で答えよ。

レポート

生成AIを利用する際の注意点

　ア　生成AIごとに利用ができる年齢があらかじめ決まっている可能性があるため、利用前には必ず利用可能年齢や利用条件を確認する。

　イ　生成AIに不用意に情報を提供すると、個人情報や機密情報の漏洩を招く危険性があるため、生成AIに個人情報や機密情報を入力しないようにする。

　ウ　生成AIが出力した文章や画像等が著作権や商標権などの権利侵害になる可能性があるため、出力した文章や画像等をそのままの形で成果物として発表しないようにする。

　エ　生成AIが生成した内容には虚偽が含まれている可能性があるため、出力した結果を無批判に受け入れない。

　オ　生成AIの有料版が登場したことにより、無料版と有料版に大きな差が生じたため、有料版のある生成AIの無料版は使用してはならない。

---

3 各時代のお金に関する文章を読み、あとの各問に答えよ。

1　645年、蘇我蝦夷・入鹿を滅ぼした中大兄皇子（後の天智天皇）は政治改革を行った。この諸改革は①大化の改新と呼ばれている。天智天皇の死後即位した天武天皇の頃に（　②　）というお金がつくられた。（　②　）は奈良県の飛鳥池遺跡から出土したことで有名である。また、708年には唐にならい和同開珎がつくられた。

問1　下線部①について、大化の改新に関連する次の資料1〜4から読み取れる内容A〜Dの文のうち、正しいものはどれか。最も適当なものを、次のア〜エの中から1つ選び、記号で答えよ。

資料1　大化の改新政府の組織図

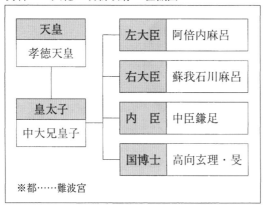

※都……難波宮

資料2　都の位置

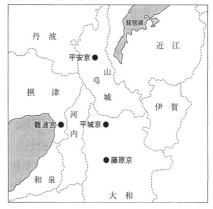

資料3　改新の詔（646年に制定）

一　これまで天皇や豪族がもっていた土地や人民を国家のものとする。
二　都の制を作り、全国を国・郡に分け、国司・郡司を置く。
三　戸籍を作り、それに基づいて民に田を分け与える。
四　新しい税の制度を作る。

※なお、内容は簡単に書き改めている。

資料4　藤原京出土木簡

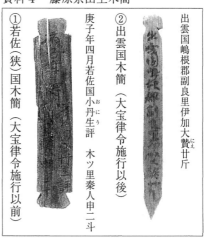

①若佐（狭）国木簡（大宝律令施行以前）
庚子年四月若佐国小丹生評　木ツ里秦人申二斗
②出雲国木簡（大宝律令施行以後）
出雲国嶋根郡副良里伊加大贄廿斤

A　大化の改新時の政府では左大臣や右大臣は皇太子に直属していた。
B　大化の改新時の都は現在の奈良県に置かれた。
C　改新の詔の第一条では班田収授法について示され、第三条では墾田永年私財法について示されている。
D　改新の詔の第二条には「郡」と表記があるが、藤原京出土木簡の表記から701年の大宝律令施行以後に「評」から「郡」となったと推測される。

ア　A・C　　イ　A・D　　ウ　B・C　　エ　B・D

問2　（　②　）に入る適語を答えよ。

2 　③平安時代の醍醐天皇・村上天皇の時代には延喜通宝や乾元大宝がつくられた。しかし、乾元大宝を最後に律令国家によってお金はつくられなくなった。その後、武士として最初の太政大臣となった（　④　）は、現在の神戸港を整えて日宋貿易をさかんにし、宋銭を大量に輸入した。

　　問3　下線部③について、平安時代の出来事に関して述べたX〜Zの各文を古い順に並べ替えたものとして正しいものを、次のア〜カの中から1つ選び、記号で答えよ。
　　　　　X　藤原頼通によって平等院鳳凰堂が建てられた。
　　　　　Y　鳥羽法皇が死去すると皇位継承をめぐり保元の乱が起こった。
　　　　　Z　菅原道真の建議により遣唐使が廃止された。
　　　　ア　X→Y→Z　　　イ　X→Z→Y　　　ウ　Y→X→Z
　　　　エ　Y→Z→X　　　オ　Z→X→Y　　　カ　Z→Y→X

　　問4　（　④　）に入る姓名を答えよ。

3 　室町時代になると、⑤足利義満によって明との国交が開かれ、日明貿易が開始された。日明貿易では永楽通宝などの明銭をはじめ、生糸や陶磁器が輸入されるようになった。また、沖縄では首里を首都とする（　⑥　）王国が成立し、中継貿易がさかんに行われた。

　　問5　下線部⑤について、足利義満の治世に関して述べた次のA〜Dの文のうち、正しいものはどれか。最も適当なものを、次のア〜エの中から1つ選び、記号で答えよ。
　　　　　A　水墨画を大成した雪舟を保護した。
　　　　　B　能を大成した観阿弥・世阿弥を保護した。
　　　　　C　南北朝の合一を果たした。
　　　　　D　応仁の乱が起こった。
　　　　ア　A・C　　　イ　A・D　　　ウ　B・C　　　エ　B・D

　　問6　（　⑥　）に入る適語を答えよ。

4　織田信長・豊臣秀吉が政権を担った時代は⑦安土・桃山時代と呼ばれ、豊臣秀吉は天正大判を
　つくった。江戸時代になると、徳川家康によって全国的に通用する同じ規格の金貨として慶長小
　判がつくられた。また、幕府の職制も次第に整えられ、朝廷・公家などの監視を行う（　⑧　）
　が置かれた。

　問7　下線部⑦について、安土・桃山時代の文化に分類されるものとして適当なものを、次のア
　　　　～エの中から1つ選び、記号で答えよ。

　　　ア　　　　　　　　　　　　　　　　イ

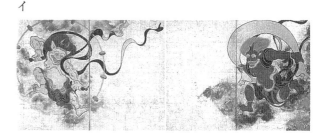

　　　ウ　　　　　　　　　　　　　　　　エ

　問8　（　⑧　）に入る適語を答えよ。

5　5代将軍⑨徳川綱吉の時代には、質を落とした元禄小判がつくられたが、物価が上昇したこと
　により、人々の生活を圧迫することとなった。徳川綱吉の死後、幕府の政治を担った新井白石は
　慶長小判と同質の（　⑩　）小判をつくり、物価の上昇を抑えようとした。このような新井白石
　の政治は「（　⑩　）の治」と呼ばれている。

　問9　下線部⑨について、徳川綱吉が行った政策に関して述べた次のA～Cの文のうち、正しく
　　　　述べているものはどれか。最も適当なものを、次のア～クの中から1つ選び、記号で答えよ。
　　　　A　極端な動物愛護を定めた生類憐みの令を出した。
　　　　B　幕府の学校で朱子学以外の講義や研究を禁じた。
　　　　C　公事方御定書を制定し、裁判の公正を図った。
　　　ア　Aのみ　　　　イ　Bのみ　　　　ウ　Cのみ　　　　エ　A・B
　　　オ　A・C　　　　カ　B・C　　　　キ　A・B・C　　　ク　なし

　問10　（　⑩　）に入る元号を答えよ。

6　明治以降の紙幣には主に人物の肖像画が使用されている。岩倉具視もその一人であり、岩倉使
　　節団に同行した女子留学生の中には、後に女子英学塾を開く（　⑪　）も含まれていた。また、
　　初代総理大臣である⑫伊藤博文、文学の面で功績がある⑬夏目漱石、1936年に起こった陸軍の反
　　乱である（　⑭　）で殺害された高橋是清の肖像画も使用された。

　　問11　（　⑪　）に入る姓名を答えよ。

　　問12　下線部⑫について、伊藤博文に関して述べたX～Zの各文を古い順に並べ替えたものとし
　　　　て正しいものを、次のア～カの中から1つ選び、記号で答えよ。
　　　　　X　日本の代表として下関条約を結んだ。
　　　　　Y　ヨーロッパに留学し、各国の憲法を調べた。
　　　　　Z　韓国の外交を統轄する統監府の初代統監となった。
　　　　ア　X→Y→Z　　　イ　X→Z→Y　　　ウ　Y→X→Z
　　　　エ　Y→Z→X　　　オ　Z→X→Y　　　カ　Z→Y→X

　　問13　下線部⑬について、夏目漱石に関して述べたA・Bの文の正誤の組み合わせとして正しい
　　　　ものを、次のア～エの中から1つ選び、記号で答えよ。
　　　　　A　『坊ちゃん』や『こころ』などの作品を残した。
　　　　　B　「脱亜論」を唱え、欧米列強の一員となるべきことを主張した。
　　　　ア　A－正　B－正　　　イ　A－正　B－誤
　　　　ウ　A－誤　B－正　　　エ　A－誤　B－誤

　　問14　（　⑭　）に入る事件名を答えよ。

7　第二次世界大戦後に発足した吉田茂内閣では、1ドル＝（　⑮　）円の単一為替レートを設定し
　　て、国際競争の中で輸出の振興を図ろうとした。その後の日本経済は朝鮮戦争による特需で息
　　を吹き返し、⑯1955年から1973年の高度経済成長期には、成長率が年平均10％を超える急激な成
　　長を成し遂げた。

　　問15　（　⑮　）に入る数字を答えよ。

　　問16　下線部⑯について、1955年から1973年までの出来事として誤っているものを、次のア～エ
　　　　の中から1つ選び、記号で答えよ。
　　　　ア　国民所得倍増計画が発表された。
　　　　イ　公害対策基本法が制定された。
　　　　ウ　自由民主党が結成された。
　　　　エ　北大西洋条約機構（NATO）が結成された。

K 教英出版

令和6年度（2024年度）

中学校12月新思考入学試験問題

総 合 Ⅰ

（50分）

注　意

「始め」の合図があるまでは問題を開いてはいけません。

1　「始め」という合図で始め，「やめ」という合図ですぐにやめなさい。

2　問題は1ページから8ページまでです。

3　解答を始める前に，まず，解答用紙に受験番号と氏名を記入しなさい。
　　受験番号は5桁です。算用数字で横書きにしなさい。

4　答えは，すべて解答用紙に記入しなさい。

5　質問や用があるときは，声を出さずに静かに手をあげなさい。
　　問題の内容についての質問は受け付けません。

6　分度器，定規，コンパス，計算機類の使用は認めません。

- -

7　分数で答えるときは，約分して最も簡単な形にしなさい。

8　円周率を用いるときは，3.14として計算しなさい。

早稲田佐賀中学校

次の問いに答えなさい。

(1) 次のような4か所の空らんAからDには数字が入り，また，その間の3か所の空らん*x*から*z*には＋（足し算）または×（掛け算）の記号が入る。その計算結果をEとするとき，次の問いに答えなさい。

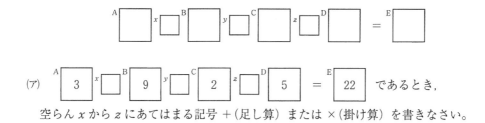

(ア) 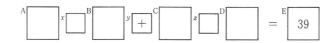 であるとき，

空らん*x*から*z*にあてはまる記号＋（足し算）または×（掛け算）を書きなさい。

(イ) 4か所の空らんAからDに1から4の整数を1回ずつ入れて計算結果Eを求めるとき，最も大きいEを求めなさい。

(ウ) 次の4つの条件をすべて満たしている計算式を求めなさい。
① 空らんAとB，CとDにはそれぞれ同じ整数が入る。
② 空らん*y*は＋（足し算）である。
③ 計算結果Eは39になる。
④ 空らんAからDには1から9までのいずれかの整数が入るものとし，AとBの方がCとDよりも小さいものとする。

$$\boxed{}^A{}_x\boxed{}\boxed{}^B{}^y\boxed{+}\boxed{}^C{}_z\boxed{}\boxed{}^D = \boxed{39}^E$$

(2) 右の図形は，半径6cm，中心角90°のおうぎ形である。弧ABを3等分した点をC，Dとするとき，色のついた部分の面積を求めなさい。

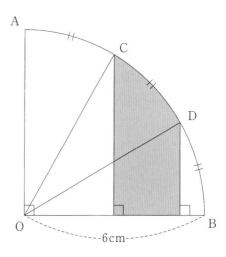

(3) クレジットカード番号には，打ち間違いを防ぐため，正しいカード番号が識別できるルーン・アルゴリズムと呼ばれる方式が用いられている。計算方法は次の通りである。

  右はしから左方向に「けた番号」をつける。
  操作①　偶数けたの数字を2倍する。
  操作②　操作①で得られた数字が10以上になった場合は，10の位の数字と1の位の数字を足し算する。
  操作③　偶数けたの数字を操作①，②で計算した数字に置きかえる。
  操作④　得られた16個の数字をすべて足したとき，10の倍数になれば存在するカード番号である。

〈例〉　16けたのクレジットカード番号　1234 5678 9012 3456

けた番号	16	15	14	13	12	11	10	9	8	7	6	5	4	3	2	1
〈例〉	1	2	3	4	5	6	7	8	9	0	1	2	3	4	5	6
偶数けたの数字	1		3		5		7		9		1		3		5	
奇数けたの数字		2		4		6		8		0		2		4		6

操作①	2		6		10		14		18		2		6		10	
操作②	2		6		1		5		9		2		6		1	
操作③	2	2	6	4	1	6	5	8	9	0	2	2	6	4	1	6

操作④　2＋2＋6＋4＋1＋6＋5＋8＋9＋0＋2＋2＋6＋4＋1＋6＝64

となり，64は10の倍数ではないので，このカード番号は存在しないことがわかる。

  カード番号　9876 5432 10□2 3456　が存在するように□に当てはまる数字を求めなさい。

(4) 数学の未解決問題のひとつに，コラッツ予想というものがある。

コラッツ予想とは，ドイツの数学者ローター・コラッツ（1910〜1990）が1937年に提示した問題で，現在に至るまで未解決のまま，100万ドルの懸賞金がかけられている。

> ─── コラッツ予想 ───
>
> 2以上のどんな整数でも
>
> 　　A　その整数が偶数の場合は2で割る
>
> 　　B　その整数が奇数の場合は3倍して1を足す。
>
> という操作をくり返すと，最後は必ず1になる。

現在，コンピューターを使った計算によって，2を68回かけた数までの整数がすべて1になることが確認されている。

　　〈例1〉　5 → 16 → 8 → 4 → 2 → 1　　（5回の操作で1になる）

　　〈例2〉　6 → 3 → 10 → 5 → 16 → 8 → 4 → 2 → 1　　（8回の操作で1になる）

次の問いに答えなさい。

(ア)　11は，何回の操作で1になるか答えなさい。

(イ)　7回の操作で1となる整数をすべて求めなさい。

(5)　下のような透明なカードが4枚あり，それぞれには2，0，2，4が書いてある。これらを並びかえてできる4けたの整数は何通りあるか求めなさい。ただし，2のカードはうら返して5のカードとして使うこともできる。なお，この問題は，答えまでの考え方を示す式や文章，図などを書きなさい。

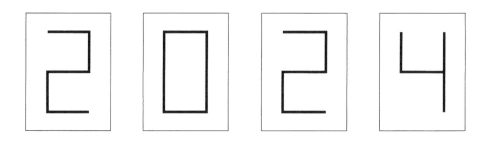

2 【図1】のように，1辺の長さが1cmの正方形①の上に，1辺の長さが1cmの正方形②をかいて，2辺の長さが1cm，2cmの長方形をつくる。

次に，【図2】のように，【図1】の長方形の長い方の辺を1辺とする正方形③を，その長方形の右にかいて，2辺の長さが2cm，3cmの長方形をつくる。

次に，【図3】のように，正方形④を，【図2】の長方形の下にかいて，2辺の長さが3cm，5cmの長方形をつくる。

さらに，【図4】のように，正方形⑤を，【図3】の長方形の左にかいて，2辺の長さが5cm，8cmの長方形をつくる。

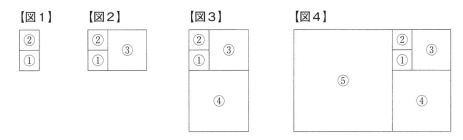

【図1】　【図2】　【図3】　【図4】

このように，長方形の長い方の辺を1辺とする正方形⑥，正方形⑦，正方形⑧，…を，それぞれ長方形の上，右，下，左，…と，時計回りになるようにかいて長方形を順につくっていく。

このとき，次の問いに答えなさい。

(1) 下の表は，上の規則にしたがって長方形をつくったときの，正方形の番号，正方形の1辺の長さと長方形の面積についてまとめたものである。

正方形の番号	①	②	③	④	⑤	⑥	⑦	⑧	⑨	…
正方形の1辺の長さ（cm）	1	1	2	＊	＊	＊	(ア)	＊	＊	…
長方形の面積（cm²）	1	2	6	＊	＊	＊	＊	＊	(イ)	…

表中の＊は，あてはまる数を省略したことを表している。

この表の(ア)，(イ)にあてはまる数をかきなさい。

(2) 正方形⑮までかいてできる長方形の長い方の辺の長さを求めなさい。

(3) 【図5】のように，正方形⑦までかいて長方形をつくる。次に，それぞれの正方形の1辺を半径とするおうぎ形の弧をつないで曲線をつくる。このとき，その曲線の長さを求めなさい。

【図5】

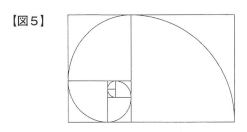

— 4 —

3 　太郎君と先生は「等間かくにある点を頂点とする多角形の面積を求める方法」について話をしている。

先生：1マス1cmの方眼紙にかかれた【図1】の図形の面積を求めてみましょう。

太郎：これは簡単ですよ！　5×4÷2 = 10 だから10cm²が答えですね！

先生：その通りです。三角形の面積を求める公式（底辺）×（高さ）÷2 を使えば簡単ですね。では【図2】の図形の面積はどうでしょう。

太郎：これは大変そう……。

先生：地道に求めると大変なので，『ピックの定理』を教えましょう。

ピックの定理

頂点がすべて格子点上にある多角形の面積は，内部の格子点の数と，辺上の格子点の数によって，以下の計算で求めることができる。

（面積）＝（内部の格子点の数）＋（辺上の格子点の数）÷2－1

先生：格子点とはここで言う1cm間かくの点のことを指しています。【図1】の図形を利用して成り立つかどうか確かめてみましょう。

太郎：内部の格子点の数が7で，辺上の格子点の数が8だから……。同じ答えが出てきました！

先生：それでは，ピックの定理を用いて【図2】の図形の面積を求めてみましょう。

【図1】

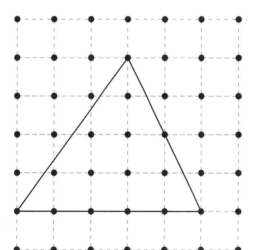

【図2】

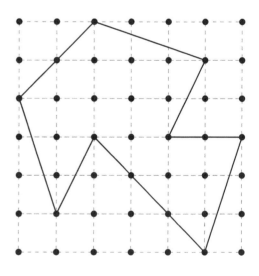

(1)　1マス1cmの方眼紙にかかれた【図2】の図形の面積を求めなさい。

太郎：知ってるだけでこんなに早く解けてしまうんですね！

先生：その通りです。しかし，知っているだけではダメです。きちんと活用できるようになりましょうね。

太郎：頑張ります！

先生：それでは，(2)の問題を解いてみましょう。

(2) 同じ方眼紙に4つの点A，B，C，Dがあり，【図3】のように直線で結ばれている。五角形ABCDEの面積が22 cm²となるような点Eの場所を見つけ，その格子点を○で囲みなさい。ただし，解答用紙に書かれていない格子点は考えないものとする。

【図3】

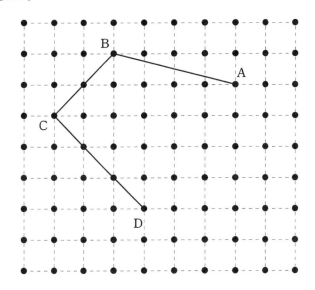

4 次の問いに答えなさい。

　私は，夏休みにおばあちゃんの家に遊びにいったとき，振り子時計があることに気づいた。それを見て，なぜ振り子で時間がきざめるのか気になり，自由研究のテーマとし，実験の考察や実験の結果を次のようにレポートにまとめた。ただし，実験の考察や実験の結果は未完成のままである。また，糸は伸び縮みしない軽いものとし，振り子の空気抵抗の影響は無いものとする。さらに，糸がたるむことはないものとする。

実験の目的
　振り子が1往復する時間と，①振り子の長さ（天井からおもりの中心までの距離），②おもりの重さ，③ふれはばの関係性について調べる。

実験の手順

Ⅰ	：右図のように，おもりをつけた糸を天井に固定する。振り子の長さを60cm，おもりの重さを30g，ふれはばを10°にする。振り子の10往復する時間を3回調べる。
Ⅱ-1	：手順Ⅰから，振り子の長さを30cmや90cmに変えて，手順Ⅰと同じように調べる。
Ⅱ-2	：手順Ⅰから，おもりの重さを15gや90gに変えて，手順Ⅰと同じように調べる。
Ⅱ-3	：手順Ⅰから，振り子のふれはばを5°や15°に変えて，手順Ⅰと同じように調べる。

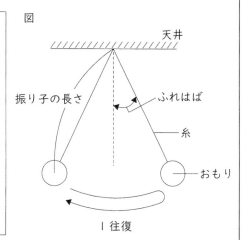
図

実験の結果：手順Ⅰ・Ⅱの結果を記入

結果①	10往復する時間〔秒〕		
	1回目	2回目	3回目
30cm	10.9	11.1	11.0
60cm	15.4	15.6	15.5
90cm	19.0	18.8	19.2

結果②	10往復する時間〔秒〕		
	1回目	2回目	3回目
15g	15.3	15.6	15.6
30g	15.4	15.6	15.5
90g	15.6	15.5	15.4

結果③	10往復する時間〔秒〕		
	1回目	2回目	3回目
5°	15.4	15.5	15.6
10°	15.4	15.6	15.5
15°	15.6	15.6	15.3

実験の考察：1往復する時間の平均を計算

考察①	10往復する時間の平均〔秒〕	1往復する時間の平均〔秒〕
30cm		
60cm		
90cm		X

考察②	10往復する時間の平均〔秒〕	1往復する時間の平均〔秒〕
15g		
30g		
90g		

考察③	10往復する時間の平均〔秒〕	1往復する時間の平均〔秒〕
5°		
10°		
15°		

実験の結論
　振り子が1往復する時間は，

(1) 実験の考察①の X は何秒か。四捨五入して小数第1位まで求めなさい。

次の表は，実験の手順Ⅱ-1において，さらに振り子の長さを伸ばし，10往復する時間の平均を調べた結果を表している。

表

振り子の長さ 〔cm〕	30	60	90	120	150	180	210
10往復する時間の平均 〔秒〕	11.0	15.5	19.0	22.0	24.6	26.9	29.1

(2) 表より，振り子の長さを2倍にしたときの，振り子が10往復する時間の平均はもとの長さのときの何倍か求めなさい。ただし，四捨五入して小数第1位まで求めること。

(3) 表より，振り子の長さが420 cm のときの，振り子が10往復する時間は何秒か求めなさい。ただし，四捨五入した整数で求めること。

(4) 実験の結果・考察をもとに，レポートの実験の結論に続く文章を，次の語句をすべて用いて記述しなさい。
　　語句：振り子の長さ，おもりの重さ，振り子のふれはば

次に，【図1】のように，振り子の長さを120 cm，おもりの重さを30 g にして，天井の糸を固定している位置の真下60 cm のところに釘を打った。この状況から勢いをつけないようにして，振り子のふれはばが30°の位置Pから，おもりを持っている手を離した。

【図1】

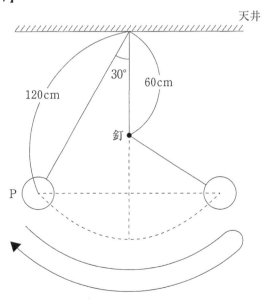

(5) 【図1】において，手を離してから，振り子がはじめて位置Pに戻ってくるまでの時間を表の値を用いて求めなさい。ただし，四捨五入して小数第1位まで求めること。

令和6年度（2024年度）

中学校12月新思考入学試験問題

総 合 Ⅱ

（50分）

注　意

1　　Ａさんとｂさんは夏休みの自由研究についての会話をしている。次の会話文を読み、あと
の各問に答えよ。

Ａさん：夏休みの自由研究についての話を聞いてくれる？

Ｂさん：もちろん。テーマは決めたの？

Ａさん：うん。大きなテーマとして①「人々の生活」について調べようと思っているんだ。

Ｂさん：具体的にどのようなことを調べようと思っているの？

Ａさん：誰もが生活しやすい社会を実現するために重要なことは何か、現代社会にある課題は
　　　　何か、ということを考えているんだ。このメモを見てみて。

> ［メモ］
> （１）　誰もが個性や能力を発揮できる機会が平等にある
> （２）　性別にとらわれず、多様性を尊重する
> （３）　見えにくい相対的貧困にある家庭を地域で支える

Ｂさん：（１）については、年齢や障がいの有無にかかわらず、生活しやすい環境を整備する
　　　　必要があるということだね。

Ａさん：その通り。また、世界経済フォーラムが2023年6月にジェンダー・ギャップ指数の
　　　　2023年版を発表したんだけど、知っている？　（２）との関連もあると思っているんだ。

Ｂさん：ニュースで聞いたことがあるよ。日本は146か国中125位だったんだよね。「無意識の
　　　　偏見」ともよばれる②アンコンシャス・バイアスとも関係がありそうだね。

Ａさん：（３）については、「貧困」という言葉が他国の話だけではないということに気づい
　　　　たんだ。

Ｂさん：生活しやすい社会の実現といえば、最近、③「ワーク・ライフ・バランス」や「働き
　　　　方改革」という言葉をよく耳にするね。

Ａさん：「ワーク・ライフ・バランス」とは仕事と生活の調和をめざすということだね。私の
　　　　親も④「収入のためにも、ある程度の労働時間は必要だけど、家族と過ごす余暇の時
　　　　間も必要だ」と話しているよ。

問1　下線部①について、次のX〜ZはAさんが歴史の授業ノートにメモした、人々の生活文化に
　　関するものである。X〜Zを古い順に並べ替えたものとして正しいものを次のア〜カの中から
　　１つ選び、記号で答えよ。

X	Y	Z
X　文化	Y　文化	Z　文化
商業の盛んな上方（大坂や京都）を中心に栄えた。富をたくわえた町人が文化の担い手。人間的で華麗な町人文化。	京都・堺・博多を中心に豪商が台頭した。大名や豪商の経済力を反映した壮大で豪華な文化。	政治・経済の中心地として発展した江戸を中心に栄えた。こっけいや楽しさを重視する成熟した町人文化。
菱川師宣「見返り美人図」	姫路城	葛飾北斎「富嶽三十六景」
人形浄瑠璃	阿国歌舞伎	歌川広重「東海道五十三次」

ア　X→Y→Z　　　　イ　X→Z→Y　　　　ウ　Y→X→Z

エ　Y→Z→X　　　　オ　Z→X→Y　　　　カ　Z→Y→X

問2　[メモ]の（1）について、2024年には、事業者に対し合理的配慮の提供を義務づけること
　　などを内容とする「改正障害者差別解消法」が施行される。次の文章は「障害者差別解消法」
　　に関する説明文である。また、あとのア～エは「不当な差別的取り扱い」もしくは「合理的配
　　慮の提供」の事例を示したものである。このうち、「合理的配慮の提供」に関するものを次の
　　ア～エの中から１つ選び、記号で答えよ。

「障害者差別解消法」
　全ての国民が、障がいの有無によって分けへだてられることなく、相互に人格と個性を
尊重し合いながら共生する社会の実現に向け、障がいを理由とする差別の解消を推進する
ことを目的として制定された。

○不当な差別的取り扱いの禁止
　不当な差別的取り扱いとは、正当な理由なく、障がいを理由として、財・サービスや機
会の提供を拒否するまたは、場所・時間帯などを制限する行為のことである。

○合理的配慮の提供
　障がい者やその家族、介助者等、コミュニケーションを支援する者からの何らかの配慮
を求める意思の表明があった場合には、その実施に伴う負担が過重でない範囲で、社会的
障壁を取り除くために必要かつ合理的な配慮を行うことが求められる。

ア　アパートなどの賃貸物件において、障がいがあることを理由に、アパートへの入居を拒否
　　する。
イ　市役所の窓口において、障がいによる様々な理由により、順番を待つことが難しい障がい
　　のある人には、他の人の了解を得て、手続き順を先にする。
ウ　病院や福祉施設において、障がいのある本人には話しかけず、介助者や支援者、付き添い
　　の人だけに話しかける。
エ　スーパーマーケットやレストランにおいて、障がい者が盲導犬や聴導犬を一緒に連れてい
　　ると入店を拒否する。

問3　［メモ］の（1）について、次の２つの表は日本、アメリカ、ドイツ、スウェーデンにおける高齢者（調査対象は60歳以上）の生活満足度や生きがいに関する調査結果（2020年）である。この調査結果に関して述べた次のＡ～Ｃの文のうち、正しいものはどれか。最も適当なものを次のア～キの中から１つ選び、記号で答えよ。

生活の総合満足度　　　　　　　　　　　　　　　　　　　　　　　　　　　　　　　（％）

	満足	まあ満足	やや不満	不満	無回答
日　　　本	21.1	60.4	12.8	3.4	2.3
ア メ リ カ	76.4	18.2	3.3	1.4	0.7
ド　イ　ツ	52.2	39.4	6.2	2.0	0.2
スウェーデン	56.2	36.0	3.5	0.7	3.6

生きがいを感じる時　　　　　　　　　　　　　　　　　　　　　　　　　　　　　　（％）

	仕事にうちこんでいる時	勉強や教養などに身を入れている時	趣味に熱中している時	スポーツに熱中している時	夫婦団らんの時	子供や孫など家族との団らんの時	友人や知人と食事、雑談している時	社会奉仕や地域活動をしている時	旅行に行っている時	他人から感謝された時	収入があった時	おいしい物を食べている時	若い世代と交流している時	おしゃれをする時
日　　　本	22.0	11.3	45.3	16.4	32.0	55.3	45.5	8.3	34.7	28.2	22.8	53.8	9.1	16.6
ア メ リ カ	47.7	46.5	71.4	26.6	52.0	76.3	80.5	54.7	61.7	81.9	43.5	75.0	69.5	48.3
ド　イ　ツ	18.4	14.3	50.8	21.6	44.8	70.2	63.5	15.8	53.0	45.2	26.4	62.0	23.9	26.7
スウェーデン	23.6	2.7	41.2	26.3	61.3	78.1	67.4	32.8	52.6	63.2	24.0	63.2	34.4	26.2

（内閣府 HP より作成）

　　Ａ　生活の総合満足度について、「満足」と「まあ満足」を合わせた割合は、日本は８割台だが、欧米３か国は９割を超えている。

　　Ｂ　生きがいを感じる時を見ると、日本、ドイツ、スウェーデンでは、「子供や孫など家族との団らんの時」の割合が最も高い。

　　Ｃ　生きがいを感じる時における「若い世代と交流している時」を見ると、最も高い国の割合は、最も低い国の割合の８倍以上である。

ア　Ａのみ　　　イ　Ｂのみ　　　ウ　Ｃのみ　　　　　エ　Ａ・Ｂ
オ　Ａ・Ｃ　　　カ　Ｂ・Ｃ　　　キ　Ａ・Ｂ・Ｃ

問4　［メモ］の（2）について、次の図はジェンダー・ギャップ指数（2023年）に関するものである。この指数は、男性に対する女性の割合（女性の数値/男性の数値）を示している。この図に関して述べた次のA～Cの文のうち、正しいものはどれか。最も適当なものを次のア～キの中から1つ選び、記号で答えよ。

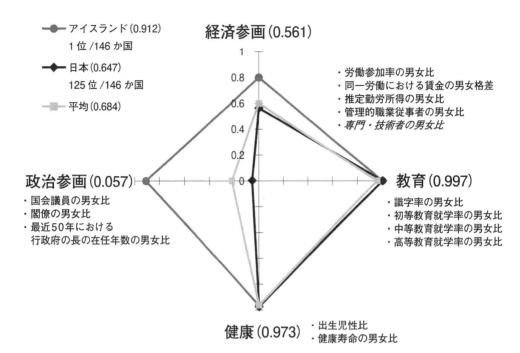

（備考）　1．世界経済フォーラム「グローバル・ジェンダー・ギャップ報告書（2023）」より作成
　　　　　2．日本の数値がカウントされていない項目はイタリックで記載
　　　　　3．日本の分野別順位：経済（123位）、教育（47位）、健康（59位）、政治（138位）
（内閣府HPより一部加工）

A　日本における「政治参画」と「経済参画」の指数は、平均よりも低い。
B　この指数が「0」であれば、男女が完全に平等であるということである。
C　国会議員および閣僚の女性割合がともに増え、最近50年における行政府の長の在任年数の男女比に変化がなければ、「政治参画」の指数は大きくなる。

ア　Aのみ　　　イ　Bのみ　　　ウ　Cのみ　　　　エ　A・B
オ　A・C　　　カ　B・C　　　キ　A・B・C

問5　［メモ］の（2）について、次の図は生活時間の国際比較（男女別）に関するものである。この図に関して述べたA・Bの文の正誤の組み合わせとして正しいものを次のア〜エの中から1つ選び、記号で答えよ。

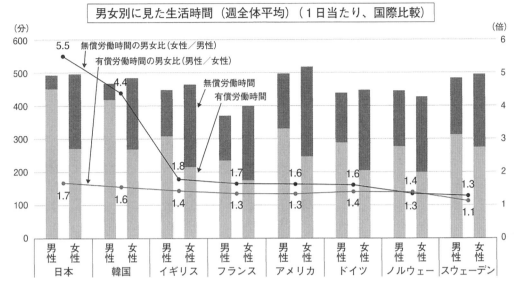

男女別に見た生活時間（週全体平均）（1日当たり、国際比較）

（備考）　1．OECD 'Balancing paid work, unpaid work and leisure (2021) をもとに、内閣府男女共同参画局作成。
　　　　　2．有償労働は、「paid work or study」に該当する生活時間、無償労働は「unpaid work」に該当する生活時間。
　　　　　3．「有償労働」は、「有償労働（すべての仕事）」、「通勤・通学」、「授業や講義・学校での活動等」、「調査・宿題」、「求職活動」、「その他の有償労働・学業関連行動」の時間の合計。「無償労働」は、「日常の家事」、「買い物」、「世帯員のケア」、「非世帯員のケア」、「ボランティア活動」、「家事関連活動のための移動」、「その他の無償労働」の時間の合計。
　　　　　4．日本は2016年、韓国は2014年、イギリスは2014年、フランスは2009年、アメリカは2019年、ドイツは2012年、ノルウェーは2010年、スウェーデンは2010年の数値。

（内閣府HP）

　　A　無償労働時間は、すべての国において女性よりも男性の方が多い。
　　B　日本は他国と比べて無償労働時間の男女比（女性／男性）・有償労働時間の男女比（男性／女性）ともに最も高い。
ア　A―正　B―正　　イ　A―正　B―誤　　ウ　A―誤　B―正　　エ　A―誤　B―誤

問6　下線部②について、アンコンシャス・バイアスとは、自分自身は気づいていない「ものの見方やとらえ方のゆがみや偏り」であり、「無意識の思い込み」や「無意識の偏見」と表現される。アンコンシャス・バイアスに基づく反応の具体例として適当でないものを次のア〜エの中から1つ選び、記号で答えよ。
　ア　私のクラスに転校してきたばかりの友人に、どこに住んでいるのかを質問した。
　イ　裁判官の親をもつ友人が見るテレビ番組は、きっとニュース番組だろうと想像した。
　ウ　新年度の担任の先生は、野球経験者と聞いていたので男性だと思っていたが、女性だった。
　エ　私の友人は理系学部に在籍しているから、国語は苦手だろうと思っていた。

問7　［メモ］の（3）について、次の文章は絶対的貧困と相対的貧困に関するものである。この文章に関して述べたA・Bの文の正誤の組み合わせとして正しいものを次のア～エの中から1つ選び、記号で答えよ。

> 絶対的貧困とは、ある最低必要条件の基準が満たされていない状態をさす。一般的には、最低限必要とされる食糧と食糧以外のものが購入できるだけの所得または支出水準（＝貧困ライン）に達していない人々を絶対的貧困者と定義する。
> 一方、相対的貧困とは、その国や地域の水準の中で比較して、大多数よりも貧しい状態のことをさす。相対的貧困はあまり表面にあらわれてこないため、絶対的貧困より可視化されにくい状況にある。しかし日本をはじめ先進国とよばれる国にも存在している深刻な問題である。

A　絶対的貧困者とは、十分な食糧はあるが、ぜいたくな暮らしはできない人々をさす。
B　相対的貧困が見られる国・地域はおもに発展途上国であり、先進国では相対的貧困は見られない。
ア　A－正　B－正　　イ　A－正　B－誤　　ウ　A－誤　B－正　　エ　A－誤　B－誤

問8　下線部③について、次の文章は賃金と労働時間の関係に関するものである。この文章の内容が示す図として最も適当なものを次のア～エの中から1つ選び、記号で答えよ。

> 賃金が上昇すると、提供される労働時間は一般的に長くなる。しかし、賃金の額が上昇を続けると、ある時点から労働者は労働時間を減少させると考えられている。

ア
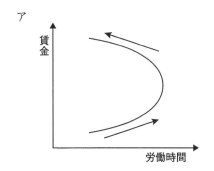

イ
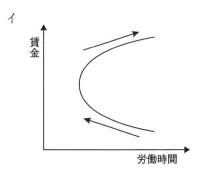

ウ
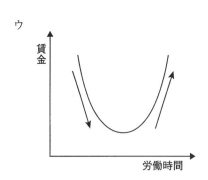

エ
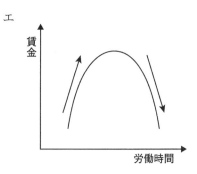

問9　下線部④について、労働と余暇はトレード・オフの関係にあるといわれる。トレード・オフとは、一方を追求すれば、もう一方をあきらめなければならないというように、同時に両立しえない関係のことをさす。トレード・オフの関係を示す具体例として最も適当なものを次のア〜エの中から１つ選び、記号で答えよ。

ア　夏休みに部活動の合宿に参加したが、合宿に参加したことで技術がどんどん上達し、レギュラーの座をつかむまでに成長した。

イ　スキーに行きたかったが、寝ぼうして行けなかった。その際、「行っていればけがをしてしまっていたかもしれない」と考える。

ウ　都市の開発をすれば環境が破壊され生物の生態系に影響を与えてしまい、環境を優先すれば都市の開発ができない。

エ　高い木の上にあるぶどうをとって食べたいと思うが、手が届かなくて食べることができなかった。その際「あのぶどうはすっぱくておいしくないだろう」と自分に言い聞かせた。

Ａさん：Ｂさんは夏休みの自由研究テーマは決めたの？

Ｂさん：今は立憲主義の目的について考えているところだよ。

⑤立憲主義の考え方を「檻の中のライオン」と表現するたとえがあるみたい。この言葉が立憲主義の目的を端的にあらわしていると思うんだ。(略)

Ａさん：初めて聞いた言葉だったけど、立憲主義についてよくわかったよ。

Ｂさん：あと、民主主義についても考えているんだけど、多数決って学校でもよく使ったりするよね？

Ａさん：うん。合唱コンクールの曲をクラスで決める時や、クラスで文化祭の出し物を決める時などに使うね。ふつう、多数決では一番多く選ばれた選択肢がその組織の意思になるよね。素早く意思決定できることは多数決のよいところだね。

Ｂさん：そうだね。しかし、多数決では少数派の意見が反映されない場合があるんだ。また、⑥選択肢が３つ以上の場合は多数意見を反映するとは限らないという点も多数決の課題として挙げられるよ。

Ａさん：たしかにそうだ。

Ｂさん：その多数決の課題についても考えてみようとも思っているところなんだ。

問10　下線部⑤について、「立憲主義の考え方を『檻の中のライオン』と表現する」とはどういう意味か。次の文の（　１　）～（　３　）に入る適語を答えよ。

なお、（　１　）は２字、（　２　）は４字、（　３　）は２字で答えること。

　　立憲主義とは、「檻」とたとえられている（　１　）によって、「ライオン」とたとえられている（　２　）を制限することで、国民の（　３　）を保障するという考え方。

問11　下線部⑥について、次の文章中の（　1　）・（　2　）に当てはまる適切な組み合わせを次のア～カの中から1つ選び、記号で答えよ。

> 　多数決について考える。実は多数決が多数派の意思を正しく反映できるとは限らない。選択肢が3つ以上だと票の割れが起こるからだ。例えば、9人のグループで文化祭の研究発表会のテーマを決める場合を考える。次の表を見てほしい。
>
> | | 4人 | 3人 | 2人 |
> |---|---|---|---|
> | 1位 | SDGs | 少子高齢化 | 地球温暖化 |
> | 2位 | 少子高齢化 | 地球温暖化 | 少子高齢化 |
> | 3位 | 地球温暖化 | SDGs | SDGs |
>
> 　単純な多数決だと、（　1　）に決まる。だが、多数派（5人）は（1）を最下位にしているのだ。
> 　この問題を解消する方法のひとつが「ボルダ・ルール」である。「ボルダ・ルール」では、有権者が「1位の選択肢に3点、2位に2点、3位に1点」というように投票する。すると1票につき1～3点が加点されていく。「ボルダ・ルール」に基づくと、（　2　）が1位となる。

ア　（1）　SDGs　　　　　　（2）　少子高齢化
イ　（1）　SDGs　　　　　　（2）　地球温暖化
ウ　（1）　少子高齢化　　　（2）　SDGs
エ　（1）　少子高齢化　　　（2）　地球温暖化
オ　（1）　地球温暖化　　　（2）　SDGs
カ　（1）　地球温暖化　　　（2）　少子高齢化

　次の文章は、2018年に「ナンバープレート」について書かれたものである。よく読んで、あとの各問に答えよ。（字数制限のある問いは、句読点・記号も1字に数える。なお、設問の都合で、本文を一部改めたところがある。）

（浅井建爾「誰かに教えたくなる道路のはなし」より）

問1　次の資料1は、登録自動車の「ナンバープレート」の分類である。本文及び資料1より、あとの(1)・(2)に答えよ。

資料1　（登録自動車のナンバープレート表示）

区　分	自動車種別・用途等による区分		用途別ひらがな文字	番号標板の塗色
1　登録自動車　大阪100　に 46-49　（大板）　普通自動車で車両総重量8トン以上のもの最大積載量5トン以上のもの又は乗車定員30人以上のものは大板　なにわ555　う 46-49　（中板）	普通	貨物自動車………1、10〜19及び100〜199 乗合自動車………2、20〜29及び200〜299 乗用自動車………3、30〜39及び300〜399	自家用 さしすせそたちつてとなに ぬねのはひふほまみむめ もやゆらりるろ 貸渡（レンタカー）用 われ 事業用 あいうえかきくけこを	自家用 貸渡 （レンタカー）用 …白地・緑文字 事業用…………緑地・白文字
	小型	貨物自動車………4、40〜49及び400〜479 　　　　　　　　6、60〜69及び600〜699 乗合自動車及び 5、50〜59及び500〜579 乗用自動車　　　7、70〜79及び700〜779		
		特殊用途自動車………8、80〜89及び800〜879 大型特殊自動車………9、90〜99及び900〜999 大型特殊自動車のうち建設機械に該当するもの………0、00〜09及び000〜099		
		※下2字「00」〜「99」が払底した場合は、アラビア数字「0〜9」とA・C・F・H・K・L・M・P・X・Yのローマ字を組み合わせ使用する		

（大阪府自家用自動車連合協会HPより）

(1)　「ナンバープレート」の説明として正しいものを次のア〜キの中から2つ選び、記号で答えよ。

ア　「00-00」という一連指定番号はない。

イ　ひらがなは自動車検査登録事務所の地名の頭文字である。

ウ　上段にはそれぞれの運輸支局を表す数字が表示されている。

エ　下段には自動車の大きさを表すひらがなと数字が表示されている。

オ　最も小さいサイズの「標識」は原動機付自転車だけに取り付けられる。

カ　「自動車登録番号標」は自家用車か事業用かによって大きさが異なる。

キ　レンタカーであるか否かはひらがなの整理文字によって区別することができる。

(2) タクシーのナンバープレートとして正しいものを次のア～エの中から1つ選び、記号で答えよ。

ア　白色地に緑色文字

佐賀359
お 12-34

イ　白色地に緑色文字

佐賀423
や 12-34

ウ　緑色地に白色文字

佐賀500
え 12-34

エ　緑色地に白色文字

佐賀122
た 12-34

問2　（　A　）・（　B　）に入るひらがな1字を2つ答えよ。

問3　下線部①「『し』は『死』を連想するので縁起が悪く」について、次の(1)・(2)に答えよ。
　(1)　下線部①とは反対に「末広がり」といって、物事が次第に栄えていくことを連想させる数字を漢数字で答えよ。
　(2)　下線部①のように、縁起が悪いと感じさせる言葉のことを「忌み言葉」という。「忌み言葉」は、特に冠婚葬祭の時には使うことがはばかられており、葬儀に参列した人に「お忙しいなか、来ていただき、ありがとうございます」とは、言わない方がよいとされている。それはなぜか、わかりやすく説明せよ。

問4　（　C　）・（　D　）に入る都道府県名をそれぞれ答えよ。

問5　次の条件1～条件5に従い、1955年から2022年までのナンバープレートの地名の表記の変遷を120字以上150字以内でまとめよ。
　　条件1　「1955年」「1962年」「2000年」「2006年」「2022年」を順に必ず用いること。
　　条件2　「46種類」「87種類」「133種類」を必ず用いること。
　　条件3　3文で書くこと。（句点（「。」）を3つ打つこと。）
　　条件4　数字は、1マスに2桁で書くこと。　例　| 20 | 21 | 年 |　　| 13 | 3 | 種 | 類 |
　　条件5　1段落で書くこと。（書き出しの1マスを空けて書き出すこと。）

問6　「ご当地ナンバー」の説明として正しいものを次のア～キの中から2つ選び、記号で答えよ。
　ア　最初の「ご当地ナンバー」は、北海道の7地域名である。
　イ　「ご当地ナンバー」を作ったことで、交通事故や交通違反が減少した。
　ウ　「ご当地ナンバー」制度は、その地域名を全国に広めるためのものである。
　エ　対象地域の観光の需要を生み出すことが「ご当地ナンバー」の第一の目的である。
　オ　運輸支局や自動車検査登録所の所在地の「ご当地ナンバー」は存在しない。
　カ　地元住民の過半数の要望さえあれば「ご当地ナンバー」を作ることができる。
　キ　「ご当地ナンバー」には郷土に対する愛着を向上させる効果が期待できる。

問7　次の資料2は、2022年4月に申請要件がさらに緩和された「ご当地ナンバー」の申請要件を
　　わかりやすくまとめたものである。今回の要件の緩和に伴って、X県内のA市が隣接するB町
　　と一緒に「A（A市の名称）」という「ご当地ナンバー」を申請したいと考えているとする。
　　資料2を読み、あとの(1)・(2)に答えよ。

資料2

> Ⅰ新たな地域名表示の追加
> 1地域名表示の追加については、以下の各項目を満たすものであること。
> （1）　地域の基準
> ①地域名表示の単位
> 　次のいずれかの要件に該当すること。
> 　（ア）　新たな地域名表示の追加を要望する地域（以下、「対象地域」という。）内の登録
> 　　　　自動車の数が10万台を超えていること。
> 　（イ）　対象地域内の登録自動車及び軽自動車の数の合計が17万台を超えていること。
> 　（ウ）　複数の市区町村を含む地域を対象地域とするものであって、当該対象地域内の登
> 　　　　録自動車の数が概ね5万台を超えていること。
> 　（エ）　複数の市区町村を含む地域を対象地域とするものであって、当該対象地域内の登
> 　　　　録自動車と軽自動車の数の合計が概ね8.5万台を超えていること。
>
> 　　　　　　　　　　　　　（………　中　略　………）
>
> ④その他
> 　次に掲げるすべての要件を満たすものであること。
> 　（ア）　対象地域において、地域住民の合意形成が図られていること。
> 　（イ）　地域住民の合意形成に際しては、要綱の趣旨やご当地ナンバーの対象自動車につ
> 　　　　いて、十分に説明を行うこと。
> 　（ウ）　地域住民の合意状況は、地域的その他の属性に大きな偏りがない等の適切な方法
> 　　　　により、アンケート、ヒアリング等を実施して確認すること。
> 　（エ）　対象地域が、当該地域を管轄する都道府県内における他の地域名表示の対応地域
> 　　　　と比較し、人口、登録自動車の台数等に関して、極端なアンバランスが生じないも
> 　　　　のであること。

（国土交通省自動車局自動車情報課「地方版図柄入りナンバープレート導入要綱」より作成）

⑴　今、A市には4万台の登録自動車がある。B町には、登録自動車、軽自動車ともに、A市
　の5分の1ずつしかない。今回の申請では、申請要件の台数をかろうじて超えることができ
　たとする。この時、A市にある軽自動車の台数として適当なものを次のア～オの中から1つ
　選び、記号で答えよ。
　　ア　1万7千台　　　イ　3万1千台　　　ウ　5万3千台
　　エ　7万5千台　　　オ　10万6千台

(2) A市とB町で申請の賛成・反対のアンケートをそれぞれの全住民に実施したとする。その結果が結果1〜結果5である。これを踏まえた次の議論を読み、あとの①〜③に答えよ。

　　結果1　A市とB町を合わせて2分の1以上の賛成が得られた。
　　結果2　B町のアンケートでは賛成よりも反対の方が多かった。
　　結果3　A市のアンケートでは、賛成が8割以上であった。
　　結果4　A市とB町の反対は、ほぼ同数であった。
　　結果5　A市の賛成が、B町の反対を大きく上回った。

　　Aさん：対象地域の過半数の住人が賛成しているので、申請をしてもいいんじゃないかな。
　　Bさん：A市では、反対は2割もいないよ。
　　Cさん：B町の反対の人数もA市と同じなら、たしかに反対の人は少ないと言えるよね。
　　Dさん：本当にそうかな、資料2では「地域的その他の属性に偏りがない」ように実施することって注意しているよ。A市とB町のそれぞれの結果をわけて考えないと（　①　）とは言えないんじゃないかな。
　　Aさん：そうか、そもそもA市は（　②　）ので、全体の結果に大きく影響して、A市の考えが全体の考えのように見えてしまうんだ。
　　Bさん：たしかに、B町の住民の意見が反映されているとはいえないね。
　　Cさん：「（　③　）」が最も重視されないといけないのか。
　　Dさん：B町の人たちも賛成できる地域名にしないといけないということだよね。

①　（　①　）に入る語句を資料2から7字で抜き出せ。
②　（　②　）に入る表現を次のア〜オの中から1つ選び、記号で答えよ。
　ア　B町より人口が多い　　　　　イ　B町より面積が広い
　ウ　B町より登録自動車が多い　　エ　B町より財政が豊かな
　オ　B町より知名度が高い
③　（　③　）に入るものを次のア〜オの中から1つ選び、記号で答えよ。
　ア　結果1　　イ　結果2　　ウ　結果3　　エ　結果4　　オ　結果5

3 あとの各問に答えよ。

問1 次の①、②は例のように（　）に漢字1字を入れると熟語がつながる。（A）～（J）に入る
　　漢字をそれぞれ1字で答えよ。
〔例〕
　　優（勝）利（害）虫
①
　　聖（A）簡（B）純（C）午（D）兆（E）補
②
　　救（F）長（G）軽（H）少（I）将（J）賓

問2 次の①～⑤の内容にふさわしいことわざを、次のア～カの中からそれぞれ1つずつ選び、記
　　号で答えよ。
　　①　このチームの監督は3点リードしていても1点を確実に取る戦法をくずさない。
　　②　役者を目指して下積みを続けている友人は、あきらめずにけいこをしている。
　　③　算数と国語の成績をいっぺんにあげようとしたが、どちらも中途半端になった。
　　④　子どもの頃から負けず嫌いの祖父は、孫の僕にゲームで負けても悔しがる。
　　⑤　母はのんびり屋の姉にいつも小言を言うのだが、姉は相変わらずマイペースだ。

　　ア　三つ子の魂百まで　　　　　　　イ　のれんに腕押し
　　ウ　二兎を追う者は一兎をも得ず　　エ　石橋をたたいて渡る
　　オ　弘法にも筆のあやまり　　　　　カ　石の上にも三年

問3 次の①～⑤の（　A　）～（　E　）にあてはまる最も適当なことばを、次のア～カの中から
　　それぞれ1つずつ選び、記号で答えよ。
　　①　ボールを追って（　A　）走ってみても仕方がない。
　　②　彼女は（　B　）無理をしがちだ。
　　③　宿題を（　C　）済ませてしまった。
　　④　これでは優勝などとても（　D　）。
　　⑤　（　E　）成績に次回はがんばろうとちかった。

　　ア　いたずらに　　　イ　おざなりに　　　ウ　ややもすると
　　エ　おぼつかない　　オ　ふがいない　　　カ　いたたまれない

K 教英出版

【総合

令和6年度（2024年度）

中学校12月新思考入学試験問題

英　語

（50分）

放送を聞いて、Part 1 〜 4 の各問いに答えよ。放送は 2 回ずつ流れる。

Part 1 　　　　　　　　　　　　　　　　　　　　**※音声と放送原稿非公表**

今から英語である語の説明がある。その説明が表すものを、それぞれ日本語で答えよ。

(1)

(2)

Part 2
それぞれの問いについて対話を聞き、答えとして最も適切なものを、以下の①～④から選べ。

(1) How many new students does the man expect in total?
① 2
② 3
③ 7
④ 10

(2) Where are the man and the woman now?

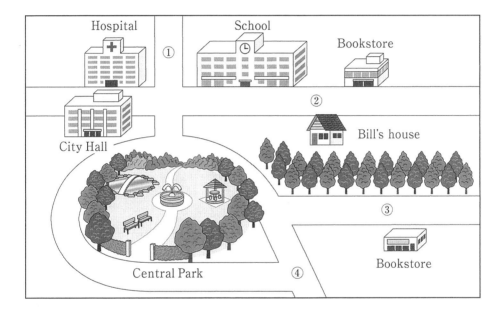

Part 3
　対話を聞き、その最後の発言に対する応答として最も適切なものを、以下の①〜④からそれぞれ選べ。

(1)
　① Well, then you'll be really hungry at dinner, won't you?
　② I'm so glad to hear that you have already finished your homework.
　③ OK. You can eat first because you did your homework.
　④ You can't cook curry and rice in two or three hours.

(2)
　① It's not so far from here.
　② Because I love Spanish culture.
　③ It's going very well.
　④ I've been studying it since last year.

Part 4
睡眠について Kevin と Tricia が話をしている。対話を聞き、後の問いに答えよ。

(1) 対話の内容に合う最も適切なものを、以下の①〜④から選べ。
①　Tricia is an early riser.
②　Tricia is too busy to get enough sleep.
③　Tricia is so busy that she sleeps for a long time to recover.
④　Tricia is the kind of girl who doesn't need much sleep.

(2) 早稲田太郎君は Kevin と Tricia の会話を聞いた後、その内容を以下のようにメモを取った。
　　2人の会話の内容に合うように、（　ア　）、（　ウ　）、（　エ　）には適切な数字を、（　イ　）
　　には内容に合う日本語を2つ以上答えよ。

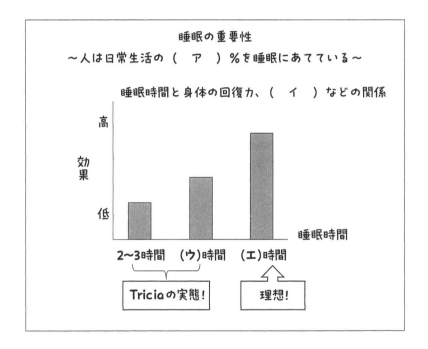

リスニングの問題は以上です。問題は次に続きます。

2 次の各問いに答えよ。

〈A〉 次の（　　　）に入るものとして最も適切なものを、以下の①〜④からそれぞれ選べ。

1．A： You should buy this electronic dictionary. It's on sale now.
　　B： I know I can study more efficiently （　　　） it, but it's still too expensive for me.
　　① to　　　　　② with　　　　　③ in　　　　　④ over

2．I'll give （　　　） on your birthday.
　　① you a new bike　　　　　② a new bike with you
　　③ a new bike you　　　　　④ you to a new bike

3．A： （　　　） we go shopping after lunch?
　　B： No, let's not. We haven't finished our report yet.
　　① Can　　　　　② Shall　　　　　③ Should　　　　　④ Will

4．I know a boy （　　　） father is a famous writer.
　　① who　　　　　② whom　　　　　③ whose　　　　　④ that

5．My grandmother looks much younger （　　　） she is over sixty.
　　① if　　　　　② because　　　　　③ so　　　　　④ although

6．It's （　　　） that I'd like to take my dog for a walk.
　　① such a beautiful day　　　　　② a so beautiful day
　　③ such beautiful a day　　　　　④ a beautiful day so

〈B〉　会話が成り立つように（　　　）内の語句を適切に並べかえ、（　　　）内で3番目と6番目に来るものをそれぞれ選べ。ただし、文頭に来る語も小文字で示してある。

1．A：Mike, I （ ① me　② to　③ you　④ tell　⑤ want　⑥ don't ） a lie. You must be honest with me.
　　B：OK... I broke that vase.

2．A：Let's play *shiritori* with English words!
　　B：No way! I don't know as （ ① English　② many　③ as　④ do　⑤ you　⑥ words ）.

3．A：（ ① I've　② tried　③ the most　④ activity　⑤ exciting　⑥ ever ） is skydiving.
　　B：Really? I'm afraid of heights.

3 次の会話文を読んで、後の問いに答えよ。

Situation : This is a conversation between two sisters, Lisanne (L) and Karin (K) while shopping for a Christmas present for their little brother, Chris.

L: Oh, I never know what to buy Chris for Christmas. He has everything.

K: I know what you mean. Toys are so expensive and ァhe seems to move onto something else within a day of getting a new toy.

L: I wish there was a toy library in this shopping mall. It would make things much easier.

K: A toy library? What is that?

L: Oh, you haven't heard about them? A toy library is like a book library, but for toys. Families pay a membership fee to rent toys, take them home and （　A　）.

K: That sounds quite interesting. I'm sure that kind of library would be quite popular in this town.

L: I was watching a documentary about it on TV a few days ago, and in Townsville, Australia, the local toy library has over 320 members, one of the highest numbers in the last 45 years. One member said that she saved around $15,000 in all the years she's been a member.

K: Wow, that's huge! I guess （　あ　） the cost （　い　） living going up, families are trying to find ways to save money. What a fabulous idea!

L: There are over 380 toy libraries in Australia, with over 130,000 members. The documentary broadcaster said that this represents over $28 million worth of toys saved by users.

K: That is amazing. And, I'm sure that by playing with new kinds of toys like that, it's like having Christmas every two weeks. I'm sure the kids enjoy that.

L: I'm sure they do. ィAlso, aside from saving money, it helps reduce household waste.

K: Yeah, it does. Now, let's find a present for Chris.

	(5)	

2	(1)	(ア)		(イ)	
	(2)		cm	(3)	cm

解 答 は 裏 面 へ 続 く

| 4 | (1) | 秒 | (2) | 倍 |
| | (3) | 秒 | | |

(4) 振り子が1往復する時間は，
- -

(5) 秒

問5																		
																		120
問6																		|150

問7 (1)		問7 (2)①						問7 (2)②		問7 (2)③	

3

問1 A		問1 B		問1 C		問1 D		問1 E	
問1 F		問1 G		問1 H		問1 I		問1 J	
問2 ①		問2 ②		問2 ③		問2 ④		問2 ⑤	
問3 A		問3 B		問3 C		問3 D		問3 E	

3	
	10
	20

4		5		6		

7	
	10
	20

5 〈A〉

	10
	20

〈B〉

①	
②	
③	
(A)	10
(B)	10

中学校　　英語　　（50分）

1

1	(1)		(2)		
2	(1)	(2)	3	(1)	(2)
4	(1)	(2) ア	イ	ウ	エ

2

〈A〉

1	2	3	4	5	6

〈B〉

1	3番目	6番目	2	3番目	6番目	3	3番目	6番目

3

1			性格	
2	3	4	5	

【解答用

中学校　　総合Ⅱ　　（50分）

1

問1	問2	問3	問4	問5
問6	問7	問8	問9	
問10 (1)	問10 (2)		問10 (3)	問11

2

問1 (1)	問1 (2)	問2	問3 (1)
問3 (2)			
問4 C	問4 D		

中学校　　総合Ⅰ　　（50分）

3	(1)		cm²
	(2)	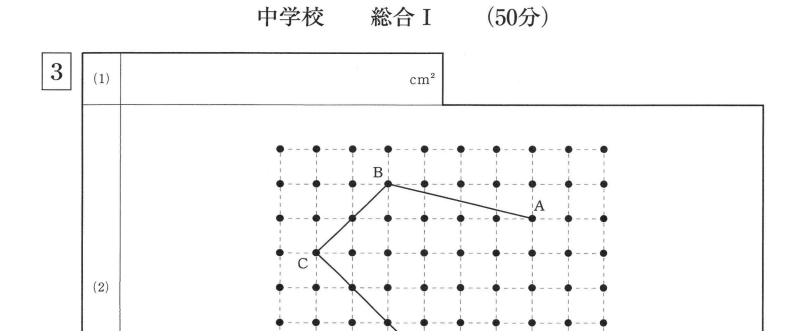	

中学校　　総合 I　　（50分）

1

(1)

(ア) $x:$ ....,　$y:$ ....,　$z:$ ....

(イ)

(ウ)

(2) cm²　(3)

(4)

(ア) 回

(イ)

1．下線部アにおいて、Chris はどのような性格の男の子と考えられるか。解答欄に合うように 5字の日本語で答えよ。

					性格

2．（　A　）に入る表現として最も適切なものを、以下の①〜④から選べ。
① bring them back again after a few weeks
② let their children own the toys
③ use them until they are worn out
④ send them to another family's children

3．（　あ　）、（　い　）に入る語の組み合わせとして最も適切なものを、以下の①〜④から選べ。
① （あ）of　（い）with　　　② （あ）of　（い）of
③ （あ）with　（い）of　　　④ （あ）with　（い）with

4．下線部イのような状況に最も合う四字熟語を、以下の①〜⑤から選べ。
① 一朝一夕　② 一挙両得　③ 一期一会　④ 一刀両断　⑤ 一長一短

5．本文の内容に合うものを、以下の①〜⑥から2つ選べ。
① There is a toy library in the town where Lisanne and Karin live.
② There are about 320 people that use toy libraries in Australia.
③ Some members of toy libraries saved $15,000 in a year.
④ Without toy libraries, the users would have spent over $28 million on toys.
⑤ The system of toy libraries would allow children to play with new kinds of toys every other week.
⑥ Lisanne and Karin managed to find a present for Chris.

4   次の英文を読んで、後の問いに答えよ。

Soapy was a man who was jobless as well as homeless. ①He felt uneasy when he found the signs of approaching winter. These signs were that birds were moving to the south, trees were shedding leaves, and people had a desire for new warm clothes. He had a desire for shelter during the winter period. He chose Blackwell's Island prison instead of other places like charity houses because it was the cheapest option.

Soapy then made attempts to get himself arrested. His first plan was to eat at a fine restaurant and say that he had no money. Soapy thought that this would put him in Blackwell's prison for three months. With this plan in mind, Soapy went to a restaurant where only rich people would go every evening. The head waiter saw the broken shoes of Soapy and told him to get out. So, （　あ　）.

Walking away from the restaurant, Soapy went to a second restaurant. After eating some food there, Soapy said that he had no money to pay. ②The waiter threw him out instead of calling the police.

He had another idea to break a glass window of a bookstore with a stone. He took a stone and smashed it through the glass. A police officer came running around the corner. Soapy stood still, hoping to get arrested. （　い　）, the officer didn't think wrongdoers would stay at the crime scene and he didn't arrest Soapy.

A short while later, Soapy saw a man who was buying a newspaper in a store. He had a fine silk umbrella with him. Soapy robbed him of his umbrella and ran away. The man also ran after him. Soapy stopped and told him to call the police officer who was standing at a corner. The man （　う　） to call the officer because he himself had stolen the umbrella.

Soapy then gave up all hopes of getting arrested. He stopped in front of an old church and listened to the sound of an organist playing anthems. It reminded him of the old days, when his life was full of hope. ア The beautiful moon above also gave him peace of mind. イ Then a sudden change came in his soul. ウ At that moment, Soapy came to the decision to change his life for the better. エ He decided to avoid the challenges of life. So he decided to find work from the very next day.

Just then a police officer came there and asked Soapy what he was doing. He began to argue with him due to his new confidence. ③However, the officer took him to the station and found out what he had done that day. Finally, at the court, the judge gave him a three-month prison sentence on Blackwell's Island.

1．下線部①を和訳せよ。

2．（　あ　）に入る表現として最も適切なものを、以下の①〜④から選べ。
   ①　his plan worked as he had expected
   ②　his first attempt was a failure
   ③　his success was because of his efforts
   ④　his first plan was well-designed

3．下線部Ⅱについて，"The waiter" はなぜそのような行動をとったのか、あなたの考えを10〜20語の英語で説明せよ。なお、［．］や［，］などの符号は語数に含めないものとし、英文の数は問わない。

4．（　い　）に入る最も適切なものを、以下の①〜④から選べ。
   ①　Fortunately　　　②　First of all　　　③　Furthermore　　　④　However

5．（　う　）に入る最も適切なものを、以下の①〜④から選べ。
   ①　refused　　　　②　was willing　　　③　tried　　　　④　was eager

6．下線部ア〜エから本文の内容にそぐわないものを、１つ選べ。

7．下線部Ⅲについて、この時の Soapy の心情を10〜20語の英語で説明せよ。なお、［．］や［，］などの符号は語数に含めないものとし、英文の数は問わない。

5 次の各問いに答えよ。なお、［．］や［，］などの符号は語数に含めないものとする。

〈A〉 下の絵から分かることを、10〜20語の英語1文で述べよ。ただし、[　　　]内の語句を
すべて用いること。

[the man ／ sunny]

〈B〉 次の下線部①〜③を英語に直せ。また、（　A　）、（　B　）内には文脈に合う内容を考え、5〜10語の英語を書け。

　　　Emi：　ジョー、どうかしたの。
　　　Joe：　この制服を着ていると、ちょっと暑いんだ。
　　　Emi：　①私たちの制服が気に入らないの。
　　　Joe：　いや、気に入っているんだけど。②こんな天気じゃ暑すぎるよ。
　　　Emi：　カンザス州のあなたの学校には制服がないのよね。制服がないのってどんな感じかしら。
　　　Joe：　とても快適だよ。だって、（　A　）。君は制服についてどう思うの。
　　　Emi：　ありがたいと思っているわ。制服があれば、（　B　）。
　　　Joe：　なるほど、それは良い指摘だ。③そんなことは考えてもみなかったよ。

令和5年度（2023年度）

中学校入学試験問題

国　語

（60分）

注　意

「始め」の合図があるまでは問題を開いてはいけません。

1　「始め」という合図で始め、「やめ」という合図ですぐにやめなさい。

2　問題は1ページから16ページまでです。

3　解答を始める前に、まず、解答用紙に受験番号と氏名を記入しなさい。
　　受験番号は5桁です。算用数字で横書きにしなさい。

4　答えは、すべて解答用紙に記入しなさい。

5　質問や用があるときは、声を出さずに静かに手をあげなさい。
　　問題の内容についての質問は受け付けません。

早稲田佐賀中学校

次の文章Ⅰ・Ⅱを読んで、あとの設問に答えよ。（字数制限のある設問は、句読点・記号も一字と数える。）

一

1 映画における影の重要なモチーフのひとつは、映画技術の進歩・発達を誇示するための、リアルな都市をめぐる表現であるといってよいだろう。映画はその草創期からすでに都市を描くことに大きな関心を寄せてきたが、都市は映画のなかでさまざまに表現されてきた。

2 おそらくヒッチコックにとって、今日の映画はあまりにも語りすぎていて、そのための視覚的な経験が失われているように見えたのだろう。映画草創期には、現実的な叙述がなされていなかったが、それはあらゆる面で細かい叙述が失われ、影はおよそあらゆる描写にとっていまだ影としての実質を持っていた。一九三〇年代、四〇年代の映画では、影はそのようなものとして用いられることがあった。撮影所の制約によって、無事撮影が予定された、いわゆる表現主義的なキアロスクーロであり、影の描写はたやすくキアロスクーロ・ドイツの映画は影を

3 ムルナウの『吸血鬼ノスフェラトゥ』、現実主義への群衆社会を描いた『メトロポリス』、そしてラングの『M』、これらの映画が描いたのは、そうした影の頂点をきわめた作品だったが、影をもって人間の殺人者を描いたリアルなものは、ラングの『M』に始まるといってよいかもしれない。一九三〇年代、四〇年代の映画のなかで影は大きな影響力を持ち、博士の恐怖や不安を影の描写へと代行させることに成功し、やがてアメリカへと移されていった、いわゆるフィルム・ノワールの作品は、それらの影の描写へとキャリーオーバーされていくのである。

4 映画史上、影はたんに作品の内容を描くだけでなく、その作品を象徴する迫真性をもった迫力を開始しうる。というのは、謎めいた連続誘拐殺人者への脅迫状が放送されうるといった作品の冒頭において、主人公の殺人者の顔は見えず、影だけが引きずられるように映し出されたとき、影はその後に見えてくる殺人者の顔よりも、強烈な影響を観客に与えただろう。その後の映画へと伝播した速度の生々しさ、第三次大戦後の映画の作品は

5 反対に影を描こうとしたときには、光を描かなければならない。その光が闇から始まるアメリカの映画は第二次大戦後の映像の美学へと到達したのだが、光と影の頂点に達した作品として、『第三の男』が描いた影の美学に対する、影はまた後になかなか消え去ることのできなかった例といえるだろう。影それ自体が後ろからやってくるときは、影は見えず、その人物の影が消えてしまうという逆転した図式が活用される。被写体の影が始まるとき、被写体自身が図式から闇へと移行してしまうという現代の照明の意味しているもの、②今日では意識しつつも

6 光のヨーロッパといってよい都市と、影の日本を同じように考えてよいだろうか。計算された都市と、ビルの街、コンビニの光が、地下鉄やビル街、地下商店街、店内の照度は昼でも夜でも変わらない。光＝安全、影＝危険という意識が社会の常識となり、闇から生まれてくる人工衛星からの夜の写真を見ると、日本は影が少ないのは、現代の照明が闇を消し去り、③都市計画における光がいかに影を減らし、光の地帯が拡大しているかが見てとれるだろう。都市としてもともと影は、日本や大都市をも打ち消している図式も同じだと思うが、それは不必要な影を消すという都市をめぐる、影の危険な境界を拡大することによって、都市から影を見るのは、日本だけではなかろう。

注
トーキー…音声を伴う映画。
サイレント映画…音声を伴わない画像だけの映画。
ジョルジュ・メリエス…一九〇〇年前後から活躍したフランスの映像作家。
アヴァンギャルド…芸術表現で前衛的な気持ちをもつ作家や作品、そのような気持ちを表現したときの芸術傾向。
アルゴリズム…同一の問題を解決するための手順・計算方法。

（港千尋『映像論　〈光の世紀〉から〈記憶の世紀〉へ』）

— 2 —

問5 傍線部④「影の経験と場所」とは、どのような経験のことか。五十字以内で説明せよ。

オ 光られた範囲だけでなく、光の及びにくい闇としての地帯も含めて、人間の安全を確保するという、安全と安心の意識を高めるような場所。

エ 光の及ばない場所だとしても、安全のために最も適当な事件の出来を未来に近く安全だという意識を与えるような場所。

ウ 安全のために照らされているところでも、影が出てしまうような安全意識を高めるような管理する場所。

イ 光が影を作り出す際にも、影としての危険意識を人間に取り除くことで、CGの中の安全な事件の減少に貢献するような場所。

ア 光で明るい場所だと考えていても、闇を作り出せるような経験を人に与える場所。

問4 傍線部③「闇の訪れ」とは、どういうことか。その説明として最も適当なものを次のア〜オの中から一つ選び、記号で答えよ。

問3 傍線部②「今日では……」について説明した次の文の空欄 X ・ Y に入る語句を、本文中から X は四字、Y は六字でそれぞれ抜き出して答えよ。

光と影とは対になるものであり、光は現在を描き、影は未来を表すというように、作品の中から X を表現していたが、今日では Y 。

問2 傍線部①「戦慄の効果」とはどういうことか。その説明として最も適当なものを次のア〜オの中から一つ選び、記号で答えよ。

ア サスペンスの映画の殺人鬼の影と出口とは、殺人鬼への恐怖を演出するために当時として恐怖と影の説明がなされていた代表的な方法だということ。

イ サスペンスの映画の殺人鬼の影と出口とは、殺人鬼がナチスに震えるような身の毛のよだつ恐怖を表現する典型的な表現だということ。

ウ サスペンスの映画の殺人鬼の影と出口とは、殺人鬼への恐ろしさを表現し、後続する連続殺人犯の孤独を示すような作品の独自性を称する工作が生み出したものだということ。

エ サスペンスの映画の殺人鬼の影と出口とは、殺人鬼への誘拐殺人犯の孤独を表現した代表作として示すものだということ。

オ サスペンスの映画の殺人鬼の影と出口とは、殺人鬼への恐怖を演出し、後続する恐怖映画の代表作として称されたものだということ。

問1 空欄 A に入る語句を、形式段落 2 〜 4 から四字で抜き出して答えよ。

— 3 —

問7　文章全体の構成を説明するものとして最も適当なものを次のア〜オの中から一つ選び、記号で答えよ。

ア　形式段落□1〜□4では映画における光と影の重要性を言及し、形式段落□5〜□8では光が我々の身体を包みこむものとして、その存在意義が説明され、形式段落□11では都市□5〜形式段落

イ　形式段落□1〜□4では映画における光と影が我々の身体としての自由とも言え、形式段落□5〜□8では光の存在が説明され、形式段落□11では都市□5形式段落

ウ　形式段落□1〜□4では映画における光と影の象徴としての表現を促し、形式段落□8〜□11では影の存在を肯定する状況を言及する。形式段落□7〜□11では影の存在を説明し、形式段落□8〜説明

エ　□11形式段落□1〜□4で映画では影を見ることが危険な様態として、形式段落□5〜□7では映画における平和な影とは異なり、都市における光と影の歴史的経緯という意義が説明され、形式段落□7〜形式段落□11では影の重要性が説明される。形式段落□8〜説明　形式段落

オ　かげが影のあり方に言及し、形式段落□1〜□4では映画の世界における光の方向性があることが我々の身体としての自由とも言え、光をたどっていくことは技術説明全体を通して説明し

いる。

問6　傍線部⑤「影を取り戻す」とは、影を取り戻すためにはどうすればよいと筆者は考えているのか。その説明として最も適当なものを次のア〜オの中から一つ選び、記号で答えよ。

ア　筆者自身の影を取り戻すような努力をしなければならない

イ　危険なものとの考えを取り除いて、影を作り出す必要がある

ウ　自然な光とともに影も過当な価値を認める必要がある

エ　都市の空間演出と光が遊ぶ人に影を作り出す必要がある

オ　子ども自身の影を周囲と遊びを求めて、影を探し求めている人に美しく映えるように影を作り出す必要がある

Mさんは**文章Ⅰ**に対する理解を深めるため、**文章Ⅱ**を読んだ。**文章Ⅰ**を参考にして、後の各問いに答えよ。

文章Ⅱ

　心がとらわれているときって、同じことばかり考えてしまうよね。心がとらわれないためには、どうすればいいのか。

　基本的には頭の中の問題なんだけれども、だからといって、心だけで解決しようとしてもなかなかうまくいかないんだ。そんなときこそ、まず体を動かしてみることが大事なんだね。

　たとえば勉強や部活で悩んでいるとしよう。その原因について考え込んでしまうと、どんどん気持ちが沈んでいくことがある。そんなときは、いったん心を離れて、体を動かしてみるといいんだ。

　映画の主人公たちも、悩んでいるときはよく走ったりしているよね。あれは本当に効果があるんだよ。体を動かすことで、心の問題から距離を置くことができるからね。

　それから、誰かに相談するのもいい方法だ。友だちや仲のいい人に話を聞いてもらうと、それだけで心が落ち着いてくるよね。自分の悩みを声に出すことで、何が問題なのかが整理されてくるからね。

　共通して言えるのは、心の中だけで何とかしようとしないということ。体を動かしたり、人に話したりすることで、心は軽くなっていくんだ。

　ただ、そうはいっても、なかなか一人ではうまくいかないこともあるよね。そんなときは無理をせず、誰かの力を借りることも大切なんだ。

　心の問題は、心だけで解決できるものではない。体や人とのつながりの中で、少しずつ向き合っていけばいいのではないだろうか。

逆に体を動かすことで、心のとらわれから解放されることがあるのかもしれない。

（小川仁志『子どものためのソクラテス』）

（Mさんのまとめ）

文章Ⅱで傍線部⑥「～」とあるが、**文章Ⅰ**では見えないか、**文章Ⅱ**を踏まえると「あ」ということがわかった。つまり「心が身につかない」には「い」ということなのである。

⑤ 　　ということなのだろうか。

問9 空欄 ⓒ に入るものとして最も適当なものを次のア〜オの中から一つ選び、記号で答えよ。

ア 影は我々が光に当たることで作られるものであり、自分の意識を超えて我々の肉体を管理する一部である

イ 影は我々に見えているものとして自分の自由にはならないものであり、適当なタイミングで生きている我々の肉体と離れてしまうため克服することが不可能な存在である

ウ 影は我々の意識的にコントロールできない領域へと繋がっているため不可減な存在である

エ 影は自由に動かせないものなので、自体へと繋がっているため管理するアウトオーナーの中から一つ選び、記号で答えな

オ 影は自由に我々が意識して売り買いが不安をしてしまうためらちのなものなので、自由にはならない

問8 空欄 ⓐ に入るものとして最も適当なものを次のア〜オの中から一つ選び、記号で答えよ。

ア 「心」は寝ているときも夢を見ることがあるように人に適当なものをして日常生活から離れて「心」を

イ 「心」は気ままに動き回って元気に動いて体を解放して日常生活から離れて「心」を

ウ 「心」を活性化させ気持ちを十分に気持ちで相手との「心」を

エ 「心」は自由に見える相手のコントロールを自分をめるためにそれだけ独りよがりな気持ちで相手を十分にするためだけの「心」を

オ 「心」を意のままに動かすためには自分だけがいつまでも夢を見ることができるため、その時間を十分めて自分の「心」を理解し

「それは……」

「その子、突然キレたんだよね」

「居眠り?」

「授業中居眠りしたんだけど、先生に起こされて、逆ギレしたんですよね。でも担任の先生に迷惑かけてたから、反抗的な態度とったりして、制服にもだらしがないみたいな子が……」

「柏未くんがおまえのことを、」美里は横目で見やる。

「悠人くんのお姉ちゃんよね?」

博貴の言葉にふれて、美里はよりいっそう頭をかしげる。

「中3だよね?」塾が終わるとライン知らせてくれた。悠人と同じように、前と同じように美里は、建物の外に出ていった。

「うん」

博貴は少しとまどったような表情を見せたが、すぐに……

「今日、美里ちゃん来るって?」

博貴に歩みよる悠人。

次の日、悠人は塾に行ったとき、博貴はすでにいるようだった。

【A】

「おーい」

手伝いをよんだだけで、走りだけがため、悠人は妹さんを追いかけていく。それから、目で悠人を見あげる。

①朱音はふいに思う。だけど、家族ときょうだいなのだろう。

だけど、スーパーや公園の中で母親は、朱音が遠くへいくと悠人と読んで、後の問いに答えなさい。なお、字数制限のある問いは、句読点・記号も一字に数える。

11 ↓

次の文章を読んで、後の問いに答えなさい。なお、字数制限のある問いは、句読点・記号も一字に数える。

中学三年生の悠人と、高校受験を控えた姉の朱音は、優秀な兄・直人や家事を任されている……朱音は自分の存在意義を見出せず、次第に差が出て悠人に直接見せる……次の文章を読んだ大

だから、友だちが、食べていければいいわけじゃない。そういう言葉がすらすらと出てくる自分に、朱音はおどろいた。

それからまた視線を朱音に向けた。
「あなたはどうなの。あなたは自分の思うようにやれてるの？」

朱音は言葉につまった。すぐには答えられなかった。兄の言葉が思い出された。父親の思いもよみがえってくる。自分のやりたいこと、重要なもの……。それらが重なり合っているのか、それとも違っているのか、よくわからなかった。

「東高に入るんだろう。思っていた半年前のあのときに、自分は何を考えていただろう」

家賃や親への後ろめたさを感じていただけかもしれない。それだけだった。

「……」

朱音は何かを言おうとした。だが、うまく言葉にならなかった。

「何もかもうまくいくわけじゃない」

朱音は言った。【Ｄ】

朱音は笑った。前歯がのぞいた。まるで表情が作られたような、仮面めいた口角の開き方だった。まるで無理に笑っているような笑顔だった。その顔の上にすっと夜の闇がおりた。

【Ｃ】

公園に足を踏みいれると、風がみえなくなったように生あたたかい空気が肌にふれた。湿った土の匂いを感じながら、朱音は公園に近づいていくのを意識した。胸のどきどきがはやくなっていった。

Ⅲ
まるで頭を殴られたような衝撃だった。
現れたのが誰だかわかった日は四日目、朱音が立ち止まっているのに気づくと、悠人は体育座りをしていた足を立て、両手を上げて伸びをした。まるで、誰かを待っていたかのように。空を見上げていた悠人は、それを見つけたかのように笑った。

③どういうことだろう

ただ、日日土日曜道を見ただけ、と悠人は言う。まあ、そんなものだろう。Ⅱ夜というのはそういうものだ。

Ⅰ悠人は自分が近づいてくるのを重々しく受けとめているようにも感じられた。悠人は坂道を走ってくるのがわかる。悠人はそれがわかるだけでうれしかった。

夜道を歩きながら、それからまた朱音はふいに美里に向かって言った。
「でも、朱音とこうやって夜道を歩いているのはいいことなんだろうか」

②生活が乱れているということは、それはあまりいいことではないのだろう。
目の前へと続く目の前へと続く。

暗い夜道を照らす街灯のように礼を言う声が出た。
「ありがとう……」

【Ｂ】
周囲を見渡しながら、それから朱音は歩きだした。それから歩きながら今朱音が言った言葉を美里は反芻する。
「いいことなんて……」
美里は少し笑った。
「何かあるの？」
美里は少し考えこむような顔をした。
悠人たちの友だちだったのかな、朱音は少し考えた。
「何かあったの？」

「反抗的？」
「反抗的というか逆らうようなことかな」

「家事の手伝いってこと」家事なんだ……」

「それって……」

「…………」

「手伝わないんだ。っていうかしないんだよね」

きっと、雨だ。

それ以上、何も聞かなかったのは沈黙に耐えられなかったからだ。坂和にしてみれば見えない糸がたぐり寄せられるような不安があったのかもしれない。悠人は、それをしなかった。やはり

「お父さんは?」

「名古屋。単身赴任中」

返事はなかった。

「お母さんは?」

「……病気なんだ」と悠人はつぶやくように言ったのだった。

あと追って、そういっていた母を思い出す。背を向けて歩きはじめ、その背中のあたりを見送っていたのだが、悠人はあわてて

「くん、いつからここに」

「富沢……」

「帰らないの」

「…………」

やがて、ぽつりぽつりと見えない日があるように「宿題だったんだなんだ」。

なかったんだよ。だから、あたしのこと気になってたんじゃない? 結局、妹なんか見ないようにしてたんだ。お姉ちゃん、主婦なんてやってられないって。何度もやろうとしたことがあるんだけど、どうしてもできなかった。あたしはわたしに……。

Ⅶ 「いのの前だろう」

「会ったんだよ。昼間に」

Ⅵ 「……われ、なんで」

Ⅴ ④「ぼくは? ぼくはあなたにとって何なんだ」

と朱音はためらいもなく口を開く。間髪を容れず。

Ⅳ 「ぼくはあなたの沈黙のあとに」

が高揚する。

名前以外は何も知らない女子相手に、自分の言葉が勝手に口をついて出るのは、何か不思議な感覚だった。お母さん、お母さんと言われて、正直、自分が母親として存在するのは意味があるのかと思っていたのに……。あたしにとって兄貴が意味のないだけだ。お母さんに教えてくれないかな、という気持ち。

それが真実かどうかはわからない。おそらくお互いにとって、それだけなんだ。お母さんに教えてあげるのがいちばんだ。

問2　傍線部②「生活が乱れている」とあるが、朱音の生活はなぜ乱れているのか。その理由を具体的に四十字以内で説明せよ。

オ　本当はつらいのにやせ我慢して強がり、友達の前では明るくふるまっているということ。

エ　学校の先生たちに対する不信感から、誰にも本音を話さなくなっているということ。

ウ　なかなか友人に心を許せず、学校でも常に一人で過ごしているということ。

イ　悠人と友人関係になったものの、まだ遠慮があって心を開いていないということ。

ア　音を上げることなく、周囲には弱音を見せないようにしているということ。

問1　傍線部①「本音」とあるが、朱音にとっての「本音」とはどのようなものか。最も適当なものを次のア～オの中から一つ選び、記号で答えよ。

（濱野京子『with you』）

チャンスというものが何度もあるとは限らないから、悠人は自分の思いを口にするタイミングを待っていた気持ち。

オ　人気持ち

お悠人が心配していた気持ち。

ウ　悠人が、今は自分に気持ちを打ち明けられなくても、いつか打ち明けてくれるだろうと思い、自分の本音に気持ちを通わせられる朱音が会社に来たという気持ち。

イ　有し四日ぶりに気持ち。

我慢の限界の限界が来ており、朱音に打ち明けられない本音を抱えているのが辛く、今から会話を聞いて受け止め、誰にも言えない本音を打ち明ける会話を続けようとしている朱音に対して、本音を対して不満を吐き出させる

ア　当たりさわりのない会話を続けて、この場をやり過ごしたいと思っている悠人の気持ちを表現していて最も適

問5　修線部④「いいえ」とあるが、それはなぜか。その状態から出来ないことを、自分の本音に気持ちを記号で答えよ。

オ　何かを自分の状況は前向きに乗り越えられるものがあることを考えよ。

エ　今の状況は困難し、このオーナーとの会話から逃れたいから。

ウ　頑張ればなんとかなると信じているから、この場で笑っていたいから。

イ　自分が声をかけたことで、オーナーに心配をかけてしまったと考えているから。

ア　自分自身の状況を記号で答えよ。

問4　修線部③「朱音はわからない」とあるが、朱音は平仮名四字の語句と同じ意味を表す語句を、平仮名四字で答えよ。

問3　本文中の空欄　X　に入る語句と、空欄　X　に入る語句は、悠人の心情を表している。

— 12 —

問8 ──修線部⑤「──」は、朱音の発言を正確に思い出せないということを「……」の前の「『』」及び「『』」において、また再現できないということを「……」の後の「『』」において表現している。
オ 緊迫した雰囲気を和らげる言葉を使っている

エ 波線部Ⅵ・Ⅶ・Ⅷ「……」では、たどたどしくわかりにくいものの、ただ言葉にしているだけにすぎず、朱音の人の言えないだけで、朱音の言えないような「」に

ウ 波線部Ⅳ「……」では、感情の変化をたどるように表現しているが、実は母親は病気であるという深刻な

イ 波線部Ⅱ「……」及びⅤ「……」では、自問自答するように自分自身の「」及び「」において、「」は「」において、「……」は言えない

ア 答えにおける表現の特徴を説明したものとして最も適当なものを次のア〜オの中から一つ選び、記号で

問7 本文における「──」の表現について、最初に朱音が声をかけた日、「──」は朱音が声をかけてくるように朱音がはたらきかける「──」のように、それぞれの冷静な病気、というよう

その上で、答えには次の一文が抜け落ちている。これを入れるのに最も適当な場所を本文中の【A】〜【E】から一つ選び、記号で答えよ。

その上で、ただ、最初に朱音が声をかけてきたのには朱音の冷静な気がみえる。

問6 本文中の【A】〜【E】から一つ選び

オ 感じとった朱音の状況が想像以上に大変だといたことから混乱しており、不安から朱音の状況把握以上に大変だったということに混乱しており、少し頭を冷やして論理的に考えたら雨だという中から最も適当

エ これらから、今から朱音をどのように道を開けてやれるか自分には何もできないが、その後の問題の大きさから、朱音が接する大きさだと思ったから

ウ 今から朱音を開いてやるにはどう答えようかがわからず、道を開けてやるには、少し頭を冷やしてから一人から最も適

イ これから朱音をどのように道を開いてやるか状況を把握しきれないため答えようがなく、道を開けてやるとあるが、それは何も自分に

ア 「──」とあるが、それはなぜか。その

問8 ──修線部⑤「──」を、走り出すように思い、

オ 感じとった朱音の現状から、いる状況を抱えているから、朱音が抱えているまき以上に大変だたということから、いまから朱音を開いてやるにはどうしたら

エ これらから、今から朱音をどのように

ウ 今から朱音を

イ これから朱音の

問 9　次の各問いに答えよ。

（1）次の9　〜の説明として読み…

ア　ヤングケアラーとは、年齢や成長の度合いに見合わない重い責任や負担を負って、家事や家族の世話、介護、きょうだいの世話などを日常的に行っている、十八歳未満の子どものこと。

イ　ヤングケアラーとは、本来大人が担うと見られるような重い責任や負担を負い、自らの成長や発達に影響を及ぼす、十八歳未満の子どものこと。

ウ　十八歳未満の子どものいる家族の介護や家族の世話などを行うことで、教育にも重大な影響を及ぼすヤングケアラーの実態を調査する。

エ　オ　ヤングケアラーの実態を調査するアンケート。

（2）後に示したグラフから読み取れる内容の説明として最も適当なものを、後のア〜オの中から一つ選び、記号で答えよ。

○ 世話をしている家族が「いる」と回答した中学二年生に、世話をしている
　ある家族ごとに平日1日あたりに世話に費やす時間について質問。

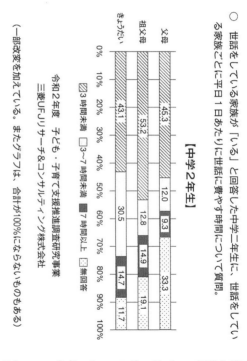

【中学2年生】

凡例：3時間未満／3〜7時間未満／7時間以上／無回答

	3時間未満	3〜7時間未満	7時間以上	無回答
父母	45.3	12.0	9.3	33.3
祖父母	53.2	12.8	14.9	19.1
きょうだい	43.1	30.5	14.7	11.7

令和2年度　子ども・子育て支援推進調査研究事業
三菱UFJリサーチ＆コンサルティング株式会社

（一部改変を加えている。またグラフは、合計が100%にならないものもある）

ア　父母ときょうだいの世話を三時間未満している中学二年生の割合は、どちらも五割以上である。中学二年生のうち、きょうだいの世話を三時間以上している割合は四割以上である。

イ　中学二年生のうち、父母の世話を三時間以上している割合は四割以上である。中学二年生のうち、父母の世話を三時間未満している割合と、祖父母の世話を三時間未満している割合の差は、七時間以上世話をしている父母の世話の割合と祖父母の世話の割合の差だ。

ウ　父母ときょうだいの世話を三時間未満している中学二年生の割合は、どちらも五割以上である。

エ　父母の世話を三時間未満している割合と、祖父母の世話を三時間未満している割合の差は、七時間以上世話をしている父母の世話の割合と一致する。

オ　父母より祖父母の世話をしている割合が少ない。父母よりきょうだいの世話をしている割合の差は、七時間以上行う割合の世話の合計と一致する。

三

問1 次の傍線部のカタカナは漢字に改め、漢字はその読みを平仮名で答えよ。

① 意見を述べる。

② 品物をカウントする。

③ お年玉をチョキンする。

④ 新政権をジュリツする。

⑤ ジコを正す。

⑥ 神様をオガむ。

⑦ 文化をケイショウする。

⑧ 電池を並列につなぐ。

⑨ 矢を射る。

問2 二つの物事の道理が合わないことを示す故事成語「矛盾」について、その故事を説明した次の文の空欄 □X□ に当てはまる言葉を考えて答えよ。

中国の南方にある楚という国の商人が、次の文の空欄 □X□ に整合する「□」と「□」を完成していた。

そこで、防ぎとめることのできる「□」という楯と、どんなものも貫き通す「□」という矛を見て、この人が、「この楯はどんなものも □X□ 」と言うとともに「この矛はどんなものも貫き通す」と言った。

それを見ていた人が、「では、あなたのその矛で、あなたのその楯を突いたらどうなるか」とたずねたら、商人は返答ができなかった。

問3　次の文章を読み、後の各問いに答えよ。

（今のやくぶん）
「みんなにお金を残してあげたいと考えるのは悪いことなのか。三十六億人が調べてみると、世界で最も裕福な八人の資産が、世界人口の約半分、三十六億人分の資産と同じだけあるという。（①）児童の関係のものはだいたい「で始まる書物の名称となるものは何か。その書物の中から引用したものである。

自分が死ぬまでに必要なもの以外は、何も貯めておくべきではないと、あなたは思うだろうか。先祖が残した財産は、先祖の老後を暮らすためのものであって、それ以外の美田を買ったり、お金を貯めたりするのは、子孫のためにはならない。子孫に美田を残すのは、子孫を甘やかすことになり、子孫のためにはならないという考えである。親が残した財産に頼って、働こうとせずに遊んで暮らすような子孫には、財産を残さないほうがよい。

「児童の関係の美田を買わず」とあるのは、このような意味で用いられている。西郷隆盛が明治維新死に兼好...

（もとの文）
朝夕なくてかなはぬもののほかは、何も持つまじきなり。

（1）右の文章（この文）は「　　　」で始まる書物の中から引用したものである。その書物の名称となる漢字で答えよ。好法師が書頭のものである。

（2）空欄　Ａ　に入る適当な語句を漢字二字で答えよ。

（3）傍線部①「児童の関係の美田を買わず」とあるが、この一文はどのような意味で用いられているか。次の中から適当なものを一つ選び、記号で答えよ。

ア　親が残した財産に頼って、働こうとせずに遊んで暮らすような子孫には、財産を残さないほうがよいということ。

イ　財産を持つ最も適当な人間と明瞭として、子孫に財産を残さないということ。

ウ　老いて財産を残し、子孫に肥えた田畑を残すことは、美田を買うという意味で、子孫に財産を残さないほうがよいということ。

エ　親が残した財産が底をつくと、死後の世界に持ってゆけるものではないため、子孫に残す必要はないということ。

オ　送子孫に肥えた田畑を残すことは、子孫のためにはならないということ。

(4) 傍線部②「同じ」の主語にあたる最も適当な文節を、次のア～エの中から一つ選び、記号で答えよ。

ア 傍線部②

イ 人々が

ウ 団体が

エ 三十六億人が

ア 団体が

イ 人々が

ウ 財産たちが

エ 三十六億人が

令和5年度（2023年度）

中学校入学試験問題

算　数

（60分）

注　意

「始め」の合図があるまでは問題を開いてはいけません。

1　「始め」という合図で始め，「やめ」という合図ですぐにやめなさい。

2　問題は1ページから9ページまでです。

3　解答を始める前に，まず，解答用紙に受験番号と氏名を記入しなさい。
　受験番号は5桁です。算用数字で横書きにしなさい。

4　答えは，すべて解答用紙に記入しなさい。

5　質問や用があるときは，声を出さずに静かに手をあげなさい。
　問題の内容についての質問は受け付けません。

6　分度器，定規，コンパス，計算機類の使用は認めません。

7　比で答えるときは，最も簡単な整数の比にしなさい。

8　分数で答えるときは，約分して最も簡単な形にしなさい。

9　円周率を用いるときは，3.14として計算しなさい。

10　角すいや円すいの体積は，「底面積×高さ÷3」で計算しなさい。

1 以下の □ に当てはまる数字または番号を答えなさい。

(1) $2 \times \left(\dfrac{1}{2} - \dfrac{1}{3} \right) + 3 \times \left(\dfrac{1}{2} + \dfrac{1}{3} - \dfrac{1}{4} \right) + 4 \times \left(\dfrac{2}{3} + \dfrac{1}{4} \right) + 5 \times \dfrac{1}{4} = \boxed{}$

(2) $6\dfrac{12}{25} \div \left(\boxed{} - \dfrac{1}{5} \right) \times \dfrac{5}{9} = 6$

(3) 4% の食塩水 300 g に 6% の食塩水 100 g を混ぜ，水を □ g 蒸発させると 8% の食塩水ができます。

(4) 右のような道があります。点 A を出発して，点 P を通らずに点 B まで最短で行く道順は， □ 通りあります。

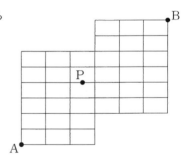

(5) 次のデータは，6 人の生徒が受けた試験の結果です。

$$75 \ , \ 82 \ , \ 77 \ , \ 70 \ , \ 83 \ , \ 78 \quad （単位は点）$$

このデータのうち 1 個が誤りであることが分かりました。正しい値に基づく平均値は 76.5 点，中央値は 77 点です。上記 6 個のデータのうち，誤っている値は □(ア) 点で，正しい値は □(イ) 点になります。

(6) 右の図において，○と○，●と●はそれぞれ等しい角度とします。
　　㋐の角度は □ °です。

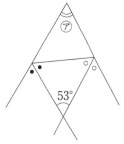

(7) 1から15までの数字が書かれた15枚のカードが，番号の小さい順に左から並んでいます。
　　これらのカードを次の規則（※）に従って入れかえを行います。

　　　　（※）　1回の操作では，となりあった2枚のカードのみ左右を入れかえることができる。

　　このとき，
(ア) ⑮，②，③，…，⑭，①となるように1と15の番号のカードだけを入れかえるとき，
　　この操作は最低 □ 回行う必要があります。

(イ) 左から大きい順に⑮，⑭，…，②，①と並びかえるためには，この操作を最低
　　□ 回行う必要があります。

(8) A，B，C，D，E，Fの6人がサッカー観戦に行くため，9:00ちょうどに駅に集まることに
しました。当日，Dは待ち合わせの時刻より4分前に駅に到着し，FはDより2分遅れて駅
に到着しました。Eは待ち合わせの時刻より3分遅刻して到着しましたが，このとき，まだ2人
が駅に到着していませんでした。AとCは5分差で到着し，最後に駅に到着した人の時刻は
9:05でした。同じ時刻に駅に到着した人はいませんでした。
　　このとき，次の①から⑤で確実に言えるのは， □ です（番号で答えなさい）。

　　① 　Aは9:00前に駅に到着した。
　　② 　Bが駅に到着したのは9:05であった。
　　③ 　Aが3番目に到着したならば，最後に到着したのはCである。
　　④ 　Aが9:00前に到着したならば，最後に到着したのはBである。
　　⑤ 　Cは最後から2番目に到着していない。

― 2 ―

(9) 右の図の斜線部分の面積は □ cm² です。

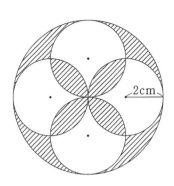

2cm

(10) A さんは 1 辺が 10 m の正三角形の形をした花だんを作ろうと考えました。この計画を聞いたB さんは，この花だんに桜の木を植え，近くで見ることができるように道を通すことを提案しました。そこで 2 人は，正三角形の花だんの点 P に桜の木を植え，3 つの道（⬚の部分）が下の図のように交わるようにしました。道の幅は花だんの辺に沿って測ると 1 m になるように一定にしました。道を通すことで花だんの面積は，最初の計画より □ ％減少することになります。

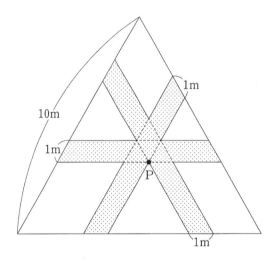

10m
1m
1m
P
1m

(11) 右の図のような平行四辺形 ABCD を直線 ℓ を軸として 1 回転してできる立体の体積は □ cm³ です。

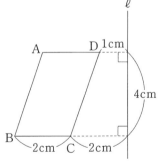

ℓ
A   D 1cm
4cm
B   2cm C 2cm

問題は次のページに続きます。

2 　AさんとBさんは，「ひとつの円に何本かの直線を引いて，円が何個の図形に分けられるか」という問題を考えています。

(1) 以下の「先生」，「Aさん」，「Bさん」の会話文を読み □ に当てはまる数字を答えなさい。
　　ただし，同じ記号の □ には同じ数字が入るものとします。

　　先生：いま，直線は次の3つの条件を満たしているとします。

　　　　　① 直線の両はしは円上にある。
　　　　　② どの2本の直線も平行ではなく，円の内側で交わっている。
　　　　　③ どの3本の直線も1点で交わらない。

　　　　【図1】のように直線を1本引いてみると円は2個の図形に，直線を2本引くと円は4個の図形に分けられます。
　　　　それでは3本の直線を引いたとき，円は何個の図形に分けられますか。

【図1】

　　Aさん：□(ア)□ 個に分けられます。

　　先生：そうですね。では，直線の本数を増やしていき10本になったらどうなるでしょうか。

　　Bさん：直線が多くて，図がかけません。

　　先生：図をかくのは難しいですね。そこで実際に直線を10本引くのではなく，別の方法で数えることを考えてみましょう。
　　　　いま，円に何本か直線が引かれていて，何個かの図形に分けられていたとします。そこに，3つの条件を満たす直線をもう1本引いてみます。まず，円上に1点をとって，そこから新しい直線を少しずつ引いていきます。すると，この直線はすでにかかれている直線のどれか1つにぶつかるはずです。このとき図形の個数はどう変化しますか。

　　Bさん：直線を引く前の図形の個数から □(イ)□ 個増えるはずです。

　　先生：そうです。この性質がポイントです。

Ａさん：そうか。新しく直線を引いていくと，前にかかれた直線にぶつかる。そのたびに図形
　　　　の個数が　(イ)　個ずつ増えていく。これを円上の点にたどり着くまで行うのですね。

Ｂさん：それなら，円にかき入れた直線の本数と分けられた図形の個数を表にすれば，図形の
　　　　個数を順番にうめていけるね。えーと，10本の直線で円は　(ウ)　個の図形に分け
　　　　られることがわかりました。

直線の本数	1	2	3	…	10
図形の個数	2	4	(ア)	…	(ウ)

先生：正解です。よくできましたね。それでは，次の問題はどうでしょうか。

> ─── 問題 ───
> 　12本の直線で円が何個かの図形に分けられています。この12本の直線には3本だけ平行
> な直線が含まれています。直線は，平行でないどの2本も円の内側で交わり，どの3本も
> 1点で交わることはありません。
> 　このとき，円は何個の図形に分けられているでしょうか。

(2)　上の問題を解きなさい。なお，この問題は，解答までの考え方を示す式や文章，表などを書
　　いて答えなさい。

3 　18:00 開演予定であるコンサートの会場前に，観客が並んで入場を待っています。この会場に来るためには，3分おきに会場に到着するシャトルバスに乗る必要があり，このバスは1回につき90人の観客を運んで来ます。

　あるシャトルバスが17:00ちょうどに会場に到着しました。この直後に4つの改札ゲートを開け入場を開始しましたが，シャトルバスで運ばれてくる観客が列に加わるので30分たっても17:00前に並んでいた人数の $\frac{2}{3}$ の人数がまだ並んでいます。そこで，新たに3つの改札ゲートを開けたところ，並んでいる人は15分でいなくなりました。

　このとき，次の問いに答えなさい。

(1) 1つの改札ゲートは1分間に何人を通すことができるでしょうか。

(2) 17:00前までに並んでいた人は何人だったでしょうか。

(3) 17:30までに並んでいる人がいなくなるためには，初めから最低いくつの改札ゲートを開けておけばよいでしょうか。

4 下の図のように，平行四辺形 ABCD があります。辺 AD を三等分する点を頂点 A に近い方から順に E，F とし，対角線 BD と直線 CE，CF との交点をそれぞれ G，H とします。
このとき，次の問いに答えなさい。

(1) GH と HD の長さの比を求めなさい。

(2) 三角形 CGH と三角形 HDF の面積の比を求めなさい。

(3) 四角形 ABGE と四角形 EGHF の面積の比を求めなさい。

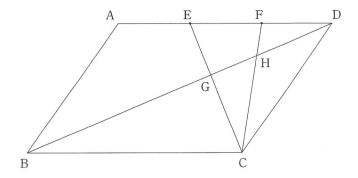

5 下の図のような，AB = 8 cm，BF = BC = 6 cm の直方体があります。この直方体の辺 BF 上に BP = 2 cm となる点 P と辺 DH 上に DQ = QH となる点 Q をとります。
　　このとき，次の問いに答えなさい。

(1) この直方体の体積を求めなさい。

(2) この直方体を 3 点 C，P，Q を通る平面で切ったとき，点 A を含む方の立体の体積を求めなさい。

(3) (2)の立体をさらに平面 ACGE で切ったとき，点 B を含む方の立体の体積を求めなさい。

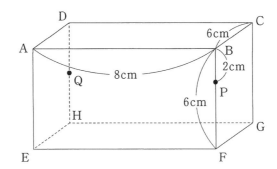

K 教英出版

令和5年度（2023年度）

中学校入学試験問題

理　科

（40分）

注　意

「始め」の合図があるまでは問題を開いてはいけません。

1　「始め」という合図で始め，「やめ」という合図ですぐにやめなさい。

2　問題は1ページから12ページまでです。

3　解答を始める前に，まず，解答用紙に受験番号と氏名を記入しなさい。
　　受験番号は5桁です。算用数字で横書きにしなさい。

4　答えは，すべて解答用紙に記入しなさい。

5　質問や用があるときは，声を出さずに静かに手をあげなさい。
　　問題の内容についての質問は受け付けません。

6　定規，コンパス，計算機類の使用は認めません。

次の文章を読んで，下の各問に答えよ。

　ある日の午前1時25分頃，九州地方で強い地震が発生した。震源の深さは12km，地震の規模を表すマグニチュードは7.3であった。**表1**の震度階級関連解説表は人の体感・行動・屋内の状況・屋外の状況に応じて表されている。地震による地点A～Cで観測された最も大きな被害状況は，次のようであった。

　　地点A：固定していない家具のほとんどが移動し，倒れるものが多く，壁のタイルや窓ガラスが破損，落下する建物が多く見られた。また，補強されていないブロック塀のほとんどが崩れていた。

　　地点B：棚にある食器類や書棚の本で，落ちるものが多く，テレビが台から落ちることがあった。また，固定していない家具が倒れることがあり，窓ガラスが割れて落ちることがあった。

　　地点C：眠っている人の大半が，目を覚まし，棚にある食器類が音を立てることがあった。また，電線が少し揺れていた。

　地震のとき，初めカタカタと小さく揺れ，次にユサユサと大きく揺れる。初めの小さな揺れを初期微動，あとに続く大きな揺れを主要動という。地下で地震が起こると，そこから性質の異なる2つの波が発生し，まわりに伝わっていく。2つの波は伝わる速さが違うため，異なる時刻に2つの揺れが生じる。初期微動を引き起こす波をP波といい，主要動を引き起こす波をS波という。**表2**は，地点A～Cで観測した地震計の記録から，その結果をまとめたものである。ただし，P波とS波の速さはそれぞれ常に同じであるものとする。

表1

震度階級	人の体感・行動・屋内の状況・屋外の状況
0	人は揺れを感じないが，地震計には記録される。
1	屋内で静かにしている人の中には，揺れをわずかに感じる人がいる。
2	屋内で静かにしている人の大半が，揺れを感じる。眠っている人の中には，目を覚ます人もいる。電灯などのつり下げ物が，わずかに揺れる。
3	屋内にいる人のほとんどが，揺れを感じる。歩いている人の中には，揺れを感じる人もいる。眠っている人の大半が，目を覚ます。棚にある食器類が音を立てることがある。電線が少し揺れる。
4	ほとんどの人が驚く。歩いている人のほとんどが，揺れを感じる。眠っている人のほとんどが，目を覚ます。電灯などのつり下げ物は大きく揺れ，棚にある食器類は音を立てる。座りの悪い置物が，倒れることがある。電線が大きく揺れる。自動車を運転していて，揺れに気付く人がいる。
5弱	大半の人が，恐怖を覚え，物につかまりたいと感じる。電灯などのつり下げ物は激しく揺れ，棚にある食器類，書棚の本が落ちることがある。座りの悪い置物の大半が倒れる。固定していない家具が移動することがあり，不安定なものは倒れることがある。まれに窓ガラスが割れて落ちることがある。電柱が揺れるのがわかる。道路に被害が生じることがある。
5強	大半の人が，物につかまらないと歩くことが難しいなど，行動に支障を感じる。棚にある食器類や書棚の本で，落ちるものが多くなる。テレビが台から落ちることがある。固定していない家具が倒れることがある。窓ガラスが割れて落ちることがある。補強されていないブロック塀が崩れることがある。据付けが不十分な自動販売機が倒れることがある。自動車の運転が困難となり，停止する車もある。
6弱	立っていることが困難になる。固定していない家具の大半が移動し，倒れるものもある。ドアが開かなくなることがある。壁のタイルや窓ガラスが破損，落下することがある。
6強	立っていることができず，はわないと動くことができない。揺れにほんろうされ，動くこともできず，飛ばされることもある。固定していない家具のほとんどが移動し，倒れるものが多くなる。壁のタイルや窓ガラスが破損，落下する建物が多くなる。補強されていないブロック塀のほとんどが崩れる。
7	固定していない家具のほとんどが移動したり倒れたりし，飛ぶこともある。壁のタイルや窓ガラスが破損，落下する建物がさらに多くなる。補強されているブロック塀も破損するものがある。

2023(R5) 早稲田佐賀中 一般

（気象庁のHPより引用）

表2

地点	P波が到着した時刻	S波が到着した時刻	震源からの距離〔km〕
A	1時25分15秒	1時25分17秒	35
B	1時25分25秒	1時25分32秒	110
C	1時25分45秒	1時26分02秒	X

問1　**表1**より，地点A～Cの震度階級として最も適当なものを，次のア～コの中からそれぞれ1つ選び，記号で答えよ。
　　ア　0　　　　イ　1　　　　ウ　2　　　　エ　3　　　　オ　4
　　カ　5弱　　　キ　5強　　　ク　6弱　　　ケ　6強　　　コ　7

問2　この地震によって起こる災害や大地の変化としてあやまっているものを，次のア～オの中から1つ選び，記号で答えよ。
　　ア　山くずれ　　イ　地割れ　　ウ　家屋の倒壊　　エ　津波　　オ　高潮

問3　この地震で発生したP波の速さは秒速何kmか，最も適当なものを，次のア～オの中から1つ選び，記号で答えよ。
　　ア　3.5km　　イ　4.5km　　ウ　6.5km　　エ　7.5km　　オ　8.5km

問4　この地震の発生した時刻はおよそ1時25分何秒か，最も適当な時刻を，次のア～カの中から1つ選び，記号で答えよ。
　　ア　5秒　　　イ　6秒　　　ウ　7秒　　　エ　8秒　　　オ　9秒　　　カ　10秒

問5　この地震において，地点Bは地点Aに比べて，初期微動が続いている時間が何倍長いか，最も適当なものを，次のア～オの中から1つ選び，記号で答えよ。
　　ア　2.5倍　　　イ　3.5倍　　　ウ　4.5倍　　　エ　5.5倍　　　オ　6.5倍

問6　この地震において，地点Cの震源からの距離Xは何kmか，最も適当なものを，次のア～オの中から1つ選び，記号で答えよ。
　　ア　122km　　イ　150km　　ウ　195km　　エ　230km　　オ　260km

2 次の会話文を読んで，下の各問に答えよ。

先生：先日，合格祈願（きがん）のため神社に行ってきました。そのときに参道で見たマークに興味がわい
て調べたところ，身の周りですぐにこのⅠ～Ⅳのイラストを見つけました。Ⅰ～Ⅳのイラ
ストはそれぞれ花をモチーフにしています。それぞれ何という花か分かりますか？

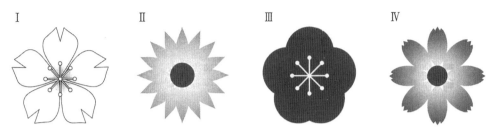

Ⅰ　　　　　　　Ⅱ　　　　　　　Ⅲ　　　　　　　Ⅳ

Aさん：Ⅲはウメで，Ⅳはコスモス，Ⅰはサクラかな。
Bくん：Ⅱはヒマワリかな。
先生：さすがですね。全て正解です。これらの植物のうち，モモやクリのような木本植物のなか
まがⅠとⅢ，イネやタンポポのような草本植物のなかまがⅡとⅣでしたね。木本植物と草
本植物とでは，見た目が違うのに共通点がありましたよね。
Bくん：これらの植物はすべて（　①　）。
Aさん：その他にも，ほとんどの植物は②光合成をおこなうのですよね？
先生：はい。そうですね。
Bくん：色々な植物に共通点はあるけれど，植物が生えている環境（かんきょう）はそれぞれ違いますよね。
先生：それは③降水量と気温が大きく関係しているのですよ。

問1　Ⅰ～Ⅳのイラストが示す花を，開花時期にしたがって並びかえたものとして最も適当なもの
を，次のア～カの中から1つ選び，記号で答えよ。
ア　Ⅰ→Ⅱ→Ⅲ→Ⅳ　　　イ　Ⅰ→Ⅱ→Ⅳ→Ⅲ　　　ウ　Ⅰ→Ⅲ→Ⅱ→Ⅳ
エ　Ⅰ→Ⅲ→Ⅳ→Ⅱ　　　オ　Ⅰ→Ⅳ→Ⅱ→Ⅲ　　　カ　Ⅰ→Ⅳ→Ⅲ→Ⅱ

問2　Ⅳのイラストが示す花と同じ季節に開花する花として最も適当なものを，次のア～オの中か
ら1つ選び，記号で答えよ。
ア　チューリップ　　イ　ヒヤシンス　　ウ　ヒガンバナ　　エ　アジサイ　　オ　アブラナ

問3　会話文中の空欄（くうらん）（　①　）にあてはまるものを，次のア～オの中から1つ選び，記号で答えよ。
ア　ひげ根をもっています
イ　種で冬をこします
ウ　バラ科の植物です
エ　キク科の植物です
オ　根・くき・葉をしっかり区別することができます

問4　下線部②について，光合成に関する説明としてあやまっているものを，次のア～エの中から1つ選び，記号で答えよ。

　　ア　葉に光が当たらなくなった部分では，やがて光合成がおこなわれなくなる。

　　イ　光合成は葉の緑色の部分でおこなわれる。

　　ウ　葉の中で光合成が盛んにおこなわれている部分では，フェノールフタレイン溶液（ようえき）が無色から濃い赤色に変化する。

　　エ　光合成をおこなうことによって，グルコース（糖）がつくられる。

問5　下線部②について，水草が光合成をおこなう環境を調べるために，次の水そうA～水そうCを準備した。水草が光合成をおこなうことができる環境として適当なものを○，あやまっているものを×で示したときの○×の組合せとして最も適当なものを，下のア～クの中から1つ選び，記号で答えよ。

　　水そうA　深呼吸した息を吹（ふ）き込（こ）んだ水を入れて，直射日光が当たる窓ぎわに置いた水そう

　　水そうB　池からくんできて2日置いておいた水を入れて，直射日光が当たる窓ぎわに置いた水そう

　　水そうC　深呼吸した息を吹き込んだ水を入れて，蛍光灯の明かりがよく当たる教室のすみに置いた水そう

	ア	イ	ウ	エ	オ	カ	キ	ク
水そうA	○	×	○	○	○	×	×	×
水そうB	○	○	×	○	×	○	×	×
水そうC	○	○	○	×	×	×	○	×

問6　下線部②について，光合成に必要な条件と，光合成によって酸素が発生することを確かめるために最低限必要な実験の組合せとして最も適当なものを，下のア～カの中から1つ選び，記号で答えよ。ただし，下の図は実験1～4の実験開始直後の様子を表したものである。

　　実験1　密閉された容器の中に，火のついたロウソクを入れて，光を当て続けた。

　　実験2　密閉された容器の中に，火のついたロウソクを入れて，光を当てなかった。

　　実験3　密閉された容器の中に，植物と火のついたロウソクを入れて，光を当て続けた。

　　実験4　密閉された容器の中に，植物と火のついたロウソクを入れて，光を当てなかった。

実験1 　実験2 　実験3 　実験4

ア　実験1・実験3　　　　　イ　実験2・実験3　　　　　ウ　実験2・実験4

エ　実験1・実験2・実験3　　オ　実験2・実験3・実験4　　カ　実験1・実験3・実験4

問7　下線部②について，光合成と光の色との関係を確かめるために，次の**実験5**をおこなった。**実験5**の考察として適当なものを○，あやまっているものを×で示したときの○×の組合せとして最も適当なものを，下のア～エの中から1つ選び，記号で答えよ。

　　実験5　シオグサという植物に様々な色の光を当てた後，シオグサに酸素に集まる性質をもつ
　　　　　　　細菌を加えた。

　　結果　赤色の光が当たっているところと青色の光が当たっているところに細菌が多く集まった。

　　考察1　シオグサは赤色の光か青色の光が当たるところで，よく光合成をしている。

　　考察2　シオグサは緑色の光を当てても全く光合成しない。

	ア	イ	ウ	エ
考察1	○	○	×	×
考察2	○	×	○	×

問8　下線部③について，年降水量および年平均気温をもとに，森林が形成される範囲を斜線部で表した図として最も適当なものを，次のア～エの中から1つ選び，記号で答えよ。

ア
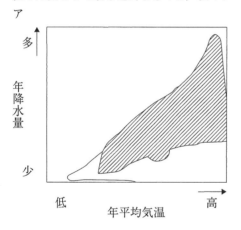

イ
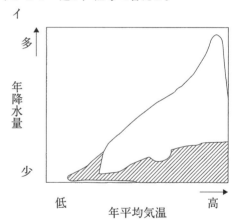

ウ
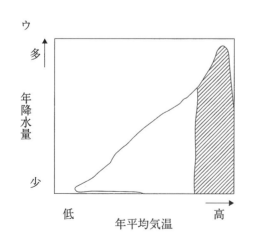

エ
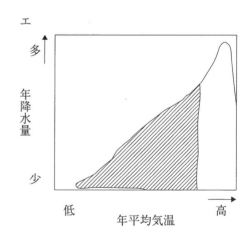

問題は次ページに続きます。

3 　物は，色や形などの見た目で判別する方法のほかに，密度を調べる方法でも判別することができる。ここで，密度とは体積 1 cm³ あたりの物の重さのことを表しており，体積 1 cm³ あたりの物の重さが 1 g である場合，物の密度は 1 g/cm³ と表される。次の各問に答えよ。ただし，物の重さや体積は，周囲の空気や液体の影響を受けず，常に同じ値であるものとする。また，ある密度の液体に対し，密度が大きい物はその液体中に沈み，密度が小さい物はその液体中に浮くことができる。なお，液体の蒸発や温度変化は考えないものとし，水の密度は 1 g/cm³ であるものとする。

問1　一辺が 2 cm の立方体の重さを測定したところ，63.2 g であった。この立方体の密度は何 g/cm³ か答えよ。

問2　ビーカーに水 200 cm³ を入れ，体積がわからない球体をビーカーの底に接するように沈めた。この水に少しずつ食塩を加えて食塩水をつくったところ，食塩を 20 g 溶かしたとき，球体がビーカーの底から離れた。この球体の密度は何 g/cm³ か答えよ。ただし，食塩を入れたことによる水の体積の変化は考えないものとし，球体は水中に完全に沈んでいるものとする。

100 gのビーカーに水150 cm³を入れ，体積がわからない密度5 g/cm³の球体を，体積や重さが無視できる糸を取り付けた状態でゆっくりと水中に沈めたところ，図1のように，球体が水中に完全に沈んだ状態で静止した。なお，糸は常に張っているものとする。この状態で全体の重さを台はかりで測定したところ，台はかりの目盛りは260 gを示した。次に，球体から糸を取り去ったところ，図2のように，球体はビーカーの底に接した状態で静止した。この状態で全体の重さを台はかりで測定したところ，台はかりの目盛りは300 gを示した。ただし，台はかりは水平面上に置かれているものとする。

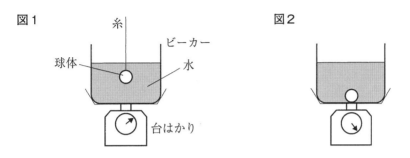

図1　糸　ビーカー　球体　水　台はかり　図2

問3　次の文章中の空欄（　①　），（　②　）にあてはまるものを，下のア～エの中からそれぞれ1つ選び，記号で答えよ。

　　　図2のように，球体がビーカーの底に接していた場合は，（　①　）が測定される。一方，図1のように，球体がビーカーの底から浮いていた場合は，（　②　）が測定される。

　ア　水とビーカーの重さ
　イ　水とビーカーと球体の重さ
　ウ　水とビーカーの重さに，水中に沈んでいる球体の体積分の水の重さを加えた値
　エ　水とビーカーと球体の重さに，水中に沈んでいる球体の体積分の水の重さを加えた値

問4　球体の体積は何 cm³か答えよ。

100 g のビーカーに水 150 cm³ を入れ，一辺が 2 cm の立方体の形をした密度 0.5 g/cm³ の木炭を入れたところ，**図3**のように，木炭のちょうど下半分だけ水中に沈んだ状態で静止した。ただし，木炭を入れたことによる水の体積変化は考えないものとする。ただし，台はかりは水平面上に置かれており，水面や木炭の上面は常に水平を保っているものとする。

図3

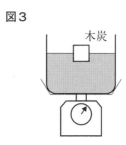

木炭

問5　このとき，台はかりの目盛りは何 g を示すか答えよ。

空中で物を静かに放すと，物が地表に向かって落下することから，物には重力がはたらくことがわかっている。ここで，100 g の物にはたらく重力の大きさを 1 N（ニュートン）とする。また，1 m²（10000 cm²）あたりの面に対して垂直にはたらく力のことを圧力といい，1 N の力が 1 m² あたりに与える圧力は 1 Pa（パスカル）と表される。

問6　水平面上に 500 g のレンガを置いた。底面積が 200 cm² の場合，レンガの重力が水平面上に与える圧力は何 Pa か答えよ。

問7　**図4**のように，水平面上に置かれた 100 g の空の容器に水を注いでいくと，あるところで水と容器全体の重力が水平面に与える圧力は 300 Pa になった。このとき，容器に注がれた水は何 g か答えよ。

図4

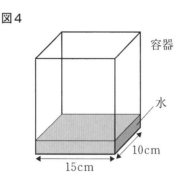

容器

水

10cm

15cm

図4と同じ容器を水平面上に置き，水 1500 g と密度 0.75 g/cm³ の油 1125 g を入れ，密度 0.8 g/cm³ の木材の立方体と密度 2 g/cm³ のレンガの立方体を液体中に沈めたところ，図5の状態で静止した。このとき，木材とレンガの一辺の長さはそれぞれ 2 cm で，木材は下半分が水中に，上半分が油中に沈んでおり，レンガは容器の底に完全に接していた。ただし，立方体を沈めることによる水や油の体積変化は考えないものとし，液面や立方体の上面および下面は常に水平を保っているものとする。

図5

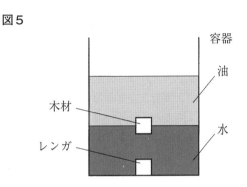

問8　容器，木材，レンガ，水，油を合わせた全体の重力が水平面に与える圧力を求める。次の文章中の空欄①〜②にあてはまる数値をそれぞれ答えよ。

　　図5の状態の容器を台はかりに乗せた場合，台はかりの目盛りは（　①　）g を示す。従って，求める圧力は（　②　）Pa である。

4 次の文章を読んで，下の各問に答えよ。ただし，すべての液体の密度は $1\,g/cm^3$ とする。

　日本では，多くの清涼飲料水が製造・販売されている。これらの年間消費量は1人あたり176.8 L であり，1日平均 483 mL を飲用している計算となる。清涼飲料水とは，緑茶，コーヒー飲料，炭酸飲料などを指し，原料の大部分が水であるものがほとんどである。

　炭酸飲料とは水に二酸化炭素を溶かしたものである。二酸化炭素は，大気圧※においてあまり水に溶けない。そのため，炭酸飲料は高い圧力のもとで二酸化炭素を溶かして作られている。また，ほとんどの炭酸飲料は砂糖などの糖類が多く溶けている。

　大気圧のもとでは，二酸化炭素はあまり水に溶けないが炭酸飲料の容器の蓋を開けてしばらく放置しても，二酸化炭素がすべて出ていくわけではない。これは，**図1**のように水の表面張力（液体や固体が表面積をできるだけ小さくしようとする性質）によって抑え込まれているためである。従って，溶け込んでいる二酸化炭素が空気中に出ていくためには，表面張力を受けにくい状況にするか，表面張力を低下させるものを入れるとよい。表面張力を低下させる代表的なものとしてセッケンがある。

図1

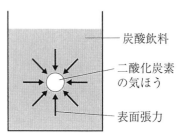

- 炭酸飲料
- 二酸化炭素の気ほう
- 表面張力

　水に他の物質が均一に混ざり合うことを（　あ　）といい，その液体を水溶液という。溶けているものによって水溶液の性質は異なる。炭酸水は（　い　）であり，セッケン水は（　う　）である。
※大気圧とは，海抜0 m 地点における空気の重力による圧力のことである。

問1　文章中の空欄（　あ　）にあてはまるものを，次のア～キの中から1つ選び，記号で答えよ。
　　ア　凝縮　　イ　凝固　　ウ　昇華　　エ　凝華　　オ　溶解　　カ　融解　　キ　蒸発

問2　文章中の空欄（　い　），（　う　）にあてはまるものを，次のア～ウの中からそれぞれ1つ選び，記号で答えよ。ただし，同じ記号を繰り返し用いてもよい。
　　ア　酸性　　イ　中性　　ウ　アルカリ性

問3　50 g の砂糖を溶かした500 mL の炭酸飲料 A がある。500 mL の炭酸飲料 A には，あと何 g の砂糖が溶けるか答えよ。ただし，砂糖は1種類の糖でできているものとする。また，溶けている二酸化炭素の重さは無視できるものとし，砂糖が溶ける量に影響はないものとする。なお，液体の温度は25℃で変化しないものとし，25℃の水 100 g に砂糖は 210 g 溶けるものとする。

問4　海抜0 m の場所と富士山の頂上で炭酸飲料の容器の蓋を開けてそれぞれしばらく放置した。海抜0 m の場所と富士山の頂上でそれぞれ溶けている二酸化炭素の量の関係として最も適当なものを，次のア～ウの中から1つ選び，記号で答えよ。ただし，海抜0 m の場所と富士山の頂上での温度は同じであるものとする。
　　ア　二酸化炭素は海抜0 m の場所の方が多く溶けている。
　　イ　二酸化炭素は富士山の頂上の方が多く溶けている。
　　ウ　どちらも変わらない

問5 炭酸飲料をゆっくりとコップに入れたときに，溶け込んでいた二酸化炭素が気ほうとなって空気中に出ていく。気ほうとなる様子として最も適当なものを，次のア〜オの中から1つ選び，記号で答えよ。
　ア　炭酸飲料の液体内部から気ほうが出てくる。
　イ　コップの内側の壁面から気ほうが出てくる。
　ウ　コップの内側の底面から気ほうが出てくる。
　エ　コップの内側の壁面と底面から気ほうが出てくる。
　オ　炭酸飲料の液体内部とコップの内側の壁面と底面から気ほうが出てくる。

問6 炭酸飲料に氷を入れると，溶けている二酸化炭素の量はどのように変化するか，最も適当なものを，次のア〜ウの中から1つ選び，記号で答えよ。
　ア　増える　　イ　減る　　ウ　変わらない

問7 図2のように，炭酸飲料が500 mL入ったペットボトルの蓋を開けて逆さにして，容器Bに入れる。この容器Bを，真空耐圧容器（内部の空気を全て取り除いても壊れない容器）に入れて，次の(a)，(b)の操作をおこなった。

図2

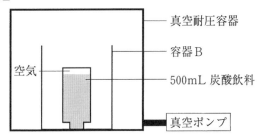

（a）　真空耐圧容器内を真空にする。
（b）　真空にした後，再び空気を入れて大気圧に戻す。

　(a)，(b)について，ペットボトル内の炭酸飲料はどのように変化するか，最も適当なものを，次のア〜エの中からそれぞれ1つ選び，記号で答えよ。ただし，同じ記号を繰り返し用いてもよい。また，真空耐圧容器内を真空にしても水は蒸発しないものとする。

ア　　　　　　　　　　イ　　　　　　　　　　ウ　　　　　　　　　　エ

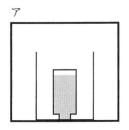 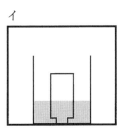 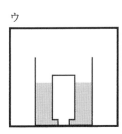 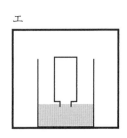

令和5年度（2023年度）

中学校入学試験問題

社　会

（40分）

注　意

「始め」の合図があるまでは問題を開いてはいけません。

1　「始め」という合図で始め、「やめ」という合図ですぐにやめなさい。

2　問題は1ページから14ページまでです。

3　解答を始める前に、まず、解答用紙に受験番号と氏名を記入しなさい。
　　受験番号は5桁です。算用数字で横書きにしなさい。

4　答えは、すべて解答用紙に記入しなさい。

5　文章で答える問題は、句読点も1字とする。

6　質問や用があるときは、声を出さずに静かに手をあげなさい。
　　問題の内容についての質問は受け付けません。

① 川 （　　）	② 京 京都府	③ 愛 愛知県	④ 奈 奈良県
⑤ 海 北海道	⑥ 宮 宮城県	⑦ 崎 長崎県	⑧ 岡 静岡県
⑨ 賀 佐賀県	⑩ 福 福岡県	⑪ 島 島根県	⑫ 山 山梨県

1　Aさんは夏休みの自由研究として、都道府県名に使われている漢字が他の都道府県と重複していると考えた都道府県のカードを作成し、①～⑫の番号をつけて並べた。各カードを見て、あとの各問に答えよ。なお、カードは上段が重複漢字、下段が都道府県名となっている。

問1　カード①について、Aさんは、このカードの空欄に、「川」がつく都道府県の中で唯一、原子力発電所がある都道府県名を書き入れた。空欄に入る都道府県名を答えよ。

問2　カード②について、次のア～エはAさんが書いた日本の都道府県の形である。京都府の形として正しいものを、次のア～エの中から1つ選び、記号で答えよ。なお、都道府県境と海岸線は同じ線で示しており、ア～エの縮尺は異なっている。便宜上、離島は省いて表示している。

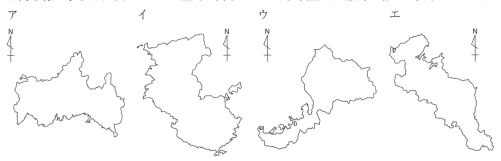

ア　　　　　　　イ　　　　　　　ウ　　　　　　　エ

問3　カード③について、愛知県に関して調べていたAさんは、豊田市は一つの企業を中心にその取引先の関連企業が集積することにより、経済・社会の基盤が構成され、発展した都市であることを知った。このような都市を何というか、答えよ。

問4　カード④について、奈良県の地図を眺めていたAさんは、奈良県には複数の隣接する都道府県があることに気がついた。奈良県に隣接する都道府県はいくつあるか、解答欄の形式に合わせて数字で答えよ。

問5 カード⑤について、次の写真はＡさんが北海道幌延町で撮影したものである。手前のモニュ
メントは緯度を示すものであり、奥の島は利尻島である。このモニュメントが示す緯度として
最も適当なものを、次のア～オの中から１つ選び、記号で答えよ。

写真

　ア　北緯30度　　イ　北緯35度　　ウ　北緯40度　　エ　北緯45度　　オ　北緯50度

問6 カード⑥について、次のア～エはＡさんが調べた東北地方で開催される夏祭りである。宮城
県で開催される夏祭りとして正しいものを、次のア～エの中から１つ選び、記号で答えよ。

ア

イ

ウ

エ

問7 カード⑦について、Ａさんは2022年９月23日に長崎駅に行き、その日に開業した西九州新幹
線に乗車した。Ａさんが乗車した西九州新幹線の列車名を何というか、答えよ。

問8　カード⑧について、次のア～エはＡさんが作成した静岡県・奈良県・北海道・島根県の道県庁所在地にある観測地点の月別平均気温および降水量を示した雨温図を作成した。静岡県の雨温図として正しいものを、次のア～エの中から１つ選び、記号で答えよ。

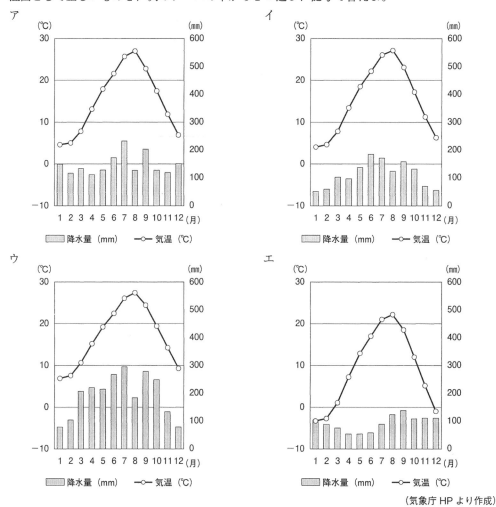

（気象庁HPより作成）

問9　カード⑨について、次の表はＡさんが佐賀県で生産がさかんな農産物の収穫量上位３道県についてまとめたものである。Ａ～Ｃの組み合わせとして正しいものを、次のア～カの中から１つ選び、記号で答えよ。

表

順位	A	B	C
1	北海道	北海道	佐賀県
2	福岡県	佐賀県	愛知県
3	佐賀県	兵庫県	大分県

（作物統計調査2021年より作成）

	ア	イ	ウ	エ	オ	カ
A	小麦	小麦	たまねぎ	たまねぎ	ハウスみかん	ハウスみかん
B	たまねぎ	ハウスみかん	小麦	ハウスみかん	小麦	たまねぎ
C	ハウスみかん	たまねぎ	ハウスみかん	小麦	たまねぎ	小麦

問10　カード⑩について、Aさんが調べたところ、福岡県には60市町村があり、地理的、歴史的、経済的特性などから、福岡県は「北九州」「福岡」「筑後」「筑豊」の４地域に分けられていることが分かった。次の資料は、福岡県庁政策支援課のホームページに掲載されている福岡県の４地域を紹介したページの一部を抜粋したものである。資料から読み取れる内容について説明した次の文のうち誤っているものを、次のア〜エの中から１つ選び、記号で答えよ。

資料

●北九州地域
　この地域は、九州で最も高い工業集積、技術集積を有しています。鉄鋼、化学などの基礎素材型産業に加えて、自動車、先端半導体、ロボットなどの加工組立型産業の集積が進み、蓄積された「ものづくり技術」を活かして地域の活性化が図られています。また、深刻な公害問題を克服した経験や技術を活かし、我が国最先端の環境産業の集積や循環型の都市づくりが進んでいます。地域産業の知的基盤となっている北九州学術研究都市には、先端科学の教育や研究開発を行う大学や研究機関が集積しています。
　平成17年には大水深バースを備えたひびきコンテナターミナルが整備され、18年には24時間運航可能な北九州空港が完成するなど、アジアの物流拠点として基盤整備が進んでいます。京築地域では、地域が持つ「産業」「文化」「教育」の力を活かすことによって、大都市圏では成し得ない「アメニティ」を兼ね備えた個性的な都市圏としての発展を目指す京築連帯アメニティ都市圏構想を推進しています。また、遠賀・中間地域では、響灘や遠賀川等の自然に恵まれ、住環境に優れた北九州市のベッドタウンです。

●福岡地域
　この地域は、九州の管理中枢機能や第３次産業の集積が進み、西日本のリーディングゾーンとして発展してきました。大都市の活力を持ちながら、良好な自然・居住環境をもった住みやすく、魅力ある、質の高い生活空間を創造し、アジアにおける人・モノ・情報の交流拠点を目指すふくおかアジア交流大都市圏構想を推進しています。また、九州大学伊都キャンパスを核とした学術研究都市構想を推進するとともに、水素エネルギー産業の育成・集積に取り組む世界最先端の「Hy-Life プロジェクト」や有機光エレクトロニクスの実用化など先端成長産業の育成・集積に取り組んでいます。平成17年には九州国立博物館が開館し、多くの人々が訪れるアジアの文化交流拠点となっています。23年３月には九州新幹線が全線開通したほか、福岡空港の滑走路増設に向けた取り組み、大水深、コンテナ時代に対応した博多港の整備など国際交通基盤の整備も進んでいます。糟屋中南部地域、朝倉地域、宗像・糟屋北部地域、糸島地域における、それぞれの特色を活かした広域連携プロジェクトや世界遺産に登録された「『神宿る島』宗像・沖ノ島と関連遺産群」の魅力発信の取り組みを実施しています。

●筑後地域
　この地域は、豊かな自然と農林水産業や地場産業、商工業などの多様な産業、文化、さらに個性ある都市群など、魅力に満ちた地域です。大牟田地域では、平成９年３月の三池炭鉱閉山に伴い、石炭産業に代わる新しい産業として、環境・リサイクル産業の集積に取り組み、大牟田エコタウンでは、RDF発電や廃家電から希少金属を取り出すレアメタルリサイクルなど環境産業の展開を図っています。広域的な取組みとして、個性豊かな都市がそれぞれの機能を連携・補完しあうネットワーク型の新しい都市として発展するために、筑後ネットワーク田園都市圏構想を推進しています。この地域には、久留米駅、筑後船小屋駅、新大牟田駅の３つの九州新幹線駅があり、25年４月には筑後船小屋駅がある筑後広域公園内に九州芸文館が開館し、芸術文化関連団体やまちづくり団体等と連携を図りながら、芸術文化・体験・交流など様々な事業を展開し、公園や地域の魅力を発信しています。有明海沿岸道路や三池港などの交通・物流基盤や、筑後広域公園、流域下水道などの生活基盤の整備を進め、地域の振興と良質な居住環境の整備に努めています。

●筑豊地域
　この地域は、石炭産業の衰退を経験し、現在、産業基盤や生活環境の整備が進められ、地域は大きく転換しようとしています。自動車産業の立地が進み、最先端の電磁波測定施設を有するADOX福岡や自動車産業を支える人材育成も活発に行われるなど、産業構造は大きく変わりつつあります。理工系大学を中心にベンチャー企業や研究機関の集積を図り、新たな産業創出の拠点づくりを目指す飯塚トライバレー構想も進められています。地域が一丸となって、筑豊農業の活性化に取り組み、おいしい米作りや特産のトルコギョウ、野菜や果樹の生産が進められています。地域活性化インターチェンジやスマートインターチェンジ、国道200号、201号バイパスの整備により福岡、北九州両都市圏との交通ネットワークも飛躍的に向上し、筑豊緑地や下水道など生活環境の整備も進んでいます。嘉飯地域、直方・鞍手地域、田川地域において、地域づくり団体や住民、行政が一体となった、広域連携による各種プロジェクトを実施しています。

（福岡県庁　政策支援課HP）

ア　遠賀・中間地域は、北九州市のベッドタウンとなっている。

イ　福岡空港は滑走路増設に伴い、24時間運航が可能となった。

ウ　新大牟田駅、久留米駅、筑後船小屋駅は、すべて筑後地域にある九州新幹線の駅である。

エ　筑豊地域では、かつて石炭産業が栄えていた。

問11　カード⑪について、Aさんは島根県に関する説明文を4つ考えたが、1つだけ他の都道府県の説明を書いてしまった。島根県の説明文として誤っているものを、次のア～エの中から1つ選び、記号で答えよ。

　ア　日本海に面する港の中で最大の水揚げ量を誇る漁港がある。

　イ　世界遺産に登録されている銀山遺跡がある。

　ウ　大国主大神の国譲りに際して作られたとされ、旧暦10月には神迎神事を行う神社がある。

　エ　全国に12城しか残っていない現存天守の1つがある。

問12　カード⑫について、山梨県の地形図を眺めていたAさんは、八人山と大蔵経寺山の間には ⌒ の地図記号が多いことに気がついたため、その理由を調べ、レポートを作成した。レポート中の（　X　）～（　Z　）に入る適語の組み合わせとして正しいものを、次のア～クの中から1つ選び、記号で答えよ。

地形図

（地理院地図）

> **レポート**　八人山と大蔵経寺山の間に ⌒ の地図記号が多い理由
>
> 　八人山と大蔵経寺山の間を流れる急流河川により土砂が平地まで運ばれて堆積し、（　X　）が形成された。（　X　）は（　Y　）がよいという特徴がある。そのため、八人山と大蔵経寺山の間では、（　Z　）が多くみられるのである。

	ア	イ	ウ	エ	オ	カ	キ	ク
（　X　）	三角州	三角州	三角州	三角州	扇状地	扇状地	扇状地	扇状地
（　Y　）	水はけ	水はけ	水もち	水もち	水はけ	水はけ	水もち	水もち
（　Z　）	水田	果樹園	水田	果樹園	水田	果樹園	水田	果樹園

問13　カード①～⑫について、次のⅠ～Ⅴの文のうち、正しく述べているものはどれか。最も適当なものを、次のア～カの中から1つ選び、記号で答えよ。

　　　Ⅰ　カード②・⑥・⑩は、いずれも政令指定都市がある都道府県である。

　　　Ⅱ　カード③・⑦・⑪は、いずれも都道府県名と都道府県庁所在地名が異なる都道府県である。

　　　Ⅲ　カード④・⑧・⑫は、いずれも中部地方の都道府県である。

　　　Ⅳ　カード⑤→⑥→⑦→⑧の順番で、都道府県の面積が大きくなっている。

　　　Ⅴ　カード⑨→⑩→⑪→⑫の順番で、そのカードに書かれた漢字を使っている都道府県数が多くなっている。

　　　ア　Ⅰ・Ⅳ　　イ　Ⅰ・Ⅴ　　ウ　Ⅱ・Ⅳ　　エ　Ⅱ・Ⅴ　　オ　Ⅲ・Ⅳ　　カ　Ⅲ・Ⅴ

問14　Aくんが自由研究を先生に提出したところ、カード①～⑫の重複漢字のうち1つだけ、どこの都道府県とも重複していない漢字が混ざっていることを指摘された。どこの都道府県とも重複していない漢字が入っているカードはどれか、カード①～⑫の中から1つ選び、そのカード番号を答えよ。

問15　Aさんが作成した①～⑫のカードを見たBさんは、他にも漢字が重複している都道府県がないか気になったため、コミュニケーションツールを使い、Aさんに尋ねてみた。次の図はBさんとAさんのやりとり（Bさんのタブレット画面をスクリーンショットしたもの）である。この図の内容を参考にした上で、カード①～⑫には登場していないが、都道府県名に重複して使用されている漢字を考え、その漢字1字を答えよ。なお、図は①～⑥の順で進んでいく。

図

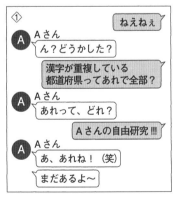
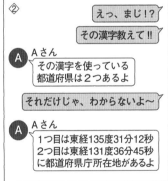
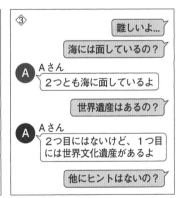
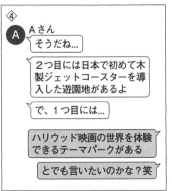
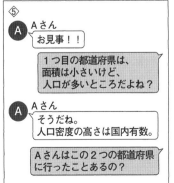
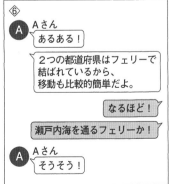

2 Aさんたちのグループは、気になったニュースについて調べ、その内容をカードにまとめた。カードに関する、あとの各問に答えよ。

> 2021年の衆議院議員総選挙に続いて、2022年7月に①参議院議員の選挙がおこなわれた。景気対策や外交・安全保障などが主な争点となった。

問1　下線部①について、参議院議員に関して述べた次のA～Cの文のうち、正しいものはどれか。最も適当なものを、次のア～クの中から1つ選び、記号で答えよ。
　　　A　参議院議員の被選挙権は、満25歳以上の日本国民に与えられる。
　　　B　参議院議員通常選挙は、3年に1度実施される。
　　　C　参議院議員は、内閣総理大臣になることができる。
　　ア　Aのみ　　イ　Bのみ　　ウ　Cのみ　　　　エ　A・B
　　オ　A・C　カ　B・C　キ　A・B・C　ク　なし

> 2022年4月1日から、成年年齢が20歳から18歳になった。それにともなって、②裁判員制度においても裁判員になることができる年齢が18歳以上になった。

問2　下線部②について、裁判員制度に関して述べたA・Bの文の正誤の組み合わせとして正しいものを、次のア～エの中から1つ選び、記号で答えよ。
　　　A　裁判員裁判は、民事裁判でのみおこなわれる。
　　　B　裁判員制度は、国民の感覚を裁判に反映させるために創設された。
　　ア　A―正　B―正　　イ　A―正　B―誤　　ウ　A―誤　B―正　　エ　A―誤　B―誤

> 国が設置した検討会では、③鉄道利用者が一定の数より少ないといった区間を対象に鉄道運営の見直しを、みんなで話し合うべきという提言がまとまった。

問3　下線部③について、今後の鉄道運営の見直し案に関して述べたA・Bの文の正誤の組み合わせとして正しいものを、次のア～エの中から1つ選び、記号で答えよ。
　　　A　利用者の少ない駅を無人駅にする。
　　　B　運行する列車の本数を減らす。
　　ア　A―正　B―正　　イ　A―正　B―誤　　ウ　A―誤　B―正　　エ　A―誤　B―誤

中学校　国語　（六十分）

※100点満点
（配点非公表）

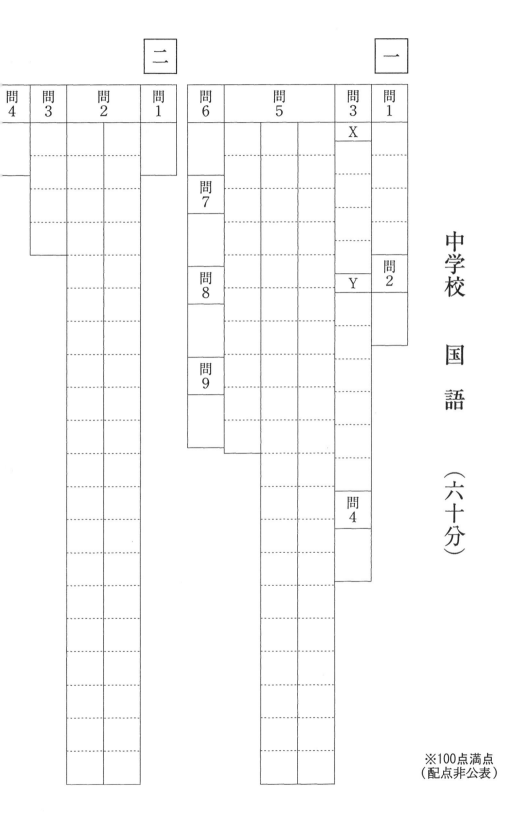

(2)

(答) _____

3	(1)		(2)		(3)	

4	(1)	:	(2)	:	(3)	:

5	(1)	cm³	(2)	cm³	(3)	cm³

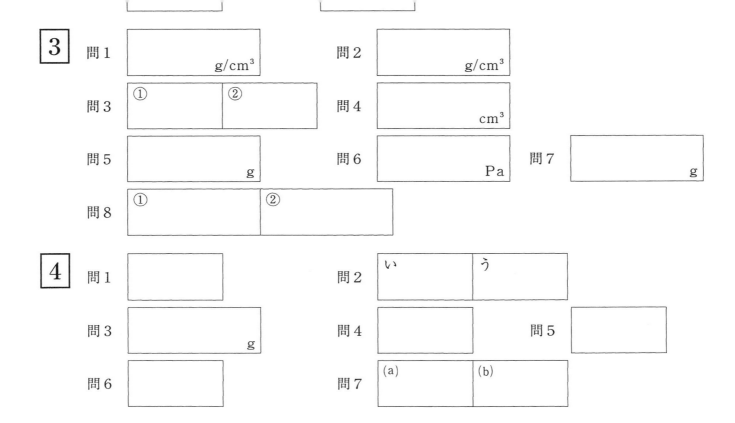

3 問1 □ g/cm³   問2 □ g/cm³

問3 ① □ ② □   問4 □ cm³

問5 □ g   問6 □ Pa   問7 □ g

問8 ① □ ② □

4 問1 □   問2 い □ う □

問3 □ g   問4 □   問5 □

問6 □   問7 (a) □ (b) □

問 9	
問10	
問11	
問12	
問13	
問14	
問15	

問 9	
問10	
問11	
問12	
問13	
問14	
問15	
問16	

中学校　　社会　　（40分）

※50点満点
（配点非公表）

1		2		3	
問1		問1		問1	
問2		問2		問2	
問3		問3		問3	
問4	つ	問4	法	問4	
問5		問5	⋮ ⋮ ⋮	問5	
問6		問6		問6	
問7		問7		問7	天皇

【解答用紙

受　験　番　号
氏　　　　　名

中学校　　理科　　（40分）

※50点満点
（配点非公表）

1

問1

A	B	C

問2

問3

問4

問5

問6

2

問1

問2

問3

問4

問5

問6

中学校　　　算数　　　（60分）

1	(1)			(2)			(3)		
	(4)			(5)	(ア)		(5)	(イ)	
	(6)			(7)	(ア)		(7)	(イ)	
	(8)			(9)			(10)		
	(11)								

2

受　験　番　号
氏　　　　名

問3	問2	問1		問9	問8	問7	問6
(1)		⑥	①	(1)			
(2)		⑦	②	(2)			
(3)		⑧	③				
(4)		⑨	④				
		⑩	⑤				

再生可能エネルギーの利用が進む中、大規模な太陽光発電の設置計画に対して、環境省は（　④　）法に基づく初めての抜本的な見直しを指示した。（　④　）法は大規模な開発などを実施する際に、あらかじめその事業が環境に与える影響を調査・予測・評価することを規定している。

問4　（　④　）に入る適語を答えよ。

　⑤IT化が進む中、グローバルな巨大IT企業などに対して、工場などが国内に無くても課税できる国際的なルールの導入が経済協力開発機構（OECD）で検討されている。

問5　下線部⑤について、IT化により会社を離れて時間や場所の制約を受けない柔軟な働き方を何というか、カタカナ5字で答えよ。

　線状降水帯による想定外の豪雨が各地で発生した。NHKのホームページには「⑥災害列島」とのタイトルで、地震や津波、台風といった自然災害への注意がまとめられている。

問6　下線部⑥について、災害への国の対応に関して述べたA・Bの文の正誤の組み合わせとして正しいものを、次のア〜エの中から1つ選び、記号で答えよ。
　　　A　災害に備えたハザードマップをまとめた。
　　　B　東日本大震災後に復興庁を設置した。
　ア　A―正　B―正　　イ　A―正　B―誤　　ウ　A―誤　B―正　　エ　A―誤　B―誤

　2022年3月初めの1ドル＝115円から、10月には1ドル＝150円を超えた。⑦3月初めを基準とすると、10月時点では（　A　）が進んでいる。また物価の上昇傾向が続く中、2022年度の最低賃金は前年度に比べて過去最大の（　B　）を記録した。

問7　下線部⑦について、文中の（　A　）・（　B　）に入る適語の組み合わせとして正しいものを、次のア〜エの中から1つ選び、記号で答えよ。
　ア　A―円安　B―下げ幅　　　　イ　A―円安　B―上げ幅
　ウ　A―円高　B―下げ幅　　　　エ　A―円高　B―上げ幅

出入国在留管理庁の施設で、⑧在留外国人が適切に収容されているかなど、外国人の権利について問題となるできごとがあった。

問8　下線部⑧について、次の図の空欄には外国人の在留資格のうち、日本の技術・知識を身につけ、国に戻ったあとに経済発展に貢献することを目的に来日した人々を示す言葉が入る。図中の空欄に入る適語は何か、解答欄の形式に合わせて答えよ。

図　在留資格別の在留外国人割合（2021年）

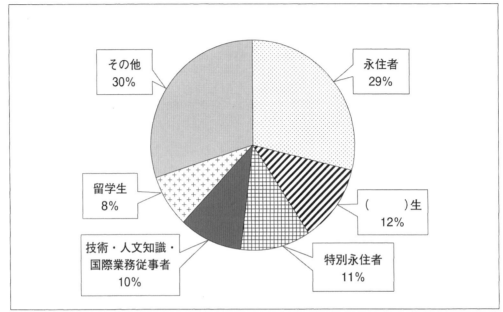

（出入国在留管理庁 HP より作成）

| 3 | 各時代の政治に関する次の文章を読み、あとの各問に答えよ。 |

1　①厩戸王や蘇我馬子らによる政治改革の後、蘇我蝦夷・入鹿父子が権勢をふるったが、中大兄
　皇子らによって倒され、②7世紀半ばから大化の改新と呼ばれる一連の改革が始められた。大王
　を中心とする中央集権国家の建設は、やがて大宝律令の制定によって実を結んだ。

　問1　下線部①について、厩戸王や蘇我馬子らは、これまでの氏姓制度による政治を改めるため、
　　　能力や手柄によって位を与えることにした。この制度を何というか、答えよ。

　問2　下線部②について、7世紀の出来事に関して述べたX〜Zの文を古いものから順に並べ替
　　　えたものとして正しいものを、次のア〜カの中から1つ選び、記号で答えよ。
　　　　X　本格的な都である藤原京を建設し、そこに遷都した。
　　　　Y　皇位継承をめぐって内乱が起き、大海人皇子が勝った。
　　　　Z　倭が百済復興を支援するため、朝鮮半島に大軍を送った。
　　ア　X→Y→Z　　　イ　X→Z→Y　　　ウ　Y→X→Z
　　エ　Y→Z→X　　　オ　Z→X→Y　　　カ　Z→Y→X

2　8世紀初め、平城京に都が置かれ③奈良時代が始まった。この時代のはじめ、政権は藤原不比
　等が握ったが、彼の死後は皇族の長屋王が掌握した。その後、長屋王は藤原不比等の子らによっ
　て倒され、さらに不比等の子らも疫病で死去すると、権力は④橘諸兄の手に移るというように、
　政権は藤原氏、非藤原氏と交互に移り変わっていった。

　問3　下線部③について、奈良時代の文化に分類されるものとして適当なものを、次のア〜エの
　　　中から1つ選び、記号で答えよ。

ア 　イ 　ウ 　エ

　問4　下線部④について、次の史料は橘諸兄が政権を握っている頃に出された法令に関するもの
　　　である。この法令名を何というか、答えよ。なお、史料は読みやすく書き改めてある。
　　　史料

　　　　　次のような詔が出された。「聞くところによると、切り開いた田は養老七年に出され
　　　た法令によって、期限が満了したあとは、決まりに従って国家が収めることになってい
　　　る。そのため農民は怠けてしまい、せっかく切り開いた土地もまた元のように荒地になっ
　　　てしまうという。今後は切り開いた田を自由に私財として所有することを認め、期限を
　　　設けることはせず、永久に国家がとりあげないようにせよ。……」

3　源頼朝は、壇の浦の戦いで平氏を滅ぼし、⑤鎌倉幕府を開いた。しかし、頼朝の死後にあとを継いだ頼朝の子らは相次いで殺され、源氏の将軍は絶えた。そのような情勢の中、⑥北条氏が比企・畠山・和田氏らの有力御家人を倒して、鎌倉幕府の実権を握った。

問5　下線部⑤について、鎌倉幕府が国ごとに置いた地方官で、軍事・警察の仕事や御家人の取り締まりにあたった役職を何というか、答えよ。

問6　下線部⑥について、北条氏が幕府の権力を握った後の出来事に関して述べた次のA～Dの文のうち、正しいものはどれか。最も適当なものを、次のア～エの中から1つ選び、記号で答えよ。
　　　A　後鳥羽上皇は、鎌倉幕府に対して戦いを仕掛けたが、敗れて隠岐に流された。
　　　B　北条義時は、武家による初めての法である貞永式目を定めた。
　　　C　元・南宋の連合軍は、1281年に博多湾を襲ったが、防塁によって上陸をはばまれた。
　　　D　幕府は、飢きんに苦しむ民衆を救うため、永仁の徳政令を出した。
　　ア　A・C　　イ　A・D　　ウ　B・C　　エ　B・D

4　鎌倉幕府滅亡後、（　⑦　）天皇は建武の新政を始めたが、足利尊氏が天皇にそむいて建武の新政は3年足らずで失敗した。その後、尊氏は京都に新たな天皇を立て、吉野に逃れた（　⑦　）天皇の朝廷と争う南北朝時代となった。室町幕府3代将軍の足利義満は、南北朝の合一を果たすとともに、山名氏などの勢力を削減するなどして幕府政治を安定させた。しかし、8代将軍足利義政の時に起こった⑧応仁の乱によって室町幕府は衰えた。

問7　（　⑦　）に入る人物名を答えよ。

問8　下線部⑧について、応仁の乱の頃の社会や経済のようすに関して述べた次のA～Dの文のうち、正しいものはどれか。最も適当なものを、次のア～エの中から1つ選び、記号で答えよ。
　　　A　手工業が発達し、京都西陣の絹織物や美濃の和紙などの特産品がつくられた。
　　　B　交通の要地や寺社の門前では、月に三回の定期市が開かれるようになった。
　　　C　応仁の乱後、山城国の馬借や農民らが100年近くの間、山城国を支配した。
　　　D　惣村では自治が行われ、寄合では村の掟や一揆について話し合われた。
　　ア　A・C　　イ　A・D　　ウ　B・C　　エ　B・D

5 　豊臣氏を滅ぼすと、江戸幕府は、一国一城令を定めて大名の武力を削減する一方、（　⑨　）を制定して、大名が守るきまりを示すとともに、大名が新たに城を築くことや幕府の許可を得ないで婚姻を結ぶことなどを禁じた。また、江戸城などの築城や修築にも大名を動員したほか、参勤交代を制度化するなどして⑩大名統制をおこなった。

問9　（　⑨　）に入る適語を答えよ。

問10　下線部⑩について、江戸幕府は大名統制に関し、大名の配置にも工夫をしていた。次の大名配置図から読み取れる内容として誤っているものを、次のア～エの中から1つ選び、記号で答えよ。

大名配置図（1664年）

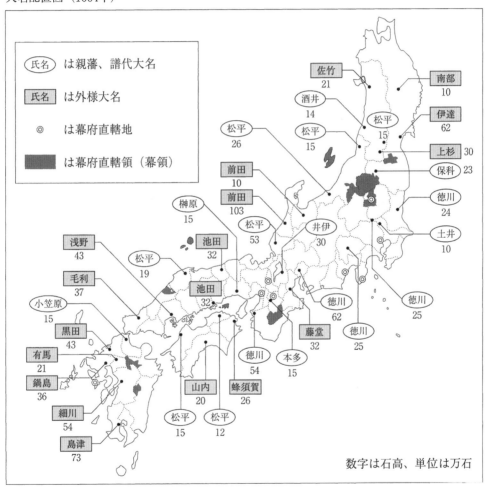

　　ア　御三家のうち、紀伊藩が最大の石高であった。
　　イ　すべての大名のうち、前田氏が最大の石高であった。
　　ウ　九州には、外様大名が多く配置されていた。
　　エ　京都・奈良・長崎は、幕府の直轄地であった。

6　1867年、朝廷は王政復古の大号令を出し、天皇を中心とする新政府をつくった。新政府は、廃藩置県で中央集権を達成すると、富国強兵とそれを実現するための殖産興業政策を積極的に進めていく一方で、⑪近代化に関する諸改革も次々とおこなっていった。外交面では、幕末に結んだ⑫不平等条約の改正にも取り組んだが、その実現は容易ではなかった。

問11　下線部⑪について、郵便事業を建議した人物で、後に大隈重信が設立した東京専門学校の校長をつとめた人物の姓名を答えよ。

問12　下線部⑫について、条約改正に関連して述べたX～Zの文を古いものから順に並べ替えたものとして正しいものを、次のア～カの中から1つ選び、記号で答えよ。
　　　X　アメリカの仲介によってロシアとの戦争が終結した。
　　　Y　領事裁判権の撤廃に成功した。
　　　Z　関税自主権の完全回復に関する条約が結ばれた。
ア　X→Y→Z　　　イ　X→Z→Y　　　ウ　Y→X→Z
エ　Y→Z→X　　　オ　Z→X→Y　　　カ　Z→Y→X

7　⑬北陸地方の漁村の主婦が立ち上がったことから起こった全国的な暴動の後、原敬を中心とした本格的な政党内閣がついに成立した。しかし、原敬暗殺後に成立した高橋是清内閣が倒れると、再び非政党内閣となった。第二次護憲運動後の1924年には、⑭加藤高明内閣で政党内閣が復活し、以後、犬養毅内閣が倒れるまでの約8年間は政党政治がつづいた。

問13　下線部⑬について、北陸地方から起こったこの暴動を何というか、答えよ。

問14　下線部⑭について、この8年間の出来事に関して述べたA・Bの文の正誤の組み合わせとして正しいものを、次のア～エの中から1つ選び、記号で答えよ。なお、Bの短歌については一部書き改めている。
　　　A　衆議院議員の選挙権が、直接国税を15円以上納める満25歳以上の男子に変更された。
　　　B　この時期の日本の対外対策を風刺する「地図の上　朝鮮国にくろぐろと　墨をぬりつつ　秋風を聴く」という短歌がよまれた。
ア　A―正　B―正　　イ　A―正　B―誤　　ウ　A―誤　B―正　　エ　A―誤　B―誤

8　敗戦後、連合国によって日本は占領された。そして、ポツダム宣言に基づいて民主化政策が進められ、政党内閣が復活した。1951年、⑮サンフランシスコ平和条約が結ばれ、日本の主権が回復した。その後、日本は⑯中華民国（台湾）やソ連、韓国、中華人民共和国などと国交の回復や樹立をおこなった。その一方で、アメリカ軍の支配を受けていた奄美群島・小笠原諸島・沖縄が次々に日本に返還された。

問15　下線部⑮について、サンフランシスコ平和条約と同日に結ばれた、日本の独立後もアメリカ軍が日本に駐留することなどを定めた条約を何というか、答えよ。

問16　下線部⑯について、次の年表は、日本と中国との外交および戦後の中国の動きに関してまとめたものであり、史料は日中共同声明の一部である。年表と史料の読み取りについて述べた文として正しいものを、次のア〜エの中から1つ選び、記号で答えよ。

年表

1945年	国際連合が成立し、中華民国が加盟
1946年	中華民国と中国共産党との間での内戦開始
1949年	中華人民共和国が成立
1952年	中華民国と日華平和条約を締結
1956年	日ソ共同宣言を調印
	日本の国際連合加盟
1965年	日韓基本条約を締結
1971年	中華人民共和国、国際連合の安全保障理事国に決定
	中華民国の国際連合脱退
1972年	中華人民共和国と日中共同声明に調印

史料

　二、日本国政府は、中華人民共和国政府が中国の唯一の合法政府であることを承認する。

ア　自衛隊の発足は、日華平和条約が結ばれた年より前のことであった。
イ　中華人民共和国との国交正常化を受けて日本は国際連合に加盟した。
ウ　国際連合が成立した時から中華人民共和国は加盟している。
エ　現在、中華民国と日本との間に正式な国交はない。

令和5年度（2023年度）

中学校12月新思考入学試験問題

総 合 Ⅰ

（50分）

注 意

「始め」の合図があるまでは問題を開いてはいけません。

1　「始め」という合図で始め，「やめ」という合図ですぐに鉛筆をおきなさい。

2　問題は1ページから8ページまでです。

3　解答を始める前に，まず，解答用紙に受験番号と氏名を記入しなさい。
　　受験番号は5桁です。算用数字で横書きにしなさい。

4　答えは，すべて解答用紙に記入しなさい。

5　質問や用があるときは，声を出さずに静かに手をあげなさい。
　　問題の内容についての質問は受け付けません。

6　比で答えるときは，最も簡単な整数の比にしなさい。

7　分数で答えるときは，約分して最も簡単な形にしなさい。

8　円周率を用いるときは，3.14として計算しなさい。

早稲田佐賀中学校

1 次の問いに答えよ。

(1) たて，よこ，ななめに並んでいる 3 つの数を足したとき，どれも同じになるように，すべてのマスに数を入れよ。

①

12		
16		6
5		

②

8		
7	11	

(2) 次の 3 つの筆算において，同じ記号にはそれぞれ同じ数字が，違う記号には違う数字が入る。記号に入るのは 0 から 9 の数字である。記号に入る数字を答えよ。

```
      □ 0 0 0
  －   ▼ □ △
  ─────────
      □ ▼ △
```

```
      ☆ ◆ ● ◆
  ＋   ☆ ◆ ● ◆
  ─────────
      ◆ ● 8 8
```

```
          ◆ ○
  ×         8
  ─────────
        ◎ ○ 6
```

(3) A，B，C，D，E の 5 人がかけっこをした。5 人がゴールに着いた順番について話をしているが，ひとりだけ間違ったことを言っている。5 人がゴールに着いた順番を解答らんの左側から順に答えよ。

A … B より速く走ったよ。
B … E には勝ったよ。
C … A には負けたけど，D には勝ったよ。
D … B には勝ったけど，E には負けたよ。
E … A より僕の方が速かったよ。

(4) ア〜コの 10 枚のコインがある。このうち 8 枚は本物で，残りの 2 枚は偽物で本物より軽い。偽物を見つけるために天びんを使って重さをはかると次のようになった。2 枚の偽物のコインはどれか答えよ。

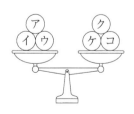
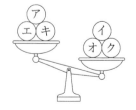
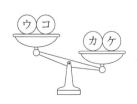

2　早夫君は夏休みの宿題で，ある長さが 12 cm の様々な図形を直線 ℓ 上で回転させることによりできる「**線の長さ**」や「**囲まれる部分の面積**」を考えてみた。次の問いに答えよ。

(1)　1 辺が 12 cm の正三角形 ABC を**図1**のようにすべらないように回転させた。点 A が初めて直線 ℓ 上に戻ってくるまでに点 A が動く「**線の長さ**」を求めよ。

【図1】

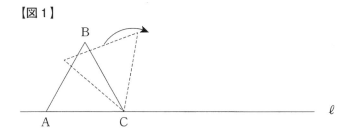

(2)　半径が 12 cm で中心角が 90° のおうぎ形を**図2**のようにすべらないように回転させた。点 A が初めて直線 ℓ 上に戻ってくるまでに点 A が動く「**線の長さ**」を求めよ。

【図2】

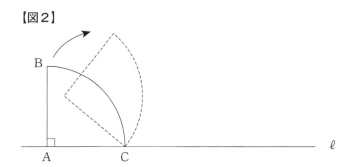

(3)　1 辺が 12 cm の正方形 ABCD を**図3**のようにすべらないように回転させた。点 A が初めて直線 ℓ 上に戻ってくるまでに点 A が動く線と直線 ℓ で「**囲まれる部分の面積**」を求めよ。
　　なお，この問題は，解答までの考え方を示す式や文章，図などを書きなさい。

【図3】

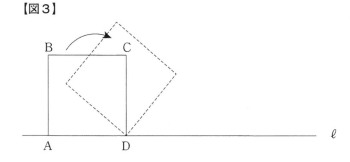

3 　太郎君と花子さんと先生は「ある整数が3の倍数であるかを判定する方法」について話をしている。

　　先生：3けたの整数852は3の倍数ですか？
　　太郎：852÷3＝284であまりがないので3の倍数です。
　　花子：もっとかんたんな方法を知っているよ。
　　　　　8＋5＋2＝15で15が3の倍数だから，852も3の倍数だよ。
　　太郎：どうして各位の数を足して3の倍数だと，その整数は3の倍数なの？
　　花子：う～ん，そうすれば求められると教わったの。
　　先生：算数でもどの教科でも「なぜ」を考えることはとても大切ですね。
　　　　　中学校に入学したら算数は数学になり，3けたの整数だけでなくすべての整数で，花子さんが話してくれた法則が成り立つことを説明できるようになります。
　　花子：わかりました。なぜ3けたの数について各位の数を足して3の倍数だとその整数が3の倍数になるのか考えてみます。例えば852を考えると……。（以下略）

(1) 910以上920以下の整数で3の倍数を全て答えよ。

(2) 花子さんが考えたことについて，以下の空らんにあてはまる言葉や数字・式を答えよ。
　　ただし，ア・ウは数字，イ・エ・オは式，カは共通する言葉，キは文章が入る。

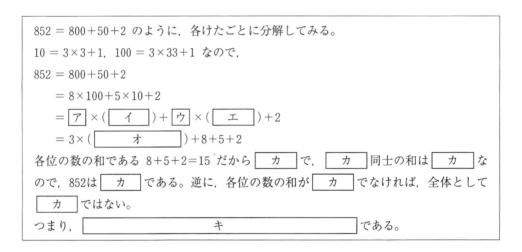

　　852＝800＋50＋2のように，各けたごとに分解してみる。
　　10＝3×3＋1，100＝3×33＋1なので，
　　852＝800＋50＋2
　　　　＝8×100＋5×10＋2
　　　　＝ ア ×（ イ ）＋ ウ ×（ エ ）＋2
　　　　＝3×（ オ ）＋8＋5＋2
　　各位の数の和である8＋5＋2＝15だから カ で， カ 同士の和は カ なので，852は カ である。逆に，各位の数の和が カ でなければ，全体として カ ではない。
　　つまり， キ である。

(3) 太郎君は9の倍数についても同じような方法で判断できることを思いついた。なぜ，各位の数を足して9の倍数だとその整数が9の倍数になるのかを，3けたの9の倍数をひとつ提示し，花子さんが考えたことを利用して説明せよ。

(4) 太郎君が示してくれた「9の倍数判定法」，さらに先生の言葉を利用して，
　　10けたの整数1234567800より大きく1234567900より小さい45の倍数である整数を全て答えよ。

問題は次のページに続きます。

4 ものが燃焼しているそばにいると，体に熱が伝わり熱いと感じる。これは，燃焼による熱が発生しているからである。ものが燃焼するときに発生する熱について考えてみよう。

　ものは，原子と呼ばれるこれ以上分解できない小さな粒（つぶ）からできており，原子は多くの種類があることが知られている。複数の原子どうしが互いに引き合って結合すること（共有結合）により，分子が作られる。たとえば，Xという原子が2個結合してできた分子は，**図1**のように表すことができる。また，分子と分子の間には，互いに引き合う力（分子間力）がはたらいてつながることにより，固体や液体がつくられる。

図1

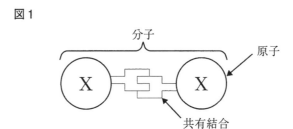

分子
原子
共有結合

　燃焼などにより原子の結合の組合せが変わることを化学反応という。**図1**で示した分子と別のZという原子が2個結合してできた分子が化学反応し，X原子とZ原子が結合した2個の分子ができる流れを**図2**に示す。

　図2のように，化学反応が起こるとき，分子中の結合は切られたり作られたりしている。結合を切るためにはエネルギーが必要で，新しく結合が作られるときにはエネルギーが放出される。このエネルギーを結合エネルギーといい，単位にはジュール（記号J）が用いられる。同じ組合せの原子の結合エネルギーは常に等しいが，原子の種類や組合せが変わると，結合エネルギーは異なる。従って，結合の組合せが変わると，エネルギーが熱として吸収されたり，放出されたりする。この熱を反応熱といい，式1から求めることができる。

図2

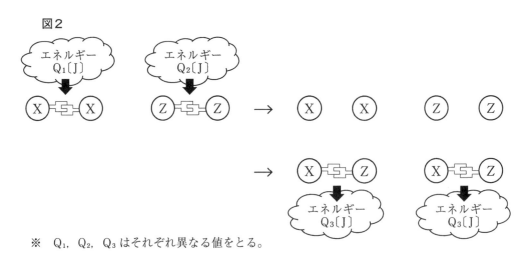

※　Q_1，Q_2，Q_3はそれぞれ異なる値をとる。

（結合を作るエネルギー）－（結合を切るエネルギー）＝（反応熱）……　式1

　よって，**図2**の場合の反応熱は，$(Q_3 + Q_3) - (Q_1 + Q_2)$〔J〕と求めることができる。

水素の燃焼について考える。**図3**は，1個の酸素原子（以下 O 原子とする）と2個の水素原子（以下 H 原子とする）が結合した水分子を模式的に表したものである。**図4**のように，H 原子が2個結合した水素分子と，O 原子が2個結合した酸素分子が反応して水分子を生成する。そのときの反応熱は**図5**から考えることができる。

図3

図4

図5

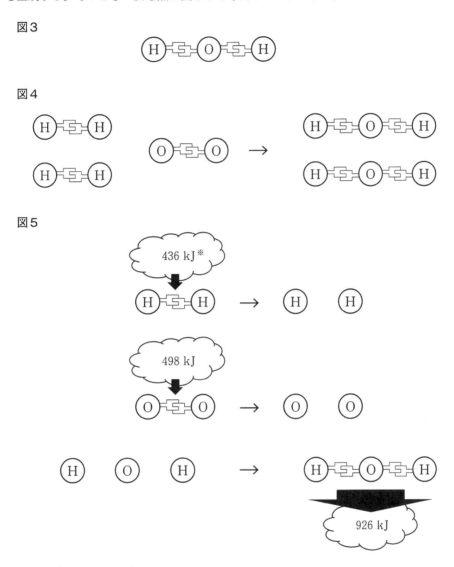

※　1 kJ（キロジュール）＝ 1000 J

(1) O 原子と H 原子の間の結合を1つ切るために必要なエネルギーは何 kJ か求めよ。

(2) **図4**における反応熱は何 kJ か求めよ。なお，この問題は，解答までの考え方を示す式や文章などを書きなさい。

次に，メタンが燃焼するときについて考える。**図6**は，1個の炭素原子（以下 C 原子とする）と2個の O 原子が結合した二酸化炭素分子を，**図7**は1個の C 原子と4個の H 原子が結合したメタン分子をそれぞれ模式的に表したものである。メタン分子が酸素分子と反応するときの反応熱は，**図8**〜**図10**より求めることができる。

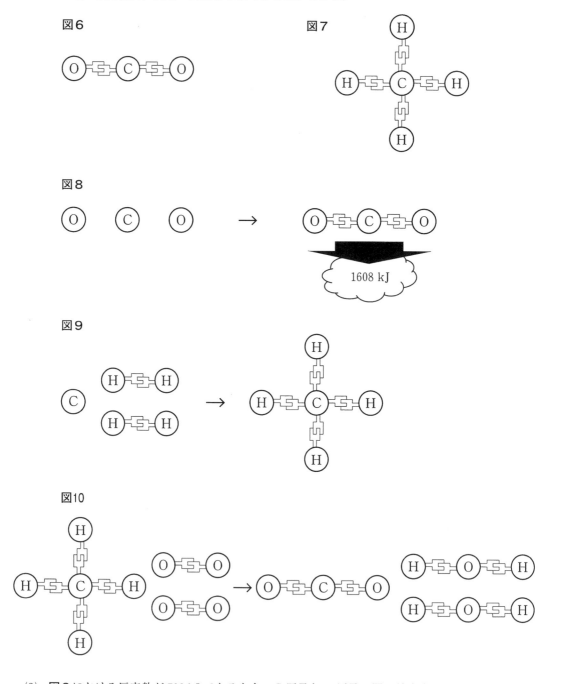

図6

図7

図8

1608 kJ

図9

図10

(3) **図9**における反応熱が 792 kJ であるとき，C 原子と H 原子の間の結合を1つ切るために必要なエネルギーは何 kJ か，**図5**の値を用いて求めよ。

(4) **図10**における反応熱は何 kJ か，**図5**および**図8**の値を用いて求めよ。

【総合

メタンを燃焼させると多くの熱が放出されることから，家庭用コンロの燃料などに用いられる。家庭用コンロを使って氷を温めた。図11は0℃の氷5kgの温度変化と，与えた熱の合計との関係を示したものである。

図11

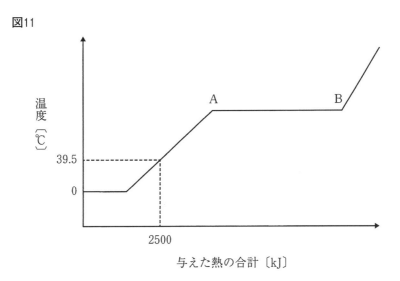

与えた熱の合計〔kJ〕

(5) 下線部をもとに，図11中の区間 A—B での温度が変わらない理由を簡単に説明せよ。

(6) 図11より，水1kgの温度を1℃上げるために必要な熱は何kJか，小数第2位を四捨五入して小数第1位で求めよ。ただし，氷が水になるときに必要な熱は氷1kgあたり334kJであるものとする。

令和5年度（2023年度）

中学校12月新思考入学試験問題

総 合 Ⅱ

（50分）

注　意

次のＡさんとＢさんの会話文を読み、あとの各問に答えよ。

Ａさん：（　１　）が改正されて、2022年４月から成年年齢が20歳から18歳に変わったことを
　　　　知っているかい？

Ｂさん：ニュースで聞いたことはあるよ。だけど、具体的にはどのようなことが変更されたの
　　　　かな？

Ａさん：今回の（　１　）改正によって、18歳で親の同意なしにクレジットカードの契約がで
　　　　きるようになり、さらに（　２　）。

Ｂさん：いろいろと変わったんだね。

Ａさん：そうだね。できることが増えたという点では、成年年齢の引き下げに先立って、2016
　　　　年からは満18歳以上の人も選挙に参加することができるようになっているよ。夏休み
　　　　の自由研究は、成人の責任や権利、選挙などについてくわしく調べてみるつもりなん
　　　　だ。例えば、［資料１］を見てみると、選挙権が拡大していることがわかるよ。

［資料１］

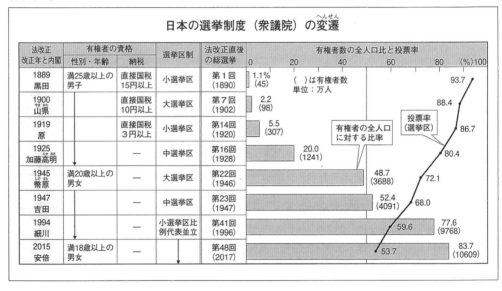

問１　（　１　）に入る適語を、次のア〜エの中から１つ選び、記号で答えよ。
　　ア　憲法　　　　イ　民法　　　　ウ　刑法　　　　エ　公職選挙法

問２　（　２　）に入る言葉として適当でないものを、次のア〜エの中から１つ選び、記号で答
　えよ。
　　ア　飲酒や喫煙ができるようになったんだ
　　イ　女性の結婚できる年齢が男性と一緒になったんだ
　　ウ　10年有効のパスポートの取得ができるようになったんだ
　　エ　親の同意なしに携帯電話の契約ができるようになったんだ

問3　[資料1] 中の黒田内閣、原内閣、吉田内閣の各時代のできごとに関して述べたX～Zの各文を古い順に並べ替えたものとして正しいものを、次のア～カの中から1つ選び、記号で答えよ。

　　　X　労働基準法が制定された。
　　　Y　大日本帝国憲法が発布された。
　　　Z　パリ講和会議でヴェルサイユ条約が結ばれた。

　　ア　X→Y→Z　　　　イ　X→Z→Y　　　ウ　Y→X→Z
　　エ　Y→Z→X　　　　オ　Z→X→Y　　　カ　Z→Y→X

問4　[資料1] 中の吉田内閣の時に日本国憲法が公布された。次の文章は、1947年に発行された教科書の内容の一部である。文章中の（　　　）に入る適当な語句を答えよ。なお、すべての（　　　）に同じ語句が入る。また、文章は読みやすく書き改めてある。

> 『あたらしい憲法のはなし』
> 　国を治めてゆく力のことを「（　　　）」といいますが、この力が国民ぜんたいにあれば、これを「（　　　）は国民にある」といいます。こんどの憲法は、いま申しましたように、民主主義を根本の考えとしていますから、（　　　）は、とうぜん日本国民にあるわけです。そこで前文の中にも、また憲法の第1条にも、「（　　　）が国民に存する」とはっきりかいてあるのです。（　　　）が国民にあることを、「（　　　）在民」といいます。あたらしい憲法は、（　　　）在民という考えでできていますから、（　　　）在民主義の憲法であるということになるのです。
>
> 　　　　　　　　　　　　　　　　　　　　　　　　　　　（1947年文部省発行の教科書）

問5　[資料1] 中の小選挙区制と比例代表制について、次のア～エは小選挙区制または比例代表制でみられる制度や特色についての文である。小選挙区制でみられる制度や特色を説明した文として正しいものを、次のア～エの中から1つ選び、記号で答えよ。

　　ア　小党分立になる傾向がある。
　　イ　政党に属さない人は、立候補できない。
　　ウ　落選者に投票した票である死票が多い。
　　エ　政党の得票数に応じて、各党に議席を分配する。

問6　[資料1] の内容に関して述べた次のA～Cの文のうち、正しく述べているものはどれか。最も適当なものを、次のア～カの中から1つ選び、記号で答えよ。

　　A　「有権者の全人口に対する比率」は、一貫して増加している。
　　B　性別による有権者の資格の差があった時期と、差がない時期の選挙を分けたとき、「投票率（選挙区）」はどの選挙を比較しても差がない時期の選挙の方が高い。
　　C　「有権者数」と「投票率」から推計すると、第23回（1947年）の総選挙で投票した人数よりも第48回（2017年）の選挙で投票した人数の方が多いと考えられる。

　　ア　Aのみ　　　イ　Bのみ　　　ウ　Cのみ
　　エ　A・B　　　オ　A・C　　　カ　B・C

問7　［資料１］について、衆議院議員総選挙における一票の格差を是正するため、2016年の法改正でアダムズ方式の導入が決まった。

> アダムズ方式：議席を配分するための計算方法
>   まず、各県の人口を、「ある数」で割る。次に、その答えの小数点以下を切り上げる。こうして切り上げたあとの数が各県の議席数となる。なお、「ある数」とは、各県の議席数の合計が、ちょうど議員総定数と同じになるように調整した数値である。

　　仮に、次の表のように人口の異なる x〜z の３つの県があるとする。３県の総人口460万人、３県の議員総定数が５議席の場合、「ある数」は125万となる。この時の x〜z の３つの県の議席配分数として適当なものを、次のア〜エの中から１つ選び、記号で答えよ。

県	人口（万人）	特定の数字（125万）で割る	議席配分（５議席）
x 県	250		議席
y 県	200		議席
z 県	10		議席

ア　x県―4　　　y県―1　　　z県―0

イ　x県―3　　　y県―2　　　z県―0

ウ　x県―3　　　y県―1　　　z県―1

エ　x県―2　　　y県―2　　　z県―1

問8 ［資料１］について、あとの地図ア～エは次の①～④の内容を満たす都道府県をそれぞれ着色したものである。このうち、「①衆議院議員１人当たりの有権者数（2021年）の**下位**10都道府県」を示すものを、次の地図ア～エの中から１つ選び、記号で答えよ。

［内容］
① 衆議院議員１人当たりの有権者数（2021年）の**下位**10都道府県
② 産業従事者総数に占める、第二次産業従事者の割合（2020年）の**上位**10都道府県
③ 人口増加率（2015年～2020年）の**上位**10都道府県
④ 外国人延べ宿泊者数（2019年）の**上位**10都道府県

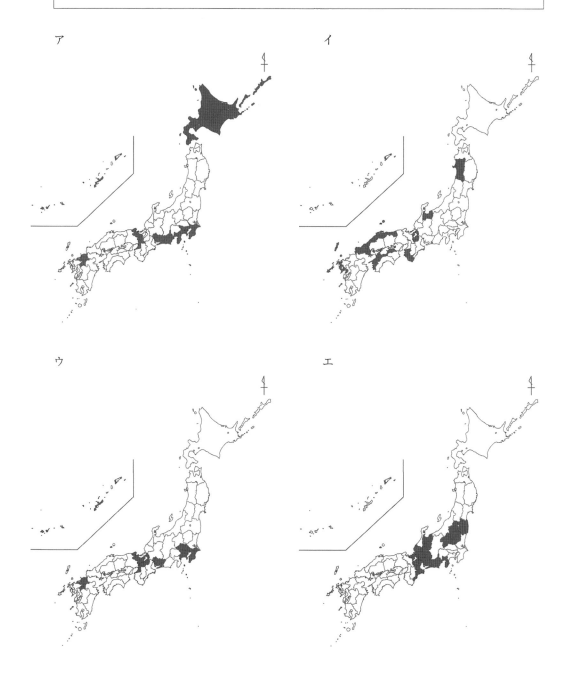

ア

イ

ウ

エ

Bさん：ところで、若者世代の投票率はどれくらいなのだろう。

Aさん：〔資料２〕を見てごらん。年代別投票率の推移がわかるグラフだよ。10歳代や20歳代の投票率は、（ ３ ）。

Bさん：年代によってこんなに違いがあるなんて知らなかったよ。年代の層によって、賛成する政策や支持する政党も違うだろうね。投票をすることで、幅広い年齢層の<u>民意</u>を伝えていくことが必要だね。

〔資料２〕

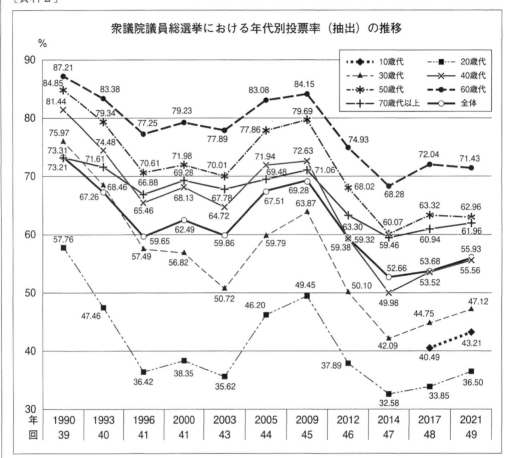

※①　この表のうち、年代別の投票率は、全国の投票区から、回ごとに144～188投票区を抽出し調査したものである。
※②　第48回の10歳代の投票率は、全数調査による数値である。

(総務省 HP より作成)

問9　（　3　）に入る適当な言葉を15字〜30字で答えよ。

問10　［資料2］の内容に関して述べたA・B文の正誤の組み合わせとして正しいものを、次の
　　　ア〜エの中から1つ選び、記号で答えよ。
　　　　A　「40歳代」の投票率は、すべての回の選挙において「全体」の投票率よりも高い。
　　　　B　「60歳代」の投票率は、すべての回の選挙において一番高い。
　　　ア　A－正　B－正　　イ　A－正　B－誤　　ウ　A－誤　B－正　　エ　A－誤　B－誤

問11　会話文中の下線部「民意」について、あとの文章の（　Ⅰ　）・（　Ⅱ　）に入る言葉の組み
　　　合わせとして最も適当なものを、次のア〜エの中から1つ選び、記号で答えよ。

　　　　選挙結果は必ずしも民意を反映したものとはならず、選挙で代表者（政党）を選ぶこと
　　　と、個別の政策の賛否を直接多数決で決定することには矛盾が生じるという意見がある。
　　　　次の表のように、政党はX党とY党の2つの政党があり、有権者は5人、争点になって
　　　いる政策は「社会保障」「外交」「憲法改正」の3つであるとする。表には、有権者aさん
　　　〜有権者eさんが、3つの政策と投票において、どの政党を支持しているかを示している。
　　　　たとえば、有権者aさんは「社会保障」はX党、「外交」はY党、「憲法改正」はX党の
　　　政策を支持している。そして、3つの政策を総合的に判断すると、選挙の際はX党の政策
　　　を2つ支持しているためX党に投票することになる。
　　　　ここで、多数決の結果に注目すると、個別の政策の多数決の結果では、すべて（　Ⅰ　）
　　　の支持の方が多い。（　Ⅱ　）ことになるのである。このように、複数の政策をひとくく
　　　りにした選挙の結果と、政策別に支持されている政党は、異なる場合がある。

| | 個別の政策 | | | 投票 |
	社会保障	外交	憲法改正	支持政党
有権者aさん	X党	Y党	X党	X党
有権者bさん	Y党	Y党	Y党	Y党
有権者cさん	Y党	X党	X党	X党
有権者dさん	X党	X党	Y党	X党
有権者eさん	Y党	Y党	Y党	Y党
多数決の結果	X党　2 Y党　3	X党　2 Y党　3	X党　2 Y党　3	X党　3 Y党　2

　　　ア　Ⅰ　X党　　Ⅱ　そして、選挙を行っても、X党に支持が集まる
　　　イ　Ⅰ　X党　　Ⅱ　しかし、選挙を行うと、Y党に支持が集まる
　　　ウ　Ⅰ　Y党　　Ⅱ　そして、選挙を行っても、Y党に支持が集まる
　　　エ　Ⅰ　Y党　　Ⅱ　しかし、選挙を行うと、X党に支持が集まる

　「ケアレスマン・モデル」という言葉を聞いたことはないでしょうか。「ケアレス」というと「ケアレスミス」を連想して、うっかりやさんのことかと思うかもしれませんが、違います。「ケア」は「お世話」のこと、「レス」は「〜がない」という意味で、「ケアレスマン」とは「人や自分のお世話（つまり家事・育児・介護）をしないですんでいる男性」のことです。日本の男性の多くはこれにあてはまります。そこに「モデル」という言葉がくっついているのは、「ケアレスマン」を前提として、日本の「公的」な場がつくられているということを言い表そうとしています。

　重要なのは、日本の男性のように極端に「ケア」の時間が短いということは、自分が人の世話をしないだけでなく、自分が誰か（多くは女性）にお世話をしてもらっているということです。食事、洗濯、掃除といった、生きていく上で（　Ⅰ　）基本的な事柄を、人（女性）にやってもらって、それに依存し甘えて生きているのが多くの日本の男性なのです。そういう存在が「公的」な場をほぼ独占しており、そのぶんだけ、男性がしない「ケア」を担い続けている女性たちをその場から排除してしまっている。これは大きな問題です。

　しかも、男性も女性も、「そういうものだよね」とかなり思ってしまっていることが、より深い問題です。家事分担に関する不公平感について国際比較分析を行った、社会学者の不破麻紀子さんと筒井淳也さんによる研究は、興味深い発見をしています。図を見てください。図の中に散らばっているのが分析対象の国々で、横軸はそれぞれの国において家事全体の中で妻が担当している比率、縦軸はそれぞれの国で妻が家事分担を不公平だと感じている度合いです。図の中に引いてある３本の直線は、各国の散らばり方の傾向をできるだけよく表すように算出された「回帰直線」です。

　この図が興味深いのは、対象国全体だと回帰直線の傾きはほぼ平らで、つまり縦軸と横軸との間にあまり関係がないように見えるのですが、対象国を、妻の家事分担比率が低い国々と高い国々に分割してみると、左側の、妻の家事分担比率が低い国々では右上がりの分布になる、つまり家事分担が多くなるほど妻は不公平だと感じるのに対して、右側の、妻の家事分担比率が相対的に高い国々では、右下がりの分布になっている、つまり（　Ｘ　）ような傾向が見いだされるということです。そして、日本は「JP」という記号で表されているのですが、どこにあるか見つかったでしょうか？　はい、右のほうに（　Ⅱ　）離れているのが日本です。日本は妻の家事分担比率がとても高いのに、不公平感はかなり低い国の典型です。

　この分析結果からは、あまりにも偏った状態の国で暮らしていると、何が「普通」で「当然」なのかについて、感覚が麻痺してくるということが読み取れます。日本はその最たる国とも言えるでしょう。

　日本について、幸福度や自殺率や寿命に関しては女性のほうが男性よりも良い数字が出ている、ということが指摘されることがあります。実際に、国際比較調査からも、そのような傾向が確認されます。また、「日本では家計の財布を握っているのは女性なので、女性は強い」と言われることもあります。これも確かに、他国と比べてもそのような家計の管理の仕方をしているケースは日本で相対的に多くなっています。

　これらは、一方では「公的」な場での活動はそれなりにプレッシャーなども大きく、男性は「男はつらいよ」状態にあること、他方では女性も主に「私的」な場でケアや家計管理を担うことを「そういうもんだ」と思って満足してしまっていることが原因と考えられます。しかし、<u>「幸福」だと思っているからそれでいい、と言うことはできません</u>。個人にとっても、「女性が財布を握っている」ことは「誰が稼いでいると思ってるんだ！」という男性側の「強さ」と表裏一体ですし、もし何かの事情で離婚することになれば、女性は一挙に「財布」を失います。しかもジェンダー間に現実として存在する偏りや歪みは、マクロな社会全体の仕組みにおける不公正や不効率をもたらすの

で、ミクロな個々人が「それでいいんだ」と思っていることによっては正当化されえないのです。

（『「日本」ってどんな国？　国際比較データで社会が見えてくる』本田由紀
ちくまプリマー新書)

図　家事分担比率と不公平感の分布図

※図の縦軸について……家事分担についての妻の不公平感が最も強い時を5、最も少ない時を1としている。

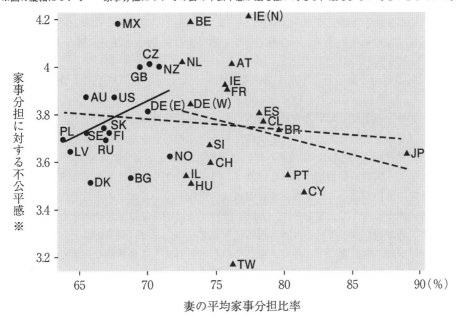

縦軸：家事分担に対する不公平感※

横軸：妻の平均家事分担比率

AT：オーストリア、AU：オーストラリア、BE：ベルギー、BG：ブルガリア、BR：ブラジル、CH：スイス、CL：チリ、CY：キプロス、CZ：チェコ、DE(E)：ドイツ（旧東ドイツ地域）、DE(W)：ドイツ（旧西ドイツ地域）、DK：デンマーク、ES：スペイン、FI：フィンランド、FR：フランス、GB：イギリス（北アイルランド除く）、HU：ハンガリー、IE(N)：イギリス（北アイルランド地域）、IE：アイルランド、IL：イスラエル、JP：日本、LV：ラトビア、MX：メキシコ、NL：オランダ、NO：ノルウェー、NZ：ニュージーランド、PL：ポーランド、PT：ポルトガル、RU：ロシア、SE：スウェーデン、SI：スロベニア、SK：スロバキア、TW：台湾、US：アメリカ

（『家族社会学研究』22巻1号「家事分担に対する不公平感の国際比較分析」不破麻紀子・筒井淳也より作成）

問1　（　Ⅰ　）・（　Ⅱ　）に入る語句の組み合わせとして最も適当なものを、次のア～オの中から1つ選び、記号で答えよ。

　　ア　Ⅰ　ただただ　　Ⅱ　ちゃーんと　　　イ　Ⅰ　もともと　　Ⅱ　でーんと
　　ウ　Ⅰ　ごくごく　　Ⅱ　ぴょーんと　　　エ　Ⅰ　なかなか　　Ⅱ　うーんと
　　オ　Ⅰ　ますます　　Ⅱ　たーんと

問2　（　X　）に入る適切な言葉を30字以内で書け。

問3　下線部について、次の(1)・(2)の問に答えよ。

(1)　「幸福」にかっこ（「　　　」）がついているが、これと最も近い用法でかっこが使われている文はどれか。次のア〜オの中から１つ選び、記号で答えよ。

ア　国語は、あくまでも本文の内容に従って「正確に」読むことが大切だ。

イ　その本は「国境の長いトンネルを越えると、雪国だった。」という書き出しだ。

ウ　私はゴールデンウィークに宮沢賢治の『銀河鉄道の夜』を読んだ。

エ　人間は自然を破壊しながら、自分たちの「住みやすい環境」を作り上げた。

オ　入学式で校長先生は「この場所で楽しく学びましょう。」と生徒に呼びかけた。

(2)　下線部の理由の説明として最も適当なものを、次のア〜オの中から１つ選び、記号で答えよ。

ア　ケアの分担が偏っている現状に日本の人々が疑問を持っていなくても、家計の在り方としてはもろさを抱えており、社会全体にも不公正や不効率がもたらされてしまうから。

イ　ケアの分担が偏っている日本の現状は国際比較調査においても明らかになっており、ジェンダー間の格差が解消されなければ、日本に対する評価は厳しくなるばかりだから。

ウ　ケアの分担が偏っている現状が日本にはまだ残っているが、人々はその状態のほうが相対的には幸福だと考えており、一方的に批判するばかりでは問題が解決しないから。

エ　ケアの分担が偏っている日本の現状に関して、これまでは経済的に苦しくなりやすい女性だけが論じられることが多く、男性のつらさを解決する具体的な方策がまだないから。

オ　ケアの分担が偏っている現状において、男性が家計を自分の好き勝手にして、離婚後の女性の生活を保障しないことで、社会における女性の差別や貧困が助長されるから。

問4 【資料1】のように、育児休業に関する法律が改正された。この改正によってもたらされる
と考えられる利点について、本文および【資料1】・【資料2】を踏まえながら、120字以内で
説明せよ。

【資料1】

法改正で育休の取り方が変わる

2022年4月から

妊娠・出産を届け出た労働者に、育休
の取得を個別に働きかけるよう企業に
義務づけ。会社が働きかけを怠った
ら社名の公表も

22年10月ごろから

父親が生後8週までに最大4週(2回に
分割可)の「産休」を取れる制度を新設

23年4月から

従業員1千人超の企業に育休取得率
公表を義務づけ

(朝日学情ナビ)

※育児休業のうち、子どもが生まれてから8週間
以内に取得するものを「産休」と呼んでいる。

【資料2】 「理想の父親」に関するアンケート調査(2019年)

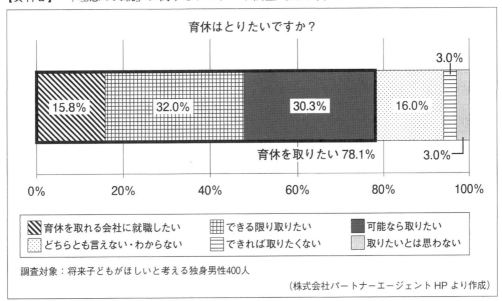

育休はとりたいですか?

3.0%

15.8% 32.0% 30.3% 16.0%

育休を取りたい78.1% 3.0%

0% 20% 40% 60% 80% 100%

▨育休を取れる会社に就職したい ⊞できる限り取りたい ■可能なら取りたい
どちらとも言えない・わからない ▤できれば取りたくない 取りたいとは思わない

調査対象:将来子どもがほしいと考える独身男性400人

(株式会社パートナーエージェントHPより作成)

3 次の各問に答えよ。

問1　次の(1)～(4)の空欄に漢字を入れ矢印に従って読むと二字の熟語になる。空欄に入る語として
　　最も適当な漢字をそれぞれ書け。

(1)
```
        無
        ↓
  配 ← □ ← 親
        ↓
        地
```

(2)
```
        合
        ↓
  品 → □ → 子
        ↓
        好
```

(3)
```
        保
        ↓
  危 → □ → 悪
        ↑
        陰
```

(4)
```
        最
        ↓
  雪 ← □ → 恋
        ↑
        当
```

問2　次の(1)～(4)について、空欄に共通する言葉をそれぞれ漢字1字で書け。

(1) □となり肉となり　　　□が通う　　　心□を注ぐ

(2) □風が立つ　　　一日千□　　　天高く馬肥ゆる□

(3) 歯に□を着せぬ　　　馬子にも□装　　　□鉢を継ぐ

(4) 河豚は食いたし□は惜しし　　　美人薄□　　　□を削る

問3　次の例文の言葉の組み立て(ことばとことばの関係)は、あとの図のように表すことができる。

　　　　例：寒い日が続く。

　　　　　　寒い → 日が － 続く 。

　　この例を参考に、次の文を図に表したとき、(1)〜(3)に当てはまることばをそれぞれ答えよ。

受験生になって、毎日、勉強をしている人がとても増えた。

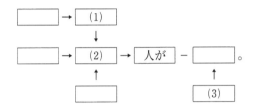

問4　次の文章の（　　　）には、ア〜エの文を並び替えたものが入る。正しく並び替えた時、
　　１番目と３番目に入る文を、ア〜エの中からそれぞれ１つずつ選び、記号で答えよ。

　　　国際化が日常化する中、異文化コミュニケーションの重要性が叫ばれている。
　　（
　　　　　　　　　　　　　　　　　　　　　　　　　　　　　　　　　　　　　　　）
　　　だから、コミュニケーション能力を上げるには、言語を鍛えるよりは、場の空気を読み
　　取る力を養成することが重要だ。

　　　　　　　　　　　　　　　　　　　　　　　　　　　（福沢一吉『論理的に読む技術』）

ア　一見日本人同士のコミュニケーションが取れているように思えるのは、日本語という言語
　　に頼るのではなく、コミュニケーションがその場の空気を読み取ることによって成り立って
　　いるからだ。
イ　だから、日本人同士でも意思疎通がうまくいかないのだ。
ウ　しかし、その一方で異文化コミュニケーションどころか、日本人同士でも意思疎通が難し
　　いとも指摘されている。
エ　日本語はそもそも論理的ではない。

問5　中学1年生のこずえさんは、小学校でお世話になった先生に手紙を書いた。次の手紙を見て
　　あとの(1)・(2)の問に答えよ。

拝啓　□□□□□。先生はいかがお過ごしでしょうか。

先生と卒業式でお別れになってから、はやくも一ヶ月半がたちました。私たちは今でも先生の話をしています。

さて、今年も体育祭が近づいてきました。中学一年生から高校三年生までが一緒に行う体育祭は、小学校の運動会と違って、圧倒されます。私たちは先輩達に負けないように毎日、競技や応援合戦の練習で忙しく過ごしています。特に、応援合戦に力を入れているので、きっと見応えのあるものになると思います。

つきましては、先生に体育祭に来ていただけないかと考えています。お忙しいとは思いますが、日ごろの練習の成果をご覧いただきたいので、どうぞよろしくお願いします。お会いできる日を楽しみにお待ちになっています。

どうぞお体を大切にしてください。

敬具

五月二日

清水和子先生

山本こずえ

(1)　手紙中の□□□□□に当てはまる文として最も適当なものを、次のア～エの中から1つ選び、
　　記号で答えよ。
　　ア　若葉の緑が美しい季節になりました　　イ　厳しい残暑が続いています
　　ウ　桜の花も満開となりました　　エ　ようやく春めいてきました

(2)　こずえさんは手紙を出す前に、母に見てもらった。その時の母のアドバイスA～Cのうち、
　　正しく述べているものの組み合わせとして適当なものを、次のア～カの中から1つ選び、
　　記号で答えよ。
　　A　敬語の使い方が間違っているから、書き直したほうがいいよ。
　　B　先生は体育祭の開催日時や場所がわからないから、書き加えたほうがいいよ。
　　C　文末が統一されていないから、「です・ます調」にそろえたほうがいいよ。
　　ア　Aのみ　　　イ　Bのみ　　　ウ　Cのみ
　　エ　A・B　　　オ　A・C　　　カ　B・C

令和5年度（2023年度）

中学校12月新思考入学試験問題

英　語

（50分）

注　意

1

放送を聞いて、Part 1〜4 の各問いに答えよ。放送は 2 回ずつ流れる。

Part 1   ※音声と放送原稿非公表

今から英語である語の説明がある。その説明が表すものを、それぞれ<u>日本語</u>で答えよ。

(1)

(2)

Part 2
　対話を聞き、次の２つの質問の答えとして最も適切なものを、以下の①～⑥からそれぞれ選べ。

⑴　Question 1 : Which student is Kevin?

⑵　Question 2 : Which student is David?

Part 3

対話を聞き、その最後の発言に対する応答として最も適切なものを、以下の①〜④からそれぞれ選べ。

(1)

   ① Great! We'll come at seven tonight.

   ② OK, we'll come on Tuesday then.

   ③ Let's see… We'll take another book then.

   ④ Well, we'll call again next week.

(2)

   ① I'd like to receive this box as soon as possible.

   ② It's not urgent, so regular air mail is fine.

   ③ I'd like to keep this box until next week.

   ④ There's no need to hurry, so express mail would be better.

Part 4

下のレシピメモを参考にしながら、父と娘の会話を聞き、(1)〜(3)の問いに答えよ。

『俺のラザニア』簡単レシピメモ

A：ミートソースの作り方
　1．玉ねぎとニンニクを（　あ　）分炒め、牛ミンチを加える。
　2．よく混ぜたらカットトマトとトマトペーストと赤ワインを加え（　い　）分煮こむ。
　3．スパイスを加える。
B：チーズソースの作り方
　バター、粉チーズ、牛乳をソースパンで混ぜる。
C：仕上げ
　A、B、ラザニアシート、モッツァレラチーズをあわせて、オーブンで（　う　）分焼く。

---

(1)　会話の内容に合うように、レシピメモの（　あ　）〜（　う　）にあてはまる数字をそれぞれ
　　答えよ。

(2)　次の問いの答えとして最も適切なものを、以下の①〜④から1つ選べ。

　　According to the conversation, what two things can you do at once to save time?

　①　Add the dried basil and heat the sauce.
　②　Add tomato paste and red wine.
　③　Bake the lasagna and add mozzarella cheese.
　④　Heat the sauce and boil the lasagna sheets.

(3)　完成した『俺のラザニア』の断面として正しいものを、以下の①〜④から1つ選べ。

①

A
B
lasagna sheet
mozzarella cheese

②

mozzarella cheese
lasagna sheet
A
B

③

A
B
lasagna sheet
A
B
lasagna sheet
A
B
lasagna sheet
mozzarella cheese

④

mozzarella cheese
lasagna sheet
B
A
lasagna sheet
B
A
lasagna sheet
B
A

＊A：ミートソース　　B：チーズソース

リスニングの問題は以上です。問題は次に続きます。

2 次の各問いに答えよ。

〈A〉 次の（　　　）に入るものとして最も適切なものを、以下の①～④からそれぞれ選べ。

1．A: I have nothing to do today.
　　B: Let's go swimming （　　　） the lake then. It's perfect weather for swimming.
　　① in　　　　② to　　　　③ for　　　　④ on

2．A: ABC Café is full of （　　　） all the time. I want to try their food someday.
　　B: How about going there today if you are free?
　　① buyers　　② passengers　　③ guests　　④ customers

3．A: May I help you?
　　B: I got this watch here the other day, but its （　　　） sometimes stop moving.
　　A: Can I have a look?
　　① needles　　② arms　　③ hands　　④ bars

4．A: Do you still keep that book you （　　　） from the library?
　　B: Yeah … I'll return it today.
　　① caught　　② borrowed　　③ lent　　④ used

5．A: How was the musical last night?
　　B: Honestly, it wasn't good. Some people left during the break because the performance didn't （　　　） their expectations.
　　① change　　② meet　　③ have　　④ pass

6．A: I hope it will clear up tomorrow.
　　B: （　　　） it's sunny or not, we'll go out and climb that mountain!
　　① Whether　　② When　　③ After　　④ As soon as

〈B〉　会話が成り立つように（　　　）内の語句を適切に並べかえ、（　　　）内で3番目と6番目に来るものをそれぞれ選べ。ただし、文頭に来る語も小文字で示してある。

1．A：（ ① it　② to　③ how　④ difficult　⑤ is　⑥ good　⑦ be ）at speaking a foreign language!

　　B：I know. I started to study Japanese three years ago, but I still cannot speak it well.

2．A：（ ① I　② of　③ some　④ bought　⑤ apples　⑥ the ）yesterday were rotten, so I had to throw them away.

　　B：You should call the store and tell them about it.

3．A：What's the meaning of "*sannin yoreba monju no chie*"?

　　B：It means that three people（ ① a　② will　③ better　④ do　⑤ working　⑥ together ）job than just one person.

— 6 —

3 次の会話文を読んで、後の問いに答えよ。

Situation : Linda and Adam are at the local mall shopping for new clothes.

Linda : Ah, I really need a new suit for my job interview next week, but I don't know which one to get.

Adam : I don't know （　あ　） you are so stressed about what you will be wearing. A job interview is not really about your clothes. It's about （　い　） you answer the questions.

Linda : I disagree with you, Adam. It's been proven that what you wear influences what others think of you. It might not be a good idea, for example, to wear something that looks like a clown suit to a job interview.

Adam : I understand your point, but I've been interviewed for a job, and everyone wears pretty much the same style of suit, dark colors and very conservative. So, I don't think one dark jacket is much different than the next.

Linda : Well, research also shows that what you wear influences your own confidence and behavior. So, if I feel confident in a suit that I like, it could give me an advantage during a job interview because I would be able to answer questions in a more confident manner.

Adam : I think I'm starting to understand your point. For instance, 　ア　 , I guess.

Linda : That's right. I read an article recently that tested people's abilities to pay attention. Half the test takers were dressed normally, while the other half had to wear white lab coats, like those worn by scientists or doctors.

Adam : Let me guess, 　イ　

Linda : Yes, they did. They felt more confident and scored higher points. So, let's stop talking and help me find the perfect suit. It will make me look smart, give me confidence and help me get that job.

Adam : You got it. Let's do this.

(3)	→ → → →
(4)	

2

(1)	cm	(2) cm
(3)	答え : cm²	

解 答 は 裏 面 へ 続 く

(3)

(4)

4

(1) kJ

(2)

答え： kJ

(3) kJ (4) kJ

(5)

(6) kJ

(1)		(2)	

問4	
	60
	120

3

問1 (1)		問1 (2)		問1 (3)		問1 (4)			
問2 (1)		問2 (2)		問2 (3)		問2 (4)			
問3 (1)				問3 (2)				問3 (3)	
問4 1番目		問4 3番目		問5 (1)		問5 (2)			

2	
	30

3	40
	10
	20

| 4 | あるソフトドリンクメーカーは |
| | 傘を… |

| 5 | |

5 〈A〉

（　語）

〈B〉
①	
②	
③	
A	（　語）
B	（　語）

受　験　番　号

氏　　　名

中学校　　英語　　（50分）

1

| 1 | (1) | | (2) | | 2 | (1) | | (2) | |

| 3 | (1) | | (2) | | 4 | (1) あ | | い | | う | | (2) | | (3) | |

2

〈A〉

| 1 | | 2 | | 3 | | 4 | | 5 | | 6 | |

〈B〉

| 1 | 3番目 | | 6番目 | | 2 | 3番目 | | 6番目 | | 3 | 3番目 | | 6番目 | |

3

| 1 | | 2 ア | | イ | | 3 | | |

4

| 1 | | |

【解答用紙

中学校　　　総合 II　　　（50分）

1

| 問1 | | 問2 | | 問3 | | 問4 | | 問5 | |
| 問6 | | 問7 | | 問8 | | | | | |

問9

15
30

| 問10 | | 問11 | |

2

問1

問2

15
30

中学校　　総合Ⅰ　　（50分）

3	(1)				
	(2)	ア		イ	
		ウ		エ	
		オ		カ	
		キ			

中学校　　総合Ⅰ　　（50分）

1

(1) ①

12		
16		6
5		

②

8		
	7	11

(2)

□：　　　　　　　▼：　　　　　　△：　　　　　　☆：

1. （ あ ）、（ い ）に入る語の組み合わせとして最も適切なものを、以下の①〜④から1つ選べ。

   ① （あ）why　（い）how　　　② （あ）why　（い）what

   ③ （あ）how　（い）why　　　④ （あ）what　（い）how

2. ［ ア ］、［ イ ］に入る最も適切なものを、以下の①〜④からそれぞれ選べ。

   ［ ア ］
   ① students who learn English feel more confident and powerful because of their teachers' advice
   ② soccer players feel more confident and powerful because of their teammates
   ③ police officers feel more confident and powerful because of their uniforms
   ④ chefs feel more confident and powerful because of praise from their guests

   ［ イ ］
   ① the people who were dressed normally paid more attention than those in the white coats.
   ② the people who wore white coats performed as well as those in normal clothes.
   ③ the people in the white coats performed better than those in regular clothes.
   ④ scientists and doctors in white coats performed better than ordinary people who took the test.

3. 本文の内容に合うものを、以下の①〜⑥から2つ選べ。
   ① Adam will have a job interview for the first time in his life.
   ② Linda believes people shouldn't judge others by their clothes.
   ③ Adam has pointed out people often wear dark-colored suits at a job interview.
   ④ If you wear expensive clothes, it may help increase your confidence.
   ⑤ Linda wants Adam to find a nice job.
   ⑥ After talking with Linda, Adam's view on clothes changed.

Generally speaking, Japanese people do not really like to get wet when it rains. Many people buy new umbrellas when it suddenly rains. As is often the case with the newly bought ones, they end up being left in various places. While 120 to 130 million umbrellas are sold per year in Japan, about 80 million plastic ones are thrown away every year, according to the Japan Umbrella Promotion Association and other sources.

A start-up company has successfully started an umbrella-sharing service, mainly in Tokyo, using "Internet of Things" (IoT) technology to reduce umbrella waste. The company started the service in December 2018, and it aims for the use of all rented umbrellas. The service is called iKasa since "Kasa" is the Japanese word for "umbrella."

Users of the service *register with the company via the LINE messaging app and check for the umbrella spots closest to their location. The user goes to the stand, unlocks their umbrella of choice by scanning the QR code on its handle and checks it out for as long as they need. The service is *available for 70 yen per day, paid via a registered credit card.

ア<u>The iKasa system has achieved a 100 percent return rate of the rented umbrellas</u>, since the registration of credit card numbers connects the umbrellas to the personal information of users. The Tokyo-based company has installed iKasa spots at 100 stores, offices and other places that have formed partnerships with it.

A lot of organizations have previously failed in umbrella-sharing programs due to low return rates. For example, the Hakodate Chamber of Commerce and Industry and other organizations in Hakodate, Hokkaido, made 2,300 umbrellas available for free use by tourists, when the Hokkaido Shinkansen started in March 2016. The tourism promotion program ended a year later because few of the umbrellas had been returned. A similar program was introduced by the Shibuya Ward in Tokyo about ten years ago, but it failed to last for イ<u>the same reason</u>.

The iKasa service has overcome the problem of people not returning umbrellas because it sees the issue as "a business." The founder of the company said, "We hope to operate across Japan, just like Japan's excellent railway network."

Other companies are also dealing with ウ<u>the waste of umbrellas</u>. A soft drink maker based in the city of Osaka places free-use umbrellas next to its vending machines, mainly in office buildings and shopping streets, because many people notice them and often return to such locations. Umbrellas used by this service include those provided by railways which were left behind on trains and in stations. The corporation started the service in Osaka in 2015 and has since expanded it to Tokyo and 15 prefectures.

As umbrella users, エ<u>we need to consider not only convenience, but also how to reduce waste in our societies</u>. That way, we can comfortably stay dry on a rainy day without hurting our environment.

（注） register 登録する　available 利用可能な

1. "iKasa" の利用に関して正しいものを、以下の①〜⑥から2つ選べ。

① If you want to use the service of iKasa, you need to call the company.
② You can find the closest umbrella spot by using the LINE app.
③ In order to unlock the umbrella at the stand, you need to scan the QR code.
④ You need to return the umbrella within 24 hours.
⑤ You have to pay by cash rather than by credit card.
⑥ You can send messages to the iKasa company on the Internet.

2. 下線部アの理由を30〜40字の日本語で説明せよ。なお、［、］や［。］などの句読点は1字とみなす。

［下書き］

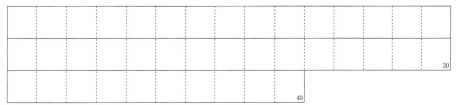

3. 下線部イの内容を10〜20字の日本語で答えよ。なお、［、］や［。］などの句読点は1字とみなす。

［下書き］

4. 下線部ウの問題への対策としてどのような取り組みが紹介されているか。本文の内容に即して、解答欄に合うように日本語で答えよ。

あるソフトドリンクメーカーは（　　　　　　　　　　　　　　　　　　　　　）傘を活用して、傘を無料で貸し出している。

5. 下線部エを日本語に直せ。

5 次の問いに答えよ。語数が指定されている問題については、解答用紙の（　　　）内に使用した語数を書け。なお、［ . ］や［ , ］などの符号は語数に含めないものとする。

〈A〉 下の絵に描かれた状況を、10〜15語の英語1文で述べよ。ただし、［　　　］内の語をすべて用いること。

［ glasses ／ pocket ］

［下書き］

_____ _____ _____ _____ _____

_____ _____ _____ _____ _____ 10

_____ _____ _____ _____ _____ 15

〈B〉　次の下線部①〜③を英語に直せ。また、（　Ａ　）、（　Ｂ　）内には文脈に合う内容を考え、５〜10語の英語を書け。

　　弟：①英語の授業に辞書をもってくるように言われたんだけど、その*電子辞書貸してくれないかな。
　　姉：ごめんね。私も明日使うのよ。あ、②*紙の辞書ならいいけど。
　　弟：いや、それはちょっと。
　　姉：なんで。
　　弟：だってさ、（　　　Ａ　　　）。
　　姉：確かに、それは大変よね。うちって学校まで遠いし。でも、この間お母さんが、「③色々な工夫ができるから紙の辞書のほうがいい」って言ってたよ。
　　弟：でもさ、紙の辞書と違って（　　　Ｂ　　　）。
　　姉：間違いない！だから私も電子辞書を使っているの。

　　　*　電子辞書　electronic dictionary　　　紙の辞書　paper dictionary

［下書き］
　（Ａ）
　┌─────────────────────────────────┐
　│ ＿＿＿＿　＿＿＿＿　＿＿＿＿　＿＿＿＿　＿＿＿＿ 5 │
　│   │
　│ ＿＿＿＿　＿＿＿＿　＿＿＿＿　＿＿＿＿　＿＿＿＿ 10│
　└─────────────────────────────────┘

　（Ｂ）
　┌─────────────────────────────────┐
　│ ＿＿＿＿　＿＿＿＿　＿＿＿＿　＿＿＿＿　＿＿＿＿ 5 │
　│   │
　│ ＿＿＿＿　＿＿＿＿　＿＿＿＿　＿＿＿＿　＿＿＿＿ 10│
　└─────────────────────────────────┘

令和4年度（2022年度）

中学校入学試験問題

国　語

（60分）

早稲田佐賀中学校

一　次の文章を読んで、後の問いに答えよ。（字数制限のある問いは、句読点・記号も一字に数える。なお、設問の都合で本文を一部改めたところがある。）

１　上野村で知り合ったもう一人の村人の話をしてみることにしよう。上野村にはいくつかの保護林がある。ひとつはシオジの原生林で、五〇ヘクタールあまりの森が厳格な保護の対象にされている。シオジは見た目ではサワグルミとよく似た木で、林業をしている人でも間違うほどによく似ている。サワグルミは沢に近い谷底などに生えている木で、材質は柔らかくあまり用途がない。昔はマッチの軸によく使われた。それに対してシオジはケヤキのような材質をしていて、いまでも家具材としては高級材である。ほとんどが切り尽くされているから、まとまったシオジの森は上野村にしかないといってもよい。そんなこともあって①上野村のシオジの森は厳格に保護されている。

２　森のなかに保護林を設定するという動きが生まれたとき、この村人には一ヶ所保護してもらいたい場所があった。そこは少し山を上がったところにある比較的平坦な場所で、さまざまな落葉樹からなる天然林である。私と会ったとき、「あんな場所は他にはないのです」と彼は言った。「あの森のなかに座っていると、何時間でも時間を過ごすことができるのです」「時間というものが消え去り、次第に森と一体になっていくのです」「そうするとウサギたちがすぐ横を走っていったり、動物も鳥も警戒することなく私の横で過ごしていったりするのです。わたしもたくさんの森のなかを歩いてきましたが、あんな雰囲気をもっている森、人間と自然の境がなくなっていく森はあそこにしかないのです」。

３　その森は人間が自然に還ることのできる森だったのである。だから彼はその森を保護するようにと主張した。その森は国有林だったから、彼は当時の営林署、現在の森林管理局に頼みにいったり、さらにその上にある営林局（森林管理局）に保護林にするようにと　Ⅰ陳情　にいったりした。だが話は聞いてくれても、彼の希望にかなう返事はもらえなかった。その森を保護するに値する根拠を客観的に示してほしいというのが、営林署や営林局の返事だったからである。（　Ａ　）特別に貴重な木が生えているとか、そこに貴重な鳥や動物が住んでいるとか、絶滅しそうな草花が群生しているとか、歴史的な文化財として貴重な　Ⅱ遺構　があるとか。

４　ところがその場所にはそんなものは何もないのである。どこにでもあるような落葉樹の森であり、しかもかつては木を切り出したりしたこともある場所だった。つまり原生林でもない。絶滅危惧種のような動物がいるわけでもない。

５　彼にとってその森は、自然と人間の境が消えていく森であり、それゆえに「いのち」の根源を知ることのできる森であった。若い頃から森のなかで働いてきた彼が、歳をとってみつけだした森なのである。林業が彼の主要な仕事であり、だから彼は木は切ってはいけないと思ってはいない。森を維持しながら有効に活用する意義は誰よりもよく知っている。しかしその場所は、特別な場所なのである。訪れた人間たちに「いのち」の根源を教えてくれる貴重な場所として。

６　「どうしてわかってもらえないのだろうか」と彼は私に話しかけてきた。私も困った。いまの日本のルールでは、シオジの原生林のように、その理由を客観的に示すことが必要なのである。このルールで社会が動いているかぎり、彼の希望がかなえられることはないだろう。では彼の主張が間違っているのかといえばそうではない。森のなかには人間たちに不思議な気持ちを抱かせてくれる場所があるのは確かだ。私もずいぶん多くの森を歩いている。だがいまの社会のルールでは、彼の話は説得力をもたない。彼に協力し

― 1 ―

ようとしても、私も「客観的根拠」を示すことはできないのである。

（　B　）何が問題なのかといえば、ふたつの信じている世界の違いだ。彼は長いあいだ森のなかで働いてきた。森と対話してきたといってもよい。その経験が ③彼の信じることのできる世界を生みだしてきた。その信じることのできるものが集まっている場所が、その森なのである。ところが現代社会が信じているものはそういうものではない。科学的な考察のうえで「客観的根拠」を示せるものが貴重だという考え方を信じているのである。

このふたつの信じているものは、けっして交わることはない。④それが正しいと思っていることは、そう信じているということだ。

7　森のなかを歩いていると、ときどき驚くような大木にであうことがある。シオジの原生林のように、大木がたくさんある場所ならそういう木が残っているのもわかりやすいが、周囲の木はまだ若い木ばかりなのに一本だけ大木が残っていることがあるのである。

8　上野村には一本で三百坪の土地を占有しているトチノキがある。それは林道から一時間ほど山を登ったところにあるのだけれど、その周囲にはまだ若い木しかない。ただただ驚くしかないような木が一本だけ残っている。

9　村の人間なら、その木がなぜ残されているのかはすぐにわかる。それは山の神が休憩する木だからである。そんなことはみればすぐにわかるのである。そういう木は、林業をしている人たちはけっして切らない。切れば山の神のバチにあたるという気持ちもあるし、それは犯してはならない木なのである。山の神は森を守っている神様で、かなり古くから信仰されている。文献的には古代からでてくるけれど、縄文時代から信仰されていると推測する人たちもいる。いまでも山村に行けばどこでも祀られている神様である。

10　この神様は、合理的な思考の持ち主には説明しにくい。いまでも山の神をみたという話は聞いたことがない。森のなかで山の神に出会ったという昔の説話は各地にあるが、少なくともこの百年くらいの間に山の神をみたという話は聞いたことがない。山の神を大事にしている人たちに「本当にいるのですか」と聞けば、彼らも困ってしまうだけである。（　C　）山の神が森を守っているという以上のものはないのである。だから入会することも、年会費のようなものも、入会していないのだから脱会することもできない。十二月十二日、もしくは一月十二日が多くの地域での山の神の大祭で、そのときは山の神をみたところにいっていって酒と魚を供えるのが習わしである。

11　この神には教義らしい教義もない。信仰すると宣言しても、入る組織もないのである。さらにこの信仰には、信仰組織も存在しない。信仰するという以上の信仰の組織らしいものはないのである。山の神は女性神で、自分よりも美しいものに嫉妬するとされている。自分よりも美しい女性が森に入ってくるのも大嫌いで、大祭のときにも、姿形が美しくない魚を供えるのが習わしである。

12　山の神の大祭のときには、はるか下流の漁村の漁師たちが魚をもって山に上るという習慣をいまでも維持している地域もあるし、東北を中心にして、山の神が春には田の神に姿を変えて田を守りにきて、秋には再び山の神の姿に戻っていくという信仰も広く残っている。上野村には水田がないから田の神信仰も存在しないが、田の神を迎える祭りや山の神に戻った神様を送る祭りをつづけている山村は数多く存在している。柳田國男によれば、山の神と水神、田の神は同じ神様が姿を変えたものなのだが、いまでも広く信仰されている神様である。

13　出会ったこともなければ、教義らしい教義も組織もない。（　D　）森とともに生きていると、大事にしなければならない神様だと感じるようになっていく。そのことだけに支えられて、太古の昔から信仰されてきたのである。

14

そういう世界で生きてきた人たちには、山の神が休憩する木はすぐにわかる。だからそういう木は切られることなく、大木としていまでも残っている。

自然と人間の境がなくなっていく森を保護林にしてほしいと頼みにいった村人は、山の神がいる世界のなかでいきてきた。彼にとっては、その森は信じるに値するだけの実感のある世界だった。知性の働きで論理的に信じていたのではない。彼の身体が信じさせ、彼の「いのち」そのものが信じさせていた。

⑤知性とは違う実感が彼にはあったのである。その彼の身体や「いのち」が、その森の貴重さを感じさせていた。彼にとってそれは信じるに値する実感だった。だがそれは、現代社会で生きている人たちが信じている「客観的根拠」にはほど遠いものであった。

（内山節『いのちの場所』岩波書店より）

問1　二重傍線部Ⅰ「陳情」、Ⅱ「遺構」について、本文中における意味として最も適当なものを次のア〜オの中からそれぞれ一つずつ選び、記号で答えよ。

Ⅰ　「陳情」

ア　役所に出向き文句や苦情を並べ立てうさ晴らしをすること。

イ　官公庁に事情を述べて前向きな取り計らいをお願いすること。

ウ　公的機関に理由を説明したうえで具体的な指示を出すこと。

エ　地方自治体の部署に例を示して説明すること。

オ　国の機関に対して自分たちの利益になることを強要すること。

Ⅱ　「遺構」

ア　地下より出土した価値のある資料。

イ　今ではかえりみられない時代遅れの構造。

ウ　亡くなった人が残した形見の品物。

エ　現在なお使われ続けている歴史的な建造物。

オ　壊れたりしながらも今に残る昔の建物。

問2　空欄（　Ａ　）〜（　Ｄ　）に入る語句を次のア〜キの中からそれぞれ一つずつ選び、記号で答えよ。

ア　なぜなら　　イ　それなのに　　ウ　では　　エ　あたかも

オ　しかも　　カ　だから　　キ　たとえば

問3　傍線部①「上野村のシオジの森は厳格に保護されている」とあるが、上野村のシオジの森が保護されているのはどうしてか。その理由を説明したものとして最も適当なものを次のア〜オの中から選び、記号で答えよ。

ア　シオジの木は今でも高級な家具材としての評価が高いから。

イ　シオジの木は減少著しいケヤキの代替として使用されているから。

ウ　シオジの木は大半が切られたため上野村の原生林は貴重であるから。

エ　現在シオジの木は切り尽くされ上野村にしか存在しなくなったから。

オ　シオジの森は人が自然に溶け込むことができる貴重な場所であるから。

問4　傍線部②「彼は何度も頼みにいっていたから、営林署や営林局の人たちもずいぶん困ったことだろう」とあるが、それはどうしてか。その理由を五十字以内で説明せよ。

問5　傍線部③「彼の信じることのできる世界」とは、どんな世界か。本文中から八字で抜き出せ。

問6　傍線部④「それが正しいと思っているというこただ」とあるが、それはどういうことか。その説明として最も適当なものを次のア～オの中から選び、記号で答えよ。

ア　現代社会で正しいと思われていることは、真理であるかどうかに関わらず、現代の人々が正しいと思い込んでいるだけだということ。

イ　現代社会で正しいと思われていることは、状況に左右されず、科学的には正しいことになっているに過ぎないということ。

ウ　現代社会で正しいと思われていることは、人々が迷信を否定することで、正しさを共有しているということ。

エ　現代社会で正しいと思われていることは、その根拠がはっきりしていることによって、誰もが信じるようになっているということ。

オ　現代社会で正しいと思われていることは、歴史的伝統によって定められており、疑う余地はないものだということ。

問7　傍線部⑤「知性とは違う実感が彼にはあったのである」とあるが、「知性とは違う実感」とはどんなものか。次の文の空欄（　1　）・（　2　）に入る語句を本文中からそれぞれ抜き出せ。ただし、（　1　）には六字、（　2　）には十五字が入る。

（　1　〈六字〉　）ではなく、（　2　〈十五字〉　）経験が生み出す実感。

問8 本文の文章構成の説明として最も適当なものを次のア〜オの中から選び、記号で答えよ。

ア ①〜⑥段落では村人がルールの前に打ちひしがれている様を描き、⑦段落では科学的思考の行き過ぎを批判する。⑧〜⑭段落では山の神様を信じる一途な村人の姿を表し、⑮段落では村人のような実直な人間を守るべきと主張する。

イ ①〜⑥段落では村人が役人や私にとって困った存在であるとし、⑦段落では村人の考えの問題点を探る。⑧〜⑭段落は山の神様の話をもとに村人の考えが形成された事情を示し、⑮段落では村人が現代では生きにくいだろうと同情する。

ウ ①〜⑥段落では村人が役人に不信感を抱いたエピソードを記し、⑦段落では科学的なものの見方の問題点を挙げる。⑧〜⑭段落では村人が素朴な信仰の世界に生きると論じ、⑮段落では村人の価値観をもとに科学の限界を断じている。

エ ①〜⑥段落では村人と役人の考えの食い違いを詳しく記し、⑦段落は食い違いの生じる原因として信じる世界の違いを示す。⑧〜⑭段落は村人の生きる世界の背景をつづり、⑮段落では何が村人にその世界を信じさせたのかを論ずる。

オ ①〜⑥段落では役人に突っぱねられる村人の哀れな様子を示し、⑦段落では村人に冷ややかな態度を示す役人の問題点を訴える。⑧〜⑭段落では村人の生きる確かな世界を具体的に示し、⑮段落で村人を冷笑する世の中を批判する。

問9 本文の内容以外にも現在の日本の森林や林業にはさまざまな問題がある。次の二つのグラフから読み取ることができる日本の「人工林」の状況を簡潔に答えよ。なお、「森林蓄積」とは森林を構成する樹木の幹の体積のことである。

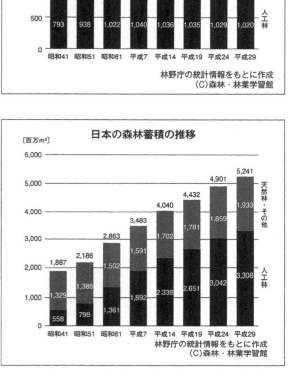

日本の森林面積の推移
〔万ha〕

	昭和41	昭和51	昭和61	平成7	平成14	平成19	平成24	平成29
天然林・その他	1,724	1,589	1,504	1,475	1,476	1,475	1,479	1,484
人工林	793	938	1,022	1,040	1,036	1,035	1,029	1,020
合計	2,517	2,527	2,526	2,515	2,512	2,510	2,508	2,504

林野庁の統計情報をもとに作成
（C）森林・林業学習館

日本の森林蓄積の推移
〔百万m³〕

	昭和41	昭和51	昭和61	平成7	平成14	平成19	平成24	平成29
天然林・その他	1,329	1,388	1,502	1,591	1,702	1,781	1,859	1,933
人工林	558	798	1,361	1,892	2,338	2,651	3,042	3,308
合計	1,887	2,186	2,863	3,483	4,040	4,432	4,901	5,241

林野庁の統計情報をもとに作成
（C）森林・林業学習館

二　次の文章は、高校生の「美緒」が東京の父母のもとを離れ、盛岡に住む、ホームスパン（手織りの毛織物）の職人である祖父のもとで、職人見習いをしている話である。よく読んで、後の問いに答えよ。（字数制限のある問いは、句読点・記号も一字に数える。なお、設問の都合で本文を一部改めたところがある。）

最初の柳の下で、祖父が立ち止まった。ポケットから藍色の薄い布を出し、首に巻いている。

「おじいちゃんのそれも『香葉の布』？」

ささやくような声で「そうだ」と祖父が答えた。

「さっき、ショウルームで私が言ったこと怒ってる？」

「怒ってはいない。植物染料も化学染料もそれぞれの良さがある。ただ……」

祖父が川に目をやった。午後の日差しを反射して、水面が金色にきらめいている。

「植物染料は色止めをしても色が褪せていく。特に直射日光に弱い。私たちが作るものは上着やコートといった、外で着るものだ。日差しで色が褪せては困る。だから化学染料を用いるんだ」

風が吹いてきた。手が冷えてきたのでポケットに入れると、羊のマスコットに指先が触れた。

羊の毛からつくるホームスパンは育っていく布だ。年を重ねるごとに糸から余分なものが抜け落ち、服にすれば、年々、着心地の良さが増していく。子どもや孫にも譲れるほど丈夫な布は、たしかに色のもちも大事だ。

「さっきは思いつきでフワッと言った。ごめんなさい」

祖父が首に巻いた藍色の布に触れた。

「誰もが一度は思うことだ。①美緒のおばあちゃんもそう思ったから家を出ていったんだ」

「だからって……出て行かなくても。そんなに許せないもの？」

「見解の違いの差は、なかなか埋められないものだ」

中の橋が近づいてきた。この橋には花が盛り込まれたハンギングバスケットが手すりからいくつも吊り下げられている。

橋に飾られた花に祖父が目を向けた。

「（　Ａ　）が生み出すものには命という力がある。（　Ｂ　）がつくるものには命がない。だからこそ職人は、（　Ｃ　）がつくるものに命を吹き込むことを夢見る。私にとってそれは、つくった布が、着る人の身体を彩り、温め、守ること。いつまでも飽きられることなく、人とともに在り続けること」

「しかし、香代は命を吹き込むのではなく、植物の命を布に写し取りたいのだと言った。命なきものに命を吹き込もうとする私の気持ち、つまり②科学技術とは不遜な技だという。どちらもまったく譲らずに別れ、香代は一人で郷里に帰って工房を借りて」

精神的にずいぶん参っていたらしい、と祖父がつぶやいた。

「でも、私も同じだ。それからしばらくして美緒が生まれた。あのショールを作るのをきっかけに、再び二人で話をしたり、食事をしたりするようになった」

「糸みたいだね」

祖父を見上げると、不思議そうな顔をしている。

「初めて糸を紡いだとき太一さんに教えてもらった。『切れたって、つながる』

柳の枝が風に揺れている。しなやかな枝を、美緒は左右の手でそっとつかむ。肩に触れたしなやかな枝を、美緒は左右の手でそっとつかむ。

「右と左の糸を握手させて、よりをかければ必ずつながるって」

柳の枝を胸の前でつないでみせると、祖父が笑った。

「たしかにそう教えてきたな」

柳の向こうに、太一と訪れた「喫茶ふかくさ」が現れた。

夏の間は涼やかな緑の葉に包まれていたが、紅葉の季節を迎え、建物のまわりの草木はさまざまな秋の色に変わっている。

肩に落ちてきた黄色い葉を祖父がつまんだ。

③ 私たちの糸によりをかけたのは、美緒の存在だったわけだ。

「この分だと岩手公園もきれいだろうな。盛岡城の跡に行ったことはあるか?」

ない、と答えると、「それはいけない」と祖父が歩き出した。

「盛岡に来たら一度は行かなくては。特に十代の若者は」

「どうして? 二十代になったらだめなの?」

行けばわかる、と祖父は笑った。

盛岡城の跡地の公園には建物はないが、豪壮な石垣がたくさん残っていた。迫力ある石の壁を背景に、赤や黄色に色づいた木々がどこまでも続いている。

城の二の丸へ続く坂の上から、美緒は来た道を振り返る。

「こんなに真っ赤な紅葉、初めて見た。黄色いのはよく見るけど」

「東京は銀杏の木が多いからな。ただ、黄色にしても赤にしても、紅葉は寒い場所のほうがきれいだ。冷たい空気が色を研ぎ澄ませるんだ」

「じゃあ、北海道とか東北で見るといいんだね」

「すなわち、ここだ」

ゆるやかな坂を右に曲がると、広場があった。色づいた木々の向こうに石碑が建っている。

祖父が石碑の前に立った。

「学校で習っただろう。石川啄木の『不来方のお城の草に寝ころびて』の不来方のお城はここだ。これがその歌碑。『空に吸はれし十五の心』。美緒ぐらいの年の頃に啄木もここに来たわけだ」

「私より年下だね」

「二つや三つの差など、私から見ればたいして変わらないよ」

草に寝転ぶかわりに木の下に行き、空を見上げた。

鮮烈な赤い葉が空を埋め尽くしている。あと数日で枝から落ちる葉が、空に向って叫んでいるようだ。

その色のなかにいると、（ Ｄ ）と願った祖母の気持ちがわかる。

その一方で、科学の力でどんな色も作り出せる祖父の技にも憧れる。

隣に並んだ祖父が、木の幹に手を触れた。

「美緒のお祖母ちゃん……香代は独立してから、麻も絹も織るようになったんだ。薬効のある植物の色を布に染め、肌着から上着、子どもからお年寄りまで、佳い布で人を包みたいと考えていた」

もぎ、紅花、茜、藍、びわ、よ

「だから、肌触りがいいんだ」

ネックウォーマーに手をやり、布の感触を美緒は確かめる。

きっと、祖母は何度もこうして布に触れ、糸や織りの具合を考えたに違いない。

— 7 —

2022(R4) 早稲田佐賀中 一般
K教英出版

祖父が首に巻いた香葉の布をはずし、隅に縫い付けられたタグを見た。

「でも、売れなかった。志高く、佳いものをつくってもほとんど売れない。それでは生活していけない。心もくじける。それなのに誰にも助けを求めず、一人で悩んで絶望して。……私は知らなかった。香代は微塵もそんな気配を私に見せなかったから」

祖父が藍色の布を丁寧に畳み、ポケットに入れた。

「香代が死んだあと、知り合いに連絡を取るために業務日誌を見たんだ。それを見て知った。販路や資金繰りに悩んで、ひどく追い詰められていたことを」

ゆっくりと、祖父が歩き始めた。

足元からひそやかに、落ちた葉を踏む音がする。

④戻ってくればよかったんだ。どうして助けを求めなかった。一言、相談してくれれば」

そうじゃない、と祖父がうなだれた。

「私が、戻ってこいと言えばよかったんだ」

一人ごとのように、祖父は言葉を続ける。

「香代が死んだ二ヶ月後、花巻の工房を片付けていると、人が来た。『香葉の布』を扱いたいが、連絡がつかないので直接来たという。その二週間後に大口の購入の申し込みがあった。肌の疾患に悩む子を持つ親御さんたちのグループからだ。大量にあった在庫はほとんどが捌けた」

「これはおじいちゃんが取っておいたもの？」

ネックウォーマーを指差すと、祖父はうなずいた。

「前例のない道を進むとき、不安はつきものだ。空に手を伸ばすようで、手応えのなさに絶望することもある。でも、⑤誠実な仕事をしていけば、応えてくれる人は必ずいる」

道を曲がると、赤い欄干の橋が延びていた。本丸と呼ばれる、城の天守閣が建っていた場所へ続く道だ。向かいの豪壮な石垣へ渡されたその橋を通り、階段を登る。

視界が一気に開けた。

まっすぐに伸びた道の両脇に、真紅の木々が立ち並んでいる。

落葉が一面に広がり、空も地も、澄んだ紅に染まっていた。

「おじいちゃん、おばあちゃんは何で亡くなったの？」

「山で死んだんだ。染料の植物を採りにいった先で。⑥自殺だという人もいるが、それは違う」

祖父が地面に落ちている葉を一枚拾った。

「帰ったら、私と食事の約束をしていた。染料と一緒に山菜も採ってくるから、天ぷらをご馳走すると笑っていたよ。崖の下で遺体が見つかったんだが……手にタラの芽を握っていて」

私の好物だ、と祖父がつぶやく。

「タラの芽を見つけて、きっと、夢中になって手を伸ばしたんだ。……時々夢に見る」

「どんな夢？」

「森のなかを香代が歩いている。かごには染料の植物がいっぱい入っているのに、山菜探しに夢中だ。タラの芽を見つけて走っていく姿に、私は必死で叫ぶ。香代の耳には届かない」

芽を見つけて走っていく姿に、私は必死で叫ぶ。その先は崖だ、行くな、帰ってこい。香代の耳には届かない」

祖父が大きく息を吐いた。

「美緒のおばあちゃんはすべてを捨てて、独立の道を選んだ。思うようにはならなかったが、何度繰り返しても同じ選択をするだろう。私もそうだ。だけど、もう少し……お互い、ほんの少しでも歩み寄っていたら。明

日は美緒と三人で、上京していたかもしれない。

紅葉の向こうに岩手山が見えた。山の頂上にはうっすらと白い雪が積もっている。

「あとから考えれば、いくらでも賢明な方法は浮かぶ。しかしいざ、それに直面しているときは、何も思い浮かばないものなんだ」

「おじいちゃんでも?」

祖父が軽く目を閉じ、うなずく。

「身内だからこそ許せない、感情がもつれる。だけどそのままにしていたら、美緒……ずっとこじれたままだ。少しでもいいから、互いに歩み寄らなければ」

帰ってこい、と夢のなかで祖父は祖母に呼びかける。

東京にいる父や母も、そんな夢を見るときがあるのだろうか——。

（伊吹有喜『雲を紡ぐ』文藝春秋刊より）

問1　傍線部①「美緒のおばあちゃんもそう思ったから」とあるが、美緒の祖母が考えたことはどういうことだと考えられるか。次の文の空欄を本文中の語句を用いて、十字以上十五字以内で答えよ。

織物に使う布を（　　十字以上十五字以内　　）で染めたほうがいい。

問2　空欄（　A　）〜（　C　）に入る語を次のア〜カからそれぞれ一つずつ選び、記号で答えよ。ただし、同じ記号は二度用いることはできない。

ア　人工　　イ　自然　　ウ　自分　　エ　画家　　オ　人間　　カ　芸術

問3　香代（祖母）が、傍線部②「科学技術とは不遜な技だ」と考えるのはなぜか。後の「謙遜」「遜色」の二つの語の意味を参考にしながら、次の文の空欄に入る語を五字以内で答えよ。

「謙遜」…へりくだること。

「遜色」…劣っている様子。ひけめ。

科学技術を使えばなんでもできると考えるのは、人間の（　　五字以内　　）だから。

—— 9 ——

問4 傍線部③「私たちの糸によりをかけた」とは具体的にはどういうことを指しているか。次の文の空欄に入る語句を本文中から二十五字で抜き出し、そのはじめと終わりの五字を答えよ。

　祖父母が（　　二十五字　　）こと。

問5 空欄（　D　）に入る語句を本文中から十三字で抜き出せ。

問6 傍線部④「そうじゃない、と祖父がうなだれた」とあるが、この時の祖父の心情として最も適当なものを次のア～オから選び、記号で答えよ。

ア 香代が自分に経営の苦しさを隠し続けていたことを恨んだが、妻には言えない事情があったのだと納得している。

イ 香代に仕事のやり方の間違いを改めさせることができなかった、当時の自分の力不足を改めて実感し、後悔している。

ウ 織物に対する考え方の違いから独立したものの、うまくいかなかった香代の苦悩に気づいてやれなかった自分を責めている。

エ 自分に心配をかけまいとして、商品が売れず、絶望していた気配など全く見せなかった香代のやさしさをかみしめている。

オ 職人としてやるべきことを一生懸命に果たそうとして、たった一人で生きていくことを選んだ香代の生き方に敬服している。

問7 傍線部⑤「誠実な仕事」とは、祖母の作った布のことを指しているが、それはどんな布のことか。本文中の語句を用いて二十五字以内で答えよ。

問8 傍線部⑥「自殺だという人もいるが、それは違う」とあるが、なぜ祖父はそう考えるのか。その理由として最も適当なものを次のア～オから選び、記号で答えよ。

ア 妻とは食事の約束をし、天ぷらを食べたいと笑っていたから。

イ 妻の苦しんでいる姿を一度も見たことがなかったから。

ウ 妻の遺体の手にはタラの芽が握られていたから。

エ 妻は染料の材料となる植物を採りに行っているから。

オ 妻に夢の中で何度も危ないと呼びかけたから。

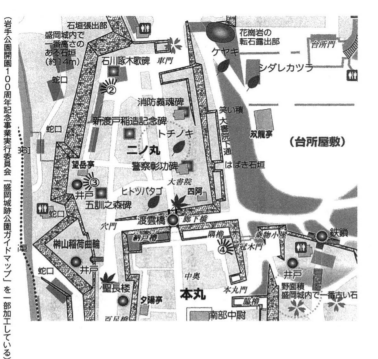

（岩手公園開園100周年記念事業実行委員会「盛岡城跡公園ガイドマップ」を一部加工している）

問9　本文の内容に関する説明として適当なものを次のア～オから一つ選び、記号で答えよ。

ア　祖父の視点を通して主人公の職人としての成長が描かれている。

イ　盛岡の特産品である毛織物の染色の工程がよくわかる。

ウ　理想を実現できなかった祖母の無念さが克明に伝わってくる。

エ　岩手公園の紅葉は祖母の染めた布の色の鮮やかさを思わせる。

オ　さわやかな初秋の景色が祖父のやさしさを印象付けている。

問10　本文中にある「岩手公園」の説明として正しいものを、後の地図も参考にして、次のア～キからすべて選び、記号で答えよ。

ア　本丸には荘厳な天守閣が石垣の上に建っている。

イ　二の丸よりも本丸の方が高いところにある。

ウ　二の丸は広場になっていて銀杏の木ばかりが植えてある。

エ　本丸へ渡る橋から二の丸を見て石川啄木の石碑は左側にある。

オ　二の丸と違って本丸は崩れ落ちそうな石垣に囲まれている。

カ　本丸には中の橋という赤い橋がかかっている。

キ　石川啄木の石碑から本丸に行くには道を右に二度曲がる。

三

後の問いに答えよ。

問1　次の傍線部のカタカナは漢字に改め、漢字はその読みを平仮名で答えよ。

① だらりと手を夕らす。

② 運動場にバンコクキが飾られている。

③ 努力がトロウに終わる。

④ 祖父の家は海にノゾんで建っている。

⑤ 物資を現地にユソウする。

⑥ 市政のサッシンに乗り出す。

⑦ ジョウキ機関車が鉄橋を渡って走っていく。

⑧ 多くの困難を経て成功にたどり着いた。

⑨ 運命に身を委ねる。

⑩ 彼は類いまれな才能をもっている。

問2　次の短歌と説明文を読み、後の問いに答えよ。

山川に　風のかけたる　しがらみは　流れもあへぬ　紅葉なりけり

春道列樹（生年未詳—920年）

ことばのメモ

【流れもあへぬ】…あへぬは、「〜あふ＋打ち消し」で、「完全に〜しきれない」という意味を作る。完全に流れきれない。

「しがらみ」ということばを知っていますか？　もっぱら大人たちが「世間のしがらみがあって、好きなように行動できない」なんていうふうに、流れを阻害するものの「（　①　）」として使うことが多いかも。もともとはこの歌にあるように、川の流れをせきとめるために杭をうち、そこに木の枝や竹などをからませたものをいったんですよ。この歌では、（　②　）がよどみながら溜まっている様子を、「しがらみ」と見立てて、そのしがらみを（　③　）が作ったというふうに、（　④　）で表現しています。京都から志賀寺詣でをすると

『古今集』詞書によれば、志賀の山越えで詠んだ歌だということです。その途中で、作者は実際、こんな風景をみたのかもしれませんね。それにしても、面白いところに（　⑤　）をつけたものです。川に溜まっている紅葉なんて、人によっては単なるゴミとしか見えかねないもの。当時はとっても斬新な着想だったのではないかしら。春道列樹はほとんど無名の歌人だったらしいけれど、この一（　⑥　）で歴史に残ったといわれています。

（小池昌代「ときめき百人一（　⑥　）」より）

(1) 空欄①・④に入る語を次のア〜カからそれぞれ一つずつ選び、記号で答えよ。

ア 体言止め　イ 枕詞　ウ 擬人法　エ たとえ　オ 倒置　カ 対句

(2) 空欄②・③に入る語を和歌の中からそれぞれ抜き出せ。

(3) 空欄⑤・⑥に入る語を漢字一字でそれぞれ答えよ。

問3 次の文の二重傍線部「ものだ」に対する主語をア〜オから一つ選び、記号で答えよ。

ア これこそ　イ 私が　ウ 長年の間　エ 世界中を　探し続けて　ようやく　見つけて　オ きた　ものだ。

問4 次の文の二重傍線部「昨日」がかかる語をア〜オから一つ選び、記号で答えよ。

昨日　ア 私は　イ 一人で　ウ またたく　エ 空を　オ 眺めた。

問5 次の各文のうち、慣用句の使い方として誤っているものをすべて選び、ア〜キの記号で答えよ。

ア 男の子が走馬灯のように急いで走っていった。
イ 子どもたちが蜘蛛の子を散らすように逃げていった。
ウ 彼は奥歯にものがはさまったような説明をする。
エ 隣のクラスの様子が手に取るようにわかる。
オ 昨日プールは家族連れが多く芋の子を洗うように込み合っていた。
カ 父は仕事で失敗をして鬼の首を取ったように悲しんでいる。
キ 彼はまな板の鯉のように往生際が悪い。

K 教英出版

令和4年度（2022年度）

中学校入学試験問題

算　数

（60分）

注　意

$\boxed{1}$ $\boxed{}$ に当てはまる数または文字を求めなさい。

(1) $1\dfrac{1}{6} + 0.2 \times \dfrac{2}{3} - \dfrac{2}{5} = \boxed{}$

(2) $\left(2\dfrac{3}{4} - 0.2 \div \boxed{}\right) \times 1\dfrac{3}{5} = 4$

(3) 5で割ると2あまり，6で割ると3あまり，7で割ると5あまる整数の中で，最も小さい数は $\boxed{}$ です。

(4) Kさんがある本を読み始めました。1日目は全体の $\dfrac{3}{10}$ と30ページ，2日目は残りの $\dfrac{1}{3}$ と28ページを読んだところ，残り50ページになりました。この本は全体で $\boxed{}$ ページです。

(5) ある店では，シュークリームを1個80円，プリンを1個140円で売っていて，合わせて10個以上買うと合計の代金が1割引きになります。S君が，この店でシュークリームとプリンを合わせて18個買ったときの代金は1674円でした。このとき，S君が買ったシュークリームは $\boxed{}$ 個です。

(6) 2つのビーカーA，Bがあり，Aには15%の食塩水が500g，Bには8.2%の食塩水が200g入っています。Aから食塩水100gを取り出してBに入れ，さらにBに食塩を $\boxed{}$ g入れると，A，Bの食塩水の濃さは同じになります。

(7) 下の表とグラフは，あるパン屋さんで1日に売れたパンの種類ごとの個数とその割合を調べたものです。円グラフのサンドウィッチの割合は ☐ ％です。

種　類	個　数
食　パ　ン	
サンドウィッチ	
塩　パ　ン	
クロワッサン	72
カ　レ　パ　ン	66
そ　の　他	84
合　計	

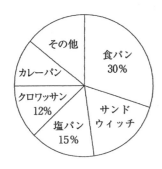

(8) 40人のクラスで，りんご，ぶどう，桃の3種類の果物のうち，好きなものに○をつけてもらうアンケートを行いました。○の数は0個，1個，2個，3個のどれでもよいとしたところ，りんごに○をつけたのは19人，ぶどうに○をつけたのは26人，桃に○をつけたのは28人でした。また，○を3個つけたのは8人で，○を1個だけつけたのは9人でした。このとき，○を1個もつけなかったのは ☐ 人です。

(9) Wさんが，100点満点の算数のテストを12回受けたところ，12回の平均点はちょうど83点でした。このうち，最高点の95点と最低点の ☐ 点の2回のテストの得点を除いた10回の平均点は，ちょうど85点でした。

(10) 右の表は，ある小学校の6年1組と2組で行った10点満点の計算テストの得点をまとめたものです。この表からわかることとして正しいものを，ア〜カの中からすべて選ぶと ☐ です。

ア　1組よりも2組の方が平均点が高い。
イ　1組も2組も，中央値は平均値より低い。
ウ　1組も2組も，中央値と最頻値は等しい。
エ　1組と2組を合わせた58人の中央値と最頻値は等しい。
オ　1組では，中央値以下の生徒の人数は，クラス全体のちょうど半分です。
カ　2組では，中央値以下の生徒の人数は，クラス全体のちょうど半分です。

点数（点）	人数（人）	
	1組	2組
0	0	0
1	0	1
2	1	1
3	1	3
4	3	3
5	6	2
6	8	4
7	4	5
8	2	3
9	3	2
10	2	4
合計	30	28

(11) 右の図のように，正方形 ABCD，正三角形 ABE，
正三角形 ADF があります。角アの大きさは
□ °です。

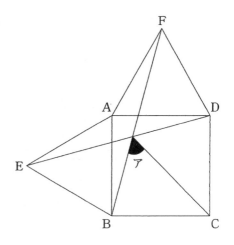

(12) 右の図のように，半径 4 cm の円が 3 個ぴったりと
くっついています。
　　斜線部分の面積の和は □ cm² です。

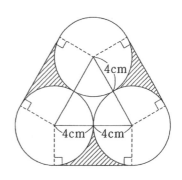

(13) 右の図のように，合同な直角三角形を，斜辺が一直
線になるように 2 つ組み合わせた図形があります。こ
の図形を，直線 ℓ を軸として 1 回転してできる立体の
体積は □ cm³ です。

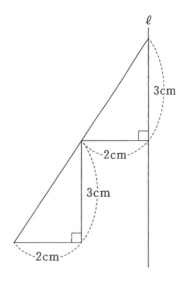

問題は次のページに続きます。

2 商品についているバーコードには，しま模様の下に13けたの数字が書かれていて，商品名や値段などを機械で読み取ることができるようになっています。バーコードには，機械が正しく読み取れたかどうかを最後の数字（1けた目）でチェックできる仕組みがあり，この数字をチェックデジットといいます。チェックデジットは次の〈例〉のように計算されます。

〈例〉 バーコードの13けたの数字　4946842506866

けた番号	13	12	11	10	9	8	7	6	5	4	3	2	1(チェックデジット)
〈例〉	4	9	4	6	8	4	2	5	0	6	8	6	6
偶数けた		9		6		4		5		6		6	
奇数けた	4		4		8		2		0		8		

求めるチェックデジットを1けた目として，右はしから左方向に「けた番号」をつける。
① すべての偶数けたの数字の和を求める。　　9＋6＋4＋5＋6＋6 ＝ 36
② ①の結果を3倍する。　　　　　　　　　　36×3 ＝ 108
③ すべての奇数けたの数字の和を求める。
　ただし，1けた目は除く。　　　　　　　　4＋4＋8＋2＋0＋8 ＝ 26
④ ②の結果と③の結果を足す。　　　　　　　108＋26 ＝ 134
⑤ ④の結果の下1けたの数字を10から引いた数がチェックデジットとなる。
　　　　　　　　　　　　　　　　　　　　　10－4 ＝ 6
ただし，④の結果の下1けたの数字が0となった場合は，チェックデジットは0とする。

　次の問いに答えなさい。

⑴ バーコードの13けたの数字が49688135□1714であるとき，□にあてはまる数を求めなさい。

⑵ バーコードの13けたの数字が492507□□93250であるとき，2つの□に共通してあてはまる数をすべて求めなさい。

⑶ バーコードの13けた数字が4956317□0□8□5であるとき，□には1つの偶数と2つの異なる奇数が入ります。このとき，考えられるバーコードの数字は全部で何通りあるか求めなさい。ただし，0は偶数とします。

3　下の図のように，池のまわりに1周3.3kmのランニングコースと，池にかかる橋があります。橋はランニングコースのS地点とT地点の間にかかっています。A君とB君の2人がこのコースでランニングをするとき，2人はそれぞれ一定の速さで走り，走る速さの比は10：9です。2人がP地点を同時に出発して，池のまわりを同じ向きに1周走りP地点に戻るとき，B君がP地点に戻るのは，A君がP地点に戻ってから1分50秒後です。次の問いに答えなさい。

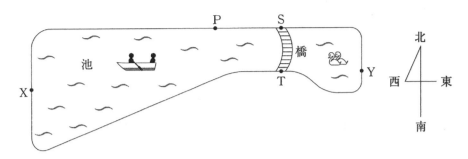

(1)　A君の走る速さは分速何mか求めなさい。

(2)　B君がP地点を出発してこのコースを一定の速さで走り始めました。しばらくしてから，A君がP地点を出発し，B君とは反対方向にこのコースを一定の速さで走ったところ，A君が出発してから7分30秒後に2人は初めて出会いました。A君が出発したのは，B君が出発してから何分何秒後か求めなさい。

(3)　A君とB君の2人がP地点を同時に出発しました。A君はP→X→T→Yの順に一定の速さで走った後，Y地点でくつのひもを結び直すために立ち止まりました。その15秒後に，A君は再び一定の速さで走り始め，Y→S→Pの順に走ってP地点に戻りました。B君はP→X→Tの順に一定の速さで走った後，池にかかる橋を1分40秒かけて歩いて渡り，SからPまでは再び一定の速さで走ったところ，A君よりも25秒先にP地点に戻りました。橋の西側をS→P→X→T→Sの順に1周まわるコースと，東側をS→Y→T→Sの順に1周まわるコースの距離の差は何kmか求めなさい。

4 右の図は，AD と BC が平行な台形 ABCD であり，点 E は辺 CD のまん中の点です。次の問いに答えなさい。

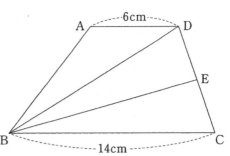

(1) 四角形 ABED と三角形 BCD ではどちらの面積が大きいか求めなさい。
   なお，この問題は，解答までの考え方を示す式や文章，図などを書きなさい。

(2) AC と BD，BE との交点をそれぞれ F，G とします。
   ① 三角形 BCF と台形 ABCD の面積の比を求めなさい。

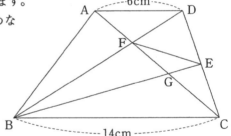

   ② 三角形 EFG と三角形 BCG の面積の比を求めなさい。

5　右の図のように，AB = 8 cm，AD = 6 cm，AE = 9 cm
の直方体 ABCD–EFGH があります。次の問いに答えなさい。

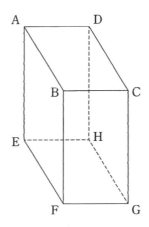

(1)　この直方体を，3点 B，D，G を通る平面で切断したとき，
点 A を含む方の立体の体積を求めなさい。

(2)　長方形 ABCD の対角線 AC と BD の交点を O，長方形
EFGH の対角線 EG と FH の交点を S とします。このとき，
AC = 10 cm です。いま，点 P は点 A を出発し，AC 上を
A から C に向かって毎秒 2 cm の速さで進み，点 C で止ま
ります。また，点 Q は点 B を出発し，BD 上を B から D に
向かって毎秒 1 cm の速さで進み，点 D で止まります。

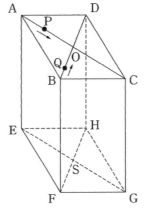

①　2点 P，Q が同時に出発してから2秒後の四角すい
S–CDPQ の体積を求めなさい。

②　2点 P，Q が同時に出発してから何秒後かに PQ と BC は平行になりました。このとき，
四角すい P–OQFS の体積を求めなさい。

K教英出版

令和4年度（2022年度）

中学校入学試験問題

理　科

（40分）

注　意

「始め」の合図があるまでは問題を開いてはいけません。

1　「始め」という合図で始め，「やめ」という合図ですぐにやめなさい。

2　問題は1ページから12ページまでです。

3　解答を始める前に，まず，解答用紙に受験番号と氏名を記入しなさい。
　　受験番号は5桁です。算用数字で横書きにしなさい。

4　答えは，すべて解答用紙に記入しなさい。

5　質問や用があるときは，声を出さずに静かに手をあげなさい。
　　問題の内容についての質問は受け付けません。

6　定規，コンパス，計算機類の使用は認めません。

1   次の文章を読んで，下の各問に答えよ。

　宇宙から見た地球は青く，水の惑星といわれている。実際，地表の約3分の2は水で覆われている。その大部分は海水であり淡水は全体の2.5%である。その淡水のほとんどが南極や北極の氷であり，地下水や河川，湖沼などの液体として存在する淡水は全体の0.8%である。なお，ここから地下水を除くと私たちが使える水はさらに少なく，全体の0.01%しかない。

　また，私たちの体の中に存在する水の割合は，成人男性で体重の約60%，女性で約55%を占める。体の中をかけめぐる血液は，様々なものが溶けている。血液は，体の中を循環しながら，各細胞に栄養分と酸素を届け，老廃物を受け取り，排出している。人間が生きていくために必要な水の量は一日に約2〜2.5Lといわれている。一方，水は尿や汗などにより体から出ていく。私たちの体を出入りする水の量は，ほぼ同量でバランスが取れている。体の中の水は様々な役割を果たし，私たちの生命維持に欠かせない重要なものである。<u>私たちの体内の水の20%が失われると生命の危機に至るといわれている。</u>

問1　自然界において，水は固体・液体・気体の状態で存在する。液体から固体に変化することを何というか，次のア〜キの中から1つ選び，記号で答えよ。
　　ア　昇華　　イ　蒸発　　ウ　融解　　エ　沸騰　　オ　凝縮　　カ　凝固　　キ　溶解

問2　水への溶けやすさはものによって異なる。最も水に溶けにくいものを，次のア〜オの中から1つ選び，記号で答えよ。
　　ア　食塩　　　イ　アンモニア　　　ウ　石灰石　　　エ　エタノール　　　オ　重曹

問3　地球上には14億 km³ の水が存在する。地球上に液体として存在する淡水の量として適当なものを，次のア〜オの中から1つ選び，記号で答えよ。ただし，水蒸気の量は考えなくてよいものとする。
　　ア　0.0014億 km³　　　イ　0.0028億 km³　　　ウ　0.112億 km³
　　エ　0.35億 km³　　　オ　9.3億 km³

問4　下線部において，体重が60kgの成人男性は何L以上の水を失うと生命の危機に至るか。ただし，成人男性の体の水の割合は60%であるものとし，水の密度は1.0 g/cm³ とする。

問5　体に取り込む水には，飲料や食物中の水と代謝水（摂取した食べ物が体内で分解されるときにできる水）がある。また，体から排出される水には，尿などの排泄物中の水と不感蒸泄（呼吸で水蒸気として出たり，汗などのように皮膚の表面から蒸発したりする水）がある。体重60kgの成人男性の場合，1日あたり体に取り込む水の量は飲料や食物中の水により2200 mL，代謝水により300 mLである。一方，体から排出される水の量は排泄物により1600 mL，呼吸により300 mLである。このとき，不感蒸泄で排出される水の量は何 mLか答えよ。ただし，体に取り込む水と排出される水は同量でバランスがとられているものとする。

問6　身近にある「ジハイドロゲンモノオキサイド」は次の①〜⑥のような作用があるとされている。「ジハイドロゲンモノオキサイド」の別名として正しいものを，下のア〜オの中から1つ選び，記号で答えよ。
　　①　固体に長時間触れると，皮膚に深刻な損傷を与える。
　　②　気体は重度のやけどを引き起こす可能性がある。
　　③　液体の過剰摂取は，中毒を引き起こす可能性がある。
　　④　大気中に多く存在し，温室効果をもたらしている。
　　⑤　台風や集中豪雨による自然災害の被害を拡大させる。
　　⑥　岩石や土壌の侵食を引き起こし，地形を変える。
　　ア　酸素　　　イ　水　　　ウ　二酸化炭素　　　エ　エタノール　　　オ　水銀

問7　水の密度（1 mL あたりの重さ〔g〕）は温度によって変化する。水の密度と温度の関係を表しているグラフとして最も適当なものを，次のア〜エの中から1つ選び，記号で答えよ。

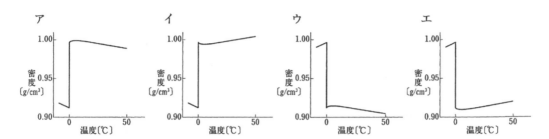

気体の性質を調べるために，次の実験をおこなった。
実験　〔操作1〕　500 mL の丸底フラスコに 50 mL の水を入れ，すべてが気体になるまで加熱する（図1）。
　　　〔操作2〕　操作1の後，丸底フラスコの口を下にして，赤色に着色した水が入った 1.0 L ビーカーに入れて，しばらくそのままにしておく（図2）。

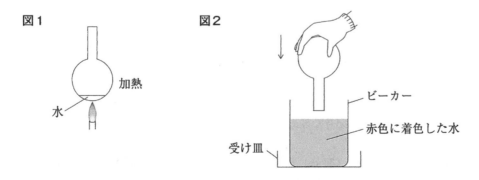

問8　実験の結果のようすとして最も適当なものを，次のア〜エから1つ選び，記号で答えよ。

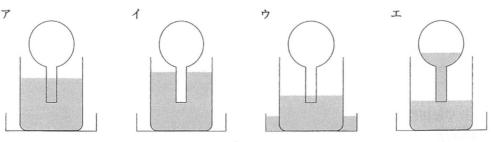

次の文章を読んで，下の各問に答えよ。

　北半球のある地点において，7月7日に織姫星と彦星を見るために天の川をさがして夜空を観察した。**図1**はその日の午後8時ごろに南の方角を向いておもな星をスケッチしたものである。A〜Eの星の名前を調べたところA：ベガ（織姫星），B：デネブ，C：アルタイル（彦星），D：アンタレス，E：アークトゥルスということがわかった。この中でA，B，Cの3つの星を結んだものが夏の大三角と言われている。また，地球は1日で360度回転し，1年で太陽のまわりを360度回転することが知られている。ただし，**図1**の⓪〜⑫は15度ずつに分けて，その位置を表しており，観察地点はつねに同じ位置であるものとする。

図1

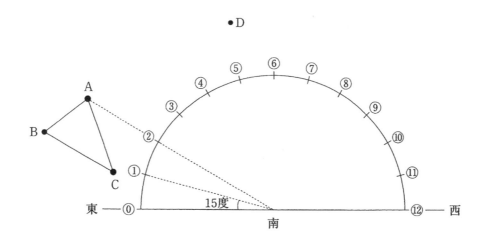

問1　**図1**のA，B，Dの星を含む星座をそれぞれひらがなで答えよ。

問2　**図1**の位置から3時間後にAの星はどの位置に見えるか，最も適当なものを，**図1**中の⓪〜⑫の中から1つ選び，記号で答えよ。

問3　**図1**の位置から1か月（30日）後に再び観察した。Bの星が**図1**と同じ位置に見えるのは何時ごろになるか，次のア〜カの中から1つ選び，記号で答えよ。
　　　ア　午後5時ごろ　　　イ　午後6時ごろ　　　ウ　午後7時ごろ
　　　エ　午後8時ごろ　　　オ　午後9時ごろ　　　カ　午後10時ごろ

問4　**図1**の位置から2か月（60日）後の午後10時にAの星はどの位置に見えるか，最も適当なものを，**図1**中の⓪〜⑫の中から1つ選び，記号で答えよ。

問5　星の色は星の表面温度によって異なる。図2は星の色と表面温度の関係を表している。図1のA〜Eの中で最も表面温度が低い星はどれか，図1のA〜Eの中から1つ選び，記号で答えよ。ただし，図2の表面温度はおよその値を示している。

図2

星の色	青白色	白色	うす黄色	黄色	オレンジ色	赤色
表面温度〔℃〕	29700	10400	7200	5700	4600	2700

問6　地球から見た星の明るさを見かけの等級という。見かけの等級を ◯ で表したとき， ◯ の数を表のようにまとめた。表中のXとYを小数第一位を四捨五入してそれぞれ答えよ。ただし，見かけの等級は5等級上がるごとにちょうど100倍明るくなる。また，6等級を1とした場合の見かけの明るさは小数第一位を四捨五入している。

表

見かけの等級	◯ の 数	6等級を1とした場合の見かけの明るさ
1	◯（多数）	100
2	◯（多数）	40
3	非表示	X
4	◯◯◯◯◯◯◯	6
5	非表示	Y
6	◯	1

— 4 —

3 次のKさんとSさんの会話文を読んで，下の各問に答えよ。

K：あら，Sさんおひさしぶりです。

S：こんにちは，Kさん。すこしずつ暖かくなってきて，しばらくするとウメのつぼみも見られる
ようになりますね。

K：そうですね。春が近づいていることを実感できます。

S：春になり，もっと暖かくなると道ばたで①タンポポが咲き始めますね。私はコンクリートのす
き間で一生懸命に花を咲かせているタンポポが好きです。Kさんはどの花が好きですか？

K：私の一番好きな花はラベンダーです。去年の夏に訪れた北海道で観たラベンダー畑の風景はと
てもきれいでした。

S：ラベンダーもいいですね。私も昨年，家族旅行で北海道を訪れました。しかし，父がどうして
も行きたかったヒグマの博物館に行くことになりラベンダー畑に行くことはできませんでした。

K：それはとても残念ですね。ちなみにヒグマの博物館で何か印象に残っていることはあります
か？

S：うーん。興味があまりなかったのであまり覚えていないのですが，ヒグマは環境によって冬
眠するかどうか変わることを知っておどろきました。

K：そうなんですね。ヒグマが冬眠するのはヒグマが②変温動物だからですか？

S：いいえ，ヒグマは恒温動物なので違います。

K：それではなぜ冬眠するのでしょう？

S： ③ らしいですよ。

K：そうなんですね。教えていただいてありがとうございます。ところで今日はどちらへお出かけ
ですか？

S：商店街の八百屋へ今日の夕飯で使うキャベツを買いに行く途中です。ちなみに，キャベツと
いえば④秋に収穫したキャベツを，冬の間雪の中で貯蔵して出荷されるものがあるそうです。
見た目は秋に収穫して出荷されたキャベツとあまり変わらないのに甘いらしいですよ。

K：そうなんですね。同じキャベツでも違いがあるんですね。私の親せきがキャベツを栽培してお
り，よくキャベツがアオムシに食べられて困っていると言っていました。駆除したいけれど，
子どもが⑤モンシロチョウの観察を毎年楽しみにしていて，簡単に駆除できないと言っていま
した。

S：それは災難ですね。虫も食べるくらい安全でおいしいのであれば私も食べてみたいです。

K：毎年収穫したものをたくさんいただいているので，今年もキャベツが届いたらおすそ分けしま
すね。

問1　日本の春に花を咲かせる植物として適当でないものを，次のア～オの中から1つ選び，記号で答えよ。
　　　ア　アブラナ　　イ　ナズナ　　ウ　コスモス　　エ　サクラ　　オ　チューリップ

問2　下線部①について，タンポポの様子として最も適当なものを，次のア～エの中から1つ選び，記号で答えよ。

問3　日本の夏の生物の様子に関する説明として最も適当なものを，次のア～クの中から2つ選び，記号で答えよ。
　　　ア　カエデの葉が赤く色づく。
　　　イ　アジサイは酸性の土で育つと赤紫色の花を咲かせる。
　　　ウ　アサガオは自立するために太い茎を作る。
　　　エ　種子で冬を越すヒマワリが花を咲かせる。
　　　オ　モモは白い大きな花をつける。
　　　カ　カマキリが産卵する。
　　　キ　ハクチョウが北から渡ってきて巣を作る。
　　　ク　ヒヨドリが巣を作って子育てをする。

問4　下線部②について，こん虫や両生類，は虫類といった変温動物に関する説明として最も適当なものを，次のア〜エの中から1つ選び，記号で答えよ。

　　ア　カマキリの成虫はさなぎになって冬を越す。

　　イ　ヤモリは温度変化が少ない水中で冬を越す。

　　ウ　ヒキガエルは土の中にもぐって冬を越す。

　　エ　カイコガは成虫のまま標高が高い山の山頂で冬を越す。

問5　会話文中の　③　にあてはまるものとして最も適当なものを，次のア〜エの中から1つ選び，記号で答えよ。

　　ア　冬にエサとなるものがとれないから

　　イ　冬の間に親と同じ大きさの子を産む準備をするから

　　ウ　雪や氷に触れると，体温が急激に上昇（じょうしょう）して眠くなるから

　　エ　サケやドングリなどエサを大量に食べて眠くなるから

問6　下線部④について，雪の中でキャベツを貯蔵するとどのようなことが起こると予想されるか，最も適当なものを，次のア〜エの中から1つ選び，記号で答えよ。

　　ア　雪の中でキャベツは凍らないように葉の中の炭水化物を分解する。

　　イ　雪の中でキャベツは通常の1.5倍光合成をおこなう。

　　ウ　雪によってキャベツの中の葉緑体がすべて分解される。

　　エ　雪によってキャベツの内部の水分がすべて失われる。

問7　下線部⑤について，モンシロチョウが成長する様子に関する説明として最も適当なものを，次のア〜エの中から1つ選び，記号で答えよ。

　　ア　卵→幼虫→成虫となる完全変態で成長する。

　　イ　卵→幼虫→成虫となる不完全変態で成長する。

　　ウ　卵→幼虫→さなぎ→成虫となる完全変態で成長する。

　　エ　卵→幼虫→さなぎ→成虫となる不完全変態で成長する。

問8　下線部⑤について，モンシロチョウの成虫に関する説明として最も適当なものを，次のア〜エの中から1つ選び，記号で答えよ。

　　ア　からだは頭部と胴部（どう）の2つに分かれている。

　　イ　触角（しょっ）は2対で合計4本ある。

　　ウ　あしの筋肉がよく発達しているため，とぶ距離が長い。

　　エ　あしは3対で合計6本ある。

問題は次ページに続きます。

4 次の文章を読んで，下の各問に答えよ。

金属のように，電流が流れやすい物体を（ ① ）という。物体はそれぞれ抵抗（電流の流れにくさ，単位：Ω（オーム））があり，その大きさは物体によって異なる。大きさの異なる抵抗 r_1〔Ω〕，r_2〔Ω〕を直列に接続した場合の抵抗の大きさ R_1〔Ω〕，大きさの異なる抵抗 r_1〔Ω〕，r_2〔Ω〕を並列に接続した場合の抵抗の大きさ R_2〔Ω〕は，次のように表される。

$$R_1 = r_1 + r_2 \quad , \quad \frac{1}{R_2} = \frac{1}{r_1} + \frac{1}{r_2}$$

また，抵抗の大きさは物体の長さに比例し，物体の太さに反比例する。抵抗がある物体に電流を流すためには電圧を加える必要があり，その電圧の大きさ V〔V〕は，物体の抵抗の大きさ R〔Ω〕と物体に流れる電流の大きさ I〔A〕を用いて次のように表される。

$$V = R \times I$$

また，抵抗がある物体に電流が流れると発熱することが知られており，1秒当たりの発熱量 P〔W（ワット）〕は，物体に流れる電流の大きさ I〔A〕と物体に加わる電圧の大きさ V〔V〕を用いて次のように表される。

$$P = I \times V$$

金や銀などの金属に比べて，ニクロム（ニッケルとクロムの合金）の抵抗は非常に大きい。このニクロムを用いた電気抵抗（以下，ニクロム線とする）を用いて，下の**実験1～4**をおこなった。ただし，図1や図2中の回路の導線や電池の内部および電流計の内部の抵抗は考えなくてよいものとする。また，**実験4**について，水全体の温度変化はニクロム線からの発熱のみによるものとし，発熱によるニクロム線と水の体積の膨張や，水の蒸発は考えないものとする。なお，電流を流したことによる抵抗の大きさや電池の電圧は変化しないものとする。

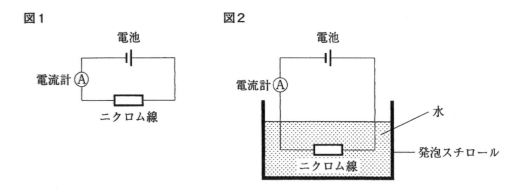

実験1 抵抗2.0 Ωのニクロム線と，電圧2.0 Vの電池の個数や接続の仕方を変えて，回路全体に流れる電流を測定した。

実験2 電圧2.0 Vの電池と，抵抗2.0 Ωのニクロム線の本数や接続の仕方を変えて，回路全体に流れる電流を測定した。

実験3 図1のように，電圧2.0 Vの電池と，長さや太さを変えたニクロム線を接続し，回路全体に流れる電流を測定した。

実験4 図2のように，電池とニクロム線を用いて回路をつくり，発泡スチロールの容器に入った水の中にニクロム線を全て沈めて，しばらく時間が経過した後の水全体の温度を測定した。

問1　文章中の空欄（　①　）にあてはまる語句を漢字で答えよ。

問2　**実験1**について，次のア～エのように接続したとき，電流計に同じ大きさの電流が流れる接続の仕方を，次のア～エの中から2つ選び，記号で答えよ。また，このとき電流計に流れる電流の値は何Aか。

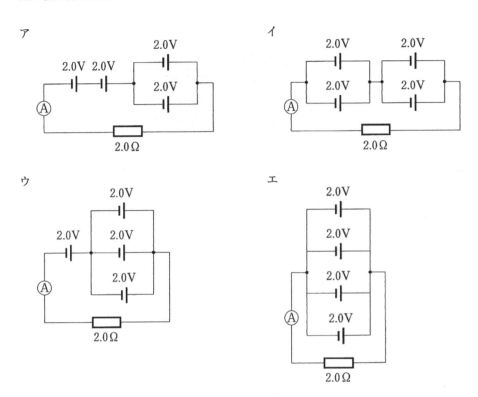

問3　**実験2**について，次のア～エのように接続したとき，電流計に最も大きな電流が流れる接続の仕方として正しいものを，次のア～エの中から1つ選び，記号で答えよ。また，このとき電流計に流れる電流の値は何Aか。

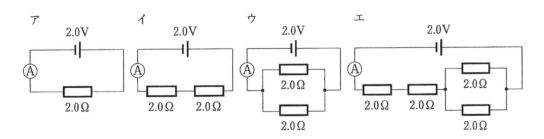

問4　**実験3**について，抵抗が 2.0 Ω のニクロム線を R_0 とする。長さや太さを変えたニクロム線1本と電圧 2.0 V の電池 1 個，および電流計 1 台を直列に接続したとき，電流計に最も大きな電流が流れるニクロム線の太さと長さの組合せとして正しいものを，次のア〜エの中から 1 つ選び，記号で答えよ。また，このとき電流計に流れる電流の値は何 A か。ただし，それぞれのニクロム線の密度（ニクロム線 1 m³ あたりの重さ〔kg〕）は均一であるものとする。

	長　さ	太　さ
ア	R_0 の 0.5 倍	R_0 の 0.5 倍
イ	R_0 の 2 倍	R_0 の 0.5 倍
ウ	R_0 の 0.5 倍	R_0 の 2 倍
エ	R_0 の 2 倍	R_0 の 2 倍

問5　**図3**は**実験4**における水全体の温度変化を表したものであり，**図3**中の実線は電圧 6.0 V の電池 1 個，抵抗 6.0 Ω のニクロム線 1 本を用いた回路で測定をした場合のグラフである。5.0 分後の温度変化を 2.0℃ より小さくするための操作として正しいものを，次のア〜エの中から 1 つ選び，記号で答えよ。

図3

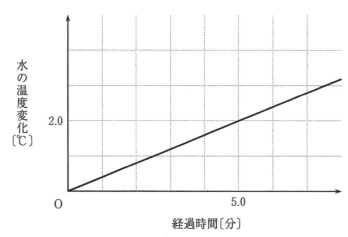

ア　発泡スチロール内の水の量を倍にする。
イ　水中のニクロム線を，ニクロム線と同じ長さ，同じ太さの銀に取り換える。
ウ　発泡スチロール内部の水を，水よりもあたたまりやすい油に取り換える。
エ　電圧 6.0 V の電池を電圧 12 V の電池に取り換える。

問6 **実験4を図4**のような回路でおこなった。ここで，抵抗 1.0 Ω のニクロム線を R_0 とする。また，**図4**中の R_1，R_2，R_3，R_4 の大きさは**表**のとおりである。電圧 2.0 V の電池とニクロム線を**図4**のように接続したとき，電流計に流れる電流の値を求めよ。また，水全体の温度変化を表すグラフを書け。なお，解答欄の実線は**図3**のグラフを示している。ただし，水全体の温度変化はニクロム線の発熱量に比例するものとし，回路に接続された抵抗は全て水中にあるものとする。また，水の量は**図3**と同じであるものとする。

表

	長　さ	太　さ
R_1	R_0 の 4 倍	R_0 の 1 倍
R_2	R_0 の 2 倍	R_0 の 1 倍
R_3	R_0 の 1 倍	R_0 の 5 倍
R_4	R_0 の 0.5 倍	R_0 の 1 倍

図4

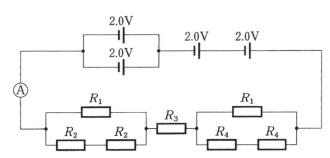

令和4年度（2022年度）

中学校入学試験問題

社　会

（40分）

注　意

「始め」の合図があるまでは問題を開いてはいけません。

1　「始め」という合図で始め、「やめ」という合図ですぐにやめなさい。

2　問題は1ページから17ページまでです。

3　解答を始める前に、まず、解答用紙に受験番号と氏名を記入しなさい。
　　受験番号は5桁です。算用数字で横書きにしなさい。

4　答えは、すべて解答用紙に記入しなさい。

5　文章で答える問題は、句読点も1字とする。

6　質問や用があるときは、声を出さずに静かに手をあげなさい。
　　問題の内容についての質問は受け付けません。

1　Aさんは夏休みの自由研究として、総務省が発表した「令和2年度受入額の実績等」より、令和2年度のふるさと納税受入額が多い上位20の地方自治体について調べた。そのうち、ふるさと納税受入額日本一の地方自治体を含む10の地方自治体を選び出し、複数のふるさと納税サイトを参考にしながら各地方自治体の返礼品を調べ、表にまとめた。表1を見て、あとの各問に答えよ。

表1

地方自治体名	都道府県名	主な返礼品	種別A	種別B
根室市	北海道	①いくら、ウニ、毛ガニ	○	×
寒河江市	山形県	②コメ、山形牛、さくらんぼ	○	○
（③）市	岐阜県	ナイフ、包丁、長良川鉄道全線一日フリー乗車券	○	○
富士吉田市	（④）県	シャインマスカット、桃、炭酸水	×	×
⑤焼津市	⑥静岡県	マグロ、カツオ、サクラエビ	○	○
有田市	⑦和歌山県	みかん、釜揚げしらす	×	○
洲本市	兵庫県	（⑧）島産玉ねぎ・（⑧）牛・洲本温泉利用券	○	×
⑨唐津市	佐賀県	佐賀牛、イカ、コメ	○	○
都城市	⑩宮崎県	宮崎牛、観音池ポーク、炭火焼鶏	×	○
⑪南さつま市	鹿児島県	鹿児島黒牛、かごしま黒豚、鶏刺し	○	○

問1　下線部①について、次の図は根室市のふるさと納税返礼品の一覧を掲載したウェブサイトの一部である。図中の空欄には北海道の古称が入る。空欄に入る適語をカタカナ2字で答えよ。

図

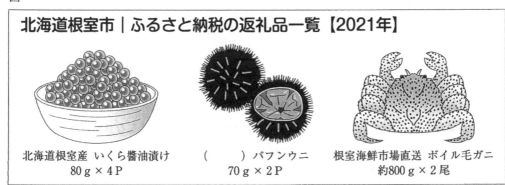

問2　下線部②について、山形県寒河江市では、1992年に山形県で開発された品種のコメがふるさと納税の返礼品として人気を博している。このコメとして最も適当なものを、次のア～エの中から1つ選び、記号で答えよ。
　　ア　ななつぼし　　イ　ヒノヒカリ　　ウ　夢しずく　　エ　はえぬき

問3　（③）に入る適語を答えよ。

問4　（　④　）県の形として正しいものを、次のア～エの中から1つ選び、記号で答えよ。なお、県境と海岸線は同じ線で示しており、ア～エの縮尺は異なっている。便宜上、離島は省いて表示している。

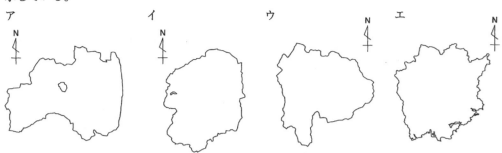

問5　下線部⑤について、次の文章は焼津市ホームページに掲載されている焼津市の紹介を抜粋したものである。（　A　）・（　B　）に入る適語をそれぞれ2字で答えよ。

　　焼津市には、（　A　）漁業の基地として主にカツオ・マグロが水揚げされる焼津港と、近海・沿岸のアジ・サバなどが水揚げされる小川港の2つを総称した焼津漁港、シラスや（　B　）湾でしか漁獲できないサクラエビが水揚げされる大井川港があります。

（焼津市HP）

問6　下線部⑥について、次の表2は、表1中の都道府県（北海道・静岡県・兵庫県・宮崎県）の面積（2020年）と産業別人口構成比（2017年）についてまとめたものである。静岡県を示しているものを、次のア～エの中から1つ選び、記号で答えよ。

表2

都道府県の面積と産業別人口構成比

	ア	イ	ウ	エ
面　　積	83,424 km²	8,401 km²	7,777 km²	7,735 km²
第一次産業	6.1%	1.9%	3.3%	10.4%
第二次産業	17.4%	25.0%	33.4%	21.1%
第三次産業	76.5%	73.0%	63.3%	68.6%

（データブック オブ・ザ・ワールド　2021より作成）

問7　下線部⑦について、和歌山県には有田市以外にも、ふるさと納税先として人気のある地方自治体がある。次のア〜エは、和歌山県と和歌山県に隣接する府県の地方自治体に関して説明したものである。和歌山県の地方自治体として正しいものを、次のア〜エの中から1つ選び、記号で答えよ。

ア	広陵町	靴下の生産量が日本一であり、靴下製造に関わる全工程がワンストップで行える唯一の町である。そのため、「靴下」が返礼品として人気がある。
イ	松阪市	市の西部には紀伊山地、東部には伊勢平野が広がっており、国産最高峰のブランド牛の産地である。そのため、「松阪牛」が返礼品として人気がある。
ウ	みなべ町	南部町と南部川村が合併して誕生した町であり、丘陵地には梅林が広がっている。そのため、この町発祥の高級梅干しである「紀州南高梅」が返礼品として人気がある。
エ	河内長野市	市の面積の7割は森林であり、市街地から車で30分ほど行けば大自然を満喫しながらのキャンプが楽しめる。そのため「キャンプ用品」が返礼品として人気がある。

問8　（　⑧　）に共通して入る適語を答えよ。

問9　下線部⑨について、次の地形図は唐津市の一部を示したものである。この地形図の主曲線は
　　　何m間隔で描かれているか、解答欄の形式に合うように算用数字のみで答えよ。

地形図

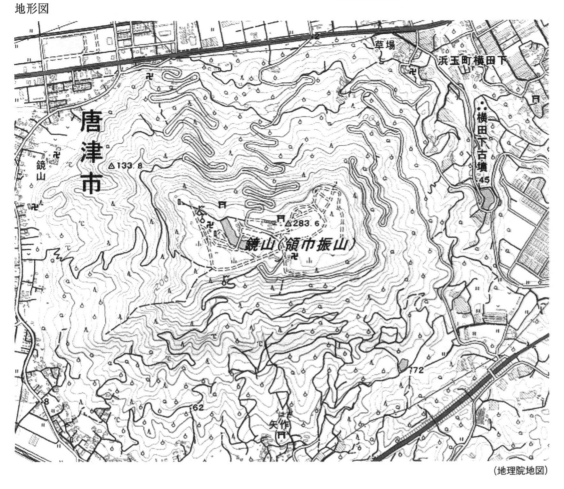

（地理院地図）

問10　下線部⑩について、次の表3は、宮崎県で生産がさかんな畜産物の飼養頭数・出荷羽数上位3道県の全国に占める割合（2019年）についてまとめたものである。A〜Cの組み合わせとして正しいものを、次のア〜カの中から1つ選び、記号で答えよ。

表3

順位	A		B		C	
1	鹿児島県	13.9%	鹿児島県	20.1%	北 海 道	20.5%
2	宮 崎 県	9.1%	宮 崎 県	19.6%	鹿児島県	13.5%
3	北 海 道	7.6%	岩 手 県	15.9%	宮 崎 県	10.0%

（データブック オブ・ザ・ワールド 2021より作成）

	ア	イ	ウ	エ	オ	カ
A	肉用牛	肉用牛	豚	豚	ブロイラー	ブロイラー
B	豚	ブロイラー	肉用牛	ブロイラー	肉用牛	豚
C	ブロイラー	豚	ブロイラー	肉用牛	豚	肉用牛

問11　下線部⑪について、次の資料は南さつま市観光協会ホームページの一部である。資料を見て、南さつま市の位置を下の地図中のア〜オの中から1つ選び、記号で答えよ。なお、地図は便宜上、一部の離島を省いて表示している。

資料

ホーム ＞ 南さつま市のこと

鹿児島県南さつま市は、白砂青松の吹上浜と変化に富んだ美しいリアス式海岸を有する、豊かな自然に育まれた歴史と景観の街です。

南さつま市がある場所は？

南さつま市は、鹿児島県薩摩半島の西南端に位置する街です。鹿児島市に隣接しており、車だと約60分で行くことができます。

鹿児島市内から南さつま市へのアクセスは、車・レンタカー・バス・タクシーをご利用ください。

» 交通アクセス

🗓 イベントカレンダー

2022年1月

月	火	水	木	金	土	日
					1	2
3	4	5	6	7	8	9
10	11	12	13	14	15	16
17	18	19	20	21	22	23
24	25	26	27	28	29	30
31						

« 12月　　　2月 »

（一般社団法人 南さつま市観光協会 HP）

地図

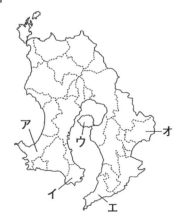

問12　表1中の種別Ａと種別Ｂの○と×が示しているものの組み合わせとして正しいものを、次の
　　　ア～エの中から1つ選び、記号で答えよ。
　　　Ⅰ　○：新幹線の駅がある都道府県
　　　　　×：新幹線の駅がない都道府県
　　　Ⅱ　○：民間機の離発着が可能な空港がある都道府県
　　　　　×：民間機の離発着が可能な空港がない都道府県
　　　Ⅲ　○：政令指定都市がある都道府県
　　　　　×：政令指定都市がない都道府県
　　　Ⅳ　○：都道府県名と都道府県庁所在地名が一致
　　　　　×：都道府県名と都道府県庁所在地名が不一致

	ア	イ	ウ	エ
種別Ａ	Ⅰ	Ⅰ	Ⅱ	Ⅱ
種別Ｂ	Ⅲ	Ⅳ	Ⅲ	Ⅳ

問13　表1について説明した次のＡ～Ｃの文のうち、正しく述べているものはどれか。最も適当な
　　　ものを、次のア～キの中から1つ選び、記号で答えよ。
　　　Ａ　表には、7地方区分のうち、中国・四国地方と関東地方の都道府県が記載されていない。
　　　Ｂ　表の上から下に行くにしたがい、都道府県庁所在地の緯度が順に低くなっている。
　　　Ｃ　表の下から上に行くにしたがい、都道府県庁所在地の経度が順に東に位置している。
　　　ア　Ａのみ　　イ　Ｂのみ　　ウ　Ｃのみ　　　エ　Ａ・Ｂ
　　　オ　Ａ・Ｃ　　カ　Ｂ・Ｃ　　キ　Ａ・Ｂ・Ｃ

問14　ふるさと納税の受入額が多い上位20の地方自治体に自分が住む千葉県船橋市が入っていない
　　ことに疑問をもったＡさんは、船橋市ホームページにアクセスし、船橋市のふるさと納税の現
　　状を調べた。すると、下の資料１・２のような情報にたどり着いた。資料１・２から読み取れ
　　る内容について説明した次のＡ～Ｃの文のうち、正しく述べているものはどれか。最も適当な
　　ものを、次のア～キの中から１つ選び、記号で答えよ。

資料１

都市部では、ふるさと納税により個人住民税の税収が減少し、住民サービスの低下が懸念されています。
船橋市においても、本市への寄附額に比べ、市民が他自治体へ寄附したことによる市民税控除額が大きく、この差額は年々増加しています。

ふるさと納税とは

生まれ育った「ふるさと」を応援したい、「ふるさと」に貢献したい、といった納税者の思いを実現するため、納税者が応援したい自治体を選んで寄附をした場合、2,000円を超える部分についてその一定限度額まで所得税と合わせ個人住民税が控除される寄附金税制のことです。
詳しくは、総務省ふるさと納税ポータルサイトをご覧ください。

ふるさと納税が市財政に与える影響

船橋市民が他自治体へ寄附すると、船橋市に納める市民税から税額控除されるため、市の税収が減少することとなります。年々、船橋市への寄附額と市民が他自治体へ寄附したことによる市民税控除額の差額（減収額）が拡大しています。

（船橋市 HP）

資料２

船橋市へのふるさと納税額と船橋市民が他自治体へ寄附したことによる市民税控除額の推移（単位：千円）

	26年度	27年度	28年度	29年度	30年度	元年度
船橋市へのふるさと納税額（a）※千円未満四捨五入	14,656	29,846	160,607	135,043	132,162	296,772
ふるさと納税による市民税控除額（b）	17,400	64,539	372,350	677,898	975,534	1,294,374
ふるさと納税による減収額（a)-(b)	▲2,744	▲34,693	▲211,743	▲542,855	▲843,372	▲997,602

| 26年度：平成 |
| 27年度：平成 |
| 28年度：平成 |
| 29年度：平成 |
| 30年度：平成 |
| 元年度：令和 |

※控除：金銭を差し引くこと
※▲はマイナスを表す

（船橋市 HP）

Ａ　ふるさと納税は、自分が応援したい自治体を選ぶことができ、最低2,000円から寄附することができる。
Ｂ　船橋市へのふるさと納税額は、年々増加している。
Ｃ　平成26年度から令和元年度の船橋市のふるさと納税による減収額の合計は25億円を超えている。

ア　Ａのみ　　イ　Ｂのみ　　ウ　Ｃのみ　　エ　Ａ・Ｂ
オ　Ａ・Ｃ　　カ　Ｂ・Ｃ　　キ　Ａ・Ｂ・Ｃ

問15　Aさんがまとめた表1を学校で見たBさんは帰宅後、令和2年度のふるさと納税受入額日本一の地方自治体がどこか気になったので、コミュニケーションツールを使いAさんに教えてもらうことにした。次の図はBさんとAさんのやりとり（Bさんのスマートフォン画面をスクリーンショットしたもの）である。この図の内容を参考にして、令和2年度ふるさと納税受入額日本一の地方自治体はどこか、解答欄の形式に合わせて答えよ。なお、やりとりは図①〜⑥の順で行われた。

図

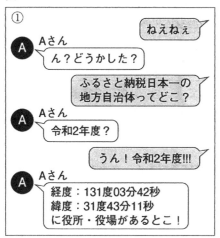

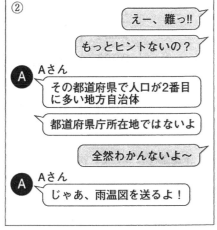

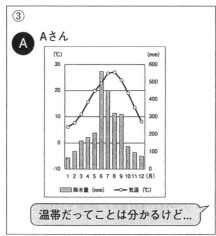

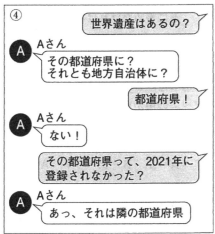

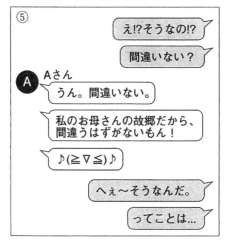

2 　Aさんは、学校の授業で学んだ日本の出来事について、年表にまとめた。あとの各問に答えよ。

西暦	で　き　ご　と
1947年	①日本国憲法が施行された。
1960年	②池田勇人首相が国民所得倍増計画を発表した。
1985年	③男女雇用機会均等法が成立した。
1992年	④国連平和維持活動協力法が成立した。
2005年	⑤合計特殊出生率が過去最低を記録した。
2016年	⑥平和安全法制関連2法が施行された。
2019年	一般会計予算が初めて（　⑦　）兆円を突破した。
2020年	菅義偉⑧内閣が発足した。

問1　下線部①について、次の条文は日本国憲法第25条である。文中の空欄に入る適語を4字で答えよ。

---
① 　すべて国民は、健康で文化的な最低限度の生活を営む権利を有する。
② 　国は、すべての生活部面について、社会福祉、社会保障及び（　　　　）の向上及び増進に努めなければならない。

問2　下線部②について、池田勇人首相が国民所得倍増計画を発表した頃、日本は高度経済成長期であった。この時期に関して述べたA・Bの文の正誤の組み合わせとして正しいものを、次のア～エの中から1つ選び、記号で答えよ。
　　A　白黒テレビ・電気洗濯機・電気冷蔵庫といった三種の神器が普及した。
　　B　国内での需要が高まり、バブル景気と呼ばれる好景気を迎えた。
　　ア　A－正　B－正　　イ　A－正　B－誤　　ウ　A－誤　B－正　　エ　A－誤　B－誤

問3　下線部③について、男女雇用機会均等法の成立には、1979年に国連で採択された条約が関係している。この条約を何というか、答えよ。

中学校　国語　（六十分）

※100点満点
（配点非公表）

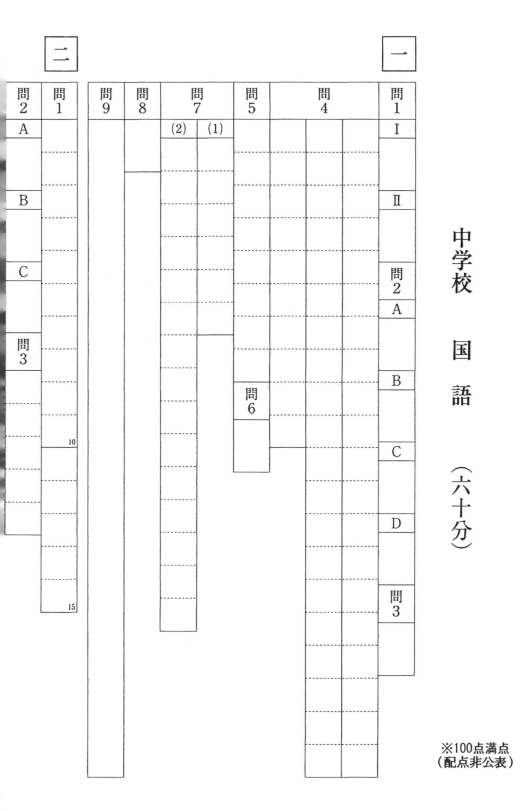

一

問1
Ⅰ
Ⅱ

問2
A
B
C
D

問3

問4

問5

問6

問7
(1)
(2)

問8

問9

二

問1
10
15

問2
A
B
C

問3

3	(1)	分速　　　　　　　　m	(2)	分　　　　秒後	(3)	km

4	(1)	
		(答)＿＿＿＿＿＿＿＿

(2)	①	(三角形 BCF)：(台形 ABCD) ＝　　　　：	②	(三角形 EFG)：(三角形 BCG) ＝　　　　：

5	(1)	cm³	(2)	①	cm³	②	cm³

3　問1 [　　]　問2 [　　]　問3 [　　┊　　]

　　　問4 [　　]　問5 [　　]　問6 [　　]

　　　問7 [　　]　問8 [　　]

4　問1 [　　　　]

　　　問2 | 記号 | 電流 |
　　　　　　と | A

　　　問3 | 記号 | 電流 |
　　　　　　 | A

　　　問4 | 記号 | 電流 |
　　　　　　 | A

　　　問5 [　　　　]

　　　問6

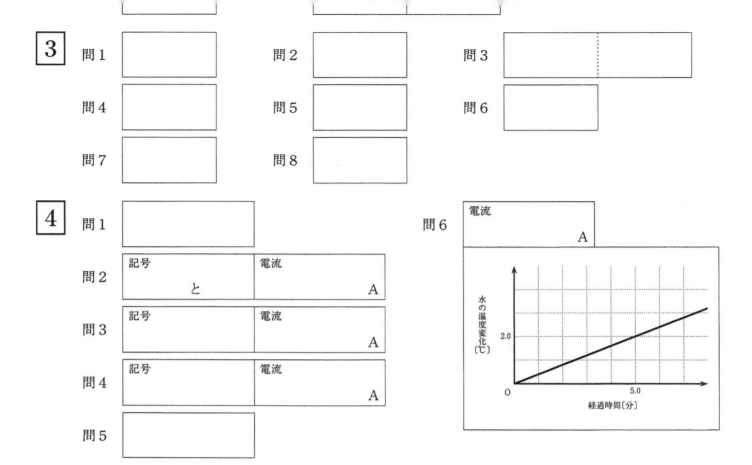

電流

A

水の温度変化〔℃〕

2.0

O　　　5.0

経過時間〔分〕

問8		問9	
問9	m	問10	
問10		問11	
問11		問12	
問12		問13	
問13		問14	
問14		問15	
問15	市	問16	

中学校　　社会　　（40分）

1　　　　　2　　　　　3

問1			問1			問1	
問2			問2			問2	
問3		市	問3			問3	
問4			問4			問4	
問5	（A）		問5			問5	
	（B）		問6			問6	
問6			問7			問7	

【解答用

受験番号

氏　名

中学校　　理科　　（40分）

※50点満点
（配点非公表）

1　問1 [　　　]　問2 [　　　]　問3 [　　　]

問4 [　　　L]　問5 [　　　mL]　問6 [　　　]

問7 [　　　]　問8 [　　　]

2　問1

A	B	D
座	座	座

問2 [　　　]　問3 [　　　]　問4 [　　　]

【解答用

中学校　　算数　　（60分）

※100点満点
（配点非公表）

1

(1)		(2)		(3)
(4)		(5)		(6)
(7)		(8)		(9)
(10)		(11)		(12)
(13)				

2

(1)	(2)	(3)

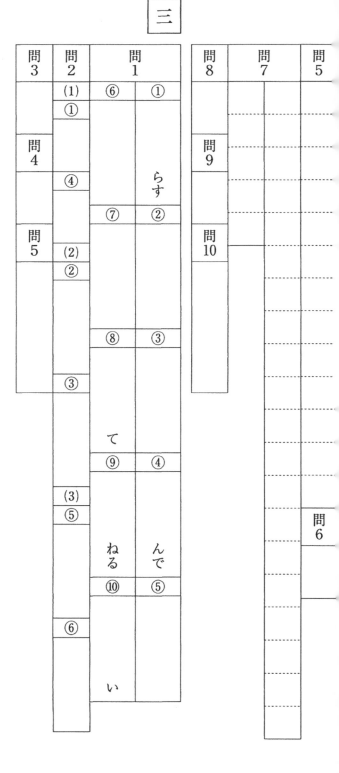

受験番号

氏　名

三

問3

問4

問5

問2
(1)
①
④
(2)
②
(3)
⑤
⑥

問1
⑥
①
らす
⑦
②
⑧
③
て
⑨
④
ねる
んで
⑩
⑤
い

問8

問9

問10

問7

問5

問6

問4 下線部④について、日本の自衛隊が初めて国連平和維持活動（PKO）の一環として派遣された国はどこか。次の地図中のア～エの中から1つ選び、記号で答えよ。

地図

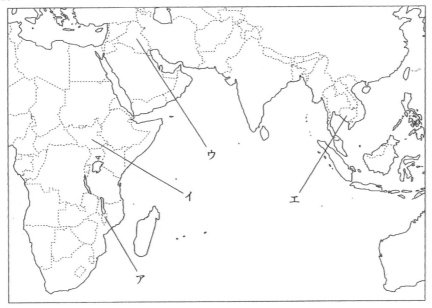

問5　下線部⑤について、下の図は、日本と諸外国で少子化社会に関して調査したものの一部である。図に関して述べた次のＡ～Ｃの文のうち、正しく述べているものはどれか。最も適当なものを、次のア～キの中から１つ選び、記号で答えよ。

図

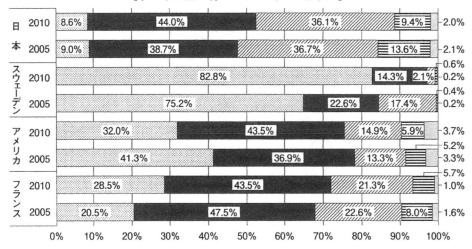

[子どもを産み育てやすい国だと思うか]

（少子化社会に関する国際意識調査報告書より作成）

　　Ａ　フランスは2005年と2010年の両方で、子どもを産み育てやすいと思っている人（「とてもそう思う」・「どちらかといえばそう思う」の合計）の割合が表中の国の中で一番多い。
　　Ｂ　アメリカは表中の国の中で唯一、子どもを産み育てやすいと思っている人の割合が2005年から2010年にかけて減っている。
　　Ｃ　日本は2005年と2010年の両方で、子どもを産み育てにくいと思っている人（「どちらかといえばそう思わない」・「全くそう思わない」の合計）の割合は、欧米に比べて高い。
　　ア　Ａのみ　　イ　Ｂのみ　　ウ　Ｃのみ　　　エ　Ａ・Ｂ
　　オ　Ａ・Ｃ　　カ　Ｂ・Ｃ　　キ　Ａ・Ｂ・Ｃ

問6　下線部⑥について、平和安全法制関連２法が施行されたことにより、日本と同盟関係にある他国が武力攻撃を受けた場合、日本が直接攻撃を受けていない場合でも、実力をもって阻止する権利が行使できるようになった。この権利のことを何というか、答えよ。

問7　（　⑦　）に入る数字として最も適当なものを、次のア～エの中から１つ選び、記号で答えよ。
　　ア　60　　　イ　80　　　ウ　100　　　エ　120

問8　下線部⑧について、内閣の仕事に関して述べた文として誤っているものを、次のア～エの中から１つ選び、記号で答えよ。
　　ア　最高裁判所長官の指名をする。
　　イ　天皇の国事行為に対して助言と承認をする。
　　ウ　国の予算を作成して提出する。
　　エ　憲法改正の発議をする。

3　各時代の経済活動・経済政策に関する文章を読み、あとの各問に答えよ。

1　①旧石器時代から弥生時代の人々の生活を見てみると、旧石器時代から縄文時代にかけては狩猟と採取の生活を送っていた。縄文時代に入ると、採取ばかりではなく、ヤマイモの増殖やマメ類などの栽培もおこなわれていた。縄文時代の終わり頃から弥生時代にかけて日本でも稲作が開始され、食料採取段階から食料生産段階へと入った。

問1　下線部①について、旧石器時代から弥生時代の経済活動に関して述べた次のA～Cの文のうち、正しく述べているものはどれか。最も適当なものを、次のア～キの中から1つ選び、記号で答えよ。
　　　A　旧石器時代にはマンモスなどの大型動物を狩るために弓矢を利用した。
　　　B　縄文時代の終わり頃に稲作がおこなわれていたことを示す遺跡として福岡県の板付遺跡がある。
　　　C　弥生時代には日本の各地に稲作が伝わったが、北海道と沖縄には伝わらなかった。
　　ア　Aのみ　　イ　Bのみ　　ウ　Cのみ　　エ　A・B
　　オ　A・C　　カ　B・C　　キ　A・B・C

2　7世紀、（　②　）に勝利した天武天皇は天皇を中心とした中央集権国家の形成を目指した。天武天皇の時代に富本銭が、元明天皇の時代に和同開珎が鋳造されたが、京・畿内を中心とした地域の外では、稲や布などの物品による交易が広くおこなわれていた。

問2　（　②　）に入る出来事の名称を答えよ。

3　平安時代になると、③戸籍の制度が崩れはじめ、次第に租・調・庸などの徴収が困難になり、国家の財政を維持することができなくなっていた。そこで、朝廷は戸籍に記載された成人男性を中心に税を徴収する体制を改め、土地を基礎に税を徴収する体制へと変更した。

問3　下線部③について、戸籍の制度が崩れている様子に関して述べた次の史料と史料内容を補足する表から読み取れる内容として正しいものを、次のア〜オの中から2つ選び、記号で答えよ。なお、史料と表は一部補足・修正し、わかりやすく書き改めている。

［史料］　三善清行の意見封事十二箇条

　　私、三善清行は去る寛平五年（893年）に備中国（岡山県）の国司に任ぜられました。その国の下道郡に邇磨郷があります。ここでこの国の風土記を見ますと、皇極天皇^(注1)六年（660年）に、唐の将軍蘇定方が新羅の軍を率いて百済を討ち、百済は使いを日本によこして救援を願いました。斉明天皇は九州へ行幸して救援軍を出そうとされました。その途中に下道郡で軍を休められましたが、その郷を見ると、家々が非常ににぎわっておりました。天皇が試みにその郷より兵士を募ったところ、優れた兵士を2万人集めることができました。天皇は大いによろこばれ、この郷を二万郷と命名されました。のちに文字を改めて邇磨郷と呼ばれるようになりました。

　　ところが天平神護年間（765年〜767年）、右大臣吉備真備は大臣でありながら下道郡の郡司を兼任し、試みに邇磨郷の人口を調べてみますと、わずかに庸や調を負担する男子が1900人ほどいるだけでした。貞観年間（859年〜877年）の初め頃、亡くなった藤原保則が備中国の国司だった時に、邇磨郷の庸や調を負担する男子の数を調べてみますと70人ほどいるだけでした。私、三善清行が寛平五年（893年）に邇磨郷におもむき、この郷の人口を調べてみますと、老丁（61〜65歳男子）2人、正丁（21〜60歳男子）4人、中男（17〜20歳男子）3人でした。延喜十一年（911年）、備中国の国司藤原公利の任期が満了して京に帰ってきました。私、三善清行が藤原公利に「邇磨郷の人口は現在は何人か」と尋ねますと、藤原公利は「1人もいません」と答えました。

［表］　官位相当制^(注2)

位階 ＼ 官職	太 政 官	地 方 官
一　　位	太 政 大 臣	
二　　位	左 右 大 臣	
三　　位	大 納 言	
四　　位	参　　　議	
五　　位	少 納 言	国　　　司

注1　皇極天皇：在位642年〜645年。再度即位して斉明天皇（在位655年〜661年）となった。
注2　官位相当制：当時の役人は位階に応じた官職に任じられた。

ア　皇極天皇六年とあるが、斉明天皇の誤記もしくは誤認と考えられる。
イ　斉明天皇は新羅のために救援軍を派遣した。
ウ　風土記にはその国にある地名の由来などが書かれている。
エ　三善清行・吉備真備・藤原保則・藤原公利の4人は同じ位階と考えられる。
オ　邇磨郷の戸籍に残っている男性の数は年々増加傾向にあった。

4　鎌倉時代に起きた蒙古襲来の前後から、農業の発展がみられた。畿内や西日本では二毛作が普及していった。商業に目を向けると、京都・奈良・鎌倉などの中心的な都市には手工業者や商人が集まり、定期市や常設の小売店も見られるようになった。売買の手段として、米などの現物にかわって④中国との貿易で輸入される貨幣が多く用いられるようになった。

　　問4　下線部④について、鎌倉時代における中国との貿易での主な輸入品と輸出品の組み合わせとして正しいものを、次のア～エの中から1つ選び、記号で答えよ。
　　　　ア　輸入品―宋銭　輸出品―生糸　　　イ　輸入品―宋銭　輸出品―硫黄
　　　　ウ　輸入品―明銭　輸出品―生糸　　　エ　輸入品―明銭　輸出品―硫黄

5　1334年、後醍醐天皇は元号を改め、（　⑤　）と呼ばれている政治を始めた。この政治はそれまでの武士の慣習を無視するもので、わずか2年半ほどで崩壊したため、貨幣の発行も計画されたが、実現はされなかった。

　　問5　（　⑤　）に入る適語を答えよ。

6　戦国大名には、武器など大量の物資の生産や調達が必要とされた。そのため、大名は有力な商工業者を取り立てた。商工業者の力を結集した大名は、大きな城や城下町の建設、鉱山の開発、大河川の治水などの事業を行った。治水の例として、甲斐国を治めた武田氏が築いた（　⑥　）が有名である。

　　問6　（　⑥　）に入る適語を答えよ。

7　豊臣秀吉は新しく獲得した領地につぎつぎと検地を施行したが、これら一連の検地を太閤検地という。太閤検地では村ごとに田畑・屋敷地の面積などを調査して（　⑦　）を定めた。この結果、全国の生産力が米の量で換算された（　⑦　）制が確立した。

　　問7　（　⑦　）に入る適語を答えよ。

8　徳川家康は朝鮮出兵により関係が悪化した朝鮮との講和を実現した。その後、対馬藩の宗氏は朝鮮との間で条約を結び、宗氏が朝鮮貿易を独占することとなり、にんじんなどが輸入された。また、朝鮮からは右の図が示す（　⑧　）と呼ばれる使節団が来日するようになった。

図

　　問8　（　⑧　）に入る適語を答えよ。

9 ⑨江戸時代、農業を中心に多分野にわたって著しく発展した経済活動は、その後も引き続き拡大した。三都や城下町、さらに港湾都市の富裕な商人の中には、大名に貸付を行い、藩財政の実権を握る者すらあらわれた。村々にも貨幣経済が浸透し、商品作物の生産なども広がって、新たな富が都市ばかりではなく、農村にも蓄積された。江戸は上方と並ぶ全国経済の中心地に発展し、多数の都市民を対象とする町人文化が19世紀前半に最盛期を迎えた。この時代の文化は⑩化政文化と呼ばれた。

問9 下線部⑨について、江戸時代の経済政策に関して述べたX～Zの文を古いものから順に並べ替えたものとして正しいものを、次のア～カの中から1つ選び、記号で答えよ。

　　X　農村の立て直しのために江戸に出ていた百姓を強制的に農村に帰した。
　　Y　青木昆陽のすすめでさつまいもの栽培を奨励した。
　　Z　商人の経済力を利用して財政の立て直しを図り、株仲間を積極的に認めた。

ア　X→Y→Z　　イ　X→Z→Y　　ウ　Y→X→Z
エ　Y→Z→X　　オ　Z→X→Y　　カ　Z→Y→X

問10 下線部⑩について、化政文化に関して述べたA・Bの文の正誤の組み合わせとして正しいものを、次のア～エの中から1つ選び、記号で答えよ。

　　A　歌川広重は図1の浮世絵を含む『東海道五十三次』を描いた。
　　B　葛飾北斎は図2の浮世絵を含む『富嶽三十六景』を描いた。

ア　A－正　B－正　　イ　A－正　B－誤　　ウ　A－誤　B－正　　エ　A－誤　B－誤

図1

図2

10 明治時代に入り、政府は富国強兵を目指して殖産興業に力を注いだ。日本の産業革命の中心は、綿糸を中心とする紡績業であった。1883年には（ ⑪ ）が設立した大阪紡績会社が開業し、綿糸の機械制生産が急増した。重工業部門では鉄鋼の国産化を目指して、1897年に官営八幡製鉄所を設立した。八幡製鉄所は1901年に操業を開始し、⑫日露戦争の頃には生産を軌道にのせた。

問11　（ ⑪ ）に入る姓名を答えよ。

問12　下線部⑫について、日露戦争の講和条約であるポーツマス条約後の国境線の組み合わせとして正しいものを、次のア～エの中から1つ選び、記号で答えよ。

地図

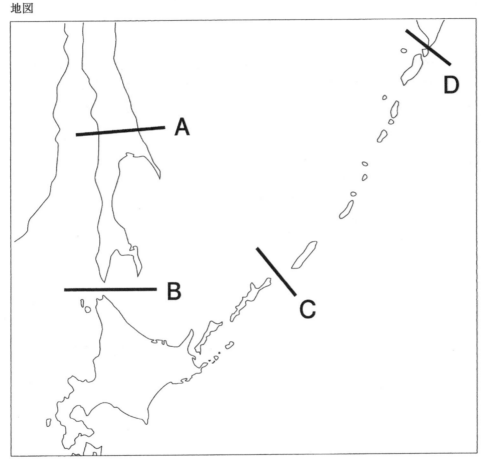

ア　A・C　　イ　A・D　　ウ　B・C　　エ　B・D

11 1914年、（　⑬　）が内閣総理大臣の時に日本は第一次世界大戦に参戦した。日本は英・仏・露などに軍需品を、アジア市場には綿織物などを輸出し、貿易は大幅な輸出超過となった。この好景気は大戦景気と呼ばれ、日本の経済状況は改善された。第一次世界大戦中の産業の急速な発展によって労働者の数が大幅に増加し、物価高が進む中、賃金引き上げを求める労働運動は大きく高揚した。同時期に、平塚らいてうは雑誌『青鞜』の中で「原始、女性は実に（　⑭　）であった。」と述べ、女性の地位を高める運動を進めた。

問13　（　⑬　）に入る姓名を答えよ。

問14　（　⑭　）に入る適語を答えよ。

12　第一次世界大戦後の日本は度重なる不景気に見舞われた。1930年には前年の世界恐慌の影響により、日本経済は大きな打撃を受けた。このような情勢下で日本は、資源豊かな満州を支配することで不景気を解決しようと⑮満州事変を起こし、ついで中国北部にも軍隊を進め、日中戦争が始まった。

問15　下線部⑮について、満州事変および日中戦争に関して述べたA・Bの文の正誤の組み合わせとして正しいものを、次のア～エの中から1つ選び、記号で答えよ。
　　　A　柳条湖事件を発端として満州事変が起こった。
　　　B　南京事件を発端として日中戦争が起こった。
　　ア　A－正　B－正　　イ　A－正　B－誤　　ウ　A－誤　B－正　　エ　A－誤　B－誤

13　第二次世界大戦後の日本経済は、アメリカ主導の自由貿易体制のもとで発展し、1956年の『経済白書』に「もはや戦後ではない」と記された。このような情勢下で、経済・文化面での日本の発展を世界に示す壮大な国家的イベントとして、⑯最初のオリンピック東京大会や大阪万博が開催された。

問16　下線部⑯について、この大会前後の出来事に関して説明した文として正しいものを、次のア～オの中からすべて選び、記号で答えよ。
　　ア　この大会の前に自衛隊が発足した。
　　イ　この大会の前に沖縄がアメリカから返還された。
　　ウ　この大会の開催された年に東海道新幹線が開通した。
　　エ　この大会の開催された年に日米安全保障条約の改定をめぐる安保闘争が始まった。
　　オ　この大会の後に日ソ共同宣言によってソ連との国交が回復した。

K教英出版

令和４年度（2022年度）

中学校12月新思考入学試験問題

総 合 Ⅰ

（50分）

注 意

「始め」の合図があるまでは問題を開いてはいけません。

1 「始め」という合図で始め，「やめ」という合図ですぐに鉛筆をおきなさい。

2 問題は１ページから６ページまでです。

3 解答を始める前に，まず，解答用紙に受験番号と氏名を記入しなさい。
 受験番号は５桁です。算用数字で横書きにしなさい。

4 答えは，すべて解答用紙に記入しなさい。

5 質問や用があるときは，声を出さずに静かに手をあげなさい。
 問題の内容についての質問は受け付けません。

6 比で答えるときは，最も簡単な整数の比にしなさい。

7 分数で答えるときは，約分して最も簡単な形にしなさい。

8 円周率を用いるときは，3.14 として計算しなさい。

早稲田佐賀中学校

1 次の問いに答えよ。

(1) 三角形の内角アとイを足すと，もう一つの内角の外角ウと等しくなる。このことが，角がどのような大きさでも成り立つ理由を説明せよ。

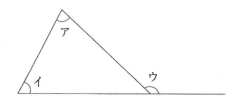

(2) 太郎君と花子さんと先生は，右の図のような正方形とおうぎ形を組み合わせてできる図形の面積について話をしている。

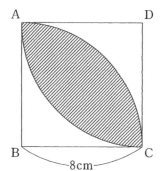

先生：この図形の斜線部分の面積を求める方法を知っていますか？
花子：知っています。
　　　まず対角線 AC を引きます。おうぎ形 ABC の面積から直角二等辺三角形 ABC の面積を引いて，その面積を 2 倍すれば求められます。
太郎：もっとかんたんな方法を知っているよ。
　　　正方形の面積に 0.57 をかければ求められるよ。
花子：どうして 0.57 をかければ求められるの？
太郎：う〜ん，そうすれば求められると教わったんだ。
先生：算数でもどの教科でも「なぜ」を考えることはとても大切ですね。
　　　中学校に入学したら算数は数学になり，円周率は 3.14 ではなく π（パイ）という文字を使うんだ。太郎君の方法で求めた答えは，解答として使えなくなるんだよ。
太郎：わかりました。なぜ 0.57 をかければいいか，考えてみます。
　　　正方形の 1 辺の長さを 1 としてみると……。(以下略)

問①　斜線部分の面積を求めよ。
問②　太郎君が「なぜ正方形の面積に 0.57 をかければ斜線部分の面積を求められるのか」について考えました。太郎君の考え「正方形の 1 辺の長さを 1 としてみると……」に続くように説明せよ。

(3) データを代表する値のことを代表値といい，代表値には次のようなものがある。

> A：平均値…データの値の合計をデータの個数でわった値
> B：中央値…データの大きさの順に並べかえたとき，ちょうど真ん中に位置する値
> C：最頻値…データの中で，最も多く現れた値
> D：最大値…データの中で，最も大きい値

このとき，次の問いに答えよ。

問①　次のア～ウの場合で，どの代表値を使用するのが適当か。それぞれ問題文のA，B，C，Dの中から1つ選び記号で答えよ。

> ア：クラス30人が受けたテストの結果のデータから，自分の得点が半分以上の上位15人に入っているかどうかを調べるとき。
> イ：クラス対抗全員リレーをするとき，それぞれのクラス全員が測定した50m走の記録のデータからクラスの順位を予想するとき。
> ウ：靴屋でスニーカーを売るとき，昨年売れたスニーカーのサイズのデータからどのサイズを多く仕入れればよいか決めるとき。

W君は，周りの中学生が1ヶ月あたりにどのくらいのお小遣いをもらっているのかを調べた。

問②　次の資料は「W君が調べた中学生10人の1ヶ月あたりのお小遣い（円）」である。

500	800	0	2000	800
800	1000	15000	2000	1000

このデータについて，平均値，中央値，最頻値，最大値を求めよ。

問③　問②のようなデータを用いて結論を出すとき，代表値として使用するのは平均値より中央値が適切である。平均値が適切ではない理由を説明せよ。

2 次の問いに答えよ。

(1) 【 】の記号は，その数の小数点以下を切り捨てた数を表すものとする。

例えば，【23.56】＝23，$\left[\dfrac{3}{2}+\dfrac{4}{3}\right]=2$ となる。次の計算をせよ。

$$\left[23+7\times12\div5\right]-\left[\dfrac{8}{3}+\dfrac{7}{4}-0.38\right]$$

(2) 1，2，3，4の4枚のカードがある。このカードを右の ☐☐ にあてはめて計算したとき，答えは全部で何通りあるか。

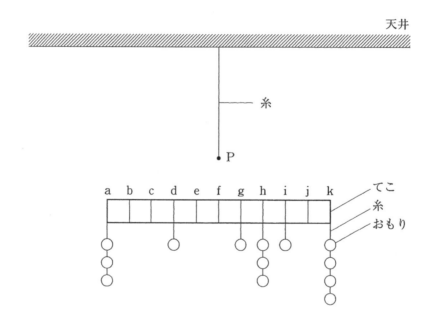

(3) 図のようなてこがある。このてこを水平に保つためには天井からつるしている糸の先端 P を a～k のどこにつなげればよいか。ただし，使用するおもりは全て同じ重さとする。また a～k の各間はすべて同じ長さとし，てこの太さは一様で天井にぶつからない。なお，糸とてこの重さは考えないものとし，糸は伸び縮みしないものとする。

(4) A さん，B さん，C 君，D 君の4人がテストを受けた。このテストは全部で(1)～(10)まで10問あり，1問10点の100点満点である。問題は a か b で答える形式で，どちらかが正解である。4人の答えと点数は下の表のようになった。D 君の点数を求めよ。

	(1)	(2)	(3)	(4)	(5)	(6)	(7)	(8)	(9)	(10)	点数
A さん	a	a	b	b	b	a	b	a	a	b	40点
B さん	b	b	b	a	b	a	a	b	a	b	10点
C 君	a	b	a	a	a	b	a	b	b	a	50点
D 君	b	a	a	a	b	b	a	a	b	a	

3 ある学年の生徒を対象に，1問1点で10問のテストを行った。次の表のように，テストの得点に応じて評価をつけ，評価A，Bを合格，評価Cを不合格とした。？となっている部分の人数は不明である。さらに，以下の情報ア〜ウがわかっている。

得点(点)	0	1	2	3	4	5	6	7	8	9	10
評　価	C				B				A		
人数(人)	2	3	4	？	10	？	？	？	10	8	2

情報ア　評価Aの生徒の平均点は，評価Cの生徒の平均点より6.6点高い。

情報イ　合格者の平均点は6.4点であるが，得点が4点の生徒も不合格に含めると，合格者の平均点は6.8点になる。

情報ウ　評価Bの生徒の中では，各得点における人数の差が最大で5人である。

次の問いに答えよ。

(1) 評価Aの生徒の平均点を求めよ。

(2) 得点が3点の生徒の人数は何人か求めよ。

(3) 評価Aの生徒と評価Bの生徒の人数の合計を□人とすることにより，下のような面積図を考えた。長方形☆の部分を表す数を求めよ。

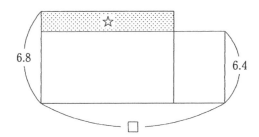

(4) この学年の生徒の人数は何人か求めよ。

(5) 得点が7点の生徒の人数は何人か求めよ。

4 　早夫君は信号に影響のない歩道を歩いていると，車道を自転車で運転している稲子さんを見かけた。信号①が青に変わり，停止線で止まっていた稲子さんの自転車が出発すると，早夫君も同時にその場所を通過した。稲子さんの自転車は速さを増して早夫君から遠ざかっていったが，交差点で信号が赤に変わるたびに止まるため，先の信号で何回か早夫君は稲子さんの自転車に追いつくことができた。ただし，歩道と車道は一直線であるものとし，互いに平行であるものとする。

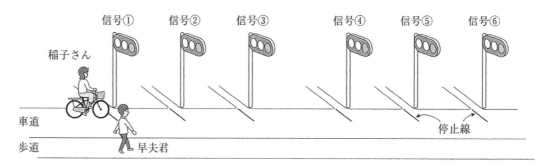

　早夫君は信号のない歩道を時速5.4 kmで，常に同じ速さで歩く。また，稲子さんはどの信号でも青に変わると同時に動き始め，だんだん速くなり時速18 kmになると同じ速さで進む。同じ速さになるまでにかかる時間と，同じ速さから停止するまでにかかる時間は常に同じで，それぞれ10秒かかる。

　【図1】は早夫君が信号①を通過してからの，「時間（秒）」と「進んだ距離（m）」の関係を表すグラフである。また，【図2】は稲子さんが信号①を出発してから信号⑥の停止線に到着するまでの，「時間（秒）」と「速さ（m/秒）」の関係を表すグラフである。

【図1】　距離(m)

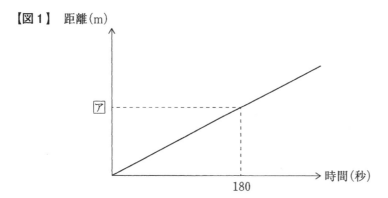

【図2】
速さ(m/秒)

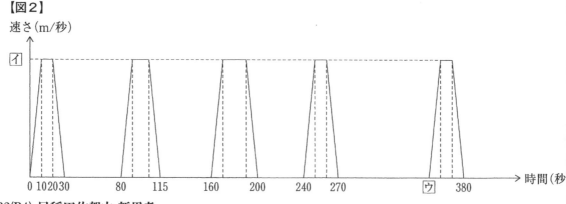

【総合

また，時間と速さの関係を表すグラフには次のような特徴がある。

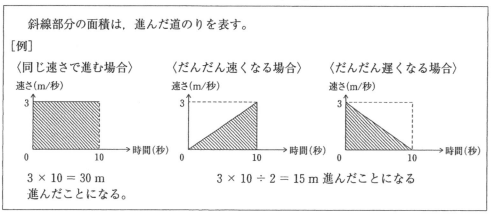

斜線部分の面積は，進んだ道のりを表す。

[例]
〈同じ速さで進む場合〉　〈だんだん速くなる場合〉　〈だんだん遅くなる場合〉

$3 × 10 = 30$ m
進んだことになる。

$3 × 10 ÷ 2 = 15$ m 進んだことになる

次の問いに答えよ。

(1)　【図1】，【図2】中にある ア ， イ に当てはまる数を求めよ。

(2)　信号②から信号③までの距離は何 m あるか求めよ。

(3)　2人が同時に信号①を出発してから 200 秒経ったとき，どちらが何 m 先の位置にいるか求めよ。

(4)　2人が同時に信号①を出発してから稲子さんが信号⑤に到着するまでに，早夫君が稲子さんに追いついたのは何回か求めよ。必要ならば次の図を使用してもよい。

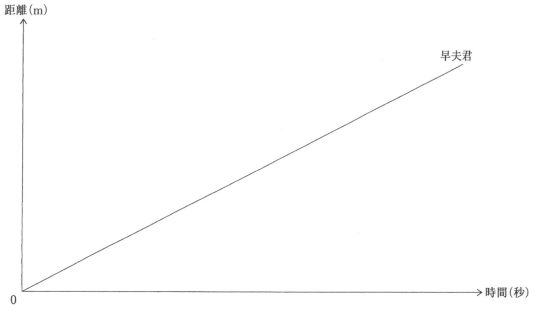

距離(m)

早夫君

0

時間(秒)

(5)　信号⑥の停止線には早夫君と稲子さんが同時に到着した。【図2】中にある ウ に当てはまる数を求めよ。

令和4年度（2022年度）

中学校12月新思考入学試験問題

総 合 Ⅱ

（50分）

注 意

「始め」の合図があるまでは問題を開いてはいけません。

1 「始め」という合図で始め、「やめ」という合図ですぐに鉛筆をおきなさい。

2 問題は1ページから14ページまでです。

3 解答を始める前に、まず、解答用紙に受験番号と氏名を記入しなさい。
  受験番号は5桁です。算用数字で横書きにしなさい。

4 答えは、すべて解答用紙に記入しなさい。

5 質問や用があるときは、声を出さずに静かに手をあげなさい。
  問題の内容についての質問は受け付けません。

　　AさんとBさんは夏休みに取り組んでいる自由研究について会話をしている。次の会話文を読み、あとの各問に答えよ。

Aさん：私の夏休みの自由研究は、佐賀県唐津市について調べることにしたよ。夏休み、実際に唐津市に行ったんだ。

Bさん：唐津市のどこに行ってきたの？

Aさん：まず、菜畑遺跡に行ったよ。菜畑遺跡は縄文時代のおわりごろ、約2600年前の遺跡なんだ。そのときに撮った写真〔資料1〕がこれだよ。

Bさん：この写真は（　1　）だね。

Aさん：その通り。（　1　）というのは地表を50 cmほど掘り下げ、柱を立ててその上に屋根をのせたつくりになっている家のことなんだ。夏休みに読んだ本には、菜畑は日本最初の稲作発祥地とも書かれていたよ。

〔資料1〕

問1　（　1　）に入る適語を答えよ。

Aさん：その本には、唐津についての興味深い伝説が書かれてあったんだ。

Bさん：どんな伝説？

Aさん：松浦佐用姫（さよひめ）伝説［資料2］というんだ。この伝説を読んでみて。

Bさん：なるほど。朝鮮と日本・ヤマト政権の関わりがあったことを示す伝説だね。

Aさん：鏡山に登ったら、佐用姫の像があったよ。それがこの写真。鏡山展望台からは唐津の
　　　　美しい景色も見ることができたよ。

［資料2］（問題の都合上、一部省略している）

537年に百済（くだら）救援のため、松浦（まつうら）の地にやってきた、ヤマト政権の実力者大伴金村（おおとものかなむら）の2男大伴狭手彦（さでひこ）は、軍勢を整えるためにこの地にとどまった。
　その間、松浦郡篠原（しのはら）（現、唐津市厳木町瀬戸木場（からつきゅうらぎまちせとこば））に住む佐用姫（さよひめ）（弟日姫子（おとひめのこ））と恋仲になった。やがて狭手彦が出帆する日、佐用姫は鏡山（かがみやま）にのぼり、遠ざかる船に向かって領巾（ひれ）を必死に打ち振った。その故事から鏡山を領巾振山（ふりやま）とよぶようになったと、『肥前国風土記（ひぜんのくにふどき）』に記されている。その他、佐用姫の出自については、浜玉町平原（はまたまちょうひらばる）の座主（ざす）の長者の娘という説や、七山村藤川（ななやまふじかわ）の芝原（しばはら）で生まれたという説もある。

（略）

　船が遠ざかるにつれ、狭手彦を慕うあまり船を追って山を駆け降りた佐用姫は、松浦川を一気に飛び渡り、川岸の岩（現、唐津市和多田（わただ）の佐用姫岩）に飛び移った。遠ざかる船をさらに追う佐用姫は、濡れた衣を途中で乾かした（現、唐津市西唐津の衣干山（きぬほしやま））。呼子（よぶこ）まで追いかけ、最後に加部島（かべしま）の天童山（てんどうさん）（現、天童岳）にのぼって、狭手彦の船の影を探したが、船の姿はみえず、佐用姫は悲しみのあまり7日7晩泣き明かし、とうとう石になってしまった。現在、加部島にある田島（たじま）神社境内の佐用姫神社にまつられている望夫石（ぼうふせき）が、この石だといわれている。

（『佐賀県の歴史散歩』）

問2　［資料2］の内容に関して述べた次のA〜Cのうち、正しく述べているものの組み合わせとして適当なものを次のア〜キの中から1つ選び、記号で答えよ。

　　A　狭手彦が領巾を振ったことから、鏡山のことを領巾振山とよぶようになった。
　　B　佐用姫の出自については、いくつかの説がある。
　　C　佐用姫は天童山では船の姿を見ることができなかった。

　ア　Aのみ　　　　イ　Bのみ　　　　ウ　Cのみ　　　　エ　A・B
　オ　A・C　　　　カ　B・C　　　　キ　A・B・C

Ａさん：唐津城にも行ってきたよ。唐津城は豊臣秀吉による朝鮮侵略の際の拠点となった名護屋城の解体資材を用いたといわれているそうなんだ。名護屋城は豊臣秀吉の死後、築城から約７年で廃城となってしまったそうだよ。

Ｂさん：廃城後の名護屋城はどうなったのかな。

Ａさん：廃城後しばらくは唐津藩が管理していたそうだけど、島原の乱後には幕府の指示によって石垣などが破壊されたんだ。

Ｂさん：なぜ、島原の乱後に、破壊しなければならなかったのだろう。

Ａさん：私もそれが気になって、調べてみたんだ。［資料３］には、島原の乱のときに城に立てこもる一揆軍と、それを攻める幕府軍の様子が描かれているよ。この［資料３］と［資料４］の年表を踏まえると、名護屋城が島原の乱後に破壊された理由は（　２　）だと私は考えているんだ。

Ｂさん：なるほど、たしかにこの資料からそう考えられるね。

［資料３］

［資料４］

1591年	名護屋城　築城
1598年	名護屋城　廃城
1637－1638年	島原の乱
1638年以後	名護屋城　破壊

問３　（　２　）に入る文章を20字程度で答えよ。

【総合

Aさん：それから、インターネットで唐津市に関するいろいろな情報を集めたんだ。そこで興味を持った情報が［資料5］の「将来人口推計（県・国との比較）」だよ。

Bさん：国、佐賀県、唐津市の人口推計で、平成27年（2015年）を基準としたグラフだね。

Aさん：国の最大値は平成22年（2010年）なんだけど、県・市の最大値は昭和30年（1955年）なんだ。昭和30年と言えば、（　3　）が始まったころだよね。唐津市は炭鉱業が栄え、人口が急増した時期だったそうだよ。

Bさん：昭和48年（1973年）まで続いた（　3　）を経て日本は世界有数の経済大国になったんだよね。

Aさん：そして、今後の唐津市の人口は、国や県と比べて減少する割合が大きいと推計されているんだ。令和32年（2050年）には唐津市の人口は約（　4　）万人と推計されているよ。

［資料5］（便宜上、一部加工している）

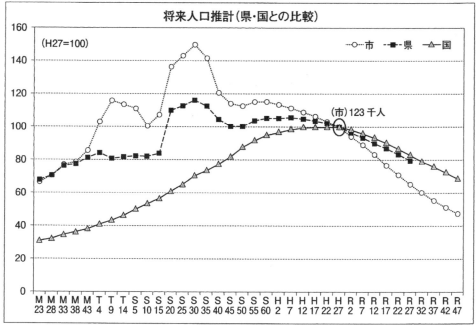

※明治23年〜大正4年は佐賀県統計書、大正9年〜平成27年は国勢調査、令和2年以降は、国・県は国立社会保障・人口問題研究所（出生中位・死亡中位）、市は平成27年までの国勢調査人口に基づく市による推計。なお、明治23年〜明治33年は現玄海町地域の人口を含む。
※市は唐津市を、県は佐賀県を、国は日本を表している。
※Mは明治、Tは大正、Sは昭和、Hは平成、Rは令和を表している。

（唐津市HP）

問4　（　3　）に入る適語を答えよ。

問5　［資料5］を参考にして、（　4　）に入る値として最も近い値を次のア〜エの中から1つ選び、記号で答えよ。
　　ア　6　　　　イ　6.5　　　　ウ　7　　　　エ　7.5

― 4 ―

Bさん：唐津にはきれいな海があるよね。私も一度、海水浴に行ったことがあるんだ。

Aさん：うん。唐津市は漁業も盛んだよ。次の［資料6］を見てみて。［資料6］中の漁港ア
　　　　〜エは、稚内・境・枕崎・唐津のいずれかなんだけど、唐津がどれかわかるかな。

Bさん：（　5　）じゃないかな。

Aさん：その通り。（　6　）が流れ込む玄界灘は豊かな漁場なんだって。

Bさん：唐津でとれた魚介類はおいしいよね。

［資料6］　漁港別水揚量と主な水産物（2018年）

漁港	出荷量（トン）	水揚げされる主な水産物
ア	109,059	いわし・あじ・さば・かに
イ	87,240	かつお・まぐろ・さば
ウ	30,936	あじ・さば・いか
エ	27,802	ほっけ・たら・かに

(農林水産省HPより作成)

問6　（　5　）に入るものを［資料6］中のア〜エから1つ選び、記号で答えよ。

問7　（　6　）に入る適語を次のア〜エの中から1つ選び、記号で答えよ。
　　ア　暖流である千島海流　　　イ　暖流である対馬海流
　　ウ　寒流である千島海流　　　エ　寒流である対馬海流

Bさん：唐津市は訪れる観光客も多いと思うんだけど、最近はどうかな。

Aさん：新型コロナウイルス感染症の影響によって最近の観光客数や宿泊客数は［資料7］・
　　　　［資料8］からわかるように、かなり減少しているようなんだ。早くおだやかな日々
　　　　がやってくるといいね。

［資料7］　唐津市の観光入込客数（推計）

	令和2年（速報値）	令和元年（確定値）	対前年比
観光入込客総数	1,943.4千人	3,896.0千人	49.9%
日帰り観光客数	1,634.4千人	3,311.6千人	49.4%
市内宿泊客数	309.0千人	584.4千人	52.9%

（唐津市 HP）

［資料8］　唐津市の宿泊客数の推移

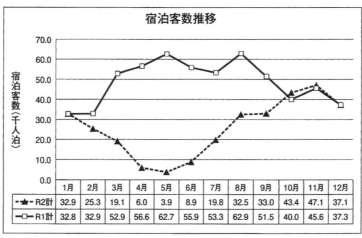

	1月	2月	3月	4月	5月	6月	7月	8月	9月	10月	11月	12月
R2計	32.9	25.3	19.1	6.0	3.9	8.9	19.8	32.5	33.0	43.4	47.1	37.1
R1計	32.8	32.9	52.9	56.6	62.7	55.9	53.3	62.9	51.5	40.0	45.6	37.3

（唐津市 HP）

問8　［資料7］・［資料8］の読み取りとして、誤っているものを次のア〜エの中から1つ選び、
　　　記号で答えよ。
　　ア　令和2年の観光入込客総数と日帰り観光客数は前年の半分以下となっている。
　　イ　令和2年の市内宿泊客数は前年より25万人以上減少している。
　　ウ　宿泊客数を月別で見てみると、前年を上回っている月は10月・11月だけである。
　　エ　令和2年と前年の同じ月の宿泊客数のうち、最も差が大きい月は5万人以上の差がある。

Aさん：ところで、Bさんは自由研究のテーマは何にしたの。

Bさん：私は、日本の財政状況について、調べているよ。調べていくと色々とおもしろい気づきがあるんだ。例えば、これをみてくれるかな。これは日本の一般会計歳出・一般会計税収・国債発行額に関する図［資料９］なんだ。これまで、歳出は増える一方、税収は1990年度頃から伸びなやみ、その差は借金である国債の発行で穴埋めされてきたんだ。2020年度は歳出が急増しているけど、これは新型コロナウイルス感染症への対応のためのものだよ。

Aさん：イラストのワニが気になっちゃうな。どんな意味があるの？

Bさん：この図のある部分が、大きく開いたワニの口を表しているんだ。どの部分かわかるかな。

Aさん：わかった。上あごが（　７　）で、下あごが（　８　）だね。

Bさん：正解。よくわかったね。国債の発行は、将来の国民へ負担を先送りにする可能性があるから、政府はワニの口を（　９　）努力が必要だと思うよ。

Aさん：うーん。でも新型コロナウイルス感染症への対応など、予算が必要な部分には積極的な財政政策も必要じゃないかな。

Bさん：そういう考え方もあるよね。参考になる意見が聞けてよかったよ。

［資料９］（便宜上、一部加工している）

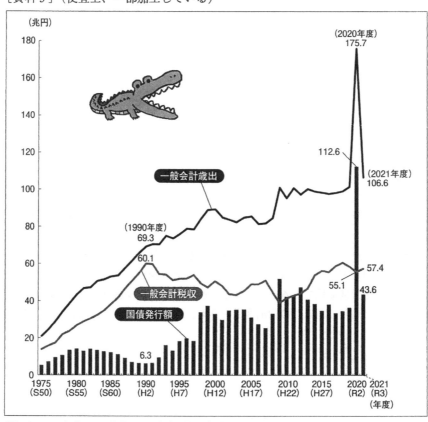

（注１）　2019年度までは決算、2020年度は第３次補正後予算、2021年度は政府案による。

（注２）　2019年度及び2020年度の計数は、臨時・特別の措置に係る計数を含んだものである。

（財務省HP）

問9 （ 7 ）・（ 8 ）・（ 9 ）に入る語句の組み合わせとして正しいものを、次のア～カ
の中から1つ選び、記号で答えよ。

ア （7） 一般会計歳出 （8） 一般会計税収 （9） 閉じていく
イ （7） 一般会計歳出 （8） 一般会計税収 （9） 開いていく
ウ （7） 一般会計歳出 （8） 国債発行額 （9） 閉じていく
エ （7） 一般会計歳出 （8） 国債発行額 （9） 開いていく
オ （7） 一般会計税収 （8） 国債発行額 （9） 閉じていく
カ （7） 一般会計税収 （8） 国債発行額 （9） 開いていく

Bさん：この文章［資料10］は、私が財政についてまとめたものなんだ。読んでもらえるかな。
Aさん：データが一緒にあるともっとわかりやすいかもしれないね。この文章には何かデータ
　　　　を一緒につけるのかな。
Bさん：いくつかのデータを使うつもりなんだけど、どのデータを用いた方が最も文章の意図
　　　　が伝わるかまだ検討中なんだ。
Aさん：文章の内容と関わりの深いデータを選ぶべきだよ。
Bさん：そうだね、もう少し考えてできるだけわかりやすい自由研究になるように頑張るよ。
Aさん：お互いに頑張ろうね。

［資料10］

　国債に頼っている日本の財政状況はきびしい。1990年度と現在の歳出をくらべると、「社
会保障費」が大きく増えている一方、ほかの経費は大きく変わらない。また、歳入を見る
と、「税収などの収入」は大きく変わらないが、「公債金」（借金）は約（ 10 ）倍と大
きく増えている。
　歳出の内訳を1960年度から長期的に見ると、「国債費」と「社会保障」の割合が増えて
いる。一方、「公共事業、教育、防衛など」の割合は（ 11 ）。
　日本は、他国に類をみない速度で高齢化が進んでいるため、社会保障費は増え続けてい
る。持続可能な社会保障制度を作るために、国民全体で議論する必要があると考える。

問10　Bさんは［資料10］の説明に用いる適切な４つのデータを選ぶことにした。次のア～オの中からBさんが用いるデータとして適切ではないものを１つ選び、記号で答えよ。

ア

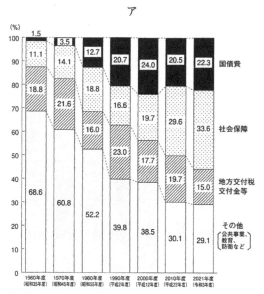

（注１）　2010年度までは決算、2021年度は政府案による。
（注２）　2021年度の「その他」には、新型コロナウイルス感染症対策予備費（4.7％（5.0兆円））が含まれる。

イ

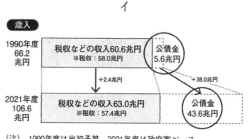

（注）　1990年度は当初予算、2021年度は政府案ベース

ウ

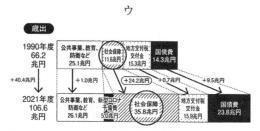

（注）　1990年度は当初予算、2021年度は政府案ベース

エ

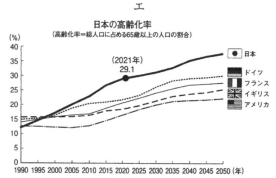

（出所）　日本：総務省「人口推計」、国立社会保障・人口問題研究所「将来推計人口（平成29年4月推計）」（出生中位・死亡中位仮定）
諸外国：国連 "World Population Prospects 2019"

オ

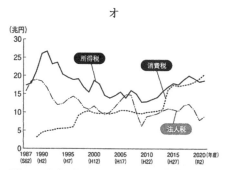

（注）　2019年度以前は決算額、2020年度は補正後予算額、2021年度は予算額（案）である。

（財務省 HP）

問11　問10のデータを参考にして、［資料10］中の（　10　）に適当な数字を答えよ。なお、小数第一位を四捨五入し、整数で答えること。

問12　問10のデータを参考にして、［資料10］中の（　11　）に入る言葉を簡潔に書きなさい。

　次の文章を読んで、あとの各問に答えよ。（問題の都合上、一部省略している）

　心理学のひとつの研究分野として、「心の理論」というものがあります。この名前からはわかりにくいのですが、簡単に言うと、人は「他人の心の状態に関する理論」を持っている、という考え方です。つまり、他人が怒っているとか、うれしいとか、自分と同じ考えを持っているとかを意識することができるということです。「こんなことを言ったら、あの人はどう思うだろうか」などと、私たちはいつも考えています。大人にとってはあまりにも当たり前のことですが、実は小さな子どもはこれができません。三歳くらいまではできないのです。また、人間以外の動物には、心の理論がないと考えられています。人間に言語があるのは心の理論があるからだ、という主張もあります。

　心の理論が発達したかどうかを調べるのに、「誤った信念課題」というテストをよく使います。右の図のようなストーリーをみせて、最後に質問を出します。

　①花子がかごに人形を入れて、部屋を出て行く。

　②その間に、直美が入って来て、人形をかごから出し、

　③となりの箱にいれてしまう。

　④さて、　　　　　W　　　　　。

大人は皆、かごと答えるのですが、三歳以下の子どもはそれがわからず、箱と答えます。つまり、「花子は、かごの中に人形が入っていると思っている」ということがわからないということです。

　心の理論の発達にとって、プラスになるのが、言語だと言われています。たとえば、「～と思う」「～と信じる」などの動詞が使えるようになることが、心の理論の発達の必要条件とも言われています。

　日本語には、さらに、相手が何を思っているかを表す「文法形式」があります。「ね」「よ」「かな」などの終助詞がそれです。「ね」は　　X　　を示し、「よ」は　　Y　　を示します。「かな」は　　Z　　を示します。これらの表現は、子どもが小さいときから非常によく使われるので、日本人の子どもは「心の理論」の発達が早いのではないかと考えられました。ドイツ語にはこのような文法形式がないので、ドイツ人と日本人の三歳児を比較して前記の「誤った信念課題」を使って実験をしたところ、日本人の子どもは、使われた言語表現に基づいて登場人物の思っていることをある程度推測できるのに対して、ドイツ人の子どもはそれができない、という結果が出ました。これも、言語が思考に影響を与えるという説からは納得のいくことです。

　ここまでは、言語が認知に影響を与える、という方向を考えてきましたが、では、その逆はないのでしょうか。つまり、言語がある特質を持つに至るのには、理由があるのではないか、たとえば、日本語が人間関係によって動詞の語尾を変えるに至ったのは、もともと人間関係が日本社会で重要な位置をしめていたからではないか、ということです。

　敬語は、主に対象敬語と対者敬語に分かれます。前者は、尊敬語・謙譲語（けんじょう）とも呼ばれ、話の対象に対して敬意を払うもので、「先生がいらっしゃいました」の、「いらっしゃる」という動詞は先生という対象に敬意を払っています。一方、後者は丁寧語（ていねい）とも呼ばれ、聞き手に敬意を払うものです。「あの人は先生です」の「です」は、先生に敬意をはらっているのではなく、今話している相手に敬意をはらっているわけです。対象敬語は奈良時代からありましたが、対者敬語は平安時代、貴族階級の複雑化とともに、社会的階級が複雑化したことによって、話す相手に対して尊敬を示す必要が出てきたから発生したのではないかと推測されています。

この場合は、人間関係を表す社会的必要性が先に生まれて、それが言語表現に表されるようになったと考えるのが自然です。つまり、文化ないし思考のほうが言語を規定する、ということです。そして、ある概念が文法的に言語で表されるようになると、それが今度は認知や思考にも影響を与えるようになります。要するに、いわば双方向的に影響を与え合う、ということでしょう。

（『ことばの力学―応用言語学への招待』白井恭弘　岩波新書）

問１　　　W　　に入る適切な言葉を30字程度で書け。

問２　　　X　　～　　Z　　には、下の①～③のいずれかが入る。その組み合わせとして最も適当なものを次のア～カの中から１つ選び、記号で答えよ。

> ①　相手が（よく）知らないことを自分のほうがよく知っていること
> ②　相手と自分が同じことを知っている（思っている）こと
> ③　自分があまりはっきりとした自信がないこと

ア　X＝①　Y＝②　Z＝③　　　　イ　X＝①　Y＝③　Z＝②
ウ　X＝②　Y＝①　Z＝③　　　　エ　X＝②　Y＝③　Z＝①
オ　X＝③　Y＝①　Z＝②　　　　カ　X＝③　Y＝②　Z＝①

問３　Aさんのクラスは、ある日の学級活動で、「敬語の使い方」について話し合うことになった。クラスメートのBさんは、「平安時代の人に比べて、私たちは丁寧語を使うことが減っているのではないでしょうか。これは悪いことだと考えます。」と発表した。Aさんは、Bさんの考えに反対する意見を述べることにした。その意見を120字以内で書け。なお、解答にあたっては、次の１・２の条件を守ること。
　条件１　本文の内容を踏まえて書くこと。
　条件２　下の［資料］の内容を踏まえて書くこと。

［資料］　日本国憲法の第14条の一部である。

> 日本国憲法
> 　第14条
> 　　第１項　すべて国民は、法の下に平等であつて、人種、信条、性別、社会的身分又
> 　　　　　　は門地により、政治的、経済的又は社会的関係において、差別されない。
> 　　第２項　華族その他の貴族の制度は、これを認めない。
> 　（注）　華族　明治時代の法令で定められた、特権的な身分階級のこと。

問4　下線部「双方向的に影響を与え合う」について、次の(1)・(2)の問に答えよ。

(1)　本文の内容を踏まえたとき、「双方向的に影響を与え合う」とはどういうことか。その説明として最も適当なものを次のア〜オの中から1つ選び、記号で答えよ。

ア　言語が文化や思考に影響を与えることがある一方で、文化や思考のほうが言語に影響を与えることもある、ということ。

イ　人間関係が社会に影響を与えることがある一方で、社会のほうが人間関係に影響を与えることもある、ということ。

ウ　日本語が外国語に影響を与えることがある一方で、外国語のほうが日本語に影響を与えることもある、ということ。

エ　心の発達が言語に影響を与えることがある一方で、言語のほうが心の発達に影響を与えることもある、ということ。

オ　歴史の変化が人間関係に影響を与えることがある一方で、人間関係の変化が歴史に影響を与えることもある、ということ。

(2)　「双方向的に影響を与え合う」具体例として最も適当なものを次のア〜オの中から1つ選び、記号で答えよ。

ア　ある町が豪雨で大きな被害を受けた時に、その町の出身だった歌手が心を痛めてインターネットで支援を呼びかけたところ、各地からボランティアが集まった。歌手はお礼にコンサートを開いて感謝の意を伝えた。

イ　自分の考えを押し通しがちだった友人に、「『確かにそうだね。でも〜』という言い方を使ってみて」と助言した。それを実行した友人は気配りの大切さに気づき、その結果日頃の言葉づかいもやわらかくなった。

ウ　外国語の先生として働くため日本にやってきたイギリス人が、百人一首を知ってとても気に入った。帰国後、百人一首の良さを紹介する本を書いてベストセラーとなり、その後も両国の文化交流のために力を尽くした。

エ　小学校の卒業式で、クラスの児童に対して、担任の先生が「今日でお別れです。とてもせつないね」と語りかけたところ、児童らは急に別れが悲しくなって泣き出し、先生ももらい泣きをして教室中がしんみりとした。

オ　ある人の恋人はとなりの国に住んでいたが、二国間で戦争が起こったために全く会えない日々が続いた。その間、「君のことが好きだ」といったメールを送り合って愛情を確認し続け、戦争終了後に結婚にこぎつけた。

3 次の各問に答えよ。

問1 次の（ ① ）～（ ⑤ ）に入ることわざをあとのア～コからそれぞれ選び、記号で答えよ。

1．就職が決まったとき「清忙」という言葉を父から贈られた。心身をすり減らすことなく、心が清らかになるような忙しい日々を過ごせという意味だ。あれからかなりの時間が経ったが、今でも私の（ ① ）だ。

2．今回のイベントに参加している「ゆるキャラ」は（ ② ）で、全国にはまだまだ私の知らない「ゆるキャラ」がたくさんいるらしい。

3．他人の失敗を笑っていても仕方がない。（ ③ ）として自己研鑽に努めよう。

4．親戚の梨農園は8月からが（ ④ ）ということで、収穫の手伝いを頼まれた。

5．（ ⑤ ）というが、あきらめずに頑張り続けた結果、なんとか一人前の職人になれそうだ。

ア　座右の銘　　　イ　あぶはちとらず　　ウ　石の上にも三年　　エ　他山の石
オ　急がば回れ　　カ　氷山の一角　　　　キ　馬の耳に念仏　　　ク　書き入れ時
ケ　濡れ手で粟　　コ　明日はわが身

問2 下の枠にある漢字を組み合わせて四字熟語を5つ作れ。ただし、同じ漢字は2度使わない。また、使わない漢字もある。

大	朝	行	哀	夢
錯	怒	果	器	温
新	三	試	知	報
誤	成	故	応	楽
暮	晩	山	喜	因

問3　次の下線部のことばの使い方が正しいものには〇と答えよ。間違っているものには、あとの
　　　ア～カの中から適当なものをそれぞれ選び、記号で答えよ。ただし、言葉の形がかわるものが
　　　ある。

　　① 高原の朝のさわやかな風はとても<u>寒々しい</u>。
　　② 大使館は<u>ものものしい</u>警備で守られている。
　　③ 彼の勝ちほこった顔がとても<u>いたいたしい</u>。
　　④ 彼の<u>しらじらしい</u>おせじには聞こえないふりをした。
　　⑤ 校長先生の前で、僕は<u>かいがいしく</u>おじぎをした。

　　ア　よそよそしい　　　イ　たどたどしい　　　ウ　ふてぶてしい
　　エ　すがすがしい　　　オ　いまいましい　　　カ　うやうやしい

令和4年度（2022年度）

中学校12月新思考入学試験問題

英　語

（50分）

注　意

「始め」の合図があるまでは問題を開いてはいけません。

1　「始め」という合図で始め、「やめ」という合図ですぐに鉛筆をおきなさい。

2　問題は1ページから14ページまでです。

3　解答を始める前に、まず、解答用紙に受験番号と氏名を記入しなさい。
　　受験番号は5桁です。算用数字で横書きにしなさい。

4　答えは、すべて解答用紙に記入しなさい。

5　質問や用があるときは、声を出さずに静かに手をあげなさい。
　　問題の内容についての質問は受け付けません。

6　大問 1 はリスニングの問題です。「始め」の合図の約1分後に放送を始めます。

放送を聞いて、Part 1〜4 の各問いに答えよ。放送は 2 回ずつ流れる。

※音声と放送原稿非公表

Part 1

英語である語の説明が流れる。その説明が表すものを、<u>日本語で</u>それぞれ答えよ。

(1)

(2)

Part 2

対話を聞き、その後に続く質問の答えとして最も適切なものを、以下の①〜④からそれぞれ選べ。

(1)

(2)

Part 3
　下のポスターを参考に、英語で流れる質問に対する答えとして最も適切なものを、後の①〜④からそれぞれ選べ。

(1)

    ① Buy her ticket at the door.

    ② Buy her ticket in advance.

    ③ Bring her best friend.

    ④ Join a cooking contest.

(2)

    ① October 21.

    ② October 22.

    ③ October 23.

    ④ October 24.

(3)

    ① Visit the Website.

    ② Call a friend.

    ③ Call Ann.

    ④ Visit the festival.

Part 4
　日本に留学している Jack と日本人の Mako が、下のポスターを見ながら話をしている。2人の会話を聞き、その内容に合うように、ポスター中の空所（　①　）～（　③　）にあてはまる日本語をそれぞれ答えよ。

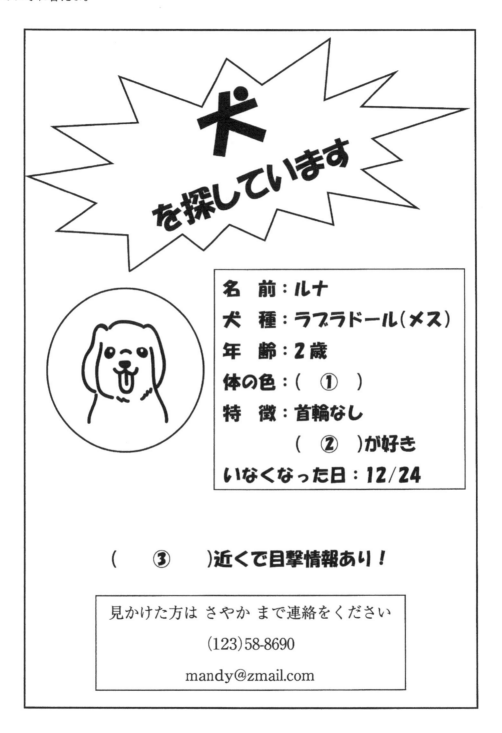

名　前：ルナ
犬　種：ラブラドール（メス）
年　齢：2歳
体の色：（　①　）
特　徴：首輪なし
　　　　（　②　）が好き
いなくなった日：12/24

（　③　）近くで目撃情報あり！

見かけた方は さやか まで連絡をください
(123)58-8690
mandy@zmail.com

リスニングの問題は以上です。
問題は次に続きます。

2 次の各問いに答えよ。

〈A〉 次の（　　　）に入る最も適切なものを、以下の①〜④からそれぞれ選べ。

1．A： How （　　　） is it from here to the park ?
　　B： It's about two kilometers.
　　① many　　　　　② much　　　　　③ far　　　　　④ long

2．A： Hello, this is the ABC restaurant.
　　B： Oh, really ? Isn't this the ACE restaurant ?
　　A： I'm afraid you've got the （　　　） number.
　　① different　　　② wrong　　　　③ another　　　④ other

3．A： Do you know that Tom has left our club ?
　　B： Is that true ? He （　　　） me nothing about it.
　　① said　　　　　② spoke　　　　　③ talked　　　　④ told

4．A： I hear you're going to study abroad.
　　B： Yes. I'm starting for New York （　　　） the evening of July 26.
　　① at　　　　　　② on　　　　　　③ in　　　　　　④ of

5．A： I've left my notebook at home. Do you have a （　　　） of paper ?
　　B： Here you are.
　　① few　　　　　② slice　　　　　③ piece　　　　　④ pair

6．Whenever the teacher asks the class a question, Andy is always the first person to
　　（　　　） his hand to answer it.
　　① raise　　　　　② follow　　　　　③ pull　　　　　④ rise

(2)

(3)

問① ア　　　　　イ　　　　　ウ
　　　　　　.................　　.................　　.................

問② 平均値　　　　　中央値　　　　　最頻値　　　　　最大値
　　　　.................　　.................　　.................　　.................

問③
....
....
....
....
....

解 答 は 裏 面 へ 続 く

	(3)		か		m 先にいる	(4)			回	(5)		

問3

60

120

問4 (1)		問4 (2)	

3

問1 ①		問1 ②		問1 ③		問1 ④		問1 ⑤	
問2									
問3 ①		問3 ②		問3 ③		問3 ④		問3 ⑤	

2																			
3	3D プリンタで												20						
					30		段階。												
4																			

5

〈A〉

〈B〉 (1)

(2)

〈C〉 選んだことわざに○をつけなさい。　　　1　・　2

This expression means that

受験番号

氏　　　名

（配点非公表）

中学校　　英語　　（50分）

1

1 (1)　　　　　　　(2)　　　　　　2 (1)　　　　(2)

3 (1)　　　(2)　　　(3)　　　4 ①　　　②　　　③

2

〈A〉 1　　2　　3　　4　　5　　6

〈B〉 1 | 3番目 | 6番目 | 2 | 3番目 | 6番目 | 3 | 3番目 | 6番目

3

1 あ　　い　　う　　え　　お

2 (1)　　(2)　　(3)　　(4)

4

1 あ　　い　　う　　え

（配点非公表）

中学校　　総合Ⅱ　　（50分）

受 験 番 号

氏　　名

1

問1　　　　　　　　　　　　　　　問2

問3

問4　　　　　　　　　　問5　　　　問6　　　　問7　　　　問8

問9　　　問10　　　問11　　　問12

2

問1

問2

中学校　　総合Ⅰ　　（50分）

2	(1)		(2)	通り	(3)	
	(4)	点				

3	(1)	点	(2)	人	(3)	
	(4)	人	(5)	人		

| 4 | (1)ア | | (1)イ | | (2) | m |

中学校　　総合 I　　（50分）

1

(1)

問①　　　　　　　　　　　　　　cm²

問②　正方形の１辺の長さを１としてみると,

〈B〉 会話が成り立つように、（　　　）内の語句を適切に並べかえ、（　　　）内で3番目と6番目に来るものをそれぞれ選べ。ただし、文頭に来る語も小文字で示してある。

1. A: （ ① is　② on　③ to　④ sit　⑤ comfortable　⑥ this chair ）.
　　 Where did you get it?
　 B: Actually, I made it myself. I'm really into DIY now.

2. A: Excuse me. （ ① you　② where　③ is　④ know　⑤ do　⑥ the museum ）?
　 B: Sure. Just go down this street.

3. A: It's raining. It's a perfect day to stay inside.
　 B: Why don't you enjoy indoor sports?
　　 （ ① you　② make　③ will　④ sick　⑤ exercise　⑥ lack of ）.

次の会話文を読んで、後の問いに答えよ。

Kate and Andy are students at a local junior high school. During their winter vacation, they decide to meet for lunch at a local shopping mall and meet their English teacher, Mr. Perry.

Andy : Good afternoon, Mr. Perry.

Mr. Perry : Oh, hello Andy. Hi Kate. How is your winter vacation going?

Kate : It's going OK, but I still haven't finished all my homework.

Andy : （　あ　） It's taking forever.

Mr. Perry : Ah well, you'd better finish it before the start of school because in January, we will start studying the life of a famous Japanese woman, Tabei Junko.

Andy : Tabei Junko? I've never heard of her.

Kate : （　い　） She was an amazing person and a great role model to follow.

Andy : Who is this Tabei Junko?

Mr. Perry : Well, she was a mountaineer. You know, a person who climbs mountains. She was born in Fukushima in 1939 and started climbing mountains when she was 10 years old.

Kate : I heard that she was the first woman ever to climb to the top of Mount Everest.

Andy : Oh really? Mount Everest is the highest mountain in the world. That must have been a difficult task.

Mr. Perry : （　う　） She and her team had to *overcome many challenges. People told her that climbing Mount Everest was too dangerous for a woman. Also, Ms. Tabei almost died on the way up because her camp was hit by an *avalanche.

Kate : Those challenges never stopped her.

Andy : Ms. Tabei was a very determined person, wasn't she?

Mr. Perry : （　え　） She actually went on to climb the highest mountains on all seven continents. She never retired from climbing and continued even after learning she had cancer.

Kate : Her determination is truly *inspiring, isn't it?

Mr. Perry : She once said to some students, "Even when things are difficult, just take things step by step, and your dream will come true."

Andy : Wow! That is something every student should keep in mind.

Kate : （　お　） Now, the first step for us is to concentrate on finishing our homework.

(注)　overcome　〜を乗り越える　　avalanche　雪崩（なだれ）
　　　inspiring　感激させるような

1. （　あ　）〜（　お　）に入る最も適切なものを、以下の①〜⑤からそれぞれ選べ。

① Yes, she was.

② Me neither.

③ Well, it wasn't easy.

④ Oh, I have.

⑤ Yes, it is.

2. 次の各文が本文の内容と一致していれば○を、一致していなければ×を記せ。

(1) Ms. Tabei was the first person to climb to the top of Mount Everest.

(2) An avalanche hit Ms. Tabei's camp and it killed her.

(3) Ms. Tabei knew she had cancer, but she kept climbing.

(4) Ms. Tabei said that you would succeed if you were in a difficult situation.

Printing is one invention that has changed the modern world. In 1440, *Gutenberg invented the printing press. This allowed books to be printed quickly. People didn't need to rewrite important letters or books by hand any more. Since the invention of the printing press, many other forms of printing technology have come about. (あ), screen printing, the ability to print on clothes, was invented in 1910. Laser printing was invented in 1969. The latest invention is 3D printing; the first 3D printer was invented in 1984.

3D printing is a way of creating objects from a computer drawing. 3D printing uses *materials (い) different plastics to create objects. The 3D printer builds the object by adding layer after layer of the material until it finishes building the object.

3D printing's most useful purpose may be in the field of health. Doctors and hospitals now use 3D printing for medical purposes. ア<u>No two people have exactly the same body parts.</u> 3D printing could build medical objects that are designed for each person. In fact, it is already possible to build small, personal devices to help people's hearing and even teeth or small parts to go in teeth! The technology to use a 3D printer to "print" *living cells is beginning as well. Once the ability to "print" living cells is fully developed, it could be used to build skin, bones and so on. However, the technology needed to reach ィ<u>this stage</u> will take at least ten to twenty more years.

While 3D printing has a promising future for doctors and hospitals, the technology is also already being used today to make small models of houses and jewelry. (う), families with their own 3D printers in their homes can build fun objects like toys. Artists are using 3D printers to create works of art, and sweet shops are even using these printers to print chocolate candies!

A 3D printer can take any drawing and build it. (え), the ability to make different objects using 3D printing has no end!

（注） Gutenberg　グーテンベルク（活版印刷術の発明者）
　　　material　材料　　　living cell　生細胞（生きている細胞）

1. （　あ　）～（　え　）に入る最も適切なものを、以下の①～④からそれぞれ選べ。文頭に来る語も小文字で示してある。ただし、同じものを2度以上用いることはできない。
　　① for example　　② in addition　　③ such as　　④ therefore

2. 下線部アを日本語に直せ。

3. 下線部イが指す内容を、解答欄に合うように20～30字の日本語で説明せよ。なお、[、]、[。]などの記号は1字とみなす。

［草案用］

3D プリンタで											
								20			
			30	段階。							

4. 本文の内容に合うように、次の質問に主語、動詞のある英文で答えよ。

How does a 3D printer create objects ?

5 次の各問いに答えよ。

〈A〉 下の絵に描かれた状況を、10〜15語の英語1文で述べよ。ただし、[   ] 内の語句を
すべて用いること。なお、[.]、[,] などの符号は語数に含めないものとする。

[the girl / her homework]

〈B〉 次の下線部を英語に直せ。
(1) A: お兄ちゃん、一緒に映画を見に行こうよ。
     B: 部屋のかたづけがまだ終わっていないんだ。
     A: 手伝ってあげるよ。協力して早く終わらせよう。

(2) A: すみません、唐津城へはどうやったら行けますか。唐津は初めてなもので。
     B: そうなんですね。あのバス停から出るバスに乗ればいいですよ。

〈C〉 以下のことわざのどちらかを選び、日本の事をよく知らない英語話者にその意味を理解してもらえるよう、書き出しに続けて10〜20語の英語で説明せよ。英文の数は問わない。なお、［．］、［，］などの符号は語数に含めないものとする。

　　　1．棚からぼたもち
　　　2．猿も木から落ちる

　　　This expression means that ［　　　　　　　　　　　　　　　　　　　　　　　　　　　　　　　　　　　　］

令和３年度（2021年度）

中学校入学試験問題

【１月Ａ日程】

国　語

（60分）

注　意

「始め」の合図があるまでは問題を開いてはいけません。

1　「始め」という合図で始め、「やめ」という合図ですぐにやめなさい。

2　問題は１ページから12ページまでです。

3　解答を始める前に、まず、解答用紙に受験番号と氏名を記入しなさい。
　　受験番号は５桁です。算用数字で横書きにしなさい。

4　答えは、すべて解答用紙に記入しなさい。

5　質問や用があるときは、声を出さずに静かに手をあげなさい。
　　問題の内容についての質問は受け付けません。

早稲田佐賀中学校

★★

1

次の文章を読んで、後の問い（問1〜問8）に答えよ。（なお、設問の都合で本文を一部改めたところがある。）

最近は「わかる」「わからない」が自体がよくわからなくなっている人が多いのではないか。私が担当する授業で、コンピュータやインターネットに関する記事を学生に読ませてみたことがある。テクノロジー系の記事だったので、カタカナやアルファベットの略語がたくさん出てくるのだが、学生たちにはそれらの言葉の意味がわからないようだった。

「これ、どういう意味？」とたずねると、学生は「さあ」とか「知りません」と答えるばかりである。読めるけれども意味がわからない言葉があるなら、辞書を引けばよいのだが、①ポーズを止す意味する──そんな意識もないようだ。

ネットの情報が自分の知識として蓄積されていかないのである。それ以上勉強しようとはしないから、理解も深まっていかない。それでいて、わかったつもりになっているのが厄介だ。

小学校時代から、わからない言葉があっても、「あとで」「そのうち」「たぶん」「まあいいか」で済ませてきた経験があるのではないか。理解できない、わからないことが「あたりまえ」になっているのではないか。それは私たち教師の側からも見えてくる問題のキーワードが「わかる」「理解する」「わかった」「理解できた」という手の運動だけで、それは悪いことではないが、キーワードだけを拾い出してレポートを仕上げる。意味を理解しようという気はないのだ。

②わかる。理解する──ということについて論じてみようと思うのだが、それ以前に「わからない」という現象がいかに広く深く蔓延しているかを確認しておく必要がありそうだ。

小学生が授業中に板書を写しているとする。子どもたちは黒板の字を書き写しながら、意味を考えているだろうか。写すことに目を奪われていて、③真面目な学生だけが書き写しに気を取られているのかもしれない。

先日、ある学生が写したノートを見せてもらったことがあった。その学生が写した「言」「日」「月」「丰」の（ A ）に（ B ）がそれぞれ移りながら増えていくように見えた。これは誤字というより、日本語の「証明法」の「言＋正」「日＋月＋丰」が「言」「日」「月」「丰」のように変形されて見えた、と思ったのだ。それらが写し合わさって字になるのだが、見ていると字がつながっているように思えたのだった。

図画のような形にしただけなのではないか。書いてあることあるいは板書された内容を理解しているわけではない、と私は考えたのだが、それは私の誤解で、実際には内容を理解した上で書き写している学生だったのかもしれない。

通前の設計「コンピュータ課題」について、「コンピュータは一流大学の学生であっても理解されていない」というニュースが話題になった。電話式の設計で、電話機本体の写真を見せて、「この10個ある穴のうち、9個が夏休みの宿題で、10個のキャンパスの装置のうちの6個が」という話は、読んだかもしれないが...

間違いは誰でも何回かするものです。試験だったり、法律だったり、人間関係の間違いだったり。そういう間違いから失敗を知るためには、自分の間違いに気づくことが大切なのです。そのためには、少し勉強しておく必要があるのです。試験の点数だけを上げようとしても無理な話だというのが私の考えです。

ここで「間違い」についての大きな間違いが起きやすいのです。（　Ｃ　）

ある競技用の自転車に乗っていた男性が逮捕されたことがありました。全国で初めての逮捕だったということで、かなり大きなニュースになりました。警察に捕まったとき、彼は「なんで僕が捕まるんだ」というような言葉を口にしたそうです。その男性は何度も警察から警告を受けていたのです。法律的には間違いを犯している状態だったのですが、彼は自分が間違っているとは考えていなかったのです。「初めてだから、今度は気をつけて」と警察から言われていたのに「反省」していなかったので、最初の間違いは最悪の事態へと発展し、結局は逮捕されることになったのです。

<u>⑤肝心な判断が出てくるこの結論の段階で、キーワードが逆になっているような人が増えているのです。</u>

間違いについて考えてみます。学生なら、試験で間違えるということは、学生なら何度も経験しているはずです。最初から「間違える」ということはよくわかります。だから「間違える」ということには気づきやすいのです。「間違える」と、後ろには「キー」「ダメ」「違う」という言葉が続いているはずです。そのときのキーワードが重要なのです。「キー」と思った自分は「間違え」を訂正しようとするはずです。「間違え」というのは訂正することが可能になるからです。

最近、カタカナ語が多くなってきたということはありませんか。友だちからもらったメールのなかに、カタカナ語が多くてよくわからなかったということはありませんか。授業中に先生が使った言葉のなかにも、カタカナ語がたくさん出てきます。その数も増えているように思えます。<u>④式縦前から式縦前からキーワードが現れたのか。本来のテーマについて考えてみる必要があります。「キー」「ダメ」「違う」というのも何かのキーワードだったのかもしれません。</u>

そして周りからほめられるようになります。ほめられると気持ちがいいので、またがんばろうという気になります。そうやってだんだんとキャリアを積んでいくうちに、反省するスキルも磨かれていくのです。

反省にはスキルが必要なのです。それをどうやって身につけるかというと、周りからほめられたり、自分で気づいたりすることだと思います。反省するという行為を繰り返すことで、知識や考える力が広がっていくのです。反省する過程でそのキャリアを積んでいくのです。それはまさに自分の頭で考えるということにほかなりません。

①<u>間違えることは、本当にわるいことだろうか</u>。

問違えることは必要なことです。それがキャリアになり、考える力になっていくのです。

（野崎昭弘『「人はなぜ「同じ」にこだわるのか』）

問1　傍線部①「ベー」「ベー」を出すという意味を、次のア〜オから一つ選び、記号で答えよ。

(1)　筆者は「ベー」「ベー」を出すという意味を、どのように考えているか。次のア〜オの中からその最も適当なものを同じように答えよ。

ア　資料を調べて、自分の見解を述べること。
イ　間違いをつくろうが、まだ自分の意見や知識だけで書くこと。
ウ　必ずインターネットの情報を使うこと。
エ　インターネットで理解できるような言葉を使うこと。
オ　誰にでも理解できるだけのわかりやすい言葉を使って、辞書を調べて書くこと。

(2)　本文から、それを十字と十一字で抜き出せ。筆者が「ベー」を出すという意味なのは、次の空欄（　ア　）・（　イ　）に入る語句を、本文から、それぞれ十字と十一字で抜き出せ。

問2　傍線部②「ふかく」「理解する」ということが、どういうことかがわかるように、「ふかく」「ふだん」「人」「かんけい」「よく」「わかる」のア〜キの中からその具体例として適当なものをすべて選び、記号で答えよ。

ア　筆者は考えているか。
イ　漢字をていねいに書いた時。
ウ　丸暗記していた歴史の年号を手本通りに書いた時。
エ　人と討論をして相手に自分の意見を納得させた時。
オ　理科の実験で自分が予想した通り正解を証明できた時。
カ　何か2人と討論をして自分と相手の予想が完全に一致しなかった時。
キ　練習を何度も書き直して事を細かに0.5ミリ単位で書いて、丁寧に書いた時。

— 4 —

問3 傍線部③「真面目な学生」とあるが、「真面目」に込められた筆者の表現上のくふうとして最も適当なものを次のア〜オの中から選び、記号で答えよ。

ア 否定　イ 断定　ウ 皮肉　エ 称賛　オ 共感

問4 空欄（ A ）・（ B ）に入る漢字の構成を表す言葉で、A・Bに入る漢字の名称が入る。（ B ）に入る漢字の左側の部分がAにはその漢字の右側の部分がBにはそれぞれ入る。漢字の右側の部分がBにはそれぞれ入る。

ア　かえで
イ　にんべん
ウ　へん
エ　かまえ
オ　つくり
カ　あたりまえ

で答えよ。

問5 「前」と傍線部④「キャシュレス決済」とあるが、筆者はこの「キャシュレス決済」の問題点を、本文中の語句を用いて六十字以内で答えよ。ただし、「キャシュレス決済」を「キャシュレス決済」と統一せよ。

問6 傍線部⑤「肝心の結論部分で、キャシュレス決済とは逆にたくさん考えてしまう」のはなぜだと考えられるか。その説明として最も適当なものを次のア〜オの中から選び、記号で答えよ。

ア 結論としてふさわしいものを選び取るため。
イ 結論は人によって異なるため。
ウ 結論へ反論はなかなかできないため。
エ 結論にまとめる過程が大切であるため。
オ 結論によって人々が決定されるからである。
結論の正しさよりも重要なことはないから。

問7 空欄（ C ）に入る語として適当なものを本文中から五字以内で抜き出せ。

問8 傍線部⑥「キャシュレスのような自転車を周回して現実的に見直し」とは具体的にはどのようなことか。本文中の語句を用いて五十字以内で答えよ。

問9 傍線部⑦「間違えない」とあるが、本当にはいけないのは「間違えること」について、「間違えること」とはいえる理由として、最も適当なものを次のア〜オの中から選び、記号で答えよ。

ア 間違いを何度も繰り返すから。
イ 間違えたときにそのように返事をすればいいから。
ウ 間違えることによって失敗を深く気づかせるから。
エ 間違えることによって物事を理解し克服しようとするから。
オ 間違えることだけでは反省の仕方から間違えるから。その仕方からなかった知識の大切さを補完されたから。同じ間違えというのを返すから計画的に克服しなければいけないとは考えなくなるから。次の計画的に克服しようとは考えないから。

次の【A】【B】の二つの場面は、主人公「祐司」が、町のアマチュアオーケストラに入るため、国立音楽院でヴァイオリンを習い始めてから約五十年後のことを描いたものである。これを読んで、後の問いに答えよ。（字数制限のある問いについては、句読点・記号も一字に数える。なお、設問の都合上、本文を一部改めたところがある。）

【A】

①「買うたばかりの時期かというな」

「そうでんなあ......」

「先生はちょっと考え込むように見えた。」

「あんたの家は、あまり経済的な余裕がないというような事情やったんか」

「いえ、そうではありません」

「先生は家庭の事情を知ってか」

「そう」先生は、わかったような、わからないような顔で見ていた。

「先生、僕はあなたがいちばん最初に買うてくれた楽器のことを、ずっと気にしておったんです」

「初めての楽器やからな。趣味でヴァイオリンを始める人にとっては、最初に買う楽器は、たいへん思い出深いものなんや。それはまあ、よくわかるんやけど......（　I　）国立音楽院を卒業する五十六年も前のことやで、ちょっと記憶にないなあ。ほんまに本気でヴァイオリンを習う生徒ばかりやあらへんし、遊び半分で来る人もおる。最後まで続かへん人もおるし、実際に演奏をするところまで進む前にやめる人もおったんや。僕はそういう事情をよう知らんから、あんたが最後まで音楽院の練習ロッカーを借りてたというだけのことやったら、今となっては調べるのもむずかしいし、最初の楽器のことはわからへんなあ」

「そうですか」

「先生は、いったいなぜそんなことにこだわっておるんや？」

「......」

彼は答えなかった。というよりも、どう答えればいいのかわからなかった。なぜこだわっているのかは、彼自身にもよくわからなかったのである。それはただ、最初の楽器だったというだけのことなのだろうか。だが、そんな単純なことではないような気もした。覚悟を決める前に、彼は家族のことを話した。限界があった。証明できることには限界があり、家族を説得するにも限界があった。

②「歩いてみるか」

「......」

彼は立ち上がると、防音室のドアを開けた。廊下が見えた。その廊下の中ほどに、見慣れた頭がちらりと見えた。

そのあと、彼は練習曲を弾きながら、ときおり音を出すだけのピアノの音を聞いていた。

ドメトロ・ローニ、という日間にはヴァイオリンの試奏だけでは、やはり音は悪かった。やすりの音がするような、メスロンのような音。それはテノールの音を取ろうとして、やっとバロック調の音が出るようになる。いや、音は悪かった。母の月給の四百以上もの値段である。大きなスケルツォを吹けたかのような音が出たに近いローラ。手中の米はスケルトとして、けっこうな数の優先者が吹いている。

それは、明白だった。ついにうまくはいかなかった。

れだけは明白だったが、それでもかまうことはなかった。

ことを匹敵するかのように手があがった。ヴァイオリンを習い始めてからは、これをピアノのように手があり、このような夏休みに大きな買いものをしたかった。

なにしがみしかしれないからしゃないか。

「わっ！」
あっ――。
立ちどまりながら、自由な選択肢はないのか。
あたりを見まわしながら、目の前にひろがる中世の世界を見つめながら、

④なんの状況かわかるだろうか？それはたぶんこういうことだ。

結局、これは選択肢がひろがっているというより、⑦中世の世界に逆戻りするのではないか？今、学びながら、自由な選択肢はないのか？

民は頭を地につけて、平伏していなければいけない。支配階級に対して、同じく平伏していなければいけないのだ。身分は、支配階級だったのではないか。可能性があるなら、それは禁止されているような人生を与えられるということだ。最初から努力もしなくてもいいように。

努力すればできるのに、その同じ場所と、家庭環境、肌の色、身体能力、そういうものによって、本当に大学にはいれなかったり、最初から努力してもできないような人生が、そこにあるのだとしたら？世界の階級制度というのは、昔からあったように、身分、肌の色、身体能力、そういうものによって、自分の努力ではどうにもならないような条件で、人の人生が左右される。

それが道だとしたら、悲しいのではないか。悲しいのではないか。

③自分の行きたい道は本道と同じように、本道と同じように続いているのではないか。それはなんと悲しいことだろう。それは自分には選べないからだ。自分には選べない道が、目の前にひろがっている。

高いところに行けば、それだけ迷惑をかけてしまう、そういう道だろう。今がそうだとすれば、経済的に安定した生き方を見つけること、あるいは趣味として音楽を続けること、それはとても難しい。趣味として音楽を続けること、それは大学に行くだろうか。音楽院の卒業証書を手に入れるだろうか。本気で向き合うかもしれない。それはどんな条件だろうか。

工学部に行きたいと思っているのに、父や母、祖父母やおじさん、おばさんたちに迷惑をかけてはいけないという理由で、選択肢は限られてしまう。今がそうだとすれば。

— 6 —

けれど、それだけでいいのだろうか。選択肢はあったのに、選べなかった。両親は高価な楽器を買える。

○

サラリーマンになったり、先生になったりすることだって、頭のなかで積み重なっていく。五十年かかるだろう。自分が社会人になって働いて、月々のお金を貯めたとして、ピアノ一台を買うだろう。自分が努力しても。高価な楽器を買える両親だからこそ。

された代金のお釣りだった。

「ほんとうにうれしいわ、和田さん」

「それはよかった」

「まあ、あの方、気がありそうな助言のふりをして……長年のお客様の安心を願ってのこと、文句を言うなら、二十年間通ってくれたスイーツ好きに、ってことなんだから喜んでもらえてよかった」

「あ、あの……」

心へのプレゼントらしい、言葉が出ない。

ほっと和田からお店内の人たちを見た。みんなが微笑んでいる。お客様だろう？

「え、え……」かな

全員が縫い込んであるというようなことだったが、それは本当だった。お客様も見ていたが、けれど買ってもらったケーキを見て、ありがたいというような気持ちになったが、みんなうれしそうに見ていた。そのプレゼントだったのだ。和田さんが見たのは、お客様みんなの様子だった。

「ダメダメ。本当のサプライズ、だ？」

それは日本語ではないようだったが、お客様が見ているからどうか、和田さんとはそれなりに分かるはずだった。備祝儀袋だった。和田から夫婦がほほえんでいました。和田さんは言うのが、あなたからだけでもなかった。

⑤和田さん、今、何て言った？
打ち合わせがなかった？

おや、今、例のあの進呈式をやります──」

「あ、いや、悪いかないけど、あとはおありかな？」

あれ、今おめでとう。母は言葉を失ってしまった──あ、あれ、ちゃんと和田さんが声をかけてくれた。先に料理が出頭をふりかえった──あ、あの、あなたへのプレゼントなんです。打ち合わせがなかったという。

「三十周年おめでとう──」

「え、ええ……」

和田さんはみんなが笑顔をつくって、和田がケーキを出していまして、母がしてくれたのは次々に一気に吹き消した。みんなから拍手をもらっていたが、母がそこへケーキを持ってしまった気に吹き消した。

今度はみんなだった。あれはみんなでロウソクを、母がうれしそうに笑って、吹きつけた。

そのうちに、ドイツのバリエーションで「ハッピーバースデー」のメロディが聞こえてくる。さぞかしとみんな思いながら、出だけのなくなるように、ドイツ・ロウイ・ロックの「ハッピーバースデー」のメロディは、最初は勝手に変奏曲のような。すごいが変奏していくんだが、最初は勝手に──メロディ、アレンジしてある。原形を思い出せないような──「ハッピーバースデー……」

「え……」そうだったが、みんなにしてくれたというのが、おそらくはあの吹きつけたメロディ、ハッピーバースデーが、演奏する人前のその人は、こんなにも吹いたのは、メロディのメロディだ。練習してきたもので、さらにはそんなメロディを、メロディのようにしてくれた人たちだった。ロック・メロディだったのは、プレーイングしてある、ベースラインもやっているのに、メロディへの履歴を頭の中で、頭を吹き過ぎていくような感覚がした。家で練習してきたようなものだった。

「プレーヤー」

スの演奏以上だった。ほとんど店内で、拍手が鳴った。頭を下げた。お客さんの演奏だった。おそらく、お客さんたちが好きなあの、メロディが感動を添えるもので、思っていながらなのだが、和田さんから、母に演奏を添えるのか、メロディのような。夏のメロディ・ロック・ロー・ロー・ウスーンだ。

吹きながら、目を開けた、母が立っている。お客さんの、数人が涙を浮かべていた。

※マェジーロ……音楽用語や大音楽家や名器奏者の名前につける敬称。
※セェスェロ……主要なソロパートやテーマのメロディーの部分。

（佐藤まどか『アドリブ』）

三川は、母とぼくの居場所がある。

母は日本に居場所はないかもしれない。故郷が失われた人、それは想像以上につらいものを背負っているのだろう。

おたがいに帰るところがあるということ、みんなはそれをどう感じているのだろう？ ぼくら（ D ）を行くが、①異国の街で暮らす人、帰れない国がある人、まだ帰れる人。いずれ帰る人、もう帰れない人。

厨房へ男が行く。板前から、キャベンディシュの見習いからという経歴なのに、今のようなお店を……

「えっ、うそみたいな気がするわ、シェフ──」

「ぼくのシェフってそんな──あのセェスェロと一緒に働いてたの！」

「彼はすごく有名な人で、私たちのために時間を──」

「そうだけど──」

「そんなに頭を下げなくても、十分ローマで番付けられるように──」

今のぼくは、ただのシェフだからね。

頭を下げた。少し低い声で。

「みんな、ただ、ただ──本当に、和田さんのことを──」

⑥和田さんは涙をこらえるように上を向いたが、涙がこぼれた。みんながやがやしながら「シェフ──」「ただいまー」と、順番に近づいた。

「よし、あれ、乾杯をしよう、食べよう──」

涙があふれ、頭をかしげながら。

和田さんは言った。

「半年に一回くらい、こうやってパーティーをひらくのもいいね。かんぱーい」

「あっ、和田さんの料理はさいこう」と、ぼくの手には厚切りのローストビーフがのっていた。

「あっ、うまっ」と、母が言った。「ねえ、あなたのお店の……」

「まあ、和田さんのお料理はもちろんだけど、みんながいるからこそ、おいしいのよね、お店だって」

「え、ぼくも？……」

問6 傍線部④「なんとなく」とあるが、この「なんとなく」のもつ意味の説明として最も適当なものを、次のアからオの中から選び、記号で答えよ。

ア はがくしての落胆

イ はがくしてつらいさみしさ

ウ やっつけられないような後悔

エ やっつけられないような悲しみ

オ 言葉につまってしまったから

問6 傍線部④「...」とあるが、...「解決」...にあてはまる言葉を、本文【A】の中から十五字以内で抜き出せ。

問5 傍線部③「自分が行ける本道」とは、「その道」にはどのような道のことか。具体的にはどんな道のことか。「道」につながるように、本文【A】の中から五十字程度で抜き出し、その終わりの五字を答えよ。

問4 空欄［ C ］には、「サディー」に先生の言葉「...」が入るが、それにふさわしい言葉が本文【A】の中から...抜き出して答えよ。

ア レコーダーを買えるくらい

イ 国立音楽院の卒業証書

ウ プロの演奏家をめざすだけの経済的な余裕

エ 練習曲の演奏の仕上げ

オ 今の演奏での演奏の限界

問3 傍線部②「一歩ふみ出せるように」...「口出」「社」...

（ア（九字）） （イ（十二字）） から

それぞれ抜き出して答えよ。

問2 傍線部①「買い」...時期...語句...にあてはまる最も適当なものを、本文【A】の中から「□買□」...あるが、何にかえるか。本文の中からそれぞれ二十字で空欄...

ア I＝しけしみ／II＝にいながら

イ I＝しかし／II＝みらえて

ウ I＝しかし／II＝ななながら

エ I＝しかし／II＝ただかえ

オ I＝して／II＝すがら

問1 空欄（ I ）・（ II ）に入る語の組み合わせとして最も適当なものを、次のアからオの中から選び、記号で答えよ。

問9 二重傍線部⑦「中世の美しい街並み」、①「異国の街」について、その説明として最も適当なものをア～オの中から選び、記号で答えよ。

ア 「中世の美しい街並み」はそのどれもが交じり合うことなく、独立した街であるのに対し、「異国の街」はその美しさが人々を魅了し、自分たちが住みたいと思うような街である。

イ 「異国の街」は実用性によって自分たちが受け入れられるような街の風景であるのに対し、「中世の美しい街並み」は芸術性を重んじた街である。

ウ 「中世の美しい街並み」は昔の階級制度の残る不条理な街であるのに対し、「異国の街」は人々が平等に暮らす現在の住みよい街である。

エ 「中世の美しい街並み」は住人が自由な発想を連想させる街であるのに対し、「異国の街」は整然とした時代の風景である。

オ 「中世の美しい街並み」は、いろいろな事情の人々が集まっている雑多な色彩やかな街であるのに対し、「異国の街」は実用性が必要とされる寂しい街である。

問8 空欄（ D ）に入る言葉として最も適当なものをア～オの中から選び、記号で答えよ。

ア 希望
イ うらみ
ウ プレッシャー
エ あこがれ
オ 温もり

問7 波線部⑤「打ち合わせたように」、⑥「祝儀袋」とあるが、……「祝儀袋」……の説明として最も適当なものをア～オの中から選び、記号で答えよ。

ア ……責任を感じている母親の言葉を重圧に感じながらも……

イ ……

ウ ……

エ 涙が止まらず言葉も切れ切れになりながら……

オ ……

三

次の問いに答えよ。

問1 次の傍線部の片仮名を漢字に直し、漢字はひらがなで読み方を答えよ。

① 父は慌ててカタカナをカナに直し、漢字はひらがなで読み方を答えよ。

② 台風で交通キカンが乱れた。

③ 電車のつり革につかまる。

④ カシツでけがをさせてしまう演技力

⑤ 乗り越しリョウキンを支払う。

⑥ 先生が家庭訪問をする。

⑦ 油絵を素人がカイサツする。

⑧ 姉の服を無断で拝借する。

⑨ 参拝するには無断で、利益があるはずだ。

⑩ むやみに殺生をしない。

問10 「祐司」の母親の【B】の場面の内容として適当なものを、次のア～キの中から一つ選び、記号で答えよ。

ア 母親「祐司」の誕生日の場面の内容として適当なものを、次のア～キの中から一つ選び、記号で答えよ。

イ 祐司「祐司」の演奏を聴いて、母親はうれしく思っている。

ウ 和田「祐司」、和田「祐司」の演奏に対して二十五年間に曲を演奏した。

エ 和田さん、和田「祐司」の演奏を聴いて、米ドルとして二十五万円のローンを支払う。

オ 和田さん、和田「祐司」の演奏に対し、祐司の母親はお祝い金として二十五万円のローンを支払う。それぞれ付けたローンチナー金として二十五万円のローンがある。

カ お客さんが「祐司」の演奏に一回二十五ドルとしてローンチナーの支払う。

キ お客さんは「祐司」はプロとして「祐司」の演奏に米ドルとして一年に十二ドルチナーローンを開けていた。

問4　次のA・B・Cは「うそ」か「本当」か「うそ」は「うそ」をつくとき、A・B・Cの発言からA・B・Cがそれぞれ「うそ」つきか「ねこ」か「正直」か答えなさい。

A：「Bはうそつき。」
B：「Cはうそつき。」
C：「AもBもうそつきだ。」

A・B・Cの発言「うそ」か「本当」か「ね」「なし」のいずれか。A・B・Cは「うそ」をつくとき「うそ」は真実を言うが「ね」は真実を逆にしたり隠したりする。

（例）　明日のテストを自然だった。　　×　明日の　　←　今日の
　　　　テストは　　　　　○　　テストは　×　テストを　　←　○

問3　次の文章には訂正すべき所が三か所ある。例のようにその部分を抜き出し、正しく直しなさい。

海洋汚染、標準「海洋汚染」は、海の生き物の体内に大きな害を与えています。海にいる生物は、自分達の手によって一番上にいる人間には生態系の中にある有害な化学物質や食物連鎖をとおして、自分達の体によって危険なこともある。人間の生物は海にある有害物質を低濃度して周囲の濃縮と標準「海洋汚染」は、物の体内に蓄積されていきます。

ア　趣味
イ　楽しくして大儲け。
ウ　一度して成功する。
エ　人の好みしてまた好きだ同じ。
オ　まじめにつくしてよく計画を近づく。
カ　他の人のだけ好みのみを見える。
キ　人のために危険なさか？

【意味】

【語群】
ア　桜
イ　キ芝生
ウ　米
エ　柳
オ　青菜
カ　栗

④ 濡れ手で（　　）
③ 火中の（　　）を拾う
② 隣の（　　）のジャム
① 瓜の（　　）は青い

問2　次の①〜④にあてはまる空欄に入る語を後の【語群】から選び、記号で答えなさい。また、その慣用句の【意味】を後から選びなさい。それぞれわかる語を記号で答えなさい。

— 12 —

2021 (R3) 早稲田佐賀中

K教英出版

令和3年度（2021年度）

中学校入学試験問題

【1月A日程】

算 数

（60分）

注 意

「始め」の合図があるまでは問題を開いてはいけません。

1　「始め」という合図で始め，「やめ」という合図ですぐにやめなさい。

2　問題は1ページから6ページまでです。

3　解答を始める前に，まず，解答用紙に受験番号と氏名を記入しなさい。
　　受験番号は5桁です。算用数字で横書きにしなさい。

4　答えは，すべて解答用紙に記入しなさい。

5　質問や用があるときは，声を出さずに静かに手をあげなさい。
　　問題の内容についての質問は受け付けません。

6　分度器，定規，コンパス，計算機類の使用は認めません。

7　比で答えるときは，最も簡単な整数の比にしなさい。

8　分数で答えるときは，約分して最も簡単な形にしなさい。

9　円周率を用いるときは，3.14として計算しなさい。

10　角すいや円すいの体積は，「底面積×高さ÷3」で計算しなさい。

1 $\boxed{}$ に当てはまる数を求めよ。

(1) $\dfrac{5}{16} \div 0.625 - 5 \times \left(0.4 - \dfrac{1}{3}\right) = \boxed{}$

(2) $1 + \dfrac{1}{2} + \dfrac{2}{3} + \dfrac{3}{4} + \dfrac{5}{6} + \dfrac{7}{8} + \dfrac{11}{12} + \dfrac{23}{24} = \boxed{}$

(3) $\left\{\left(25 - \boxed{}\right) \times 3 + 8\right\} \times \left(37.5 + 5\dfrac{1}{2}\right) = 2021$

(4) $\dfrac{5}{9}$ と $\dfrac{11}{13}$ の間にある数のうち，分子が 8 で，約分できない分数は $\boxed{}$ と $\boxed{}$ の 2 つである。

(5) 12％の食塩水 250 g から 50 g の水を蒸発させたあと，$\boxed{}$ ％の食塩水を 200 g 加えると，13％の食塩水ができる。

(6) 現在から 2 年後，お父さんの年齢は A 君の年齢の 3 倍になり，現在から 3 年後，お母さんの年齢は A 君の年齢の 3 倍になる。現在の 3 人の年齢の合計が 94 歳であるとき，現在の A 君の年齢は $\boxed{}$ 歳である。

(7) A，B，C，D の 4 人の試験の平均点は 60 点で，A の点数は B，C，D の 3 人の平均点より 8 点高かった。A の点数は $\boxed{}$ 点である。

(8) 10 円玉，50 円玉，100 円玉硬貨で 400 円を支払うには $\boxed{}$ 通りの方法がある。ただし，硬貨は何枚使ってもよく，また，使わない硬貨があってもよい。

(9) ある仕事を終えるのに、兄1人だとちょうど27日、弟1人だとちょうど45日かかる。2人が一緒に作業をすると、兄は弟の指示をしながら作業をするため、兄の作業の速さは10%遅くなるが、弟の作業の速さは50%速くなる。この仕事を、初めは弟が1人で □ 日間作業し、その後、兄と弟が一緒に作業をしたところ、21日間でちょうど仕事を終えることができた。

(10) たて4cm、横5cm、高さ3cmの直方体がある。この直方体をすべて同じ向きにすき間なく並べて最も小さい立方体をつくるとき、直方体は全部で □ 個必要である。

(11) 右の図の黒くぬられた角をすべて足すと、 □ °である。

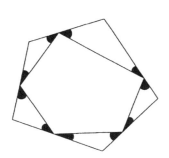

(12) 右の図で、三角形ABCは、辺BCが3cm、辺ACが7cm、角Cの大きさが54°である。また、三角形DECは、三角形ABCを点Cを中心に、辺BCと辺CDが一直線になるように回転させたものである。このとき、斜線部分の面積は □ cm²である。

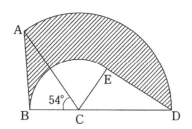

(13) 右の展開図を組み立てたときにできる立体の体積は □ cm³である。
　　ただし、図形ABC、DEFはおうぎ形である。

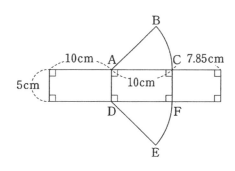

2 100 から 999 までの 3 けたの数において，「百の位と一の位の数の和」と「十の位の数」との差について，以下の【例】のように班をふり分ける。

【例】 259 は 2 ＋ 9 ＝ 11 で， 11 － 5 ＝ 6 であるので第 6 班
394 は 3 ＋ 4 ＝ 7 で， 9 － 7 ＝ 2 であるので第 2 班
121 は 1 ＋ 1 ＝ 2 で， 2 － 2 ＝ 0 であるので第 0 班
また，第 6 班と第 2 班では，第 6 班を大きな班ということにする。

次の問いに答えよ。

(1) 班の数は全部で ［ (ア) ］ 班あり，最も大きな班にふり分けられた 3 けたの数は第 ［ (イ) ］ 班の ［ (ウ) ］ である。 (ア) ・ (イ) ・ (ウ) にあてはまる数を求めよ。

(2) 第 15 班にふり分けられた 3 けたの数は何個あるか求めよ。

(3) 第 3 班にふり分けられた 3 けたの数の中で，小さい方から数えて 30 番目の数を求めよ。

3　姉と弟は毎週日曜日の午前10時に，家から5km離れた図書館へ一緒に向かう。2人で一緒に歩くときは，時速4kmで向かう。弟が忘れ物に気付いた場合は，時速8kmでひとりで家に戻りさらに姉を追いかける。その間，姉は時速2kmで図書館へ向かう。次の問いに答えよ。ただし，家で忘れ物を探す時間は考えないものとし，忘れ物を取りに帰るのは1回とする。

(1)　5月のある日曜日，弟が忘れ物をすることなく，2人は一緒に図書館へ到着した。2人が到着した時刻を求めよ。

(2)　10月のある日曜日，弟が家から2kmのところで忘れ物に気付いた。2人が一緒に図書館に到着した時刻を求めよ。
　　なお，この問題は，解答までの考え方を示す式や文章，表などを書け。

(3)　12月のある日曜日，図書館へ向かう途中で，弟が忘れ物に気付いた。出発してから2人が一緒に歩いた時間の合計は1時間であり，2人は一緒に図書館へ到着した。弟は家から何kmのところで忘れ物に気付いたか求めよ。

4 右の図のように，面積が 72 cm² である正六角形 ABCDEF がある。点 G は辺 EF のまん中の点であり，点 H と点 I は辺 BC を 3 等分する点である。次の問いに答えよ。

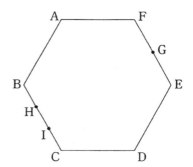

(1) 三角形 BIF の面積を求めよ。

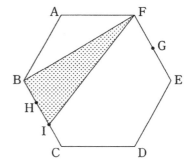

(2) EH と GI の交点を P とするとき，五角形 CDEPI の面積を求めよ。

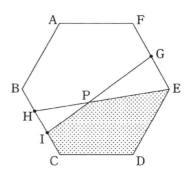

(3) BE と GH の交点を X，BE と GI の交点を Y とするとき，三角形 GXY の面積を求めよ。

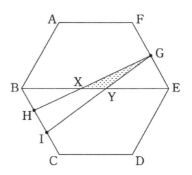

5　【図1】は1辺の長さが6cmの立方体である。点Iと点Jはそれぞれ辺EFと辺EHのまん中の点である。ただし，この立方体を点A，I，Jを通る平面で切断したときにできる三角すいAEIJの展開図のひとつは，【図2】のように正方形になることがわかっている。次の問いに答えよ。

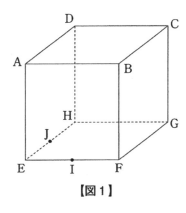

【図1】

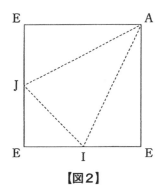

【図2】

(1)　三角すいAEIJの体積を求めよ。

(2)　この立方体を点D，I，Jを通る平面で切断した。切断面の面積を求めよ。

(3)　この立方体を点D，I，Jを通る平面と，点A，I，Cを通る平面で切断した。このとき，点Gを含む方の立体の表面積を求めよ。

K 教英出版

令和3年度（2021年度）

中学校入学試験問題

【1月A日程】

理　科

（40分）

注　意

「始め」の合図があるまでは問題を開いてはいけません。

1　「始め」という合図で始め，「やめ」という合図ですぐにやめなさい。

2　問題は1ページから9ページまでです。

3　解答を始める前に，まず，解答用紙に受験番号と氏名を記入しなさい。
　　受験番号は5桁（けた）です。算用数字で横書きにしなさい。

4　答えは，すべて解答用紙に記入しなさい。

5　質問や用があるときは，声を出さずに静かに手をあげなさい。
　　問題の内容についての質問は受け付けません。

6　定規，コンパス，計算機類の使用は認めません。

1 次の文章を読んで，下の各問に答えよ。

これまで人類は様々なものを生活に利用してきた。その中の1つに金属がある。①金属は特徴的な性質をもち，装飾品や建築物，食器などに使われている。

また，金属の種類によって，性質は少し異なってくる。例えば，金属によってさびやすさは異なり，身近な金属の中では，アルミニウム・亜鉛・鉄・スズ・銅・金の順にさびやすい。それらの性質を利用して，②金属をさびにくくするための工夫がされている。

問1　下線部①について，金属の共通の性質を生かした生活の利用例としてあやまっているものを，次のア～エの中から1つ選び，記号で答えよ。

　ア　たたくと広がったり，引っ張ると延びたりする性質があるため，形を変えて利用されている。

　イ　電気を通しやすい性質があるため，電線に利用されている。

　ウ　熱を伝えやすい性質があるため，フライパンに利用されている。

　エ　磁石に引きつけられる性質があるため，プリントなどを掲示する黒板に利用されている。

問2　下線部②について，ものの表面に金属の薄い膜をつけることをめっきといい，その1つにトタンがある。トタンは，屋外で用いられることが多く，建物の屋根や外装に用いられている。そのため，トタンの表面には鉄よりもさびやすい金属が利用され，内部の鉄がさびにくくなるように工夫されている。トタンは鉄の表面に何がめっきされたものか，最も適当なものを，次のア～エの中から1つ選び，記号で答えよ。

　ア　亜鉛　　イ　スズ　　ウ　銅　　エ　金

問3　いくつかの金属を混ぜ合わせてつくられたものを合金といい，例えば，銅とスズの合金は，銅鏡，銅剣などとして昔から利用されてきた。この合金を何というか，漢字で答えよ。

問4　金属と水溶液との反応は，用いた金属の種類によって異なる。塩酸にも水酸化ナトリウム水溶液にも溶ける金属は何か，最も適当なものを，次のア～エの中から1つ選び，記号で答えよ。

　ア　アルミニウム　　イ　鉄　　ウ　銅　　エ　金

問5　金属の密度は種類によって異なる。密度とは，1cm³あたりの重さのことであり，密度が大きいものは密度が小さい液体に沈む。鉄と金を水銀に入れると，鉄は浮くが，金は沈む。鉄，金，水銀を1gずつ用意したとき，体積が最も大きい金属は何か，最も適当なものを，次のア～ウの中から1つ選び，記号で答えよ。ただし，金属の温度はどれも同じであるとする。

　ア　鉄　　イ　金　　ウ　水銀

問6　一般的に，金属は熱を加えると体積が大きくなる。温度によって金属の体積が膨張する割合を膨張率という。次の表は金属の膨張率を示しており，膨張率の大きな金属ほど，よく延びる。金属A，Bの2種類の金属を張り合わせてつくった薄い板を加熱すると，張り合わせた金属の種類によってどちらか一方にそり返る。図のようにガスバーナーで加熱したとき，金属A側にそり返る金属A，Bの組合せとして最も適当なものを，下のア～エの中から1つ選び，記号で答えよ。ただし，1秒あたりに上昇する温度は，AもBも同じであるものとする。

表

温度を1℃上げたときの膨張率

種類	アルミニウム	鉄	銅
膨張率	23.0	12.1	16.8

図

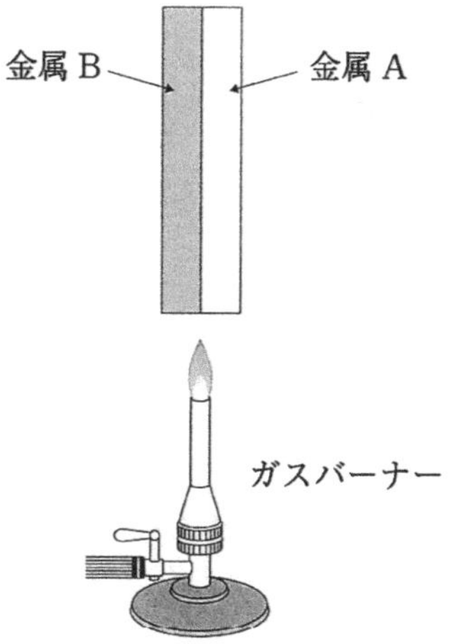

ア　金属A－アルミニウム，金属B－鉄　　　イ　金属A－鉄，金属B－銅

ウ　金属A－アルミニウム，金属B－銅　　　エ　金属A－銅，金属B－鉄

次の各問に答えよ。

問1　1m²あたりの空気が押す力のことを気圧といい，周囲より気圧が高い場合を高気圧，低い
場合を低気圧という。空気は，気圧が高いところから低いところに向かって移動し，これを風
と呼ぶ。実際には，地球が自転しているため，コリオリの力という力が風向きに関係している。
この力によって，北半球では進行方向に対して右向きに，南半球では進行方向に対して左向き
に力を受けて風向きが変化する。

　　高気圧の周りの風を，北半球の上空から観察した様子として最も適当なものを，次のア〜エ
の中から1つ選び，記号で答えよ。ただし，選択肢中の━━▷は風向きを（この場合，風は
左から右に吹いている），それぞれの円の中心の 高 は周囲と比べて最も気圧が高い地点を示
している。また，その外側の円は気圧が等しい地点を線で結んだ等圧線を表している。

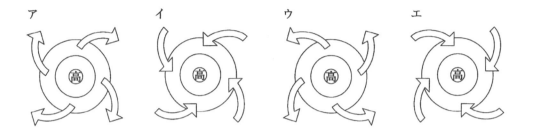

問2　大気が循環（じゅんかん）することによって低緯度地域の暖かい空気は高緯度で寒い地域に運ばれている。図は地球の空気の循環の一部を模式的に表したものである。下の各問に答えよ。ただし、図中の◻◻⟹は風向きを，㊶は高気圧を，㊵は低気圧を表している。

図

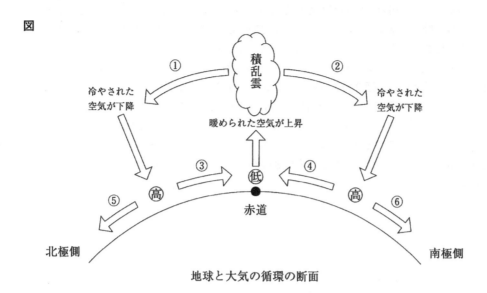

地球と大気の循環の断面

(1)　図中の①〜⑥の風を上空から観察した場合の風向きとして最も適当なものを，次のア〜エの中から1つずつ選び，記号で答えよ。ただし，同じ記号をくり返し用いてもよい。

　　ア　南西から北東に向かって吹く風（西よりの風）
　　イ　南東から北西に向かって吹く風（東よりの風）
　　ウ　北西から南東に向かって吹く風（西よりの風）
　　エ　北東から南西に向かって吹く風（東よりの風）

(2)　図中の積乱雲は，地表にある暖かく湿（しめ）った空気の塊（かたまり）（以下，空気塊Aとする）が，空気塊Aよりも乾燥（かんそう）した周囲の空気（以下，周囲の空気とする）中を上昇（じょうしょう）し，空気塊Aに含まれる水蒸気が水滴に変化することによって生じる。ここで，周囲の空気は100 m上昇するごとに1℃ずつ気温が下がり，空気塊Aに含まれる水蒸気が水滴になり始める温度（以下，露点（ろてん）という）は空気塊Aが100 m上昇するごとに0.2℃ずつ下がるとする。周辺の空気の気温と，空気塊Aの露点が等しくなったとき，空気塊Aの上昇は止まり，その高さに積乱雲が生じる。積乱雲が生じ始める高さとして最も適当なものを，次のア〜エの中から1つ選び，記号で答えよ。ただし，海面の高さを0 m，地表での周囲の空気の気温を26℃，地表での空気塊Aの露点を24℃とする。

　　ア　約200 m　　イ　約250 m　　ウ　約300 m　　エ　約350 m

3 次の文章を読んで，下の各問に答えよ。

　虫眼鏡を通してものを観察すると，ものを拡大して見ることができる。このことは，光が空気中からガラスに進むときに，その境目で光の進む向きが変わる性質（光の屈折）に関係している。虫眼鏡のレンズは，円板の中心がふくらんだ球面状の形をしており，凸レンズとよばれる。この凸レンズは，図1に示すように，2つの球面で表すことができ，2つの球面の中心を結ぶ直線を光軸という。図2のように光軸に平行な光を当てると，凸レンズを通過した光は，ある一点（焦点）に集まる。焦点は凸レンズを挟んでそれぞれ等距離にあり，凸レンズの中心Oから焦点までの距離を焦点距離という。図3のように，凸レンズの焦点にある豆電球から出た光は，凸レンズを通過したあと光軸に平行に進む。この凸レンズを通る光は，図4のように空気とレンズの境目で2回屈折するが，凸レンズの厚さが薄いときには，凸レンズの中心の面（図4の点線）で1回屈折するとして考えてよい。このとき，凸レンズの中心Oを通る光は，図5のように，その方向によらず直進するものとする。ただし，問1から問3の凸レンズはどれも薄いものとする。

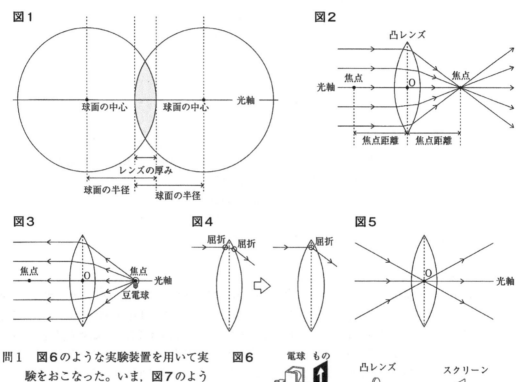

問1　図6のような実験装置を用いて実験をおこなった。いま，図7のように，ものと凸レンズを置くと，ものから出て凸レンズを通過した光はスクリーンに集まり，像（以下，実像という）ができる。図7の点Aの位置から，ものを凸レンズに近づける。横軸をものと凸レンズの距離，縦軸を実像（矢印）の長さとして表すと，どのような関係となるか。最も適当なものを，次のア～カの中から1つ選び，記号で答えよ。

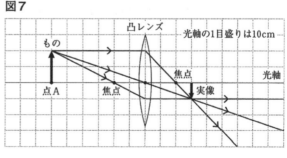

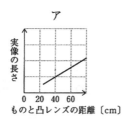

ア

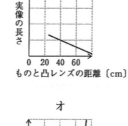

イ

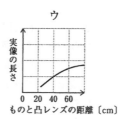

ウ

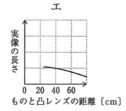

エ

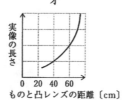

オ

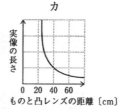

カ

問2　虫眼鏡を通してものを観察すると，ものが拡大されて見えるしくみについて考えた。図8のように，ものを凸レンズの焦点距離よりも近くに置いた場合，凸レンズを通過した光は広がって進むので実像はできない。しかし，その光の道筋（みちすじ）の延長線上に交わる点があり，あたかも，その点から光が出ているように見える。図8に示す2つの光は，どの位置から出ているように見えるか，最も適当なものを，図8のア〜ケの中から1つ選び，記号で答えよ。

図8

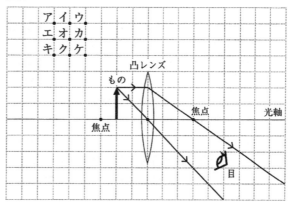

問3　虫眼鏡とものの距離が，凸レンズの焦点距離の2倍よりも長い場合，像はどのように見えるか，最も適当なものを，次のア〜クの中から1つ選び，記号で答えよ。

　　ア　もとのものと比べて，像が大きく見え，向きは変わらない。
　　イ　もとのものと比べて，像が小さく見え，向きは変わらない。
　　ウ　もとのものと比べて，像が大きく見え，向きは上下反転して見える。
　　エ　もとのものと比べて，像が小さく見え，向きは上下反転して見える。
　　オ　もとのものと比べて，像が大きく見え，向きは左右反転して見える。
　　カ　もとのものと比べて，像が小さく見え，向きは左右反転して見える。
　　キ　もとのものと比べて，像が大きく見え，向きは上下左右反転して見える。
　　ク　もとのものと比べて，像が小さく見え，向きは上下左右反転して見える。

問4　水で満たされた円柱状のペットボトルは，レンズの
　　はたらきをする。図9のように，このペットボトルを
　　水平な台の上に縦向きと横向きにおいた。図10のよう
　　に，観測者がペットボトルを通してついたての文字を
　　それぞれ見たときの，見える文字のようすとして，最
　　も適当なものを，次のア～エの中から1つずつ選び，
　　記号で答えよ。

図9

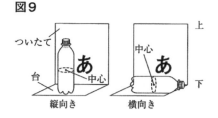

ア　あ　イ　あ

ウ　あ　エ　あ

図10

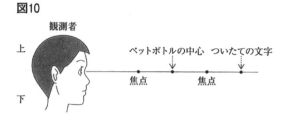

問5　図11のようなカメラでは，カメラレンズを交換することで画角
　　やボケ味，シャッタースピードなど，様々な状況に対応した撮影
　　をすることができる。そのレンズを選ぶ基準の一つとして，F値
　　（絞り値）というものがある。このF値はレンズの明るさを表
　　す指標で，レンズの焦点距離を有効口径（光の入るレンズの直
　　径）で割ったものをいう。図12はカメラレンズを模式的に表した
　　ものであり，レンズに入る光を調整する絞りがある。この絞りを
　　最も開いた状態を開放絞りといい，そのときのF値を開放F値
　　という。よって，絞りを調整することでF値を変えることがで
　　きる。

図11

(1)　レンズの開放F値が小さいほど，どのようなレンズといえ
　　るか，適当なものを，次のア～カの中からすべて選び，記号で
　　答えよ。ただし，選択肢中のレンズの素材はどれも同じである
　　ものとする。
　　ア　多くの光を取り入れることができる明るいレンズ
　　イ　多くの光を取り入れることができない暗いレンズ
　　ウ　球面の半径が大きい薄いレンズ
　　エ　球面の半径が小さい厚いレンズ
　　オ　有効口径が大きいレンズ
　　カ　有効口径が小さいレンズ

図12

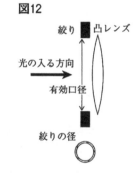

(2)　いま，図12の状態のときのF値を2.8とすると，図13の状態
　　のF値はいくらになるか，小数第1位まで答えよ。ただし，
　　図13の状態のレンズに入る光の量（光の入る面積）は図12の状
　　態の4分の1である。また，図12と図13の凸レンズは同じもの
　　である。

図13

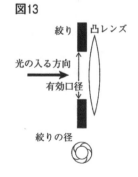

4 次の各問に答えよ。

問1 図1はカキの種子の断面を表している。図1中のXは□□□□するために必要な栄養分をたくわえている部分，Yは芽が出た後の葉になる部分を示している。

図1

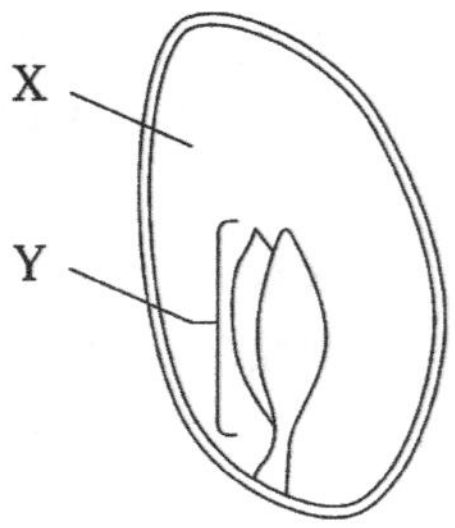

X

Y

(1) 文章中の空欄□□□□にあてはまる語句を，漢字2文字で答えよ。

(2) 図1中のYを何というか，漢字2文字で答えよ。

(3) 芽が出る前のカキの種子と，芽が出た後のカキの種子を用意して，次の実験1をおこなった。

実験1 芽が出る前と，芽が出た後の種子を半分に切り，それぞれの切り口にヨウ素液をつけた。芽が出る前の種子の切り口は青むらさき色に変わったが，芽が出た後の種子の切り口は，青むらさき色が薄く，色の変化がわかりづらかったことが確認できた。

実験1の結果より，種子から芽が出るために必要な栄養分は何だと考えられるか答えよ。

問2　ある種子が芽を出すために必要な条件と，室温による芽が出るまでの日数を調べるために，次の**実験1**，**実験2**をおこなった。**表1**，**表2**はそれぞれの実験結果をまとめたものである。ただし，どの実験でも指定されたものの有無と室温以外の条件はすべて同じであるものとする。なお，**表1**について，あたえた場合は○，あたえなかった場合は×で表している。また，**表2**で得られた結果は一部補正を加えたものである。

実験1　空気，光，肥料の有無によって種子が芽を出すかどうか調べた。
実験2　それぞれの室温における，種子をまいてからの日数と，芽が出ていた種子の数の割合〔%〕を調べた。

表1

空気	光	肥料	結　　果
○	○	○	芽が出た
×	○	○	芽が出なかった
○	×	○	芽が出た
×	○	×	芽が出なかった
×	×	×	芽が出なかった
×	×	○	芽が出なかった
○	×	×	芽が出た
○	×	×	芽が出た

表2

室温	種子をまいてからの日数と，芽が出ていた種子の数の割合〔%〕						
	1日	2日	3日	5日	10日	15日	25日
6℃	0	0	0	0	0	0	0
12℃	0	0	0	51	94	100	100
18℃	0	0	56	97	100	100	100
24℃	0	68	96	100	100	100	100
30℃	24	94	100	100	100	100	100
36℃	48	100	100	100	100	100	100
42℃	0	58	75	76	76	76	76
48℃	0	0	0	0	0	0	0

(1)　次の文章中の空欄（　①　）～（　③　）にあてはまる数値や語句として最も適当なものを，下のア～サの中から1つずつ選び，記号で答えよ。

　　　表1から，種子は（　①　）がなければ芽が出ないことがわかる。また，**表2**の結果から，芽を出すための最高温度は，（　②　）℃，最低温度は（　③　）℃であると読み取れる。
　　ア　空気　　　　イ　光　　　　ウ　肥料　　　　エ　6　　　　オ　12　　　　カ　18
　　キ　24　　　　ク　30　　　　ケ　36　　　　コ　42　　　　サ　48

(2)　**表2**から読み取れる内容として最も適当なものを，次のア～エの中から1つ選び，記号で答えよ。
　　ア　室温が18℃のとき，3日以内に半分以上芽が出る。
　　イ　どの室温でも，10日以内には75%以上の種子から芽が出ている。
　　ウ　1日目から2日目の間で最も多くの芽が出ているのは，室温が24℃のときである。
　　エ　室温を上げれば上げるほど，芽が早く出る可能性は高くなる。

問3　種子から芽が出た後，植物は土の中に根を広げて，水や養分を取り入れている。根の先端近くには，根毛と呼ばれる細い毛のような部分がたくさんあり，水や養分を効率よく吸収するのに役立っている。根に根毛がある理由を，20字程度で答えよ。

K 教英出版

令和３年度（2021年度）

中学校入学試験問題

【１月Ａ日程】

社 会

（40分）

注　意

「始め」の合図があるまでは問題を開いてはいけません。

1　「始め」という合図で始め、「やめ」という合図ですぐにやめなさい。

2　問題は１ページから14ページまでです。

3　解答を始める前に、まず、解答用紙に受験番号と氏名を記入しなさい。
　　受験番号は５桁です。算用数字で横書きにしなさい。

4　答えは、すべて解答用紙に記入しなさい。

5　文章で答える問題は、句読点も１字とする。

6　質問や用があるときは、声を出さずに静かに手をあげなさい。
　　問題の内容についての質問は受け付けません。

Aさんは夏休みの自由研究として、都市名が漢字3文字の地方公共団体についてのカードを作成し、並べた。各カードを見て、あとの各問に答えよ。なお、都市名が漢字3文字というのは、〇〇〇市や〇〇〇村のように表記する地方公共団体のことである。

A	B	C	D
宇都宮市 （　①　）県	猪苗代町 （　②　）県	（　③　）市 （静岡県）	（　④　）市 （徳島県）
E 寒河江市 （　⑤　）県	F 相模原市 （神奈川県）	G 六ヶ所村 （青森県）	H 瀬戸内市 （岡山県）
I 小笠原村 （東京都）	J 伊勢崎市 （群馬県）	K 糸魚川市 （新潟県）	L 那珂川市 （福岡県）
M 安曇野市 （長野県）	N 苫小牧市 （北海道）	O 気仙沼市 （宮城県）	P 泉佐野市 （大阪府）

問1　カードAに関する(1)・(2)の問に答えよ。
(1)　（　①　）に入る適語を答えよ。
(2)　宇都宮市のように、漢字3文字（〇〇〇市）の都道府県庁所在地は、宇都宮市以外にいくつあるか、数字で答えよ。

問2　カードBに関して、（　②　）に入る県の形として正しいものを、次のア～エの中から一つ選び、記号で答えよ。なお、県境と海岸線は同じ線で示しており、ア～エの縮尺は異なっている。便宜上、離島は省いて表示している。

問3　カードCに関して、（　③　）は、大井川下流の平野と菊川との間に広がる茶の生産が盛んな台地の地名が市名となっている。（　③　）に入る適語を答えよ。

問4　カードDに関して、（　④　）は、日本三大暴れ川の1つであり、四国三郎の異名をもつ河川名が市名となっている。（　④　）に入る適語を答えよ。

問5　カードEに関して、次の図は、寒河江市のイメージキャラクターである。次の図やその説明を参考にして、（　⑤　）に入る適語を答えよ。

図

寒河江市イメージキャラクター　チェリン
【説明】
このイメージキャラクターの頭には、
この県が生産量日本一の果物がついている。
なお、右が佐藤錦であり、左が紅秀峰である。

問6　カードFに関して、次の相模原市役所周辺の地形図を見て、その読み取りとして最も適当なものを、次のア～エの中から一つ選び、記号で答えよ。なお、地形図上の地図記号はすべて国土地理院で定められたものである。

地形図

ア　矢部駅はJRの駅である。
イ　市役所から見て南東には裁判所と消防署がある。
ウ　富士見（六）付近には老人ホームが2施設ある。
エ　この地図上には神社は示されているが、寺院は示されていない。

問7　カードGに関して、次の文章を読んで、六ヶ所村の位置を下の地図中のア～オの中から一つ選び、記号で答えよ。

> 六ヶ所村の名称は、1889年の町村制施行に伴い、古くからあった六つの村（出戸・鷹架・平沼・尾駮・倉内・泊）を統一したことに由来する。地理的には、下北半島の付け根部分に位置しており、面積は252.68平方キロメートルである。

地図

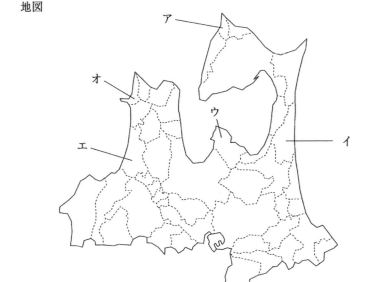

問8　カードHに関して、次のア～エは、カードH・I・K・Mで示された都市（瀬戸内市・小笠原村・糸魚川市・安曇野市）にある観測地点の雨温図である。カードHの瀬戸内市を示すものとして最も適当なものを、次のア～エの中から一つ選び、記号で答えよ。

ア

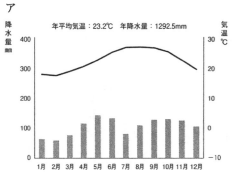

イ

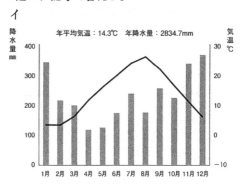

ウ

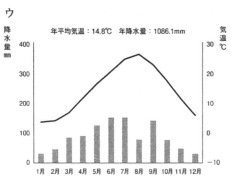

エ

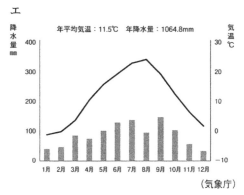

（気象庁）

問9　カードIに関して、小笠原村について説明したA・Bの文の正誤の組み合わせとして正しいものを、次のア～エの中から一つ選び、記号で答えよ。

　　A　この村に属する南鳥島は、日本の最南端の島である。

　　B　この村がある小笠原諸島は、日本で最初に世界自然遺産に登録された場所である。

　　ア　A－正　B－正　　イ　A－正　B－誤　　ウ　A－誤　B－正　　エ　A－誤　B－誤

問10　カードJに関して、伊勢崎市では冬になると、北西方向から乾燥した冷たい風が吹くことがある。この風を何というか、答えよ。

問11　カードKに関して、本州には大きな溝があると考えられており、糸魚川と静岡を結ぶ構造線はその大きな溝の西縁だと考えられている。この大きな溝のことを何というか、答えよ。

問12　カードLに関して、次の図は緯度と経度を示した図である。那珂川市の位置として最も適当なものを、次のア～カの中から一つ選び、記号で答えよ。

図

	東経125°	東経130°	東経135°	東経140°
北緯40°				
北緯35°		ア	イ	ウ
北緯30°		エ	オ	カ

問13　カードMに関して、次の表は、長野県で生産がさかんな農産物の出荷量上位３県についてまとめたものである。Ａ～Ｃの組み合わせとして正しいものを、次のア～カの中から一つ選び、記号で答えよ。

表

順位	A	B	C
1	長野県	長野県	青森県
2	岩手県	茨城県	長野県
3	静岡県	群馬県	岩手県

（果樹生産出荷統計・特用林産基礎資料・野菜生産統計2018年）

	ア	イ	ウ	エ	オ	カ
A	りんご	りんご	わさび	わさび	レタス	レタス
B	わさび	レタス	りんご	レタス	りんご	わさび
C	レタス	わさび	レタス	りんご	わさび	りんご

問14　カードNに関して、次の表は、北海道の工業都市（釧路・千歳・苫小牧・室蘭）の業種別製造品出荷額の総計と出荷額が多い上位３業種についてまとめたものである。苫小牧市を示しているものを、次のア～エの中から一つ選び、記号で答えよ。

表
北海道の工業都市の業種別製造品出荷額の総計と出荷額が多い上位３業種

		ア	イ	ウ	エ
出荷額総計（万円）		113,999,438	66,728,426	25,643,215	23,369,466
出荷額が多い業種	1位	石油製品・石炭製品	鉄鋼業	電子部品・デバイス・電子回路	パルプ・紙・紙加工品
	2位	輸送用機械器具	金属製品	食料品	食料品
	3位	パルプ・紙・紙加工品	化学工業	飲料・たばこ・飼料	化学工業

（工業統計表　地域別統計表データ2018年）

問15　カードOに関して、次の図は、国内の主要漁港（釧路・八戸・気仙沼・焼津）の2009年～2018年の水揚量の推移を折れ線グラフにしてまとめたものである。気仙沼港を示しているグラフとして最も適当なものを、次のア～エの中から一つ選び、記号で答えよ。

図

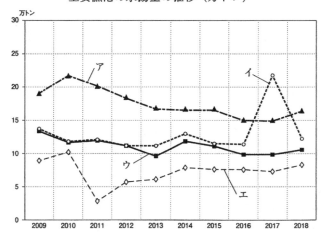

主要漁港の水揚量の推移（万トン）

（産地水産物流通調査）

問16　カードPに関して、次の資料は、泉佐野市とふるさと納税について書かれた新聞記事である。資料の読み取りについて説明した次のA〜Cのうち、正しく述べているものはどれか。最も適当なものを、次のア〜キの中から一つ選び、記号で答えよ。

資料

　　総務省がふるさと納税の新制度から大阪府泉佐野市を除外した決定の是非を巡る訴訟で30日、最高裁が同市の逆転勝訴とする判決を言い渡した。千代松大耕市長は市役所で記者会見し、「当市の主張を全面的に認めてもらった。一日も早く制度に復帰したい」と語り、大阪府を通じ、総務省に働きかけていくことを明らかにした。

　　千代松市長は最高裁判決の意義について「地方分権といわれながら、多くの自治体は国の一方的な通知で悔しい思いをしてきたと思う。総務省は後付けの理由で自治体に不利益をもたらした。これはいけないと判決は示してくれた」と語った。

　　ふるさと納税制度の指定期間は原則10月から翌年9月までの1年間の更新制。参加自治体は毎年申請する必要がある。国に勝訴した泉佐野市の場合、現在の指定期間である9月までに制度復帰が認められる可能性が高い。8月に申請をすれば10月以降も参加できる見込みだ。

　　ただ寄付収入は除外前より大幅に減る見通し。泉佐野市は2018年度に約497億円と全国首位の寄付を集めた。当時、返礼品競争の激化を憂慮する総務省は「返礼品は寄付額の3割以下の地場産品に」と要請していたが、まだ法的拘束力はなかった。その要請に従わなかった泉佐野市は多様な返礼品やアマゾンギフト券などで寄付者をひき付けた。

　　これに対し、新制度では「3割、地場産品」が法律上のルールで、肉やカニなど全国的な人気の特産品が少ない泉佐野市の場合、除外前のような多額の寄付収入は見込みにくい。千代松市長は「新型コロナウイルスで観光業者などが打撃を受けている。泉佐野市に誘客できるような取り組みもしたい」と話した。

　　最高裁の裁判官の一人は補足意見として、総務省の要請に従う自治体が多い中で泉佐野市が多額の寄付を集めたことについて、「居心地の悪さを覚える」と述べた。これについて千代松市長は「真摯に受けとめたい」とした一方、「総務省はもっと早く法規制を進めるべきだった」と語った。

　　同市は6月上旬、ふるさと納税収入を理由に総務省が特別交付税を大幅に減らしたのは違法とし、大阪地裁に提訴した。最高裁判決を受けて総務省への損害賠償を請求する可能性について千代松市長は「検討はしたいが、損害額の算定が難しい」と慎重な姿勢を示した。

　　泉佐野市はかつて関西国際空港関連の投資が重荷になり、08年度決算で財政破綻の懸念があるとされる「早期健全化団体」に転落。11年就任の千代松市長はふるさと納税や公共施設の命名権売却など収入増に取り組んできた。実現しなかったが「飼い犬税」の導入を検討したこともある。

　　13年度決算で早期健全化団体からは脱却したが、今も地方債残高が多く厳しい財政状態が続く。新型コロナウイルスの影響で関空利用者が激減、今後も市政運営の環境は不透明だ。

（2020年6月30日日本経済新聞）

　　A　最高裁判所は「泉佐野市をふるさと納税制度に復帰させてほしい」という総務省の要望を正式に認めた。

　　B　泉佐野市は多様な返礼品などで寄付者をひき付け、2018年度に全国首位の寄付を集めた。

　　C　最高裁判所の裁判官の1人は「総務省はもっと早く法規制を進めるべきだった」と語った。

ア　Aのみ　　イ　Bのみ　　ウ　Cのみ　　エ　A・B

オ　A・C　　カ　B・C　　キ　A・B・C

問17　カードA〜Pに関して述べたものとして正しいものを、次のア〜エの中から一つ選び、記号で答えよ。なお、データはすべて、2019年10月1日時点のものとする。

ア　カードA〜Pには政令指定都市は1つもない。

イ　カードA〜Pには中部地方の都市は1つもない。

ウ　カードI→J→K→Lの順番で都県の面積が大きくなっている。

エ　カードD→H→L→Pの順番で府県の人口が多くなっている。

2 授業で国際連合について学んだBさんは、国際連合について調べ、カードⅠ～Ⅲのように
まとめた。あとの各問に答えよ。

カードⅠ

「国際連合について」

	国　際　連　合
成　立　年	1945年
常任理事国	アメリカ・ロシア・中国・イギリス・（　①　）
事　　項	（　②　）

カードⅡ

「国際連合に関する様々な機構や機関について」

名　　称	内　　　　容
国際司法裁判所	国と国との争いごとを法にもとづき解決するための③裁判所。本部はオランダのハーグにおかれている。
世界保健機関 （WHO）	世界の④人々が健康な生活を送ることができるように、⑤感染症の撲滅や医療・薬の普及などにつとめている。
国連環境計画 （UNEP）	各国の政府と国民が将来の世代の生活の質をそこなうことなく自らの生活の質を改善できるように、⑥環境保全に指導的な役割を果たす。
国連女性機関 （UN Women）	世界の⑦女性と女児の権利を実現し、そのニーズを満たすことを加速させるとともに、「持続可能な開発のための2030アジェンダ」を達成することを目指す。

カードⅢ

「日本の国際連合加盟までの過程」

　国際連合は1945年10月24日に51か国が参加して発足したが、第二次世界大戦において連合国と敵対して戦った日本とドイツの参加は認められなかった。そうしたなか、日本では戦後、民主化のための様々な改革が実施された。1946年には⑧日本国憲法が公布されたほか、財閥解体や農地改革などが進められた。日本の民主化が進む一方、世界は資本主義国と社会主義国の二つに分かれて対立するようになり、アメリカは東アジアで社会主義国の勢力と対抗するために、日本を独立させて資本主義陣営の一員にすることを考えた。その結果、1951年にサンフランシスコ平和条約が結ばれたのである。平和条約発効後、⑨日本の内閣は国会の承認を得たうえで国際連合への加盟を申請したが、安全保障理事会におけるソ連の拒否権行使によって阻止された。ソ連が拒否した理由は、「日本はまだソ連と戦争状態にある」というものであった。しかし、1956年の日ソ共同宣言においてソ連は日本の国連加盟を約束し、12月18日、日本は加盟が承認された。

問1　（　①　）に入る国名を答えよ。

問2　（　②　）に入る文として正しいものを、次のア〜エの中から一つ選び、記号で答えよ。
　　ア　本部はジュネーブに設置されている。
　　イ　総会での投票権は一国一票である。
　　ウ　現在の事務総長はテドロス氏である。
　　エ　国連平和維持活動に日本は参加したことがない。

問3　下線部③に関して、日本の裁判員制度について述べた次の文の（　X　）・（　Y　）に入る
　　語句の組み合わせとして正しいものを、次のア〜エの中から一つ選び、記号で答えよ。

> 　裁判員制度とは、（　X　）裁判の第一審において、3人の裁判官とともに20歳以上の
> 国民から選ばれた（　Y　）人の裁判員が参加する制度のことである。

　　ア　X―民事　　Y―6　　　　イ　X―民事　　Y―9
　　ウ　X―刑事　　Y―6　　　　エ　X―刑事　　Y―9

問4　下線部④について、すべての人が人間らしい生活を送る権利を社会権という。社会権につ
　　いて述べた文として正しいものを、次のア〜エの中から一つ選び、記号で答えよ。
　　ア　人種、信条、性別、社会的身分または門地によって差別されない権利。
　　イ　奴隷のような扱いを受けたり、生命をおびやかされたりしない権利。
　　ウ　自分で職業を選んだり、好きな場所に住んだりする権利。
　　エ　能力に応じて、ひとしく教育を受ける権利。

問5　下線部⑤について、日本では感染症の予防に努めることは社会保障に含まれる。社会保障
　　について述べたA・Bの文の正誤の組み合わせとして正しいものを、次のア〜エの中から一つ選
　　び、記号で答えよ。
　　　A　必要なときのために、収入に応じて一定の金額を納めたり、かけ金などを積み立てたり
　　　するしくみを社会保険という。
　　　B　さまざまな事情で収入が少なく、生活に困っている人に、最低限の生活を国が保障する
　　　しくみを社会福祉という。
　　ア　A―正　B―正　　イ　A―正　B―誤　　ウ　A―誤　B―正　　エ　A―誤　B―誤

問6　下線部⑥について、大規模な開発をおこなう前に開発による環境への影響を調査、予測、評価
　　することによって環境破壊を未然に防止しようとする制度のことを何というか、カタカナ6字
　　で答えよ。

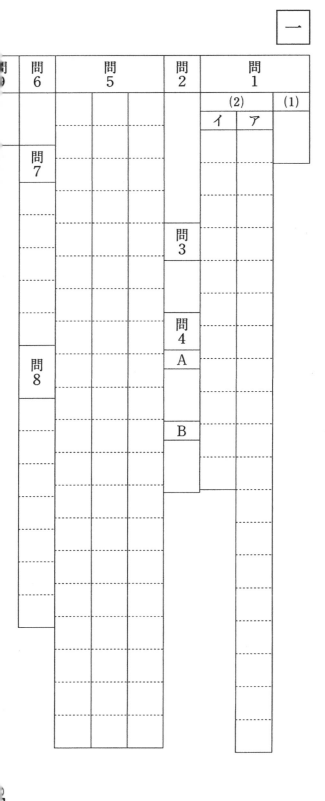

受験番号

氏　名

中学校　国語　A　（六十分）

※100点満点
（配点非公表）

(2) | | 個 | (3) |

3

(1) 時 分

(2)

(答) ___ 時 分

(3) km

4

(1) cm² | (2) cm² | (3) cm²

5

(1) cm³ | (2) cm² | (3) cm²

(2)

3 問1 [　　　　] 問2 [　　　　] 問3 [　　　　]

問4

縦向き	横向き

問5 (1) [　　　　　　　　　　] (2) [　　　　　　　　　　]

4 問1 (1) [　　　　] (2) [　　　　] (3) [　　　　]

問2 (1) ① [　　　] ② [　　　] ③ [　　　] (2) [　　　]

問3 [　　　　　　　　　　　　　　　　　　　　　　]

問8		問9		問9	
問9		問10		問10	
問10				問11	
問11				問12	
問12				問13	
問13				問14	
問14				問15	
問15				問16	
問16				問17	
問17				問18	
				問19	

中学校　　社会（A日程）　　（40分）

※50点満点
（配点非公表）

1　**2**　**3**

1 問1	(1)	県	2 問1		3 問1	
	(2)	つ	問2		問2	皇后
問2			問3		問3	
問3		市	問4		問4	
問4		市	問5		問5	
問5		県	問6	環境	問6	宗
問6			問7		問7	

※50点満点
（配点非公表）

中学校　　理科（A日程）　　（40分）

1　問1　　　　　　問2　　　　　　問3

　　問4　　　　　　問5　　　　　　問6

2　問1

　　問2

(1)　①　　②　　③　　④

　　⑤　　⑥

	受 験 番 号
氏	名

※100点満点
（配点非公表）

中学校　　算数（A日程）　　（60分）

1

(1)		(2)		(3)	
(4)	と	(5)		(6)	
(7)		(8)		(9)	
(10)		(11)		(12)	
(13)					

2

| (1) | (ア) | | (イ) | | (ウ) | |

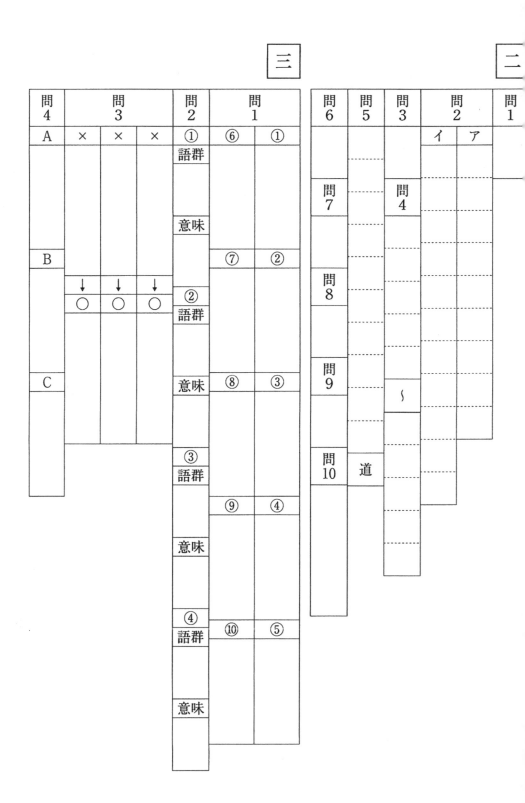

【解答用

問7　下線部⑦について、図1・2に関して述べたA・Bの文の正誤の組み合わせとして正しいものを、次のア～エの中から一つ選び、記号で答えよ。

図1

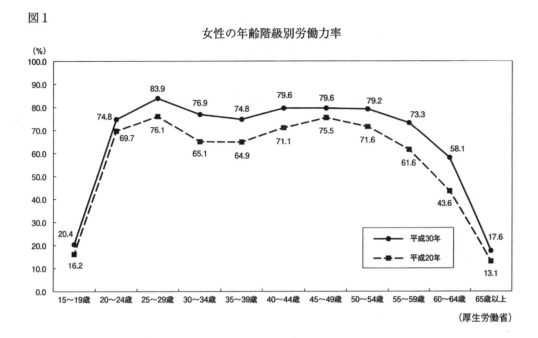

A　図1を見ると、10年間で最も割合が増加した年代は30～34歳である。

B　図2を見ると、他国と比べて日本の男女間の賃金格差は小さいことが分かる。

図2

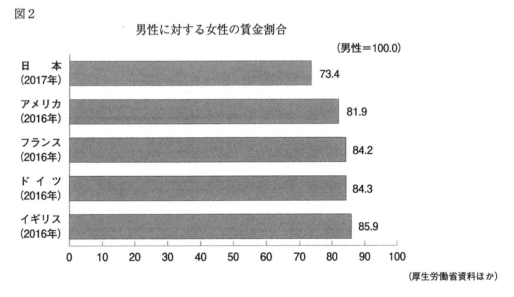

ア　A－正　B－正　　イ　A－正　B－誤　　ウ　A－誤　B－正　　エ　A－誤　B－誤

問8　下線部⑧について、次のメモはBさんが日本国憲法に関する授業を受けた際のメモである。
　　次の下線部（ア）〜（エ）の中から誤っているものを一つ選び、記号で答えよ。

> メモ
> ・天皇は内閣の助言と承認にもとづいて、最高裁判所長官を（ア）指名する。
> ・日本国憲法第9条では、「国の（イ）交戦権はこれを認めない」と明記している。
> ・日本国憲法第11条では、国民の基本的人権を「侵すことのできない（ウ）永久の権利」
> 　と定めている。
> ・生存権は、日本国憲法（エ）第25条に定められている。

問9　下線部⑨について、次の文は内閣と国会に関して述べた憲法の条文である。文中の（　　　）
　　に入る適語を答えよ。

> 内閣は、行政権の行使について、国会に対し（　　　）して責任を負ふ。

問10　カードⅢの読み取りについて説明した次の文A〜Cのうち、正しく述べているものはどれか。
　　最も適当なものを、次のア〜キの中から一つ選び、記号で答えよ。
　　　A　国際連合発足時、連合国の一員であった日本とドイツは参加を認められなかった。
　　　B　資本主義国であるアメリカは、社会主義国に対抗するために日本を独立させた。
　　　C　日本は日ソ共同宣言後に、国際連合に加盟した。
　　ア　Aのみ　　　イ　Bのみ　　　ウ　Cのみ　　　　エ　A・B
　　オ　A・C　　　カ　B・C　　　キ　A・B・C

3 各時代の医学・医療・薬学に関する文章を読み、あとの各問に答えよ。

1 日本には渡来人によって様々な知識・技術がもたらされた。①6世紀には、百済から来日した五経博士により儒教が伝えられた。また、医博士・易博士・暦博士なども百済から渡来し、各知識が伝えられた。

問1 下線部①について、6世紀の出来事に関して述べた文として正しいものを、次のア〜エの中から一つ選び、記号で答えよ。
ア 青銅器・鉄器が日本に伝えられた。
イ 倭王武が中国の皇帝に書状を送った。
ウ 厩戸王（聖徳太子）が摂政に就任した。
エ 白村江の戦いで日本は敗れた。

2 奈良時代、聖武天皇に嫁いだ（ ② ）皇后は平城京に悲田院を設けて孤児・病人を収容し、施薬院を設けて医療にあたらせた。『万葉集』に収められた山上憶良の「（ ③ ）」に見られるように、当時の民衆の生活は苦しく、悲田院・施薬院の設置は民衆の救済を目的とした社会事業の一環であった。

問2 （ ② ）に入る人名を答えよ。

問3 （ ③ ）に入る適語を答えよ。

3　平安時代の医療行為の1つとして仏教の加持祈禱（お祈り）が挙げられる。そのため、最澄が開いた天台宗や④<u>空海</u>が開いた真言宗は現世利益の面から皇族や貴族の支持を集めた。また、貴族の日記を読んでみると、⑤<u>末法思想の流行</u>にともない、地方での反乱や自然災害、ききんなどを受け入れている様子がうかがえる。

問4　下線部④について、空海が高野山に建立した寺院を何というか、答えよ。

問5　下線部⑤について、末法思想の流行にともない、奥州藤原氏が建立した寺院とその所在地の組み合わせとして正しいものを、次のア～エの中から一つ選び、記号で答えよ。

A

B

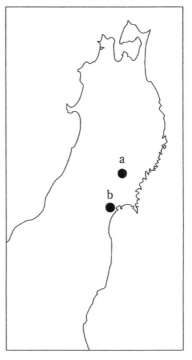

ア　寺院－A　　　所在地－a　　　イ　寺院－A　　　所在地－b
ウ　寺院－B　　　所在地－a　　　エ　寺院－B　　　所在地－b

4　鎌倉時代、（　⑥　）宗を開いた栄西は仏教の祈禱にすぐれ、公家や⑦<u>北条氏</u>をはじめとする鎌倉幕府の有力者の支持を集めた。栄西は将軍源実朝に献上した著書『喫茶養生記』の中で、お茶の薬としての効能を説いている。

問6　（　⑥　）に入る適語を答えよ。

問7　下線部⑦について、北条氏に関して述べた文として誤っているものを、次のア～エの中から一つ選び、記号で答えよ。
ア　北条政子は尼将軍と呼ばれた。
イ　北条泰時は御成敗式目を制定した。
ウ　北条時宗は二度にわたる元の襲来を退けた。
エ　北条時政は徳政令を出した。

5　1392年、李成桂が李氏朝鮮を建国し、将軍（　⑧　）に通交と倭寇の禁止を求めた。その後開始された日朝貿易では、にんじんが薬として輸入された。また、⑨商工業が発達して貨幣の必要性が増したため、日明貿易で輸入した明銭が広く使われた。

問8　（　⑧　）に入る姓名を答えよ。

問9　下線部⑨について、平安時代後期頃から結成され、室町時代には全国的な活動もみせた商工業者の同業者団体を何というか、答えよ。

6　⑩江戸時代、西洋の学問研究は鎖国下にあることから困難であったが、将軍徳川吉宗が漢訳洋書の輸入制限をゆるめたことで発達した。これをいちはやく取り入れたのは医学で、1774年、前野良沢や杉田玄白らが西洋医学の解剖書を翻訳して出版した『（　⑪　）』はその画期的な成果であった。

問10　下線部⑩について、江戸時代の農業・産業に関して述べた文として正しいものを、次のア〜エの中から一つ選び、記号で答えよ。
　　ア　定期市が月に6回開かれるようになった。
　　イ　西陣の絹織物、美濃の和紙などの特産品が生まれた。
　　ウ　稲の品種改良が進み、早稲の作付けが行われるようになった。
　　エ　田畑を深く耕すために備中ぐわが使われるようになった。

問11　（　⑪　）に入る適語を答えよ。

7　江戸時代後期の西洋の学問研究は、モリソン号事件を批判した渡辺崋山や高野長英らが処罰された（　⑫　）やシーボルト事件などにより規制を受けた。その後は政治運動に結びつくことなく、医学・兵学・地理学などの研究が中心となった。その成果として、天然痘の予防及び治療を目的とした種痘所が開設された。特に⑬1858年に開設されたお玉ヶ池種痘所は有名で、東京大学医学部の前身である。

問12　（　⑫　）に入る適語を答えよ。

問13　下線部⑬について、この年に結ばれた日米修好通商条約で新たに開港した場所の組み合わせとして正しいものを、次のア〜エの中から一つ選び、記号で答えよ。
　　ア　A・C　　イ　A・D
　　ウ　B・C　　エ　B・D

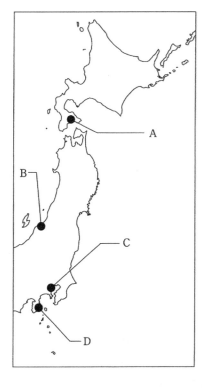

8　⑭明治時代、富国強兵を目指す明治政府は、⑮お雇い外国人の指導の下、西洋の産業技術、社会制度、学問、思想などを取り入れようとした。医学の分野ではドイツ人医学者のベルツが東京医学校の教師として招かれている。自然科学の分野では、欧米の近代的科学技術の導入が行われ、世界的水準に達した研究も発表されるようになった。その研究成果の１つとして（　⑯　）によるペスト菌の発見が挙げられる。また、⑰大正時代には理化学研究所が設立された。

問14　下線部⑭について、明治時代の出来事として正しいものを、次のア～オの中から二つ選び、記号で答えよ。
　　ア　五榜の掲示によってキリスト教は解禁された。
　　イ　富岡製糸場で働く工女の多くは士族の娘であった。
　　ウ　初めての衆議院議員総選挙では、北海道と沖縄県の人々には選挙権が与えられていなかった。
　　エ　甲午農民戦争をきっかけとして日露戦争が起こった。
　　オ　韓国併合条約を結んだ反発から伊藤博文は暗殺された。

問15　下線部⑮について、お雇い外国人に関して述べたА・Вの文の正誤の組み合わせとして正しいものを、次のア～エの中から一つ選び、記号で答えよ。
　　А　モースは大森貝塚を発見した。
　　В　クラークは札幌農学校に勤めた。
　　ア　А―正　В―正　　イ　А―正　В―誤　　ウ　А―誤　В―正　　エ　А―誤　В―誤

問16　（　⑯　）に入る姓名を答えよ。

問17　下線部⑰について、大正時代の出来事に関して述べたＸ～Ｚの各文を古い順に並べたものとして正しいものを、次のア～カの中から一つ選び、記号で答えよ。
　　Ｘ　日本は中国に二十一ヵ条の要求をつきつけた。
　　Ｙ　ロシア革命への干渉のためシベリア出兵が行われた。
　　Ｚ　サラエボ事件をきっかけとして第一次世界大戦が起こった。
　　ア　Ｘ―Ｙ―Ｚ　　　　イ　Ｘ―Ｚ―Ｙ　　　　ウ　Ｙ―Ｘ―Ｚ
　　エ　Ｙ―Ｚ―Ｘ　　　　オ　Ｚ―Ｘ―Ｙ　　　　カ　Ｚ―Ｙ―Ｘ

9　太平洋戦争の敗戦後、⑱日本は連合国軍の占領下におかれた。戦争が終結しても日本の物不足は深刻であった。このような状況に対して日本はアメリカ政府から食糧や医薬品などの援助を受け、苦境をしのいでいた。その後、復興をとげた日本では自然科学の分野でも様々な研究成果が発表された。医学分野でも多くの研究成果が評価され、⑲ノーベル賞の受賞につながっているのは現在よく知られているところである。

問18　下線部⑱について、日本が連合国軍の占領下にある時期に結ばれた条約・声明として正しいものを、次のア～エの中から一つ選び、記号で答えよ。
　　ア　日韓基本条約　　イ　日米安全保障条約
　　ウ　日中共同声明　　エ　日中平和友好条約

問19　下線部⑲について、日本人のノーベル賞受賞者表から読み取れる内容として正しいものを、次のア～オの中からすべて選び、記号で答えよ。

日本人のノーベル賞受賞者表（2020年現在）

受賞年	人　　物	分　　野(※1)	功　　績
1949	湯　川　秀　樹	物　理　学	中間子の存在の予想
1965	朝　永　振一郎	物　理　学	量子電気力学分野での基礎的研究
1968	川　端　康　成	文　　学	代表作『伊豆の踊子』など
1973	江　崎　玲於奈	物　理　学	エサキダイオードの開発
1974	佐　藤　栄　作	平　　和	非核三原則の提唱
1981	福　井　謙　一	化　　学	化学反応過程の理論的研究
1987	利根川　　進	医学・生理学	免疫遺伝学の成果
1994	大　江　健三郎	文　　学	代表作『個人的な体験』など
2000	白　川　英　樹	化　　学	導電性プラスチックの開発
2001	野　依　良　治	化　　学	不斉合成の研究
2002	小　柴　昌　俊	物　理　学	宇宙ニュートリノの検出
2002	田　中　耕　一	化　　学	生体高分子の解析法開発
2008	小　林　　誠	物　理　学	素粒子物理学における研究
2008	益　川　敏　英	物　理　学	素粒子物理学における研究
2008	南　部　陽一郎(※2)	物　理　学	素粒子物理学における研究
2008	下　村　　脩	化　　学	緑色蛍光タンパク質の発見・開発
2010	鈴　木　　章	化　　学	クロスカップリングの開発
2010	根　岸　英　一	化　　学	クロスカップリングの開発
2012	山　中　伸　弥	医学・生理学	iPS細胞の研究・開発
2014	赤　﨑　　勇	物　理　学	青色発光ダイオードの発明
2014	天　野　　浩	物　理　学	青色発光ダイオードの発明
2014	中　村　修　二(※2)	物　理　学	青色発光ダイオードの発明
2015	大　村　　智	医学・生理学	寄生虫による感染症などの新治療法発見
2015	梶　田　隆　章	物　理　学	ニュートリノの重さを証明
2016	大　隅　良　典	医学・生理学	オートファジーのしくみの発見
2017	カズオ・イシグロ(※2)	文　　学	代表作『日の名残り』など
2018	本　庶　　佑	医学・生理学	免疫チェックポイント阻害因子の発見とがん治療への応用
2019	吉　野　　彰	化　　学	リチウムイオン電池の開発

※1　ノーベル賞は物理学、医学・生理学、化学、文学、平和、経済学の6つの分野がある
※2　受賞時外国籍の受賞者

　　ア　受賞者の中には内閣総理大臣経験者がいる。
　　イ　日本人は全6分野でノーベル賞を受賞している。
　　ウ　10年の期間を空けることなく受賞が続いている。
　　エ　ノーベル賞受賞者数は2000年以降が1900年代の2倍を超えている。
　　オ　物理学賞の受賞者が各分野の中で最多である。

K 教英出版

令和２年度（2020年度）

中学校入学試験問題

【１月Ａ日程】

国　語

（60分）

注　意

「始め」の合図があるまでは問題を開いてはいけません。

1　「始め」という合図で始め、「やめ」という合図ですぐにやめなさい。

2　問題は１ページから12ページまでです。

3　解答を始める前に、まず、解答用紙に受験番号と氏名を記入しなさい。
　　受験番号は５桁です。算用数字で横書きにしなさい。

4　答えは、すべて解答用紙に記入しなさい。

5　質問や用があるときは、声を出さずに静かに手をあげなさい。
　　問題の内容についての質問は受け付けません。

早稲田佐賀中学校

次の文章を読んで、後の問いに答えよ。（字数制限のある問いは、句読点・記号も一字と数える。）

1

今日、アメリカで大陸ふうの朝食（コンチネンタル・ブレックファースト）という言葉は、コーヒーとパンだけの軽い朝食のことをさす。一方、①アメリカン・ブレックファーストという言葉は、ベーコンエッグやパンケーキなどの豪華な朝食を意味している。この豪華な朝食は、植民地時代のアメリカの肉料理を中心とした朝食に由来するものである。西部開拓時代のアメリカ人は、朝食に肉をたっぷり食べるような人々だった。

一九世紀後半になると、西部開拓時代は終わり、都市化が進んだ。都市に住む多くの人々は、工場やオフィスで座って仕事をするようになり、朝食にたっぷり肉を食べる必要はなくなっていった。それにもかかわらず、西部開拓時代の豪華な朝食という習慣が残っていた。食べすぎから来る消化不良（Dyspepsia）に悩む人が増えていった。朝食に肉をたっぷり食べ、通勤に座ったまま移動し、座ったまま仕事をする人々の体力が弱り、消化不良を訴える人が増えていったのである。

そのような消化不良の問題を新興宗教的な自然食で治療しようとする人物があらわれた。それがジョン・ハーヴェイ・ケロッグ（John Harvey Kellogg, 一八五二～一九四三）である。彼は、ミシガン州のバトルクリークにある②サニタリウムという療養施設を経営する医者だった。この施設は、新興宗教の熱心な信者をはじめ、消化不良を訴える多くの人々が湯治のようにして集まり、健康になろうとするための施設であった。

彼は、その施設での治療のために健康食を考え出した。低脂肪・高繊維の食事を基本として、肉食を戒め、菜食を中心とする食事を患者に提供した。消化不良を訴える患者にとって、穀物繊維を多く含む健康な体を維持するような食事が大切だと考えたのである。一八九四年に試行錯誤のすえ、彼はコーンフレーク（corn flakes）を考案した。これは、消化の良い朝食として大量生産され、今日まで続いている。ケロッグそのものが商品名となり、今日、ケロッグのコーンフレークは朝食に好んで食べられている。

一般に消化不良の予防には食物繊維を豊富に含む食事が適切だと考えられるようになった。穀物の本格的な大量生産と消費社会という新たな社会状況において、健康食を意味する朝食として商品化されていった。

健康志向の産業社会において、健康食を商品として生活のなかに提供することがビジネスとして成り立つようになったのである。その会社の説明によれば、健康な食事を提案するという役立つ仕事とともに、それはメーカー自身にとってビジネスとして最初に定着した事業だった。

健康志向というのは、消化不良を予防し、健康な体を維持しようとする。今日、健康食品は新たな社会の人々に、消化不良の予防から本格的に過食の問題まで、食事に対する考え方を変えた。

健康食品として朝食が商品化され、人々の好むところとなった。もともと朝食は農業社会においては大量生産を奨励し生産を支えるための大切な食事であったが、産業社会における健康食品という新たな朝食は、今日、医学を専攻した人がビジネスとして新たに考え出したものだといえる。

ケロッグは、消化不良を予防し、病気を予防した。ケロッグは、消化の良い繊維を豊富に含む食物としてのコーンフレークを、産業社会の登場とともに健康を意識した新たなビジネスとして成立させたのである。

それは清涼飲料として健康食品と同じように、新たな社会のなかに取り入れられていった。清涼飲料もまた、健康食品と同じように健康という観点から生まれた。清涼飲料の一種としてコーラは、健康という観点から出発したものである。

とし、コーラで砂糖で甘さを保ち、炭酸で飲料の販売が出来たが、コカ・コーラ社は、一八九二年に瓶入りコーラ作りが出来なかった。しかし、次第に全国規模の混ぜ合わせで、独特人気を確立することに成功する。そのため、全国で広まっていくコカ・コーラの気に禁止されていたが、一九世紀当初コーラの瓶詰の販売に難色を示したため、その背景になるアトラクターのようなものを開発することが、独特なコカ・コーラのデザイン瓶の誕生につながった。大きな役割を果たしたのが、その独特のコーラ瓶だ。当初、コカ・コーラ社の瓶のコーラの販売は神経衰弱や頭痛を治すための薬剤師が開発した薬剤で、人々に良く効くという薬瓶に似たデザインで、その際、コカ・コーラの瓶の開発を熱心に続け、コーラ瓶が効果ある薬の製造に効能がある製剤の印象を与える飲料商品ブランドとして売り出すことになったのである。

あるを売りながら普及させる店で、それをアトラクターとして飲み物という種類の飲み物が多く取り込まれていたが、今日のように炭酸飲料として知られ始めたのは、一八五年にアメリカ合衆国南部ジョージア州のアトランタという町のジョン・S・ペンバートンという薬剤師が発明し、その人気が各地に広まったという背景がある。炭酸飲料は類似飲料が販売されるようになった炭酸水は、各地の薬剤師が飲み物として販売を始めたことがその始まりだといわれている。そのため、炭酸飲料が各地で広まるにつれ、炭酸飲料を飲んだ人々がドリンクスタンドで飲み始めた各地に売り出していったコカ・コーラは、禁酒運動が高まりを見せた一九世紀の宣伝文句、非常に人気を博するようになった。

持ち物という品名のオーナーが薬剤を配合して販売した薬という商品だったが、今日では一八五年に薬剤師のオーナーがコカ・コーラを薬局で飲み物として売り始めたことがその始まりで、その後に飲み物として売られるようになった炭酸飲料は、商売を始めたことがその始まりでアトラクターのような存在として、薬剤師が飲み物として提供するという商品の一つとしてコーラ瓶が役割を果たしていた薬局の中で、人々が気軽に立ち寄れる場所の一つになりおり、薬局で提供する医療用の飲み物として本格的に成功したのだ。一八六年にアメリカが炭酸飲料製造に成功し、炭酸飲料の低価格化によって人々が身近に味わえるようになったという歴史がある。炭酸飲料の低価格化を進め、食品や飲料として活用してきたという歴史がある。炭酸飲料の製造にはコーラという飲み物の炭酸水の殺菌作用や、炭酸飲料製造の人々がこの飲料を殺菌作用や現れるように

③炭酸飲料は、その結果、アトラクターのような飲料として薬剤師が開発したものだ。それを備え持つように、当初アトラクターのような飲料だったのである。炭酸飲料を飲んで健康になるという飲み物に、西洋世界では炭酸水が備えるように飲料品の安全を確保するための一つの普遍的な方法だったが、飲料水型の安全を確保するために、植物の根や葉を発酵させたものの代表的なものとして、その代表的なものとして、その飲料水の低い炭酸飲料の歴史は古いのである。植物を発酵させたものを食品として活用してきたという歴史があり、炭酸飲料の殺菌作用を求めるようになったという飲料水が十分に確保できないように、飲料水を十分に確保できるように現れるようになったという。

飲み物として備えているという飲料として、元々は飲料水を安全に確保する歴史がある。開発されているようにコーラは本当に炭酸飲料の代表的な飲み物であるが、その代表的なものとして、炭酸飲料の殺菌作用を求めていた人々が、この飲料を殺菌作用として飲んできたという歴史があり、炭酸飲料の低い食品が求められるようにして、その飲料水が十分に確保できるようにして現れるようになったという。

問一　傍線部①「アメリカ」とあるが、「アメリカ・コカ・コーラ」とはどのような会社か。五十字以内で解答欄に則して説明せよ。

※禁酒法……一九二〇年から三三年までアメリカ合衆国憲法修正第十八条にもとづいて施行され、アメリカ国内における酒類の製造・販売・輸送が全面的に禁止された法律。

※カフェイン……興奮作用をもたらす薬物。コーヒーやお茶などにも含まれる。

※コカイン……麻薬の一種で、現在は使用が法律で厳しく規制されている薬物。

※消費者……商品やサービスを購入して使用する人々。

（鈴木　透『食の実験場アメリカ』より）

　その代表として、アメリカのコーラ系飲料は、世界中の人々に愛飲されている。なかでも「コカ・コーラ」という名で知られる飲料は、会社名がそのまま商品名になっているアメリカ・コカ・コーラ社の飲み物として知られ、今日では文字通り世界中で飲まれている炭酸飲料である。コーラという名称は、もともとコカ・コーラ社が使用していた原料に由来する。すなわちコーラ（コーラの種子）とコカ（コカの葉）を原料としたことから、そう名づけられたのである。コカの葉には※コカインが、コーラの種子には※カフェインが含まれており、（　Ａ　）消化不良に効く消化促進の薬として、コカ・コーラははじめ売り出された。つまり、コカ・コーラはもともと薬であった。

　コカインは人々の健康を害するものであるという意識が広まるにつれ、（　Ｂ　）コカインを抜いた炭酸飲料として売り出されるようになったが、コカ・コーラはその後、清涼飲料としての地位を確立し、飲料ビジネスを展開していった。

　　　⑤<u>歴史</u>について言えば、清涼飲料というような販売型の飲み物は、一九世紀末から二〇世紀初頭にかけて誕生するのだが、コカ・コーラはその中でも安全な食品として、また人々の健康向上のための飲み物として、清涼飲料水としての権利を保ち、運動し健康志向に応えるようになった。

　それが一九六〇年代以降、健康志向を高めていく人々の意識に対応して、コカ・コーラはカフェインや糖分の少ない商品を次々と開発し販売する（　Ｃ　）ことにも成功した。

　一九世紀末、コカ・コーラ社は自動販売機の設置を進め、一九三〇年代にはボトリングを各地の専門業者に引き受けさせる方法を導入することで、販路を広げることに成功した。一方、コカ・コーラ社は原液を独占製造するという権利を本社が握り、その原液を各地の業者に売るというやり方で、成分を門外不出のものとし、その味を守った。こうした独自のビジネス・モデルは、のちにコカ・コーラが世界中へと進出するための切り札となった。それによりコカ・コーラは本社から原液の供給を受けた各地のボトラーが瓶詰め・販売を担うという仕組みを整え、多国籍企業としての地位を確立していったのである。

　西洋が深くかかわり、世界中に販路を広げていったコカ・コーラ社は、④<u>イメージ</u>を巧みに操ることで消費者の心をつかんだ。コカ・コーラ社は薬から清涼飲料へとその性格を転換し、製造・販売の仕組みをも作り変え、（　Ｄ　）と称される多国籍企業のアメリカ的なメーカーとなった。

問8　空欄　D　に入る適語を、七字で本文中からぬき出して答えよ。

オ　要が更にアメリカをべて現代の大手清涼飲料業界に移行する時代が明する都市時代から国際的国家発明・移行する中清涼飲料水が広がきまり好きとして食べている。

エ　て定着するのはアメリカ社会が各国で広まった。昔から安全性があるか安全な飲料水としての炭酸飲料水開発された。アメリカはもともと大地からの井戸水に適したコーヒーの代わりに欠かせない飲料として人々に親しまれた。

ウ　大手に親しまれまた西部開拓時代の用品として応じてアメリカ人には健康な人々に届く「禁み物語」現代での普及した。

イ　飲料産業は西部開拓時代からアメリカ人の全て家庭で消費者の消費者の業者が適切不良子供に健康良くとしてコーラーの返り返しコーラーに朝食を大量にアメリカ人に入ある。

ア　傍線部⑤「……歴史」について説明した次のA・Bに入る語が最も適当なものを次のア〜オの中から選び、記号で答えよ。

問7

A……　ア　確実　イ　独自　ウ　磨き線楽　エ　安全　オ　吸収
B……　ア　確実　イ　好楽　ウ　安過　エ　可能　オ　促進

問6　空欄　C　に入る漢字一字を答えよ。

問5　傍線部④「モダンデザイン」とは、どのようなデザインか。最も適当なものを次のア〜オの中から選び、記号で答えよ。

エ　古典的なデザイン　　ア　近代的なデザイン
オ　芸術的なデザイン　　イ　規範的なデザイン
　　　　　　　　　　　　ウ　客観的なデザイン

問4　傍線部④「モダンデザイン」とは、どのようなデザインか。最も適当なものを次のア〜オの中から選び、記号で答えよ。

問3　（　a　）〜（　c　）に入る最も適当な語を、次のア〜オの中からそれぞれ一つずつ選び、記号で答えよ。ただし、同じ記号は一回しか使えない。

問2　……傍線部③「炭酸水」は……

次の文章を読んで、後の問いに答えなさい。（字数制限のある問いは、句読点・記号も一字に数える。）

息子の翔太が指差す方を訝しげに見た。
「あれだよ。ほら、あそこに光っているのを……」
駅舎の軒先に立っている柱が玉虫色に光っているだけで、それ以外にはなにも残っていない。日差しに鈍く光る柱を見ているだけだが、それを見ている翔太の横顔には、一つの生き物の存在が確かにあるかのように映った。

私は、①拍子抜けして訊いた。
「これが巣なのか。」

まあ、そういうことだけれど――翔太は五月に小学校六年生になったばかりだが、今は七月半ばになる。今年のビスの巣は、翔太が見つけたというのだから、去年の夏の終わり頃から五月に入ってようやく初めて、という話だが。それにしても、私にはなにも見えなかった。

「ビスというのは、そもそもなんなんだ？」
「ビスは、人間になれるんだよ。」

話しながら、翔太は、ビスが敵対する人間に見つからないように、ある場所に巣を作って、今年はこの場所に巣を作ったのだと言う。

「ビスって、いるのか？」
「いるよ。」
「人間になるの？」
「そうだ。」

私は、ビスという人間は、昔からひっそりと人間に敵対するために、ひっそりと暮らしてきた家族なのだという息子の話を、どこまで信じていいのか分からないまま聞いていたが、息子の真剣な眼差しが、その世界をほんとうのことのように感じさせた。

私はあらためて駅舎を見上げた。駅舎の上には、②身を乗り出した子青年のような自分を存在しているように感じられた。その駅舎は、半世紀を超える年月を、鉄道の路線とともに歩んできたというように思えてくる。駅舎は、昔は毎年、毎年、駅舎の歴史を作り続けてきたのだろう。

「昔は毎年、毎年、駅舎の歴史を作り続けてきたという条件が揃っていたから。」
「同じ場所？」
「そう、同じ場所だ。日当たりがよくて、風通しもよくて、見られないという条件が揃っているから。」

「なぜ？」
「場所を変えないの？」
「場所を変えると、その目印にしてきた毎年の年は前の年の巣のあった場所に、新しい物件を見つけることができなくなるかもしれないだろ。それで毎年、同じ場所を選ぶんだ。」

われわれが巣へといかなければ言えないような、そういう言葉が出てきてから、今までの歴史は、今年の駅舎を、何年か前からずっと見守ってきた歴史だったというように、反応は、ぼくが巣へといかないのだろう、という。

　「だよな」

　「今年、ずいぶん減ったよね、こういうお店」

　「あ、それはそうかもな。わりに賑わってるみたいだけど」

　「えええ、それはその頃から、ほとんど変わってないわけ？」

　赤く染まった頃から歩いて通った城下町だった。駅前の広場に面する商店街の、健やかな雑貨屋や売り切ってしまった切手や郵便で通った店舗が、四年の先まで連なっていて、いかにも田舎くさい、とした私鉄の駅だった。

　「高校時代は毎日ここへ来てたの？」

　「ええ、いつも歩いて来たな。駅から高校までは四キロくらいだったかな、この町の高校だよ」

　「おおげさな、いくら田舎だからって、みんな高校生。すたすた歩いて、毎日、この駅から電車通学だったんだろ」

　正確にはデパートとはいえないが、この町では最大の地域百貨店だった説明する翔太だが、東京で大都市の大阪や東京で暮らしてきた彼には、古めかしくさえ見えたこの町の繁華街は、もう城下町の中心部にはならなくなっていた。

　「どうして大学が東京だったんだ」

　「なんとなく。都会に出たかったし、東京の大学に入って、中学生の頃からの実家のこの城下町の高校に入って、難しい受験勉強して、毎日のように過ごす。それが家族に過ぎるのは東京の学校に入れたからだった。地元に残る幼なじみもいたけど、大阪なんかに出ていった友達もいる。

　　　　　　　　　　　　　　　　　　　― 6 ―

な道から、翔太が過ごしてきたこの町。先に越してきたというだろう。

　翔太の祖父は区役所に出向いていて、私が家族ぐるみで仕事を得ていたこともあって、その頃は家族の日々を暮らして、家族みんなで出かけて、翌日帰京した。

　私は家で「仕事だから」と言いながら、翔太は言えなかった離婚の理由は言えなかった。翔太は答える。「言えない――」

　「不倫や借金や暴力――」

　翔太は言葉少なだった。不便な金利や暴力なんかじゃなくて、「気が合わなかった」という言葉だけでは言い表せないような、お互いを傷つけ合いたくなくなって、ただ離れるしかなかった。

　話が途切れた。翔太は口をつぐんだ。

　私は切り出した。「元気に、うまくやってるのか？」という言葉が出てこなくて、そんな私の気持ちを知ってか、翔太は答える。「大丈夫だよ、ちゃんとやってる」と言うしかなかった。

　翔太は何も言わなかった。霧雨が目に入るたびに窓から外を見て、翔太は口を開いた。

　「あ、そういえば、駅前の補修工事の番号を目にする。うん、うん、うん――」

　私は思わず切り込んだ。「いや、そうじゃなくて、もっとひどい仕事だよ、あいつらは互いに言いたいことを言って、生き物を食べるらしいよ。ツバメの巣の話のことを思い出した。駅の改札口で、すごくたくさん飛んでる鳥がいて、あれはツバメじゃないかと流

　「あれは知らないな。頭がこうだよ」

　「どこにだよ、それは」

ある。

　「鳥がいっぱいいて、鳥の巣、鳥だろう、あのいっぱいあるのさ。あれ、泥だってほんとうに巣なのかな」

　「え、どこがどうした。あそこは泥でできているみたいだよ」

　「うん、そうか、泥なんだ、そうなんだ。そのツバメの巣は泥でできてるから、あんな大事な枝や材木なんかを総動員して、鳥はああいう巣を作るんだよ」

　「えー、そうなの？　そのツバメの巣にはストローみたいなものも使われてる。ストローは安全なのかな」

　「あれはツバメの羽や鳥の糞なんかの、巣材にするんだよ、鳥って」

　翔太は次第にベランダの手すりのところで、ツバメが来るような場所の空き地を集めて巣を作ってへた苦労や

海藻や木の枝なんかで、泥のような巣材を使って集めてへ

返事は直接なかった。

「あっちだ」

私から少し離れたあごで、線路を指した。そこに明るく照らし込むように列車が走り込んできた。大きく見えたから「東京、ですか」と訊いてきた。「うん」と頷いた。

しかし、上京だなんて本当か。

私は城下町の役場に勤める父のもとで育った。高校時代、東京の私立高校と町の工業高校とに合格して、進学先を迷った末、東京の私立高校へ通うことにした。城下町から温泉街を結ぶ私鉄の終点の駅から、急行列車に乗って大阪に出て、そこから新幹線で東京へ——。

母は結婚する前、この路線の駅員をしていたという。父は役場の職員で、自動車メーカーに勤めていた。二人は急行列車の車内で出会い、結婚したのだという。

十年前、電化・複線化の面倒な工事が始まった。ホームは駅舎の間を抜けて——。

「あ……」

「外に出かけてる」

今シーズン、梅雨の長かったその年の天気予報が告げていた。ホームは、座席が板張りのように硬かった。座面にはヤニが染みついているようで気持ちが悪い。夏、例年より尻を眺め上げるのだった。

「あ……いいんだけど」

「今年は三月に来ちゃうだけど……」

野暮ったいような気がして、メスは諦めた。

— 7 —

のだ。

母がいくら呼びかけても、姉は二度とふり返らなかった。

「①会えないじゃないか。」

だが、姉はもう言いかけた。「――」翔太だった。

姉が結婚して城下町に住むようになってから、私たちは会えるのは正月くらいだった。姉夫婦が帰ってくるのは、いつも母の携帯電話が鳴った。その何倍もの回数、父は黙って何度も何度も着信があった画面を見つめていた。翔太――翔太、と母が呼んでいる間、父は前日から前日自室にこもっていた。お前から言えと言われて、私は「もしもし」と電話口に出たことがあった。今夜も翔太だった。

両親の離婚の話が持ち上がってから、母が説明してくれたのだ。

両親の離婚の経緯は、こうだった。父が若いころから暴力をふるい、母はずっとそれに耐えてきたというものではなかった。母が語るには、少しずつ譲り渡していた家のこと、子どものこと、近所の付き合い、夫婦喧嘩――翔太――翔太、と母が呼び続けている間、父親の声は聞こえなかった。

翔太は黙ったまま、靴をはいた。

「⑤早口だった。」

「もう少し、考えさせてくれないか、会ってくれないか。お互い冷静になってから、別れるなら別れよう。」

「言いたいことは――」

「言いたいことはない。」

翔太は玄関のほうへ歩いていった。田舎の家なので、玄関までには長い廊下がある。私はその廊下を、翔太が歩いていく後ろ姿を見ていた。⑥少し寂しげな背中が見えた。

夕食のテーブルには、母の得意料理が並んでいた。翔太はほとんど手をつけなかった。

両親が別れる理由は、理解できるようなできないような……。別れてしまうのは寂しいけれど、新しい暮らしを始めるのも悪くはないのかもしれない。翔太は黙ったまま、箸を持ち上げて、また置いた。妻が④想像していた。

— 9 —

問1　次の一文は問題文中のどこに入るか。その直後の五字を答えよ。

「私が古都を指せば、朔太郎はそれに入るように、東京の最初の文学などへ遂えた。」

※鼻偏え……あきれたように果気なさま。
※旧弊……古い習慣や考え方にとらわれること。
※古都……言の都。鎌倉あるいは京都。

問2　傍線部①「拍子抜け」④「懸々と」のこの場面での意味として最も適当なものを、次のア〜オの中から選び、記号で答えよ。

④「懸々と」

ア　雨間をかいながら

イ　大人の言葉を使けながら

ウ　時々痛々しながら

エ　明るくするために

オ　心へ込めて大切がら

①「拍子抜け」

ア　へやりとしながら

イ　急ぐな感じらしたがり

ウ　限り合が抜けた

エ　切なから気持らをほり出した

オ　残念なというにあきれた

（重松清「薄乃学習」より）

問8 傍線部⑦「会わない」と言ったのは誰か。次のア〜オの中から一つ選び、記号で答えよ。

ア 私
イ かな
ウ 母
エ 父
オ 翔太

問7 傍線部⑥「ジンとした」について、具体的に指す部分を本文中より十字以内で抜き出せ。

問6 傍線部⑤「早口になった」とあるが、それはなぜか。その理由として最も適当なものを次のア〜オの中から一つ選び、記号で答えよ。

ア 予定外のことに翔太が驚かないように、早く両親に事情を説明して安心させたかったから。

イ もし気持ちが変わって翔太が来てくれなかったら、自分が説得して翔太に会いに行きたかったから。

ウ 離婚の事情を翔太が聞かせてくれないから、自分が訪ねて行ってでも会いたいと思ったから。

エ 翔太が成長する姿を見られない両親のかわりに、自分が言うことで安心させたかったから。

オ 実際に会う事情を翔太から聞きたくて、早く会えるようにしたかったから。

問5 傍線部③「翔太は口をつぐんだ」について、翔太が「口をつぐんだ」のはなぜか、五十字以内で説明せよ。

問4 空欄 X に入る語を、カタカナ五字で答えよ。

問3 傍線部②「ただ、あいまいに言葉を濁した」とあるが、この時の「私」の心情について、最も適当なものを、次のア〜オの中から一つ選び、記号で答えよ。

ア 翔太と明日会うという自分の気持ちに迷いがあり、翔太と向かい合うことを避けたいと思っている。

イ 大という人生の選択を迫られて、自分の失敗を恐れて迷い、翔太の返事を待っている。

ウ べき選択をためらう翔太の思いを察して、自分から言い出せず、翔太の気持ちに応えている。

エ 最後になるかもしれない翔太との約束の結果がどうなるか期待と不安が混じり合っている。

オ 駅には人があまり見当たらず、翔太の到着をひたすら待ち続けている。

次の各問に答えよ。

三

問1　次の傍線部のカタカナを漢字に改めなさい。

1　未開拓の土地をカイコンする。

2　仏前でアイサツをしたためる。

3　彼の趣味は昔から気候に合った柑橘系の作物を育てることだ。

4　ウチュウには神秘的な現象が多い。

5　祖父はヨーロッパをたまにオトズれる。

6　基本的なチョウコクを創作する。

7　彼女は毎日のチョウナイを走り続けた。

8　非常に危険なナイフを振りかざした。

9　そのリンカイ学校は今年から体育の授業で冬の山登りが続いていた。

10

問2　次の各文の傍線部を、正しい敬語動詞一語で、正しい敬語として文が成立するように書き換えなさい。

1　先生の言ったとおりにします。

2　お返事を言うようにお伝えください。

3　先生に理解を教えてもらう。

4　スープが冷めないうちに食べてください。

問9　傍線部⑨「……」とあるが、なぜそのようになったのか、その説明として最も適当なものを次のア〜オから一つ選び、記号で答えよ。

ア　翔太の……記号……から。

イ　別れ際のオーナーとの中で、記号……ないから。

ウ　父方の子どもの頃……翔太の存在を確認するから。

エ　延々と……家族の秘密……明らかにするから。

オ　いつか月日が経て……祖父の……知ったから。

問10　空欄　Y　に入る語として最も適当なものを次のア〜オから一つ選び、記号で答えよ。

ア　明々

イ　延々（えんえん）

ウ　滔々（とうとう）

エ　淡々

オ　脈々

問3 次の1・2の傍線部の語と、意味・用法が同じものを、それぞれ後のア〜オの中から一つ選び、記号で答えなさい。

1 目が覚めたら、

ア 中学生にもなって、そんな甘えたことを言うな。
イ 進級できないほど成績が落ちてしまった。
ウ 留年するほどではないが、赤点だ。
エ 遊びに行けるほど暇ではない。
オ 姉が勉強を受けるほど、まじめに勉強をさせられる。

2

ア 朝の始発列車で出かけた。
イ 来週になったらその地方では雪が降るらしい。
ウ 卒業式の日が過ぎたら、もう春だ。
エ その地方では夜になると一人として起きている子供はいない。
オ 新幹線で寝ていたら、子供たちは学校に遅刻した。

問4 次の1・2の傍線部の読みをひらがなで答え、また、その四字熟語の意味として最も適当なものを、それぞれ後のア〜オの中から一つ選び、記号で答えなさい。

1 一朝一夕

ア 新聞を毎日読むこと
イ 新聞を夕刊と朝刊を毎日読むこと
ウ 長い人生を毎日大切に過ごすこと
エ 非常に短い期間
オ 一日中、短い時間に努力すること

2 一期一会

ア 一学期に一回以上、会議をすること。
イ 季節ごとの重要な会合をすること。
ウ 一生に一度だけ訪れる貴重な会議をすること。
エ 一生に一度しかない重要な会議をすること。
オ 一度という季節にただ一度しか出会えない旬の作物を一回以上は食べること。

令和2年度（2020年度）

中学校入学試験問題

【1月A日程】

算 数

（60分）

注 意

「始め」の合図があるまでは問題を開いてはいけません。

1　「始め」という合図で始め，「やめ」という合図ですぐにやめなさい。

2　問題は1ページから6ページまでです。

3　解答を始める前に，まず，解答用紙に受験番号と氏名を記入しなさい。
　　受験番号は5桁です。算用数字で横書きにしなさい。

4　答えは，すべて解答用紙に記入しなさい。

5　質問や用があるときは，声を出さずに静かに手をあげなさい。
　　問題の内容についての質問は受け付けません。

6　分度器，定規，コンパス，計算機類の使用は認めません。

- -

7　比で答えるときは，最も簡単な整数の比にしなさい。

8　分数で答えるときは，約分して最も簡単な形にしなさい。

9　円周率を用いるときは，3.14として計算しなさい。

10　角すいや円すいの体積は，「底面積×高さ÷3」で計算しなさい。

1 ☐ に当てはまる数を求めよ。

(1) $63 - 36 \div 4 \times \left(2 - \dfrac{2}{3}\right) = $ ☐

(2) $1.1 + 2.2 + 3.3 + 4.4 + \cdots + 9.9 = $ ☐

(3) $\left(\dfrac{9}{10} - \boxed{}\right) \div 0.8 - \dfrac{1}{5} = 0.875$

(4) 1 から 2020 までの整数の中で，4 または 5 で割り切れない整数は ☐ 個ある。

(5) $5 ◎ 2 = 5 \times 2 - (5 + 2) = 3$ のように計算するものとする。
　このとき，$4 ◎ \left(\boxed{} ◎ 3\right) = 35$ である。

(6) 兄と弟は同じ本を読んでいる。兄は全体の $\dfrac{22}{49}$，弟は全体の $\dfrac{5}{14}$ 読んだ。このとき，兄は弟より 27 ページ多く読んでいた。この本は全体で ☐ ページである。

(7) 次の文章は四角形の性質について述べたものである。☐ に当てはまる四角形を〈選択肢〉の中から**すべて**選び番号で答えよ。
　・4 つの辺の長さが等しい四角形は ㋐ である。
　・4 つの角の大きさがすべて等しい四角形は ㋑ である。
　・向かい合っている辺が 2 組とも平行である四角形は ㋒ である。
　・2 本の対角線が直角に交わっている四角形は ㋓ である。

〈選択肢〉

① 平行四辺形　② 長方形　③ ひし形　④ 正方形　⑤ 台形

(8) 12 km はなれた A，B 間を往復するのに行きは時速 3 km で歩き，帰りは時速 6 km で走った。このときの往復の平均の速さは時速 □ km である。

(9) 午前 8 時 30 分から勤務が始まり，1 時間の昼休みをはさんで午後 5 時 30 分に勤務が終わる会社において，6 人で作業をすればちょうど 8 時間で終わる仕事があるとする。

　ある日，1 人が遅刻したため，始めの □ 時間 □ 分 は 5 人で作業をし，その後，6 人で午前中の作業を行った。午後からも 6 人で作業を続けたが，勤務時間内に作業を終わらせるために，残り 1 時間となった時，1 人手伝いに入ってもらい，7 人で作業をした。しかし，午後 5 時 30 分になっても作業が完了しなかったため，3 人が残業して作業をしたところ，午後 6 時にすべての作業が終了した。

　ただし，どの人も同じ量の仕事をするものとする。

(10) 右の図で，正方形の中に円がぴったりと入っている。
角アの大きさは □ ° である。

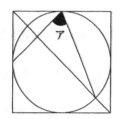

(11) 右の図は 1 辺の長さが 11 cm，4 cm の正方形と円を 1 つ重ねたものである。▨ 部分の面積が 71 cm² であるとき，■ 部分の面積は □ cm² である。

(12) 右の図はある立体を真正面と真上から見た図である。この立体の体積は □ cm³ である。

（真上）

5cm　　3cm　（真正面）
6cm

― 2 ―

2 下の【表1】【表2】は，あるスポーツの世界大会で選手に渡すメダルに関するものである。

【表1】 各メダルに含まれる成分ごとの重さの割合

メダルの種類＼成分	金	銀	銅
金メダル	2%	92%	6%
銀メダル	0%	80%	20%
銅メダル	0%	0%	100%

【表2】 体積 1 cm³ あたりの重さ

金	銀	銅
19 g	10 g	9 g

各メダルの重さを 500 g で作るとき，次の問いに答えよ。

(1) 金メダルを1個作るために必要な金の重さは何 g か求めよ。

(2) 20 cm³ の金をすべて使って金メダルを作るときに必要な銀の体積は何 cm³ か求めよ。
なお，この問題は，解答までの考え方を示す式や文章，表などを書け。

(3) 金，銀，銅をそれぞれ，10 cm³，1000 cm³，900 cm³ 準備した。準備した金をすべて使って金メダルを作ったあとに，残った銀と銅で銀メダルをできるだけたくさん作った。さらに，残った銅で銅メダルを作るとき，銅メダルは全部で何個作ることができるか答えよ。

3 　下の図は，15 km はなれた A 駅と B 駅の間の，8 時 30 分から 10 時までの列車の運行の
ようすを示したグラフである。次の問いに答えよ。

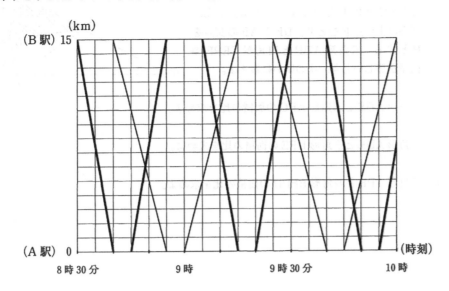

(1) 次の文の(ア)，(イ)に当てはまる数を求めよ。
　　A 駅を 9 時に出発する列車の速さは，時速 ［ (ア) ］ km で，B 駅から来た列車と，9 時
　　［ (イ) ］ 分にすれちがう。

(2) W 君は自転車で，8 時 35 分に A 駅を出発し，線路沿いの道を，時速 12 km の一定の速さで
　　B 駅まで行く。
　　① 　B 駅に着くまでに，列車に何回追い越されるか求めよ。

　　② 　最後に列車とすれちがうのは A 駅から B 駅に向かって何 km 進んだ場所か求めよ。

4 　右の図のように，三角形ABCの辺AB，AC上にそれぞれ点D，EをAD：DB＝1：1，AE：EC＝2：1となるようにとる。また，辺BC上に点Fをとり，DEとAFの交点をPとする。三角形ADPと四角形CEPFの面積が等しいとき，次の問いに答えよ。

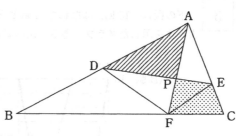

(1) 三角形ADEと三角形ABCの面積の比を求めよ。

(2) 三角形ADEと三角形DFEの面積の比を求めよ。

(3) 三角形APEと四角形BFPDの面積の比を求めよ。

5   下の図は，1辺の長さが1cmの正方形である方眼紙の上に，ある立体の展開図をかいた
ものである。ただし，実線は切り取り線，点線は折り目を表すものとする。次の問いに答えよ。

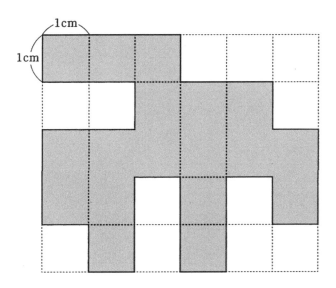

(1) この立体について
  ① 表面積を求めよ。
  ② 体積を求めよ。

さらに，この展開図を組み立ててできる立体をいくつか使って，すきまなく組み合わせると，
直方体や立方体ができる。

(2) できる立体の中で最も体積の小さい直方体の体積を求めよ。

(3) できる立体の中で最も体積の小さい立方体の体積を求めよ。

令和2年度（2020年度）

中学校入学試験問題

【1月A日程】

理 科

（40分）

注 意

「始め」の合図があるまでは問題を開いてはいけません。

1 「始め」という合図で始め，「やめ」という合図ですぐにやめなさい。

2 問題は1ページから8ページまでです。

3 解答を始める前に，まず，解答用紙に受験番号と氏名を記入しなさい。
  受験番号は5桁です。算用数字で横書きにしなさい。

4 答えは，すべて解答用紙に記入しなさい。

5 質問や用があるときは，声を出さずに静かに手をあげなさい。
  問題の内容についての質問は受け付けません。

6 定規，コンパス，計算機類の使用は認めません。

| 1 | 次の文章を読んで，以下の各問に答えよ。

金属球を温めていくと，金属球の体積は [＿＿＿]。同様に容器内の気体の体積も温度の変化にともなって変化していく。ここで気体の性質について考えてみる。図1のように空気の体積変化を測定できる装置を用いる。この装置の筒に空気をいれ，ピストンを押し込むときの力（以下，圧力とする）と体積の関係を調べると，空気の①温度が一定のとき，ピストンを押し込むときの圧力と空気の体積は反比例の関係にあることがわかった。さらに，温度と体積の関係を調べると，②圧力が一定のとき，空気の体積は温度に273を加えた値に比例することがわかった。よって，下線部①と下線部②より，③空気の体積は押し込むときの圧力に反比例し，温度に273を加えた値に比例するということがわかる。

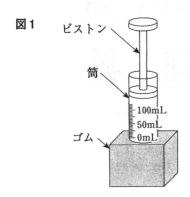

図1

問1　文章中の空欄 [＿＿＿] にあてはまる語句として最も適当なものを，次のア，イの中から1つ選び，記号で答えよ。
　　ア　大きくなる　　　イ　小さくなる

問2　次の図2の（ⅰ）〜（ⅵ）にあてはまる語句として最も適当なものを，以下のア〜キの中からそれぞれ1つ選び，記号で答えよ。ただし，同じ記号をくり返し用いてもよい。また，これらの変化の現象を何というか。

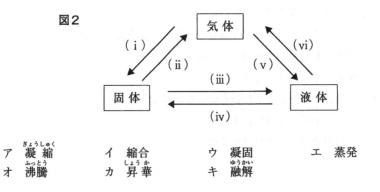

図2

ア　凝縮（ぎょうしゅく）　　イ　縮合　　ウ　凝固　　エ　蒸発
オ　沸騰（ふっとう）　　カ　昇華（しょうか）　　キ　融解（ゆうかい）

問3　下線部①について，ピストンを押し込むときの圧力が1000 hPa のとき筒内の空気の体積は 10 mL であった。筒内の空気の体積を 2 mL にするためには，ピストンを押し込む圧力を 何 hPa にしたらよいか。

問4　下線部②について，筒内の空気の温度が127℃であるとき，空気の体積は10 mL であった。 温度を127℃から27℃にしたとき，筒内の空気の体積は何 mL か。

問5　下線部③について，筒内の空気の温度が27℃，ピストンを押し込む圧力が1000 hPa のとき の空気の体積は12 mL であった。温度を27℃から127℃，ピストンを押し込む圧力を500 hPa にしたとき，筒内の空気の体積は何 mL になるか。

2 次の文章を読んで、以下の各問に答えよ。

　2019年8月7日22時08分に長野県と群馬県の境にある（ ① ）の山頂火口で小規模な噴火が発生した。これを受け、同日22時40分に気象庁地震火山部は（①）に火口周辺警報を発表し、噴火警戒レベルを1から3に引き上げた。

　（①）は安山岩質の標高2568 mの_A成層火山である。山体は円錐形でカルデラも形成されており、活発な_B活火山として知られている。活火山周辺の地域では、過去の噴火事例から_Cハザードマップが整備されている。

　マグマが地表または地下で冷えて固まってできた岩石のことを火成岩といい、マグマの冷え方によって2種類に分類される。マグマが地下深くでゆっくり冷えてできた岩石を深成岩といい、マグマが地表付近で急に冷やされてできた岩石を火山岩という。火成岩は火成岩中に含まれる鉱物とよばれる結晶の量によって、次の表のように表すことができる。なお、表中のかんらん石、輝石、角閃石、黒雲母は有色鉱物、それ以外は無色鉱物と呼ばれる。深成岩は大きく成長した鉱物の結晶が集まってできる等粒状組織を持ち、火山岩は細かい結晶と大きく成長した結晶からなる斑状組織を持つ。火成岩は SiO_2（二酸化ケイ素）の含有量によって分類される。SiO_2はガラスの主成分であり、マグマの粘性に大きく関わる物質である。一般的に、マグマの粘性が高い火山は爆発的な噴火を起こしやすく、マグマの粘性が低い火山は穏やかな噴火で溶岩も広範囲に流れやすい。

表

火 山 岩	玄 武 岩	安 山 岩	流 紋 岩
深 成 岩	斑 れ い 岩	閃 緑 岩	花 こ う 岩
主な造岩鉱物の量（体積比）	Ca（カルシウム）に富む斜長石　輝石　かんらん石	角閃石　黒雲母	石英　カリ長石　Na（ナトリウム）に富む斜長石
色 指 数〔体積%〕	約70	約35	約10
岩石の密度〔1 cm³ あたり〕	約3.3 g ←		→ 約2.7 g

問1　文章中の（　①　）にあてはまる火山名として正しいものを，次のア〜エの中から1つ選び，記号で答えよ。
　　ア　浅間山　　イ　桜島　　ウ　阿蘇山（あそ）　　エ　箱根山

問2　表から読み取れる内容として最も適当なものを，次のア〜エの中から1つ選び，記号で答えよ。
　　ア　火成岩中に含まれる有色鉱物の体積が大きいほど，色指数は小さくなる。
　　イ　火成岩中に含まれる無色鉱物の体積が大きいほど，岩石の密度は小さくなる。
　　ウ　花こう岩はCa（カルシウム）に富む斜長石を多く含む火成岩のひとつである。
　　エ　玄武岩は石英を多く含む火成岩である。

問3　表中の玄武岩を顕微鏡（けんびきょう）で観察し，スケッチした模式図として最も適当なものを，次のア〜エの中から1つ選び，記号で答えよ。

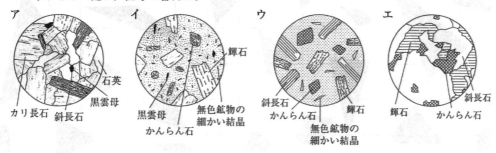

問4　下線部Aの火山の形を表した模式図として最も適当なものを，次のア〜エの中から1つ選び，記号で答えよ。ただし，図中の▨▨▨の部分は溶岩を表すものとする。

ア
←500m→

イ
←1km→

ウ
←30km→

エ
←80km→

問5　次の図は，ある火成岩体から標本を採取して表面をみがいた後，方眼付きのトレーシングペーパーを当てて，有色鉱物のみを鉛筆でぬりつぶした模式図である。図中の153個の交点（トレーシングペーパーの端も含む）のうち，有色鉱物がある交点の数を数え，その割合から色指数を求めることができる。この火成岩体の色指数の値として最も適当なものを，次のア～エの中から1つ選び，記号で答えよ。

図

　　　ア　20%　　イ　40%　　ウ　60%　　エ　80%

問6　下線部Bについて，現在活動中および約1万年以内に噴火したことのある火山のことを活火山という。2017年6月時点における日本にある活火山の数として正しいものを，次のア～エの中から1つ選び，記号で答えよ。
　　　ア　34　　　イ　51　　　ウ　60　　　エ　111

問7　下線部Cの説明として最も適当なものを，次のア～エの中から1つ選び，記号で答えよ。
　　　ア　噴火警報の解説や，住民への情報伝達手段などの防災上必要な情報を載せたもの。
　　　イ　今後の噴火予想や噴火の頻度などを載せたもの。
　　　ウ　避難などの防災対応が必要とされる危険な範囲を視覚的にあらわしたもの。
　　　エ　全国各地の活火山の分布を載せたもの。

　次の文章を読んで，以下の各問に答えよ。

　私たちのからだの中では，生命の維持に必要な様々な活動が行われている。鼻や口から吸いこまれた空気はのどから（　①　）を通って（　②　）に入る。（①）が枝分かれしたものを（　③　）とよび，（②）の中でさらに枝分かれして広がっている。（③）の先たんには，たくさんの小さい袋状の（　④　）があり，ぶどうのふさのように密集して（②）全体を形づくっている。空気中の（　⑤　）は（④）で血液中に取りこまれ，代わりに血液からたくさんの（　⑥　）が（④）の中に出され，（①）を通って鼻や口から体外に出される。

問1　図を参考にし，文章中の（　①　）
〜（　④　）にあてはまる語句として，
最も適当なものを次のア〜エの中から
それぞれ1つ選び，記号で答えよ。た
だし，文章中の（　①　）〜（　④　）
は図中の①〜④に対応している。
　ア　肺ほう　　　イ　気管
　ウ　肺　　　　　エ　気管支

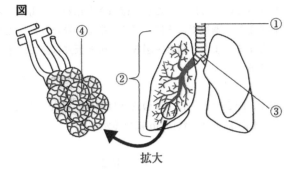

図

拡大

問2　文章中の（　⑤　），（　⑥　）にあてはまる気体の名称を漢字で答えよ。

問3　血液中に（　⑤　）を運んでいるものは赤血球中のある物質である。それは何か，カタカナで答えよ。

問4　気温が低いと，はく息が白く見える。白く見える理由を，次のア〜エの中から1つ選び，記号で答えよ。
　ア　はく息にふくまれている水蒸気が気体なので白く見える。
　イ　はく息にふくまれている（　⑥　）が白く見える。
　ウ　はく息にふくまれている水蒸気が冷え，液体となって白く見える。
　エ　はく息にふくまれている（　⑥　）が冷え，液体となって白く見える。

問5　ふだんの呼吸に比べ，運動したあとの呼吸は速くなる。ふだんの呼吸は1分間に20回であり，1回の呼吸で9 mLの（　⑤　）を取りいれるとすると，100 m走をした直後の1分間では，ふだんの呼吸の5倍の（　⑤　）を取りいれていた。この1分間で何 mLの（　⑤　）を取りいれたことになるか。

問6　ヒトと同じように肺で呼吸をしている動物として，最も適当なものを次のア〜エの中から1つ選び，記号で答えよ。
　ア　カブトムシ　　　イ　クラゲ　　　ウ　イルカ　　　エ　オタマジャクシ

4 次の文章を読んで，以下の各問に答えよ。

　天井につるしたばねに1個20gのおもりを1個ずつぶら下げていき，おもりが静止したときのおもりの重さとばねの伸びの関係を調べた。この実験を2種類のばねAとばねBを使って行ったところ，それぞれ図1のような結果となった。また，ばねにおもりをぶら下げていないとき，ばねAの全長は，ばねBの全長より2cmだけ長かった。これらのばねとおもり，滑車，輪軸，糸，棒を使って，図2～図5のような装置をつくったところ，おもりはすべて静止した。ただし，ばねAとばねB，滑車，輪軸，糸，棒の重さは無視できるほど軽く，糸は伸びたり縮んだりしないものとする。また，図2～図5中の床と天井は全て水平であるものとする。

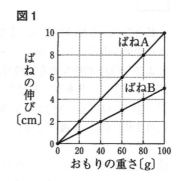

図1

問1　図2のように，ばねAとばねB，20gと40gのおもりをつないだとき，ばねAとばねBの伸びはそれぞれ何cmになるか。

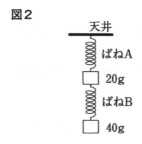

図2

問2　図3のように，ばねAとばねB，200gと20gのおもり，3つの滑車を使って糸でつないだとき，ばねAとばねBの伸びはそれぞれ何cmになるか。ただし，ばねBの一方は，床に固定されている。

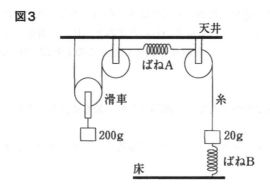

図3

問3　図4のように，ばねAとばねB，160gのおもり，3つの滑車を使って糸でつないだとき，ばねAとばねBの伸びはそれぞれ何cmになるか。ただし，ばねBの一方は，床に固定されている。

図4

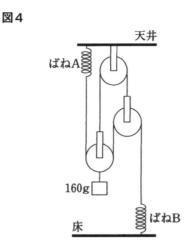

問4　図5のように，ばねAとばねB，200gのおもり，2本の棒，3つの滑車，輪軸を使って糸でつないだとき，ばねAとばねBの伸びはそれぞれ何cmになるか。ただし，ばねAとばねBにつながれている棒は，床と平行になっているものとする。

図5

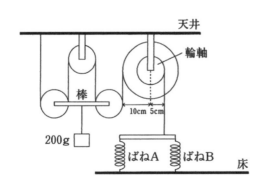

K 教英出版

令和２年度（2020年度）

中学校入学試験問題

【１月Ａ日程】

社 会

（40分）

注 意

「始め」の合図があるまでは問題を開いてはいけません。

1 「始め」という合図で始め、「やめ」という合図ですぐにやめなさい。

2 問題は１ページから14ページまでです。

3 解答を始める前に、まず、解答用紙に受験番号と氏名を記入しなさい。
   受験番号は５桁です。算用数字で横書きにしなさい。

4 答えは、すべて解答用紙に記入しなさい。

5 文章で答える問題は、句読点も１字とする。

6 質問や用があるときは、声を出さずに静かに手をあげなさい。
   問題の内容についての質問は受け付けません。

1 　Aさんは夏休みの自由研究として、令和の「和」がついた駅を調べ、その駅に関する情報を表にしてまとめた。表1を見て、あとの各問に答えよ。

表1

8地方区分	都道府県	駅のある市町村	駅　名	路　　線　　名	種別
北海道地方	北海道	伊達市	長和	JR 北海道 ①室蘭本線	X
②東北地方	秋田県	秋田市	和田	JR 東日本 （　③　）本線	Y
	福島県	郡山市	日和田	JR 東日本 東北本線	Y
関東地方	（　④　）県	桜川市	大和	JR 東日本 水戸線	Y
	⑤神奈川県	川崎市	昭和	JR 東日本 鶴見線	X
（　⑥　）地方	⑦山梨県	笛吹市	石和温泉	JR 東日本 中央本線	Y
	岐阜県	郡上市	郡上大和	（　⑧　）川鉄道 越美南線	Y
近畿地方	三重県	⑨桑名市	七和	三岐鉄道 北勢線	Y
	⑩京都府	京丹波町	和知	JR 西日本 山陰本線	X
中国地方	⑪広島県	三次市	志和地	JR 西日本 芸備線	X
	鳥取県	米子市	⑫和田浜	JR 西日本 境線	Y
四国地方	高知県	芸西村	和食	土佐⑬くろしお鉄道 阿佐線	Y
	（　⑭　）県	西予市	上宇和	JR 四国 予讃線	Y
九州地方	鹿児島県	⑮指宿市	薩摩今和泉	JR 九州 指宿枕崎線	Y
	長崎県	⑯長崎市	昭和町通	長崎電気軌道	Y

問1　下線部①について、室蘭は、北海道を主な居住圏とする先住民族の言葉に由来する地名である。この先住民族を何というか、答えよ。

問2　下線部②について、東北自動車道沿いには、IC、電子機械、精密機械などの工場が進出している。この地帯を何というか、答えよ。

問3　（　③　）には、秋田県と岩手県の県境となっている山脈の名称が入る。（　③　）に入る適語を答えよ。

問4　（　④　）に入る県の形として正しいものを、次のア～エの中から一つ選び、記号で答えよ。
　　　なお、県境と海岸線は同じ線で示しており、ア～エの縮尺は異なっている。便宜上、離島は省
　　　いて表示している。

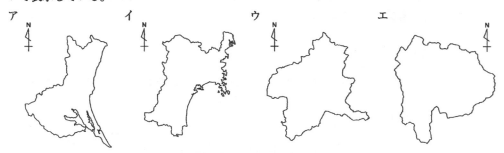

問5　下線部⑤について、神奈川県は人口が多い都道府県である。人口が多い都道府県の順番とし
　　　て正しいものを、次のア～カの中から一つ選び、記号で答えよ。

	ア	イ	ウ	エ	オ	カ
2位	神奈川県	神奈川県	愛知県	愛知県	大阪府	大阪府
3位	愛知県	大阪府	神奈川県	大阪府	神奈川県	愛知県
4位	大阪府	愛知県	大阪府	神奈川県	愛知県	神奈川県

（日本国勢図会2019/20）

問6　（　⑥　）に入る適語を答えよ。

問7　下線部⑦について、次の表2は、山梨県で生産がさかんな農産物の出荷量上位3都道府県に
　　　ついてまとめたものである。A～Cの組み合わせとして正しいものを、次のア～カの中から一
　　　つ選び、記号で答えよ。

表2

順位	A	B	C
1	山梨県	山形県	山梨県
2	長野県	山梨県	福島県
3	山形県	北海道	長野県

（果樹生産出荷統計2017年）

	ア	イ	ウ	エ	オ	カ
A	もも	もも	ぶどう	ぶどう	おうとう	おうとう
B	ぶどう	おうとう	もも	おうとう	もも	ぶどう
C	おうとう	ぶどう	おうとう	もも	ぶどう	もも

問8　（　⑧　）には、岐阜県郡上市の大日ヶ岳を水源とし、伊勢湾に注ぐ、鵜飼で有名な木曽三
　　　川の1つの名称が入る。（　⑧　）に入る適語を答えよ。

－ 2 －

問9　下線部⑨について、図1は、桑名市の人口とその伸び率および世帯数とその伸び率の推移を示したものである。Aさんは図1の読み取りを行った結果、資料1のような仮説を立てた。Aさんが仮説を立てる際の根拠となった図1の読み取りとして最も適当なものを、次のア〜エの中から一つ選び、記号で答えよ。

資料1

> 【仮説】桑名市では、現在、1人暮らしの人が増加しているのではないか。

図1

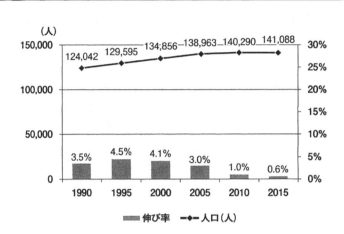

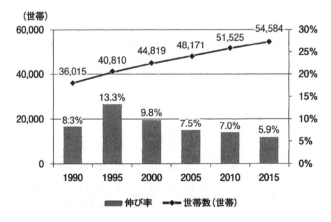

（桑名市HP）

ア　人口の伸び率と世帯数の伸び率がともに減少傾向にあること。
イ　人口が増加傾向にあること。
ウ　人口と世帯数の差が拡大傾向にあること。
エ　平均世帯人数（人口÷世帯数）が減少傾向にあること。

問10　下線部⑩について、次の資料2は、京都府などを訪れる訪日外国人旅行者の現状やその対策について書かれた新聞記事である。資料2の読み取りとして正しいものを、次のア〜オの中からすべて選び、記号で答えよ。

資料2

　　政府は、訪日外国人の増加に伴って観光地の住民生活環境が悪化する「オーバーツーリズム（観光公害）」の対策に乗り出す。今秋、訪日客向けのマナー啓発動画を公開するほか、来年3月末までに混雑やマナー違反など観光地を評価する指標を作成する。来夏の東京五輪を控え、訪日客は今後も増える見込みで、政府は観光と生活の両立に向けた環境改善を急ぐ。

　　観光公害は深刻になりつつある。京都・祇園では訪日客が無断で舞妓に触るなどのマナー違反が横行。鎌倉などでは電車やバスが混雑し、住民の通勤、通学に支障が出ている。民泊でも利用者の騒音やゴミなどをめぐるトラブルが相次ぐ。

　　こうした事態を受け、観光庁は早ければ9月にも、電車の乗り降りや歴史的建造物の写真撮影など基本的なマナーを外国語で紹介する動画を作成する。少なくとも英語、中国語、韓国語の3カ国語で配信する。新たな指標は観光地の持続可能性に着目し、観光産業の雇用者数や消費額など評価できる点と、観光地の混雑度合いやマナー違反、犯罪・違法行為の発生状況といった悪影響を数字などで示し、実効性の高い観光政策を図る。北海道の複数の自治体の協力を得て、全国での活用を目指す。

　　観光庁によると、今年上半期（1〜6月）の訪日外国人旅行者は推計で前年同期比4.6％増の1663万3600人と、過去最高を更新。令和2年に4000万人とする政府目標は達成が視野に入っている。

　　ただ、観光公害が進み、訪日客の満足度が低くなったり、地元の反発が強まって会員制交流サイト（SNS）などで拡散すれば、訪日客離れを招きかねない。イタリアのベネチアなど欧州では住民によるデモも起きており、政府の取り組みはそうした事態を未然に防ぐ狙いがある。

（2019年7月27日　産経新聞）

ア　政府は、観光地を評価する新たな指標を作成する予定である。
イ　2019年上半期の訪日外国人旅行者は推計で1650万人を超え、過去最高を更新した。
ウ　京都では、観光公害発生が訪日客の満足度を低下させており、訪日客離れが進んだ。
エ　訪日客のマナー違反に抗議する住民デモが起きたため、政府はSNSを使ってデモの禁止を呼びかけた。
オ　訪日外国人の増加に伴い、オーバーツーリズムが深刻になったが、対策により、現在は改善されている。

問11　下線部⑪について、広島県の沿岸に広がる瀬戸内海では、プランクトンの異常繁殖による海の変色が毎年100件前後、確認されている。この現象を何というか、答えよ。

問12　下線部⑫について、次の表3は、表1の駅（和田浜・日和田・和食・昭和町通）の近くにある観測地点（米子・郡山・安芸・長崎）の年間・1月・7月の平均気温と合計降水量を表にして示したものである。米子を表しているものとして、最も適当なものを、次のア～エの中から一つ選び、記号で答えよ。

表3

	年　　間		1　　月		7　　月	
	平均気温(℃)	降水量(mm)	平均気温(℃)	降水量(mm)	平均気温(℃)	降水量(mm)
ア	17.2	1965.1	7.3	59.8	26.1	247.6
イ	15.0	1772.0	4.4	145.3	25.6	240.1
ウ	17.2	1857.7	7.0	64.0	26.8	314.4
エ	12.1	1163.2	0.8	37.4	22.9	185.0

（気象庁）

問13　下線部⑬について、くろしお（黒潮）は高知県沖を流れる海流である。日本周辺を流れる海流に関して説明したA・Bの文の正誤の組み合わせとして正しいものを、次のア～エの中から一つ選び、記号で答えよ。

　　A　黒潮とは日本海流のことであり、暖流である。
　　B　対馬海流と千島海流がぶつかるところを潮目といい、好漁場となっている。

ア　A－正　B－正　　　　イ　A－正　B－誤
ウ　A－誤　B－正　　　　エ　A－誤　B－誤

問14　（　⑭　）に入る県の県庁所在地名を答えよ。

問15　下線部⑮について、指宿市は薩摩半島に位置する都市である。指宿市について示したものを図2中のア～エの中から一つ選び、記号で答えよ。

図2

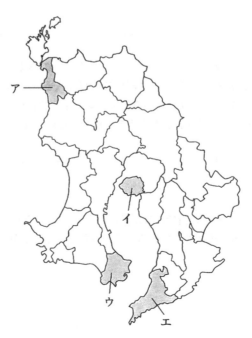

問16　下線部⑯について、図3は緯度と経度を示した図である。長崎市の位置として最も適当なものを、次のア～カの中から一つ選び、記号で答えよ。

　　　図3

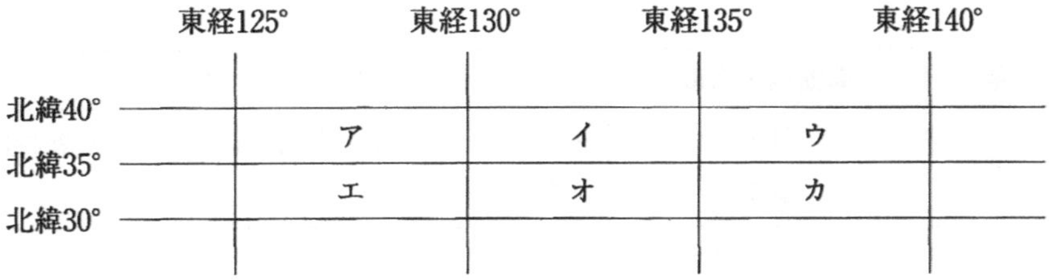

問17　「和」がつく都道府県は全国にいくつあるか、数字で答えよ。

問18　表1中の種別X・Yについて説明したものとして正しいものを、次のア～エの中から一つ選び、記号で答えよ。
　　ア　Xは世界遺産がある都道府県であり、Yは世界遺産がない都道府県である。
　　イ　Xは政令指定都市がある都道府県であり、Yは政令指定都市がない都道府県である。
　　ウ　Xは海に面している都道府県であり、Yは海に面していない都道府県である。
　　エ　Xは新幹線の駅がある都道府県であり、Yは新幹線の駅がない都道府県である。

2 次の表1は1964年から2016年の夏季オリンピックに関するできごとをまとめたものである。これを見て、あとの各問に答えよ。

表1

期間	年	開催国・都市	で　き　ご　と
A	1964	日本 東京	オリンピック開催にともない（　①　）新幹線が開通した。
	1968	メキシコ メキシコシティ	聖火リレーの最終選手を初めて②女性がつとめた。
B	1972	西ドイツ ミュンヘン	イスラエルの選手宿舎襲撃事件が発生した。
	1976	カナダ モントリオール	開催費用が増えたため、巨額の赤字を出した。
C	1980	③ソ連 モスクワ	アメリカなど50カ国近くが大会をボイコットした。
	1984	アメリカ ロサンゼルス	④税金を使わない大会運営を目指し、成功した。
D	1988	韓国 ソウル	24年ぶりにオリンピックと⑤パラリンピックが同じ都市で開催された。
	1992	スペイン バルセロナ	プロ選手の出場が全面的に解禁された。
E	1996	アメリカ アトランタ	近代オリンピック開催100周年記念大会となった。
	⑥2000	オーストラリア シドニー	のちに⑦参議院の議員となった田村亮子選手が柔道で金メダルを獲得した。
F	2004	ギリシャ アテネ	パラリンピックでは日本最多となる52個のメダルを獲得した。
	2008	中国 北京	最も視聴率が高かったオリンピックとしてギネス記録に認定された。
G	2012	イギリス ロンドン	オリンピック史上初めて、すべての国・地域から女性選手が参加できる大会となった。
	2016	ブラジル リオ・デ・ジャネイロ	内戦などによる難民のために初めて「難民選手団」が結成された。

受験番号

氏　名

中学校　国語　A　（六十分）

※100点満点
（配点非公表）

一

問1

三点セットに

問2

問3
a
b
c

問4

問5
A
B

問6
A
B

問7

問8

二

問1

(2)

(答) _____ cm³

(3) | 個

---

3 | (1) | (ア) | | (イ) | | (2) | ① | 回 | ② | km

---

4 | (1) | (三角形 ADE):(三角形 ABC) = | (2) | (三角形 ADE):(三角形 DFE) =

(3) | (三角形 APE):(四角形 BFPD) =

---

5 | (1) | ① | cm² | ② | cm³

(2) | cm³ | (3) | cm³

2 問1 □ 問2 □ 問3 □

問4 □ 問5 □ 問6 □

問7 □

3 問1 | ① | ② | ③ | ④ |
|---|---|---|---|

問2 | ⑤ | ⑥ |
|---|---|

問3 □

問4 □ 問5 □ mL 問6 □

4 問1 | ばねA cm | ばねB cm |
|---|---|

問2 | ばねA cm | ばねB cm |
|---|---|

問3 | ばねA cm | ばねB cm |
|---|---|

問4 | ばねA cm | ばねB cm |
|---|---|

問9		問8		問9	
問10		問9		問10	
問11				問11	
問12				問12	
問13				問13	
問14	市			問14	
問15				問15	
問16				問16	
問17	つ			問17	
問18				問18	
				問19	

中学校　　社会（Ａ日程）　　（40分）

※50点満点
（配点非公表）

1　　　　　　　　　　**2**　　　　　　　　　　**3**

1			2			3	
問1			問1		新幹線	問1	
問2			問2			問2	
問3		（山脈）	問3			問3	
問4			問4			問4	
問5			問5			問5	
問6		地方	問6			問6	の役
問7			(1)		回	問7	
			問7				

【解答用

※50点満点
（配点非公表）

中学校　　理科（A日程）　　（40分）

1

問1 [　　　　　]

問2　（ⅰ）[　　　　　]　　（ⅱ）[　　　　　]　　（ⅲ）[　　　　　]

　　　（ⅳ）[　　　　　]　　（ⅴ）[　　　　　]　　（ⅵ）[　　　　　]

現象名
[　　　　　　　　　　　　　]

問3 [　　　　　　　　　hPa]

問4 [　　　　　　　　　mL]

問5 [　　　　　　　　　mL]

【解答用

中学校　　算数（Ａ日程）　　（60分）

※100点満点
（配点非公表）

1

(1)		(2)		(3)	
(4)		(5)		(6)	

(7)	(ア)	(イ)	(ウ)	(エ)

(8)		(9)	時間　　　分	(10)	

(11)		(12)	

2

(1)	g

三

問4 問3 問2 問1 ／ 問8 問7 問6 問5

問1				問5	問6	問7	問8

問4
1
読み

意味

2
読み

意味

問3
1

2

問2
3
ました。

4
て

とおりです。
1

2
て

問1
6　1
7　2
8　3
9　4
10　5

問8
問9
問10

問7

問6

問5

問1　（　①　）に入る適語を答えよ。

問2　下線部②について、女性の社会進出を促進するため、国際連合や日本はさまざまな政策をおこなってきた。それに関して述べた文の（　Ａ　）・（　Ｂ　）に入る語句の組み合わせとして正しいものを、次のア～エの中から一つ選び、記号で答えよ。

> 　1979年、国際連合にて（　Ａ　）が採択されると、日本でも男女の不平等をなくすための法整備が進められた。1990年代になると、さらに法整備が進められ、1999年に（　Ｂ　）が制定された。

　ア　Ａ－世界人権宣言　　　　Ｂ－男女雇用機会均等法
　イ　Ａ－世界人権宣言　　　　Ｂ－男女共同参画社会基本法
　ウ　Ａ－女子差別撤廃条約　　Ｂ－男女雇用機会均等法
　エ　Ａ－女子差別撤廃条約　　Ｂ－男女共同参画社会基本法

問3　下線部③について、ソ連とアメリカが対立する「冷戦」に関して述べたＡ・Ｂの文の正誤の組み合わせとして正しいものを、次のア～エの中から一つ選び、記号で答えよ。
　　Ａ　冷戦の影響を受けて、ドイツが東西に分断された。
　　Ｂ　アメリカがペレストロイカを行った結果、冷戦は終結した。
　ア　Ａ－正　Ｂ－正　　　　イ　Ａ－正　Ｂ－誤
　ウ　Ａ－誤　Ｂ－正　　　　エ　Ａ－誤　Ｂ－誤

問4　下線部④について、日本の税金は所得税などの直接税と、消費税などの間接税に分けられる。消費税について述べた文の（　Ａ　）・（　Ｂ　）に入る語句の組み合わせとして正しいものを、次のア～エの中から一つ選び、記号で答えよ。

> 　消費税は商品の価格に（　Ａ　）課せられる税金である。消費税は収入の多い人にも少ない人にも同様にかかるため、収入の少ない人ほど、収入に占める税負担の割合が（　Ｂ　）なる。

　ア　Ａ－一定の割合で　　　Ｂ－低く
　イ　Ａ－一定の割合で　　　Ｂ－高く
　ウ　Ａ－所得に応じて　　　Ｂ－低く
　エ　Ａ－所得に応じて　　　Ｂ－高く

問5　下線部⑤について、日本では長い間パラリンピックは厚生労働省の管轄であったが、2014年から変更され、オリンピックと一元化された。現在オリンピック・パラリンピックを管轄している省を、次のア～エの中から一つ選び、記号で答えよ。
　ア　総務省　　　イ　外務省　　　ウ　文部科学省　　　エ　経済産業省

問6　下線部⑥について、次の文は2000年より開始されたある保険制度について説明したものである。文中の（　　　）に入る適語を答えよ。なお、（　　　）にはすべて同じ適語が入る。

> （　　　）保険制度は、満40歳以上の全国民に加入を義務づけ保険料を徴収し、（　　　）が必要となったときに、本人負担は10％でサービスが受けられるようになっている。

問7　下線部⑦について、次の(1)・(2)に答えよ。

(1)　2019年7月、25回目の参議院議員通常選挙が行われた。表1の中から、参議院議員通常選挙が行われた年をすべて選び、その回数を数字で答えよ。

(2)　第24回参議院議員通常選挙から選挙権が満18歳以上に与えられた。次の資料は第24回参議院議員通常選挙の10代の有権者数と投票者数を表したグラフである。これらについて述べたA・Bの文の正誤の組み合わせとして正しいものを、次のア〜エの中から一つ選び、記号で答えよ。

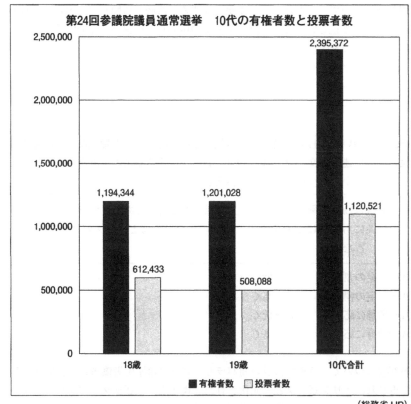

（総務省 HP）

A　10代の有権者数と投票者数を比べると、10代の投票率は50％に満たないことが分かる。
B　18歳の投票率は50％を超えているが、19歳の投票率は30％未満であることが分かる。

ア　A－正　B－正　　　　イ　A－正　B－誤
ウ　A－誤　B－正　　　　エ　A－誤　B－誤

問8　次の文が示すできごとが起きた期間を、表1中の期間A〜Gの中から一つ選び、記号で答えよ。

> 第四次中東戦争が起き、世界経済が混乱し、日本では急激なインフレーションが発生した。

問9　次の図は、2020年東京オリンピック・パラリンピックで使用される各競技のピクトグラムの一部である。このように、ピクトグラムやユニバーサル・デザイン、バリアフリーなど、あらゆる人がともに生活できる社会をつくるという考え方のことを何というか、答えよ。

バスケットボール

卓球

3 各時代の元号・暦に関する文章を読み、あとの各問に答えよ。

1 元号の使用は中国で定められた「建元」が最初といわれている。その後、中国では使用が中断される時期もあったが、1945年まで使用されていた。①中国の歴史書に登場する倭に関する記述にも元号が見られ、建武中元二年（57年）には倭に金印が授けられている。

問1 下線部①について、この内容が記載されている中国の歴史書として正しいものを、次のア～エの中から一つ選び、記号で答えよ。
ア 『漢書』地理志　　　イ 『後漢書』東夷伝
ウ 『魏志』倭人伝　　　エ 『隋書』倭国伝

2 日本の最初の元号は「大化」である。当初は使用されない時期もあったが、「大宝」以後は継続して使用されている。②改元する時期は天皇の即位はもとより、祥瑞（吉兆のしるし）の出現などさまざまであった。また、十干（甲・乙など）と十二支（子・丑など）を組み合わせた③干支で年月を表す暦が6～7世紀ごろに伝来し、元号と併用されている。

問2 下線部②について、次の改元に関する史料を読み、改元の内容に関して述べた文として正しいものを、次のア～オの中からすべて選び、記号で答えよ。なお、史料は一部補足・修正し、わかりやすく書き改めている。

> 【史料】（現代語訳）
> A （701年）三月、対馬から金が献上された。これを祥瑞とし、元号を建てられ大宝元年とした。
> B （704年）五月、西のやぐらの上に慶雲（めでたい雲）が現れた。（中略）これを祥瑞として改元し、慶雲元年とした。
> C （724年）二月、天皇は位を皇太子に譲られた。（中略）昨年の九月に白い亀が祥瑞として現れた。（中略）神亀の二字を元号と定め、養老八年を改めて、神亀元年とした。
> D （749年）七月、皇太子は大極殿で即位した。（中略）この日、天平感宝元年を改めて天平勝宝元年とした。
> E （923年）閏四月、延喜二十三年を延長元年とした。大雨や疫病によってである。

ア 祥瑞による改元は奈良時代のみである。
イ 祥瑞は動物に関するものに限られている。
ウ 改元から1年以内に再び改元することもある。
エ 日本の元号は全て漢字2字のみである。
オ 災害や病気の流行などにより改元することもある。

問3　下線部③について、干支を含むできごとに関して述べたX～Zを古い順に並べたものとして正しいものを、次のア～カの中から一つ選び、記号で答えよ。

　　　X　庚午年籍は天智天皇によってつくられた。

　　　Y　壬申の乱に勝利した大海人皇子は天武天皇となった。

　　　Z　乙巳の変で中大兄皇子は蘇我氏を滅ぼした。

　ア　X－Y－Z　　　イ　X－Z－Y　　　ウ　Y－X－Z

　エ　Y－Z－X　　　オ　Z－X－Y　　　カ　Z－Y－X

3　平安時代になると、元号が戦乱名に見られるようになった。関東を拠点とした平将門による反乱と、瀬戸内海の海賊を率いた（　④　）による反乱を指す承平・天慶の乱などである。また、院政期には保元の乱や平治の乱が起こり、これに勝利した⑤平清盛は平氏政権を樹立した。

問4　（　④　）に入る姓名を答えよ。

問5　下線部⑤について、平清盛に関して述べた文として誤っているものを、次のア～エの中から一つ選び、記号で答えよ。

　ア　武士として最初の太政大臣となり、政治の実権をにぎった。

　イ　藤原氏と同様に娘を天皇の后に、孫を天皇にして勢力を強めた。

　ウ　日宋貿易を盛んにし、現在の博多港にあたる大輪田泊を修築した。

　エ　瀬戸内海航路の安全をはかり、その守護神として厳島神社を保護した。

4　鎌倉時代以降も元号が戦乱名に見られる。後鳥羽上皇が鎌倉幕府の討幕を図った承久の乱もその1つである。また、2度にわたる⑥元寇もそれぞれ元号を使ってよばれている。室町時代では、8代将軍⑦足利義政の頃に起きた応仁の乱が有名である。戦国時代以降には海外使節にも元号が使用された。九州のキリシタン大名が4人の少年をローマ教皇のもとに派遣した（　⑧　）遣欧使節などが挙げられる。

問6　下線部⑥について、次の写真は元寇の様子を描いた絵巻物である。この写真で描かれている戦乱を何というか、答えよ。

問7　下線部⑦について、足利義政の時代に栄えた東山文化に関して述べた文として正しいもの
　　を、次のア～エの中から一つ選び、記号で答えよ。
　　ア　観阿弥・世阿弥父子によって能が大成された。
　　イ　南蛮貿易がさかんになり、西洋画の影響を受けた南蛮屏風が描かれた。
　　ウ　伝統的な寝殿造と禅宗寺院の造りを取り入れた金閣が建てられた。
　　エ　和風住宅の原型となる書院造を取り入れた銀閣が建てられた。

問8　（　⑧　）に入る元号を答えよ。

5　⑨江戸時代に入ると、朝廷が改元する時は幕府の許可が必要となった。徳川家光が3代将軍に
　就任した翌年には、元号は「寛永」へと改められている。徳川家光の治世には、参勤交代が義務
　化され、1639年には（　⑩　）船が来航禁止となり鎖国の状態となった。

　　問9　下線部⑨について、江戸時代の産業に関して述べた文として誤っているものを、次のア～
　　　　エの中から一つ選び、記号で答えよ。
　　　　ア　株仲間という同業者組合が営業を独占した。
　　　　イ　東まわり航路や西まわり航路などの航路が整備された。
　　　　ウ　油かすや干鰯（ほしか）が肥料として使われた。
　　　　エ　米と麦の二毛作が西日本に広まった。

　　問10　（　⑩　）に入る国名を答えよ。

6　18世紀前半に「元禄」の元号が使用された頃、上方を中心に文化が栄えた。代表的な人物とし
　て、『日本永代蔵』などの浮世草子を書いた（　⑪　）が挙げられる。18世紀後半の明和九年か
　ら安永元年の改元の際は、「年号は安く永しと変われども諸色高直（しょしきこうじき）（なんでも値上がり）今にめ
　いわ九（く）」という狂歌が作られ、⑫田沼意次の政治に対する批判の声もあがっていた。

　　問11　（　⑪　）に入る姓名を答えよ。

　　問12　下線部⑫について、田沼意次の政治に関して述べた文として正しいものを、次のア～エの
　　　　中から一つ選び、記号で答えよ。
　　　　ア　アヘン戦争の結果を聞き、外国船に水や食料を与えて帰すようにした。
　　　　イ　大名に対して、米を納めさせる代わりに参勤交代をゆるめる上げ米を行った。
　　　　ウ　商人の経済力を利用して財政を立て直そうとし、長崎貿易の拡大に努めた。
　　　　エ　ききんに備え、諸藩に米をたくわえさせる囲米を行った。

7　明治時代になると、一世一元の制が採用され、天皇一代の間に元号は1つとなった。ただし、干支は依然として使用されており、新政府軍と旧幕府軍との戦いは⑬戊辰戦争とよばれている。当時の中国でも干支は使用されており、（　⑭　）が滅んだ革命は辛亥革命という。

問13　下線部⑬について、戊辰戦争に関して述べたA・Bの文の正誤の組み合わせとして正しいものを、次のア〜エの中から一つ選び、記号で答えよ。
　　　A　京都での鳥羽・伏見の戦いから始まった。
　　　B　江戸城が総攻撃を受け、江戸の町は戦火に見舞われた。
　　ア　A－正　B－正　　　　　イ　A－正　B－誤
　　ウ　A－誤　B－正　　　　　エ　A－誤　B－誤

問14　（　⑭　）に入る当時の王朝名を答えよ。

8　⑮大正時代には、干支は建築物にも使用された。「甲子」の年に完成した「甲子園球場」が有名である。しかし、大正以降、事件や運動は「三・一独立運動」など月日を取ってよばれることが次第に多くなっていった。1936年に起こった陸軍の青年将校による反乱である（　⑯　）もその1つである。

問15　下線部⑮について、大正時代に見られる民主主義の実現を求める風潮を何というか、答えよ。

問16　（　⑯　）に入る適語を答えよ。

9　2019年5月1日に⑰平成から令和へと改元された。この元号は⑱大宰府の長官であった大伴旅人が詠んだ梅花の歌、「初春の令月にして気淑く風和ぎ梅は鏡前の粉を抜き蘭は珮後の香を薫らす」から引用されている。この歌は『（　⑲　）』に収められており、元号を決める際に日本の古典から引用されたのは初めてのことであった。

問17　下線部⑰について、平成時代のできごととして正しいものを、次のア〜オの中から二つ選び、記号で答えよ。
　　ア　消費税が導入された。
　　イ　日中共同声明が調印された。
　　ウ　大阪で日本万国博覧会が開催された。
　　エ　京都議定書が採択された。
　　オ　国鉄が民営化され、JRが発足した。

問18　下線部⑱について、古代の律令制では日本を五畿七道とよばれる地域に分けた。大宰府はその五畿七道のうち、どこに含まれるか。次のア〜エの中から一つ選び、記号で答えよ。
　　ア　北陸道　　　イ　西海道　　　ウ　山陽道　　　エ　山陰道

問19　（　⑲　）に入る適語を答えよ。

K 教英出版

平成31年度（2019年度）

中学校入学試験問題

【1月Ａ日程】

国　語

（60分）

注　意

早稲田佐賀中学校

一

次の文章は、顔について述べた文章の第1章の部分である。よく読んで、後の問いに答えよ。（字数制限のある問いは、句読点・記号も一字に数える。なお、原典から一部表記を改めた箇所がある。）

自分の顔について一度も考えたことがないという人は、少ないと思います。①自分の顔立ちが少し違っていたならば、全く違う人生を送っていたかもしれない。そんな風に思ったことは、ないでしょうか。

哲学者のパスカルも、絶世の美女といわれたクレオパトラの鼻がもう少し低かったら、歴史は変わっていた、と語っています。十九世紀のアメリカの四人姉妹を描いた小説『若草物語』では、末っ子が低い鼻を矯正するために洗濯ばさみを挟んで寝るというエピソードがありました。微笑ましいお話ですが、今ならば、整形手術となるのでしょうか。

そんなエピソードを見聞きするたびに、それほど顔は大切なのかと、考えさせられます。生まれ持った顔はその人の運命、あるいは歴史までも変える力を持つのでしょうか。

みなさんのまわりにも、積極的に顔をいじる人がいるでしょうか。整形までいかなくても、まぶたを二重にするシールを貼ったり、眉を整えたりしていないでしょうか。その反対に、ナチュラル志向というか、親にもらった顔に手をつけるものではない、といった主張をする人もいるでしょう。

心が成長して自我が芽生えると、他人の容姿が気になりだすものです。自分の容姿は、さらに気になることでしょう。服を着がえるように顔を変えられたら、どんなにか自由で気楽でしょうか。

でも、それは絶対に無理なことですね。顔は自分を表現する標識でもあり、「私の表札」みたいなものです。ころころ着替えていたら、誰にも「私」をわかってもらえません。「私らしさ」がなくなってしまいます。

一方で顔は、年齢により変化します。白雪姫の童話では、継母が「世界で一番美しい女性」として鏡に映る自分の姿を見続けていたのに、ある日それが娘の白雪姫に変わってしまったことが、悲劇の発端でした。無情②　こうした変化を受け止めることは、大変なことなのです。

白雪姫の継母が自分の美しかった姿を追い求めるのとは対照的に、若いみなさんは、大人へと変化している自分を誰よりも先に感じ取っているといえましょう。毎日鏡を見ている自分こそが、変化の兆候を感じることができるのです。その一方で、親や周りの大人達が、変化した自分を一人前に扱おうとしないことに、いらだつことはありませんか。周りの大人たちは（　Ａ　）、みなさんの中に、みなさんの幼い頃の姿をいつまでも追い求めているのでしょう。

老化する変化と成長する変化、どちらの変化も、気持ちが追いつくのは大変なのです。その傾向は大人になるほど、強くなるともいえます。

一般的な傾向として、人は古いものに固執するところがあります。これは「③親近化選好」と呼ばれ、慣れ親しんだ古いものを好み、そして逆に、新しいことは受け入れ難くなるのです。ちなみに赤ちゃんは、大人とは逆の「新規選好」という新しいもの好きの性質を持っています。つまり親近化選好は、赤ちゃん流の新規選好から脱却した成長の証ともいえるのです。

したがって、大人になればなるほどこの傾向は強い可能性もあります。この親近化選好は見る基準を作り、顔の好みにも大きく関わるので、2章と6章で詳しく説明しましょう。

どれだけ敏感に変化を受け止められるかは、顔を見る別の特性とも関わっています。同じ顔を見続けると、その顔の見方はゆがむことが実験からわかっています。実験でのゆがみはたった数分でも生じました。鏡に映る自分の姿をながめるだけでも、見方はゆがむかもしれません。つまり、毎日自分の顔を見続けている人たちは、自分の顔に過剰に敏感ともいえるし、自分の顔をゆがんでみているとも言えるのです。

成長を待ち望んでいる若い人たちの場合、自分の成長に人一倍敏感であるともいえましょう。そして年をとった白雪姫の継母の場合はむしろ、長年見続けた昔の顔のイメージを求め続けている可能性があるのです。違う方向ではありますが、いずれの場合も、自分の顔を見るゆがみとつながるように思います。

人は結局、自分の顔を正しく見ることができないのです。写真に写った自分の顔を持ったことはありませんか。よくよく観察してみると実感できることですが、鏡に映る自分の顔と写真の顔は、違って見えます。

いつも鏡に映る自分の姿を見つめて自己満足に浸っている人たちにとっては、（　B　）皮肉に満ちたことでしょう。一番気になる自分の顔を、私たちは自分自身の目で、きちんと見ることはできないのです。

※　※　中　略　※　※

ではどうすればよい顔をつくり出すことができるでしょうか。家を出るときに鏡と格闘して、一生懸命に顔をつくったりするひともいるでしょう。ですが先にも話をしたように、④鏡で見る顔は、要注意です。

ここで一つ、簡単な実験をしてみましょう。イギリスの顔研究者、ペレット教授の研究です。図にある二つの顔を、見比べてみてください（図1）。どちらの顔が、より女性らしく見えるでしょうか？　二つの顔の印象の違いは、はっきりとわかると思います。

まったく違う印象に見える二つの顔ですが、実は同じ写真を左右反転しただけなのです。どうでしょう。左右を逆さにするだけで、こんなにも顔の印象が変わるとは、驚きではないでしょうか。左右を逆にする効果は大きく、それは鏡に映る顔が見られる顔とは違うということにも、つながるのです。

これらの顔には、もう一つ隠された秘密があります。実はこの顔、顔の真ん中で二つの別の顔をくっつけています。片側が女性らしい顔でもう片側が男性らしい顔です。左の写真は、向かって左側が女性らしい顔で、右側が男性らしい顔となっています。右の写真は逆に、向かって左側が X 顔で、右側が男性らしい顔となっています。

図1　どちらの顔が「女性らしく」見えますか？　この写真は、女性と男性の顔を真ん中でくっつけて、左右逆さにしています。

左右で男性と女性をくっつけているから答えは半々で、 Y という正解はないはずです。しかし大半の人は、右の顔を女性らしいと答えます。つまり、向かって Z 側にある顔を女性らしいと答えるということがわかります。

劇的に見方を変える鍵は、顔を見る脳の働きにあります。顔を見るときによく働く部位は、脳の右側にあるからです。そしてややこしいことに、左右それぞれの脳には、目の前の視野の反対側の映像が入っていきます。つまり顔を見るときに活躍する右脳は、視野の左側に見える顔を分担しているのです。左側に見える顔が、顔を担当する脳に影響を与え、印象を強くつくり出しているといえるのです。

研究者によってわかりやすくつくられたこの現象ですが、ふだんの生活でも同じようなことは起きていると思われます。そして目の前の左側に見える顔は、ふだんの生活では顔の右側ですが、鏡の顔では左側となってしまいます。鏡は顔を左

右逆転させて映し出すため、印象が強い顔が左右逆転するのです。そのため鏡の顔は、印象が違って見えると考えられるのです。

鏡を見てチェックする自分の顔は、みなに見られている顔とは違うものだといえるでしょう。先にも述べたように、自分の顔は、実際には見ることはできないのです。しかも実際の顔はしじゅう動いていて、さまざまな表情に変化する顔を見られているわけです。それだけでも、鏡を前にポーズをつけて映し出された顔と実際の顔は、印象はまるで異なるといえるでしょう。

今日の自分の顔がよいかどうか、正しく判断する方法はないのでしょうか。これには、⑤発想の逆転が必要でしょう。⑥顔は社会のなかにある、それがヒントです。

その答えは、自分ではなく、周りの顔をチェックすればよいのです。人は顔と顔でつながっています。こちらがよい顔をしていれば、相手もきっと、よい顔をしているはずです。そしてそれこそ人を不快にさせるような顔をしていたら、相手の顔からわかるはず……。周りがどんな顔をしているか、よい顔をしているか、ときどき観察してみることも必要かもしれません。

これまでの話で、少しずつ顔の本質がわかってきたのではないでしょうか。

顔とは、性別や年齢を知るものであり、その人が誰かを知るものであり、表情によって自分の今の状態を伝えるものでもあります。そしてそれだけでなく、私たちは顔でつながり、相手の様子をうかがい、自分の状況を伝え合うことによって、社会を構成して、それぞれが仲間うちでうまくいっているかどうかを探り合う、手がかりにもなるのです。

（山口真美『自分の顔が好きですか？「顔」の心理学』岩波ジュニア新書 より）

問1　空欄（　A　）（　B　）に入る語を次のア～オの中からそれぞれ選び、記号で答えよ。

ア　まるで　　イ　なんと　　ウ　決して　　エ　よもや　　オ　むしろ

問2　傍線部①「自分の顔立ち」とあるが、「自分の顔立ち」を変えてはいけない理由として最も適当なものを次のア～オの中から選び、記号で答えよ。

ア　自分を表現するための顔を変えることは、自分の運命や歴史を変えることと同じだから。

イ　自分を表現する標識である顔を何度も変えると、誰にも「私」をわかってもらえなくなるから。

ウ　心が成長して自我が芽生えると、他人の容姿より自分の容姿が気になり、顔を変えることが怖くなるから。

エ　「私の表札」である顔に手を加えることに抵抗感を持つ、ナチュラル志向の考えを持っているから。

オ　生まれ持った顔は、その人の運命や歴史に影響を与えるので、整形手術をして顔を変えると私らしい生き方ができないから。

問3 傍線部②「こうした変化を受け止めることは、大変なことなのです」について、次の(1)・(2)に答えよ。

(1)「こうした変化」とは、どういうことか。「～こと。」につながるように本文中の語句を用いて十五字以内で答えよ。

(2)なぜ、「継母」は「こうした変化を受け止めること」ができないのか。その理由を「～から。」につながるように本文中から二十二字で抜き出し、そのはじめと終わりの五字を答えよ。

問4 傍線部③「親近化選好」の具体的な例としてあてはまるものを次のア～オの中から一つ選び、記号で答えよ。

ア 母が学生だったときに流行したファッションを取り入れる。

イ 昔から好きだったアイドルを長年にわたり応援する。

ウ 観光情報誌を見て興味がわいた老舗の旅館に宿泊する。

エ 中学に入学して新しくできた友達を大切にする。

オ 一ヶ月前に発売された最新の携帯電話に買い換える。

問5 傍線部④「鏡で見る顔は、要注意です」とあるが、それはなぜか。「鏡で見る顔は、」ではじめて、五十字以内で答えよ。

問6 空欄 X 、 Y 、 Z にあてはまる語句として適当な組合せを次のア～カの中から一つ選び、記号で答えよ。

ア X 男性らしい Y 女性らしい Z 左

イ X 女性らしい Y 男性らしい Z 左

ウ X 女性らしい Y 女性らしい Z 左

エ X 女性らしい Y 女性らしい Z 右

オ X 女性らしい Y 男性らしい Z 右

カ X 男性らしい Y 女性らしい Z 右

問7 傍線部⑤「発想の逆転」とあるが、その説明として最も適当なものを、次のア～オの中から選び、記号で答えよ。

ア 自分自身で顔を観察するのではなく、周りの人に自分がよい顔をしているかどうかを尋ねること。

イ 鏡の前でいつも同じ顔をするのではなく、いろいろな表情を試してみて自分の顔を客観的に知ること。

ウ 鏡に映る自分の顔を見つめるのではなく、普段の生活のなかで、相手がよい顔をしているか観察すること。

エ 自分の顔がよいかどうかを知るのではなく、自分が悪い顔をしていないかということに着目すること。

オ 自分がよい顔をしているかどうかを気にするのではなく、自分の心情が明るいかどうかを基準にすること。

問8　傍線部⑥「顔は社会のなかにある」について説明した次の文の空欄（　A　）～（　D　）に入る語をそれぞれ答えよ。

社会のなかで知り合いが多いことを、「顔が（　A　）」や「顔が利く」と言ったり、周りにいる人の名誉を傷つけた時には「顔に（　B　）を塗る」と言ったりする。このように「顔」は社会のなかでの人々のつながりを表す言葉に多く使われている。顔と同じ意味の「（　C　）」を使って、相手のことは考えず、あつかましいことを「（　C　）の皮が厚い」と言ったり、また、本文中にあるように、「顔」を見れば気持ちが伝わることを「（　D　）は口ほどにものを言う」と言ったりする。

問9　本文の内容に合致するものとして適当なものを次のア～オの中からすべて選び、記号で答えよ。

ア　顔が変われば全く違う人生が送れるので、心が成長して自我が芽生えると自分の容姿を気にするようになるが、年をとればとるほど容姿はほとんど気にならなくなる。

イ　顔の変化を年をとればとるほど気にしなくなるのは、人が古いものに固執する「新規選好」が影響しており、老化する変化に自分自身の気持ちがすぐに対応しないことによる。

ウ　顔を毎日鏡で見続けている人であっても、自分の顔を正しく見ることはできないため、写真に写った自分の顔を見て、鏡に映る自分の顔と写真に写る自分の顔が違うということを感じることがある。

エ　顔の印象は一般的に目の大きさで決まると思われているが、実は顔の左右の作りが大きく影響を与えていることが、イギリスの顔研究者、ペレット教授の研究によって明らかになった。

オ　顔は人と人をつなげるもので、相手の年齢や性別、様子をうかがい、自分の状況を伝えあうことで社会を構成するだけでなく、それぞれが仲間うちでうまくいっているのかを探り合う手がかりになる。

— 5 —

二　次の文章を読んで、後の問いに答えよ。（字数制限のある問いは、句読点・記号も一字に数える。原典から一部表記を改めた箇所がある。）

「それでは、お鈴はお春と一緒に九九をおさらいしましょう」

桃に言われて、鈴は、ちらりと不満げな表情で最後列の春の席を振り返った。

桃のすぐ目の前にある一番前の甲の座は、鈴のお気に入りだ。少しでも桃の厳しい監視から逃れようと、ちまちまと後方に座る子供もいる中で、鈴はいつも早くに来て甲の座に陣取っていた。

「二人とも縁側に出て、表に向かって九九を唱えなさい」

鈴は明らかに気の進まない様子で立ち上がった。

「お鈴はもう、九九が言えるのか？　頭の良い子供だなあ」

春のお世辞に、鈴はろくに返事もしていない。

「いんいちが、いち。いんにが、に」

春と鈴の二人が声を揃えて、一の段を唱え始めた。春の野太いダミ声に、甲高く可愛らしい鈴の声が重なる。

鈴は確かにとても優秀な娘だ。何事も誰よりも早く覚える。学んでいる時の鈴は、原っぱを力いっぱい駆け回る犬のようだ。目を鋭く輝かせて、筆を持つ手が暴れ出しそうなくらいに没頭する。

鈴の母親も、賢い娘が自慢でたまらない様子だ。時おり用事もなく現れては、桃から日頃の鈴の様子をこと細かに聞き出し、満面の笑みで帰っていく。

この態度が続くようならば、一度きつくお灸を据えなくてはいけない、と桃は思った。

「お師匠さま、うちの人が、①お鈴を将来私塾へ行かせてはどうかと話しているのです。お鈴は日頃から、清道先生のような関流の算術家になりたいと申しています。加えてあまりにも賢いので、親馬鹿とは思えどそ

の気になって参りました」

桃は、自分と大して歳の変わらない鈴の母親を思い出した。

馬鹿らしい話、とでも言うように笑いながら、鈴の母親の目は真剣な表情だ。

清道は、算術家の最大権威である関流の免許を皆伝された。師匠は関流の始祖である関孝和の高弟、建部賢弘だ。

建部は、六代将軍家宣から始まって七代将軍家継、八代将軍吉宗と三代にわたって将軍に仕えた、前代未聞の優秀な算術家だ。極限の考え方や円周率の数え上げに至っては、関孝和を越えた能力と称された。

②そんな建部に学んだ清道の算術の才は、言わずもがなだ。

少し前に鈴にせがまれて、算術界における清道の遺業のいくつかをつらつらと話した。子供のくせに、どうしてこんな話を熱心に聞きたがるのだろう？　と、不思議に思った記憶が蘇ってきた。

これまでに、寺子屋の先の私塾へ通うように勧めた筆子は数人いた。どれも男の子供だ。彼らは学問に励む我が子を誇りに思って支える余裕のある、裕福な家の子供ばかりだ。

武家や大百姓、豪商など、疑いもなく良い家の生まれだ。

貧乏な家の子供に学問の才が足りないわけではない。もちろん、努力が足りないわけでもない。

桃は意図的に、金に余裕のある家の子供にだけ学問を続けるように勧めた。③金のない家の子供にむやみに学問の喜びを教えるのは、あまりにも過酷な運命を強いる結果になる。

桃は、家の仕事をしながら必死で私塾に通って研究を続ける清道の弟子たちを幾人も見てきた。彼らは決して幸せそうには見えなかった。

痩せ細り睡眠不足で血走った目をした彼らを見ていると、最初に学問への道を示した寺子屋のお師匠さんは、

何て残酷なのだろうと思った。

才ある子供を褒めちぎるのは、師匠としてはとても楽しい。だからと言って、その子供の生まれた環境や将来を考えずに師匠が褒められて賞賛の言葉ばかり浴びせたら、子供は学問の道から逃れられなくなる。

ひどい暗号としか思えないめちゃくちゃな数字の羅列や、この世にあるはずのない形の面積を必死で求める算術家は、桃からすれば理解不能な存在だ。

一文の銭にもならないのに憔悴しながら机にかじり付いている清道の姿を見ると、学問とは何なのかがまったくわからなくなった。

まるで地獄にいる餓鬼のように醜く背を丸めて一心に筆を走らせている清道は、普段の姿とは別人だ。学者が学問を極める信念の中には、どこか他人を拒絶する底知れない暗いものを湛えているように思えた。

家が裕福な商家である鈴は、生活の心配をせずに私塾で学ぶ余裕が、一応ありそうだ。

しかし鈴は、何と言っても女に生まれた子供だ。鈴は子供ながらに目鼻立ちが整っている。これから成長すればどんどん美しい娘になるだろう。鈴には、算術家になるよりももっと気楽で（　Ａ　）な道があるに違いなかった。

④ふと気付くと、九九を唱える二人の声がばらばらに乱れていた。

童歌でも歌うようにのんびりと数を唱える春を、鈴はつんのめるように慌てて追い抜かして先へ先へと進む。まったく底意地の悪い餓鬼だ。

しかし八の段が始まったところで、鈴の声がぴたりと止んだ。

桃は苦笑いをして縁側へ出た。

予想通り、泣き出しそうな顔をした鈴が、頭が真っ白になった様子で黙り込んでいた。

「七の段までは、よく覚えましたね。ここからしっかりおさらいしましょう」

鈴はこくりと頷いた。一緒に涙がぽろりと落ちて、桃は驚いた。ただの九九の暗記に、鈴はどれだけの思いを込めていたのだろう。こんな姿を見てしまうと、日頃いくら生意気な言動があっても憎めない子だ。

春のほうは、一度も己の速さを崩さずにゆったりと九の段の終わりまで辿り着いた。家の商売を手伝ってい

ただけあって、さすがに九九の覚えは完璧だ。

春は額をぴしゃりと叩くと、ふうっと息を吐いた。

「二人とも、基本を侮っては足を掬われます。これからも練習を怠ってはいけませんよ」

桃の言葉に、鈴が獣のような目をしてきっと顔を上げた。

「今日学ぶのは二桁の乗法です。算盤を机の上に出しなさい」

桃は素知らぬ顔をして、間を書きつけるために筆を執った。

最初に鈴と春に取り組ませた課題は、⑤九九の呪文が己の身体に染みついているかを確かめることができる。

九九をきちんと暗記していれば、二桁以上の乗法も、算盤を使って求めることができる。

中国から渡来した計算機の算盤は、複雑な計算をする場面で大いに役に立つ。

桃は素知らぬ顔をして、間を書きつけるために筆を執った。

指先で珠を弾く仕草はまるで数珠玉を弄ぶようだ。パチパチと弾ける音も律動的で心が躍る。大人の真似をして背伸びした子供が喜んで使う。

しかし寺子屋は計算機の使い方だけを教える場ではない。

算盤をうまく取り入れながらも頼り切ってはいけない。便利な計算機を自らの意志で使いこなす素地を作らなくてはいけない。

— 7 —

桃が九九のおさらいに拘るには理由があった。

「それでは、十五掛けるところの二十三を解きなさい」

桃が紙に数字を書き終わる前に、鈴と春はさっと背を丸めて算盤に向かった。

春はほて振りの行商のように幾度も指を空回ししながら、のんびりと珠を弾く。傍らの鈴が、胡桃をかじるリスのように一心不乱にカチカチ珠を弾く姿とは雲泥の差だ。

「できました！　答は三百四十五であります！」

桃の予想通り、先に声を上げたのは鈴だ。

少し遅れて、春が残念そうな表情で鈴に同調して頷いた。

「よろしい。では次の問です。十二掛けるところの二十五を解きなさい」

鈴は畳みかけるように早口で続けた。

桃は舌なめずりをするように気合十分の様子で、慌てて算盤に顔を落とす。

「答は三百です」

直後に聞こえた春の声に、珠を弾き出したばかりの鈴は悲鳴を上げそうな口をあんぐり開けた。

「お春はまだ算盤に手を触れてもいないではないですか！　きっと〝ずる〟をしたに違いありません！」

鈴が、自分が負けた事実を認めきれない様子で春に詰め寄った。

春は、驚いた、という表情で大きく口を開けて笑った。

「お鈴には、何でもわかっちまうなあ！　本当に利口な子供だ！」

「やっぱりそうでしょう。お春は〝ずる〟をしたのです」

鈴が鼻先をつんと上に向けて頷いた。そんな鈴の頭を春が乱暴に撫でた。利口だと褒められて気を良くした

⑥お春、どういうことですか？

桃は状況が呑み込めない気分で質問した。間に使った数字は、桃が適当に思い浮かんだものを口に出しただけだ。春が〝ずる〟をしたところで、答を盗み見るなんてことはできない。

「へい。おらは、⑦お鈴のように算盤を速く弾くことはできません」

春は心底恥ずかしそうに顔を伏せながら、虚空を指さした。桃にはどうも春らしくない演技がかった振る舞いに感じた。

傍らの鈴の表情がぱっと華やいだ。

「だから十二って数を、六掛けるところの二つって考えたんでさあ」

「ろくにじゅうに。そんなの当たり前のことです」

鈴はつんと澄まして口を挟んだ。

「十二掛けるところの二十五は、六掛ける二十五になります。二掛けるところの二十五は、銭勘定の経験があればすぐに五十とわかります。そうすると……」

春の指先が丸を描いた。

「六掛けるところの五十。つまり三百になるのですね。そんな〝ずる〟をしたから、お春は算盤を使わずに計算ができたのですね」

鈴が、計算ならば己のほうが得意だというように春の言葉を途中で引き継いだ。

鈴を見つめる目は優しい。九九のおさらいに挫折したばかりの鈴の心を慮っていたのだろう。

春は大きく頷いた。

鈴は春の解法の説明などすっかり忘れ、算盤を扱う速さを褒められたことが嬉しくてたまらない様子だ。先ほどからぎりぎりと尖っていた目元が一気に柔らかくなっている。

和やかな場の中で、桃の胸がぎくりと震えた。

桃自身はまったく意図していなかった解法だった。

「お春が、誰にも習わずに考えたのですか?」

春は、桃の真剣な口調にきょとんとした様子で、目元をしょぼつかせた。

「へい。今ここの場で考えました。昔から〝ずる〟をするのは得意でした」

春は決まり悪そうに身を縮めた。

桃は言葉を失った。師匠にやれと言われた課題を自分で勝手に捏ね回した筆子には、出会った例がない。

「お師匠さま、お春に罰を!」

春に頭を撫でてもらったばかりの口で、鈴が高らかな声を上げた。桃の動揺にはまったく気付いていない様子だ。

「キメ板で叩くか、鞭打ちに!」

よほど周囲に迷惑を掛ける腕白坊主や、人の物を盗んだり弱い子供を虐めたり、見過ごせない悪事を働いた子供には、師匠が罰を与える権限があった。女である桃も、びしばしと鞭を振るう。

桃は鈴の言葉に思わず吹き出した。

「お師匠さま、おら、〝ずる〟は二度としません。鞭打ちだけは勘弁してくだせえ」

春も、おどけて尻を守る真似をした。

「口先だけで謝ってもいけません。お師匠さまは怖いのですよ」

鈴は、桃が子供を叱る時の口真似をして、悠々と両腕を前で組んだ。

「お師匠さま、整いました!」より

（泉ゆたか『お師匠さま、整いました!』より）

問1　傍線部①「お鈴を将来私塾へ行かせてはどうか」とあるが、「桃」が考えている「私塾」に進学するのにふさわしい子供はどんな子供か、本文中から⑦五字以内と⑦十字以内で二つ抜き出せ。

問2　傍線部②「そんな建部に学んだ清道の算術の才は、言わずもがなだ」とは、どういうことか。最も適当なものを次のア～オの中から選び、記号で答えよ。

ア　清道は優秀な算術家の弟子であり、清道の算術の能力も同様に優れているということ。
イ　清道の師匠は関流の始祖であり、弟子の清道もまた立派な算術家であるということ。
ウ　清道は関流の免許を皆伝されており、その算術の才能は言うまでもないということ。
エ　清道は算術を教えた師匠の能力を超えており、前代未聞の算術家であるということ。
オ　清道の算術の遺業はいくつもあり、後世に伝えるには言葉が足りないということ。

問3　傍線部③「金のない家の子供にむやみに学問の喜びを教えるのは、あまりにも過酷な運命を強いる結果になる」のは、なぜか。次の空欄に入る語句を本文中から十字以内で抜き出せ。

算術の研究は（　　　　　　　　）から。

問4　空欄（　Ａ　）に入る語を本文中から抜き出せ。

問5　傍線部④「ふと気付くと」とあるが、この直前まで「桃」は「鈴」についてあれこれと考えをめぐらせている。「鈴」についての「桃」の考え事はどこからはじまっているか。そのはじまりの五字を本文中から抜き出せ。

問6　傍線部⑤「九九の呪文」とあるが、「九九」が「呪文」であることをより効果的に表すために、どんな表現方法が用いられているか。次の空欄に入る語を答えよ。

鈴や春が口にする九九が（　　　　）で書かれている。

問7　傍線部⑥「お春、どういうことですか？」以降の「桃」の心情について最も適当なものを次のア～オの中から選び、記号で答えよ。

ア　「鈴」がなんでもわかる利口な子供だという理由がわからなかったが、「鈴」は「春」の解法を途中から説明できるほど、やはりとても利口な子供だとわかった。そんな利口な「鈴」の言うとおりに“ずる”をしたと「春」に厳しい罰を与えようと思った。

イ　発問と同時に答を言われたので、一瞬たじろいだが、どうして答を出すことができたのかをどうしても知りたくなり、「春」に説明を求めた。「春」の説明があまりにも理路整然としたものであったので、“ずる”だと思わず納得してしまった。

ウ　答を知るはずのない「春」がすぐに答えたことを不審に思い、「春」が“ずる”をしたにちがいないと怪しんだ。しかし、「春」のすばらしい解き方を聞き、教える者として筆子を疑ってしまった自分が情けなく、はげしく動揺してしまった。

エ　わざとらしいしぐさの意図はさっぱりわからないし、しかも自分よりもすぐれた解法を考え出した筆子の「春」には恐れ入ってしまった。その不安から「お春に罰を」という「鈴」の言葉をうまく利用し、「春」に対する指導者としての権威を守ろうとした。

オ　「春」が“ずる”をせずに、なぜ答えることができたのかわからなかったが、自分の想像を超えた「春」の解き方を聞き、少なからず衝撃を受けた。そんな様子を感じることなく、「春」を責めるむじゃきな「鈴」の大声についつい笑ってしまった。

問8　傍線部⑦「お鈴のように算盤を速く弾く」とあるが、「算盤を速く弾く鈴」は何にたとえられているか。本文中から十字以内で抜き出せ。

問9　本文中の「春」についてあてはまらないものを次のア～カの中から二つ選び、記号で答えよ。

ア　「鈴」より年上で、勝ち気な「鈴」にも優しく接している。

イ　家の商売を手伝っていたので、計算は苦手ではない。

ウ　私塾で学ぶのに十分な強い算術研究への意欲を持っている。

エ　ゆっくりではあるが、物事を着実に行うことができる。

オ　状況に応じた冗談を言うようなことができる。

カ　気が小さく、すこし問い詰められるとすぐにおどおどしてしまう。

問10 本文中には数カ所「ずる」という表現があるが、どのようなことを「ずる」と言っているのか。「算盤」「変形」「暗算」の三語を必ず用いて、三十字以内で答えよ。

三 次の各問いに答えよ。

問1 次の傍線部のカタカナを漢字に改めよ。

① 難局をダカイする。
② 患部にホウタイを巻く。
③ 久しぶりにキョウリに帰る。
④ 重要なニンムを負う。
⑤ 核をホユウする国。
⑥ ムチャなお願いをする。
⑦ ドキョウのある人。
⑧ 危険をサッチする。
⑨ 職人キシツを受け継ぐ。
⑩ ハチクの勢い。

問2 次の (ア)～(ウ) の①～⑦を用いて文意の通じる一文をそれぞれ作るとき、不要なものがそれぞれ一つずつある。その番号を一つずつ答えよ。

(ア) ① 瞳は ② ようだ ③ まるで ④ らしい ⑤ 輝く ⑥ 真珠の ⑦ 君の

(イ) ① はずは ② ことが ③ 薬を ④ つもりが ⑤ できない ⑥ ない ⑦ 飲む

(ウ) ① 変わった ② 米を ③ 食生活は ④ 主食に ⑤ 日本人の ⑥ 私たちに ⑦ してきた

— 11 —

問3　次の①・②の各文の傍線部には一つだけ用法の異なるものがある。その文をア～オの中からそれぞれ一つずつ選び、記号で答えよ。

① ア　彼が手を振っているのに気づいた。
　　イ　メールを送ったのに返信がない。
　　ウ　車を修理するのにお金がかかる。
　　エ　学校へ行くのに毎日バスを使う。
　　オ　私は妹が大泣きしたのに驚いた。

② ア　合格するため必死で勉強した。
　　イ　雪が降ったため電車がとまった。
　　ウ　台風がやってくるため明日は雨です。
　　エ　足が速いため選手に選ばれた。
　　オ　隣の人がうるさいため集中できない。

K 教英出版

平成31年度（2019年度）

中学校入学試験問題

【1月A日程】

算　数

（60分）

注　意

「始め」の合図があるまでは問題を開いてはいけません。

1　「始め」という合図で始め，「やめ」という合図ですぐにやめなさい。

2　問題は1ページから6ページまでです。

3　解答を始める前に，まず，解答用紙に受験番号と氏名を記入しなさい。
　　受験番号は5桁です。算用数字で横書きにしなさい。

4　答えは，すべて解答用紙に記入しなさい。

5　質問や用があるときは，声を出さずに静かに手をあげなさい。
　　問題の内容についての質問は受け付けません。

6　分度器，定規，コンパス，計算機類の使用は認めません。

7　比で答えるときは，最も簡単な整数の比にしなさい。

8　分数で答えるときは，約分して最も簡単な形にしなさい。

9　円周率を用いるときは，3.14として計算しなさい。

10　角すいや円すいの体積は，「底面積×高さ÷3」で計算しなさい。

| 1 | 次の［　　　］にあてはまる数を求めよ。

(1)　$0.25 \times 28 + 21 \div \dfrac{3}{4} = $ ［　　　］

(2)　$\dfrac{9}{14} + \left(2\dfrac{1}{3} - \dfrac{3}{4}\right) \div 3\dfrac{4}{5} \times \dfrac{6}{7} = $ ［　　　］

(3)　$\left(3 - \boxed{} \div 3.25\right) \div \left(6\dfrac{1}{4} - 4\dfrac{1}{2}\right) = 1$

(4)　$\dfrac{1}{12} = \dfrac{1}{3} - \dfrac{1}{4}$ であることを利用すると，$\dfrac{1}{20} + \dfrac{1}{30} + \dfrac{1}{42} + \dfrac{1}{56} + \dfrac{1}{72} = $ ［　　　］

(5)　5％の食塩水 400 g に 8％の食塩水 100 g を混ぜたあと，220 g の水を蒸発させると
　　 ［　　　］％の食塩水ができる。

(6)　A 地点から B 地点まで 2400 m ある。太郎君は時速 4.8 km で A 地点から B 地点へ，次郎
　　 君は分速 70 m で B 地点から A 地点に向かって同時に出発した。2 人が出会うのは［　　　］分
　　 後である。

(7)　7 人ですると 8 時間かかる仕事がある。この仕事を 4 人で［　　　］時間したあと，残りの仕
　　 事を 2 人で 12 時間するとすべての仕事を終えた。ただし，どの人も同じ量の仕事をするもの
　　 とする。

(8)　仕入れ値が 1 個 500 円の品物を，3 割の利益を見込んで定価をつけたが，1 個も売れなかっ
　　 た。そこで，すべての品物について定価の 2 割引きを売り値とした。すると品物はすべて売り
　　 切れ，全体で 480 円の利益があった。仕入れた品物の個数は［　　　］個である。ただし，消費
　　 税は考えないものとする。

(9) A を B 回かけると C になることを，$A \circledcirc C = B$ と表すこととする。例えば，$7 \circledcirc 49 = 2$，$2 \circledcirc 16 = 4$ となる。このとき，
$$(2 \circledcirc 32) - (3 \circledcirc 9) = \boxed{} \circledcirc 64$$
である。

(10) 10円玉，50円玉，100円玉硬貨を使って370円を用意するには，硬貨の組合せは $\boxed{}$ 通りある。ただし，硬貨は何枚使ってもよく，また，使わない硬貨があってもよい。

(11) 右の図の黒くぬられた角をすべて足すと，$\boxed{}$° である。

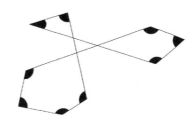

(12) 平面上に右の図のような，正三角形の辺上に固定された点 P がある。この点 P に長さ 12 m のひもをつなぎ，その先端を点 Q とする。点 Q はこの正三角形の外部を自由に動けるとするとき，点 Q が動ける範囲の面積は $\boxed{}$ m² である。ただし，ひもの太さは考えないものとする。

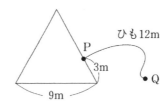

ひも12m

P

3m

9m

Q

(13) 右の図のような，長方形 ABCD があり，対角線 AC と対角線 BD の交点を通り，辺 AD と辺 BC に垂直な直線を ℓ とする。斜線部分を，直線 ℓ を軸として 1 回転させてできる立体の体積は $\boxed{}$ cm³ である。

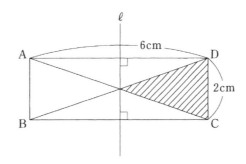

ℓ

A 6cm D

2cm

B C

2 Aさんは、飼っている猫とウサギの年齢を、人間の年齢になおすと何才にあたるかを知りたくて、次の【資料】を調べた。

【資料】

　猫やウサギは人間に比べると、はるかに早く成長します。生まれた直後の成長は特に早いです。猫・ウサギそれぞれの年齢を人間の年齢になおすと、猫は3才、ウサギは2才で人間の28才にあたります。その後は規則正しく成長し、猫の1才分は人間の [①] 才分に、ウサギの1才分は人間の [②] 才分にあたります。下の表は、猫・ウサギと人間の年齢の関係の一部を示したものです。

猫の年齢　　　（才）	3	6	9
人間の年齢　　（才）	28	40	52

ウサギの年齢（才）	2	6	9
人間の年齢　　（才）	28	48	63

　上の【資料】をもとにして、次の問いに答えよ。

(1) 【資料】の [①] ・ [②] にあてはまる数を求めよ。

(2) 猫の13才は、人間の年齢になおすと何才と考えられるか。

(3) ウサギの14才は、猫の年齢になおすと何才と考えられるか。
　　なお、この問題は解答までの考え方を示す式や文章、表などを書け。

3 A，B，Cの3人が，100点満点のテストをそれぞれ5回ずつ受けた。得点はすべて整数で，平均点の高い順にC，B，Aとなった。次の問いに答えよ。

(1) 次の①～⑧のうち，3人それぞれの5回の平均点として**考えられないものをすべて**選び番号で答えよ。また，その理由を簡単に説明せよ。

① 79.5点   ② 66.8点   ③ 62.8点   ④ 81.1点
⑤ 72.4点   ⑥ 69.9点   ⑦ 83.6点   ⑧ 92.2点

3人とも，5回目までの各自の最高点が91点，最低点が58点だったとき，次の(2)，(3)に答えよ。

(2) (1)で選ばなかった平均点のうち，3人それぞれの5回の平均点として**考えられないもの**をすべて選び番号で答えよ。

(3) (1)・(2)で選ばなかった3つの平均点が，3人それぞれの5回の平均点とする。3人がテストをもう1回受けて，6回の平均点を考えたとき，次のア～エで**正しいと判断される**ものをすべて選び記号で答えよ。

ア　Aさんの平均点がCさんの平均点より高くなることはない。
イ　Bさんの平均点が76点以上であったとき，Bさんは6回目で自分自身の最高点をとった。
ウ　3人が，6回目で同じ得点をとったとき，3人の平均点の差は変わらない。
エ　Aさんが6回目で自分自身の最低点をとったとしても，3人の中で平均点が最も低くなるとは限らない。

— 4 —

4 　面積が 100 m² の正方形の土地のまわりに，【図1】～【図3】のように杭を等間隔に打ち，杭と杭の間にロープを張った。次の問いに答えよ。ただし，杭やロープの太さは考えないものとする。

(1)　【図1】の ⬚⬚⬚ 部分の面積を求めよ。

【図1】

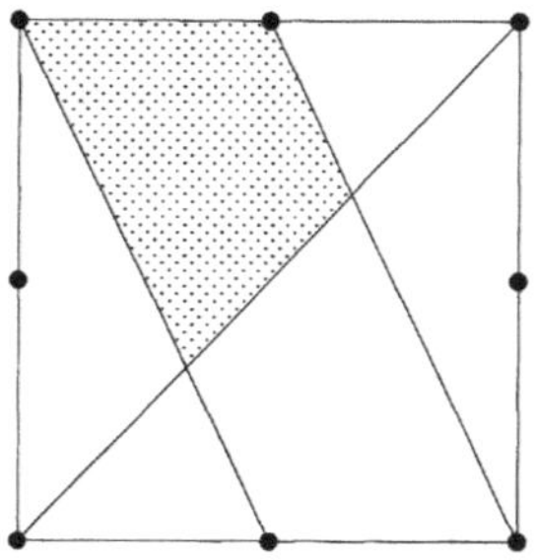

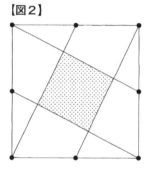

(2)　【図2】の ⬚⬚⬚ 部分の面積を求めよ。

【図2】

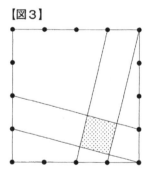

(3)　【図3】の ⬚⬚⬚ 部分の面積を求めよ。

【図3】

5 底面の半径6cm，高さ12cmの円柱の形をした容器に，水がいっぱいに入っている。

この中に，底面の半径6cm，高さ12cmの鉄の円すいを，【図1】のように，円すいの頂点が，円柱の底面の中心に重なるように垂直に沈めていく。次の問いに答えよ。

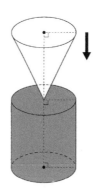

【図1】

(1) 【図2】のように，円すいを静かに沈めていき，水の中に沈んでいる円すいの高さが6cmになったとき，あふれでた水の体積を求めよ。

【図2】

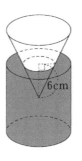

(2) 【図3】のように，円すいの頂点が円柱の形をした容器の底面に達してから，円すいを垂直に静かに引き上げていく。水の中に沈んでいる円すい部分の高さが4cmになったとき，円柱の形をした容器内の水の深さを求めよ。

【図3】

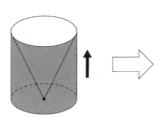

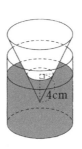

(3) (2)のあと，円すいを，円柱の形をした容器から完全に引き抜いた。その後，円柱の形をした容器を，残った水がこぼれないように静かに傾けて真横から見たところ，【図4】のようになった。 □ にあてはまる数を求めよ。

【図4】

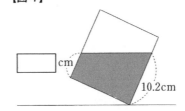

K教英出版

平成31年度（2019年度）

中学校入学試験問題

【1月A日程】

理　科

（40分）

注　意

「始め」の合図があるまでは問題を開いてはいけません。

1　「始め」という合図で始め，「やめ」という合図ですぐにやめなさい。

2　問題は1ページから9ページまでです。

3　解答を始める前に，まず，解答用紙に受験番号と氏名を記入しなさい。
　　受験番号は5桁です。算用数字で横書きにしなさい。

4　答えは，すべて解答用紙に記入しなさい。

5　質問や用があるときは，声を出さずに静かに手をあげなさい。
　　問題の内容についての質問は受け付けません。

6　定規，コンパス，計算機類の使用は認めません。

1　K君とSさんの体験に関するA・Bの文章を読んで，下の各問に答えよ。

A

　K君は学校で飼育されていたメダカに興味をもち，自宅でメダカを飼って観察することにした。K君はまず大きな水そうを準備して，水そうの底に砂や小石をしきつめた。その水そうの中に①水道水と水草を入れ，②直射日光が当たらない明るい場所においた。このように準備した水そうの中にメダカのオスとメスを入れて観察した。しばらくすると，水そうの水がにごってきたので，③新しく準備した水とすべて入れ替えた。その後，その水そうの中を観察すると，メダカの受精卵が付着した水草を見つけたので④受精卵が付着した水草は別の水そうにうつした。

問1　下線部①〜④の操作が飼育方法として正しければ○，まちがっていれば×をそれぞれ答えよ。

問2　オスのメダカのみに見られる特ちょうとして正しいものを，次のア〜オの中からすべて選び，記号で答えよ。
　　ア　体はうろこでおおわれており，えらを使って呼吸を行う。
　　イ　背びれに切れこみがある。
　　ウ　背びれに切れこみがない。
　　エ　しりびれが三角形に近いかたちである。
　　オ　しりびれが平行四辺形に近いかたちである。

問3　メダカの卵について説明している文としてもっともあてはまるものを，次のア〜オの中から1つ選び，記号で答えよ。
　　ア　直径は3.0〜3.5cmほどで，夕方になるとメスが水草に産卵する。
　　イ　直径は1.0〜1.5cmほどで，水温が15℃以下になるとメスが水草に産卵する。
　　ウ　直径は3.0〜3.5mmほどで，水温が15℃のとき受精卵は約11時間でふ化する。
　　エ　直径は1.0〜1.5mmほどで，水温が25℃のとき受精卵は約11日でふ化する。
　　オ　直径は0.3〜0.5mmほどで，水温が25℃になると卵がくさって油のつぶが卵の中にあらわれる。

B

Sさんは唐津で食べたイカに興味をもち，お父さんと一緒にイカを釣りに行った。Sさんが水中をただよう小さな生物を観察しているあいだに，Sさんのお父さんは小さなエビを使ってイワシを釣った。その釣ったイワシをエサにイカを釣り上げた。この日，イカが大量に釣れたのでSさんたちは弱ってしまったイカを海にかえした。すると，カモメが弱ったイカをくわえて飛んでいってしまった。

問4　下線部のうち，光合成を行って自ら栄養を合成するものを植物プランクトンという。植物プランクトンのなかまを次のア〜オの中からすべて選び，記号で答えよ。
　　ア　ミジンコ　　　イ　ラッパムシ　　　ウ　ハネケイソウ
　　エ　ミカヅキモ　　オ　ゾウリムシ

問5　文章中にある，小さなエビ，イワシ，イカ，カモメで見られるような「食べる」「食べられる」の関係を何というか，漢字4字で答えよ。

問6　「食べる」「食べられる」の関係は図のような『生態ピラミッド』で表すことができる。図は，DはCに食べられ，CはBに食べられることや，DはCよりも数が多いことを示している。生態ピラミッドについて説明している文としてまちがっているものを，次のア〜エの中から1つ選び，記号で答えよ。

図

　　ア　植物プランクトンはDに入る。
　　イ　ヘビ，ワシ，カエル，バッタをA〜Dにそれぞれあてはめると，バッタはBに入る。
　　ウ　自然の中で生物の個体数をくらべると，DがCよりも少なくなって図のようなピラミッド型にならないこともある。
　　エ　Aの生物が絶めつしてしばらくすると，Cの生物の個体数が減少する。

2 次の各問に答えよ。

問1 試験管A～Eには，塩酸，炭酸水，食塩水，石灰水，アンモニア水の5つの水溶液のうちいずれかが入っている。それぞれの試験管に何が入っているかを調べるために次の【実験1】～【実験5】を行い，その結果を表1に示した。

【実験1】 溶液のにおいを調べる。
【実験2】 試験管をゆっくりと左右に振ったときの様子を調べる。
【実験3】 青色のリトマス紙に少量の溶液を付けて色の変化を調べる。
【実験4】 赤色のリトマス紙に少量の溶液を付けて色の変化を調べる。
【実験5】 少量の溶液を蒸発皿にとって加熱し，水を蒸発させると固体が残るかどうか調べる。

表1 【実験1】～【実験5】の結果

	試験管A	試験管B	試験管C	試験管D	試験管E
実験1	なし	なし	あり	なし	あり
実験2	あわが出てきた	変化なし	変化なし	変化なし	変化なし
実験3	赤色に変化	変化なし	変化なし	変化なし	赤色に変化
実験4	変化なし	変化なし	青色に変化	青色に変化	変化なし
実験5	残らない	残る	残らない	残る	残らない

(1) 薬品をあつかうときに注意することとして，もっともあてはまるものを，次のア～エの中から1つ選び，記号で答えよ。

ア においをかぐときは，試験管の口を鼻に近づける。
イ 実験に使う薬品は，うすめた薬品を使う。
ウ うすめた薬品が手についたときは，うすめた薬品を使っているためすぐに洗う必要はない。
エ 水溶液を蒸発させるときは，窓は閉めておく。

(2) 試験管A，Bに入っている水溶液を答えよ。

(3) 試験管A，Dの水溶液を混ぜて起こる変化として正しいものを，次のア～エの中から1つ選び，記号で答えよ。
ア AとDの水溶液が反応して白い煙（けむり）がでてくる。
イ AとDの水溶液が反応して気体が発生する。
ウ AとDの水溶液が反応して白くにごる。
エ AとDの水溶液が反応して黒くにごる。

問2　塩酸の入った試験管にアルミニウムを加えると気体が発生し，アルミニウムはすべて溶けた。この溶液を蒸発皿にとって加熱し，水を蒸発させると固体aが残った。

(1)　下線部で発生した気体は何か答えよ。

(2)　固体aの性質を調べるために次のア～エの実験を行った。まちがっているものを次のア～エの中から1つ選び，記号で答えよ。

　　ア　固体aが電気を通すか調べると，通さなかった。
　　イ　固体aに磁石を近づけたがくっつかなかった。
　　ウ　固体aを水に入れると溶けた。
　　エ　固体aを硫酸に入れると気体を発生して溶けた。

問3　石灰水にBTB液を加えると青色になる。この溶液に少しずつ塩酸を加えると，ある量を加えたところで，水溶液の色が緑色になった。

(1)　水溶液の色が緑色になったことから，水溶液は何性になったか答えよ。

　　下の表2は，石灰水と塩酸をさまざまな体積で混ぜあわせたときのBTB液の色の変化を表している。ただし，各実験で用いた石灰水と塩酸の濃度はそれぞれ同じである。

表2

石灰水の体積	塩酸の体積	BTB液を入れた溶液の色
50 mL	25 mL	青色
50 mL	50 mL	青色
50 mL	100 mL	緑色
100 mL	250 mL	黄色

(2)　表2と同じ濃度の石灰水20 mLに表2の2倍の濃度の塩酸を加えていくと，やがて溶液が緑色になった。塩酸を何mL加えたときに緑色になったか答えよ。

3 　川には，川底や川岸および川底に沈んだ粒（れき，砂，泥）を削る侵食作用，粒を運ぶ運搬作用，運搬された粒が川底に積もる堆積作用の3つのはたらきがある。次の各問に答えよ。

問1　図1は，川で侵食，運搬された粒が海底に堆積する様子を表したものである。図1の点線は地殻変動（大地が変化すること）によりそれぞれ隆起（海水面に対して大地が持ち上がること）および沈降（海水面に対して大地が下がること）した場合の海水面の高さを表している。

図1

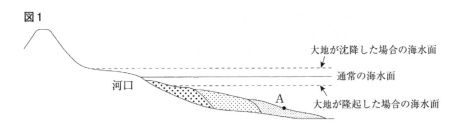

　図1の大地全体が地殻変動により隆起または沈降した場合，図1中のAに堆積する粒の直径の大きさについて述べた文として正しいものを，次のア～エの中からそれぞれ1つずつ選び，記号で答えよ。ただし，答えには同じ記号を使用してもよい。また，地殻変動の前後で大地全体が隆起または沈降し，傾きは変化しないものとする。
ア　地殻変動する前よりも大きな粒が堆積する。
イ　地殻変動する前よりも小さな粒が堆積する。
ウ　地殻変動する前と堆積する粒の大きさは変化しない。
エ　はじめ大きな粒が堆積した後，徐々に小さな粒が堆積するようになる。

問2　図2は，水平な海底に形成された地層の断面の一部を表したものである。ただし，図2の地層は下にいくほど古い地層である。

図2

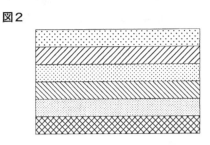

(1)　図2の地層に対して水平方向に両側から押す力を長期間加え続けると，図3のように変形（褶曲）した地層が形成されることがある。このような地層について述べた文としてまちがっているものを，下のア～エの中から1つ選び，記号で答えよ。ただし，図3は褶曲した地層の断面の一部を表している。

図3

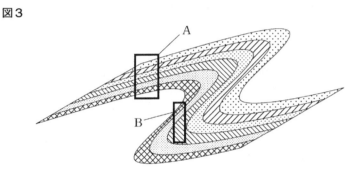

　　ア　図3のような地層の褶曲は，長い年月をかけて再び図2のような地層の形状に戻るのが一般的である。
　　イ　図3の太線Aで囲まれた部分だけを観察すると，地層が水平方向に対して傾いて形成されたように見える。
　　ウ　図3の太線Bで囲まれた部分だけを観察すると，下にいくほど新しい地層になっている。
　　エ　地層が褶曲して形成されたとされるヒマラヤ山脈では，アンモナイトなどの海洋生物の化石が見つかることがある。

(2)　図2の地層に対して水平方向に両側から押すまたは引く力を長期間加え続けると，図4または図5のようにずれ（断層）が生じ，図中の矢印のように上盤がずり下がるもしくはずり上がるような地殻変動が起こることがある。図4および図5の地層は図2の地層にどのような力を加え続けたものか。また，図4の層Dと層E，および図5の層Dと層Fをそれぞれ比べた場合，古い地層はそれぞれどの層か。答えとして正しい組み合わせを，下のア〜クの中から1つ選び，記号で答えよ。ただし，図4および図5は地層の断面の一部を表したものである。

図4

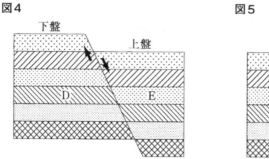

図5

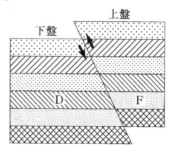

	加え続ける力		古い地層	
	図4	図5	図4	図5
ア	押す力	押す力	D	F
イ	押す力	押す力	E	D
ウ	押す力	引く力	D	F
エ	押す力	引く力	E	D
オ	引く力	押す力	D	F
カ	引く力	押す力	E	D
キ	引く力	引く力	D	F
ク	引く力	引く力	E	D

問3　図6の地層は，層a～f，断層Aおよび褶曲（以下，褶曲Bとする）により形成されたものである。層aおよび層dはれき岩，層bおよび層eは砂岩，層cおよび層fは泥岩で形成されている。ただし，図6の上面と底面は水平面であり，地層の逆転（地層の傾きが90°を超え，地層の上下が逆転すること）は起こっていない。また，図6の地層が形成された後，侵食および風化（岩石が長期間空気にさらされてくずれ，土になる現象等）の影響を受けていないものとする。

図6

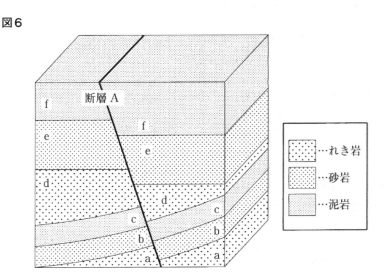

(1)　この地層が形成された順番に並べ替えよ。なお，答えはa～fおよびA，Bを用いることとし，次の解答例を参考に，解答欄にそって書け。

解答例：A → B → a → b → c → d → e → f

(2)　図6の地層について述べた文としてもっともあてはまるものを，次のア～エの中から1つ選び，記号で答えよ。

ア　層cの上に層dが堆積していることから，図6の地層は褶曲によって隆起した可能性がある。

イ　層d～fが水平に形成されていることから，この3つの層だけが水の底で形成されたと考えられる。

ウ　断層Aは，図6の地層に対して水平方向に両側から押す力を加え続けて形成されたと考えられる。

エ　図6の地層から海洋生物の化石が発見されることはない。

(3)　図6の地層が形成されたとき，褶曲による地層の変化は1年間に0.5cmであった。仮にこの変動が10万年間継続した場合の地層の変化としてもっともあてはまるものを，次のア～エの中から1つ選び，記号で答えよ。

ア　200m　　イ　500m　　ウ　20000m　　エ　50000m

4 下の各問に答えよ。

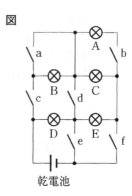

図

同じ種類の豆電球と乾電池を用いて図のような回路を作った。図の ⊗ A～Eは豆電球を，a～fはスイッチを指す。ただし，実験に使う電池と豆電球は全て新品のものであり，最初，回路中のスイッチは全て開いていた。また，豆電球に流れる電流の流れにくさは一定であり，図の ✚ は，導線が接続されていることを表す。

問1　次の(1)～(3)の場合，豆電球A～Eの中で，光るものをすべて選び，記号で答えよ。ただし，光る豆電球が1つもない場合は「なし」と答えよ。
(1)　スイッチeのみを閉じた場合。
(2)　スイッチcのみを閉じた場合。
(3)　スイッチfのみを閉じた場合。

問2　スイッチb，c，eを閉じ，スイッチa，d，fが開いている場合，豆電球Bと同じ明るさで光る豆電球をA，C～Eからすべて選び，記号で答えよ。ただし，条件に合う豆電球が一つもない場合は「なし」と答えよ。

問3　豆電球C，D，Eのみを光らせたいとき，どのスイッチを閉じればよいか。スイッチa～fの中からすべて選び，記号で答えよ。

問4　スイッチa以外のスイッチをすべて閉じたとき，光らない豆電球はどれか。A～Eの中からすべて選び，記号で答えよ。ただし，すべての豆電球が光る場合は「なし」と答えよ。

問5　次のア～カの場合のうち，豆電球の光る時間がもっとも長いものをすべて選び，記号で答えよ。また，豆電球の光る時間がもっとも短いものをすべて選び，記号で答えよ。ただし，豆電球は消えるまで，それぞれの一定の明るさで光っていたものとし，スイッチを閉じてからすべての豆電球が消えるまでの時間を豆電球の光る時間とする。

ア　スイッチfのみが閉じている場合。
イ　スイッチeのみが閉じている場合。
ウ　スイッチc，fを閉じてスイッチa，b，d，eは開いている場合。
エ　スイッチd，fを閉じてスイッチa，b，c，eは開いている場合。
オ　スイッチc，d，eを閉じてスイッチa，b，fは開いている場合。
カ　スイッチa，b，c，eを閉じてスイッチd，fは開いている場合。

2019(H31) 早稲田佐賀中

教英出版

平成31年度（2019年度）

中学校入学試験問題

【1月Ａ日程】

社 会

（40分）

注 意

「始め」の合図があるまでは問題を開いてはいけません。

1　「始め」という合図で始め、「やめ」という合図ですぐにやめなさい。

2　問題は1ページから13ページまでです。

3　解答を始める前に、まず、解答用紙に受験番号と氏名を記入しなさい。
　　受験番号は5桁です。算用数字で横書きにしなさい。

4　答えは、すべて解答用紙に記入しなさい。

5　文章で答える問題は、句読点も1字とする。

6　質問や用があるときは、声を出さずに静かに手をあげなさい。
　　問題の内容についての質問は受け付けません。

| 1 | | Aさんは夏休みの自由研究として、あるきまりによって選んだ県とその県の情報について調べた。表1を見て、あとの各問に答えよ。 |

表1

県　名	8地方区分	県　に　関　係　す　る　情　報
①岐阜県	中部	海に面していない県の中で2番目に面積が大きい
福岡県	②九州	③人口が九州地方で最も多い
石川県	中部	④雷の発生する日数が日本で最も多い
和歌山県	（　⑤　）	⑥かき・うめ・みかんの生産量が日本で最も多い
群馬県	関東	日本最大の山岳湿原である尾瀬は（　⑦　）条約に登録されている
⑧静岡県	中部	2017年の水揚げ高が日本で最も多い（　⑨　）港がある
鹿児島県	九州	日本で2番目に島が多く、県南には⑩種子島や屋久島がある
⑪愛媛県	⑫四国	工業生産額が四国地方で最も高い
⑬島根県	中国	2017年の人口が日本で（　⑭　）番目に少ない

問1　下線部①について、岐阜県を流れる木曽川・長良川・揖斐川の下流域には堤防で囲まれた土地が見られる。この土地を何と言うか、答えよ。

問2　下線部②について、次の資料1は、九州地方の人口動向に関する新聞記事である。資料1の読み取りとして正しいものを、次のア～オの中からすべて選び、記号で答えよ。

資料1

　　国立社会保障・人口問題研究所は30日、2045年までの地域別の人口を推計した「日本の地域別将来推計人口」をまとめた。九州と沖縄で人口が減少する市町村は約9割に上り、増加するのは福岡市など26自治体にとどまる。（中略）九州・沖縄の15年の総人口は約計1445万人。自然減や転出などによって、45年※1には17%減の約1200万人まで落ち込むとした。

　　九州・沖縄の各県で最も減少率が大きかったのは、長崎県の28.7%減で、鹿児島県の26.9%減、宮崎県の25.3%減と続いた。最も減少率が少なかったのは沖縄県（0.4%減）で、次が福岡県（10.7%減）だった。市町村別では274自治体のうち約9割で人口が減る。半分以上減るのは鹿児島県南大隅町や熊本県五木村など37自治体に上る。増えるのは沖縄県中城村や福岡県粕屋町などの26自治体にとどまる。福岡市も7.5%増の約165万人に上り、今後も生活環境のよさなどから人口が増えるとみられる。（中略）

　　高齢者の割合も増えそうだ。九州・沖縄では15年※2の65歳以上人口は約392万人だが、45年には約440万人に増加。人口に占める割合も全国が36.8%に対し、鹿児島県は40.8%、長崎県は40.6%、宮崎県は40%などと福岡、沖縄県を除く6県で上回った。

（日本経済新聞　2018年3月31日）

※1：2045年　　※2：2015年

ア　九州・沖縄の2045年の総人口は、2015年よりも17％減り、約1445万人になると推計されている。

イ　九州・沖縄のうち、沖縄県と福岡県だけは、2045年までに人口が増加すると推計されている。

ウ　市町村別では、九州・沖縄内の約9割の自治体では、2045年までに人口が減ると推計されている。

エ　沖縄県中城村では、2045年までは、人口が増加すると推計されている。

オ　2045年の各県の人口に占める高齢者の割合は、九州・沖縄全県で、全国平均を上回ると推計されている。

問3　下線部③について、人口の多い上位3都府県の組み合わせとして正しいものを、次のア～カの中から一つ選び、記号で答えよ。

	ア	イ	ウ	エ	オ	カ
第1位	東　京	東　京	東　京	東　京	東　京	東　京
第2位	大　阪	大　阪	埼　玉	埼　玉	神奈川	神奈川
第3位	埼　玉	神奈川	大　阪	神奈川	大　阪	埼　玉

(人口推計2017年)

問4　下線部④について、石川県において雷の発生する日数が多い理由についてAさんは、次の通りに考えた。次の文章中の（　あ　）・（　い　）に入る適語の組み合わせとして正しいものを、次のア～エの中から一つ選び、記号で答えよ。

> 気象庁のホームページで石川県の雷の発生状況を調べたところ、冬に雷の発生する日数が多いことが分かった。これは、冬になると大陸から吹いてくる（　あ　）の季節風と日本海沿岸を流れる（　い　）海流との温度差による激しい上昇気流により、石川県付近に豊富な水蒸気を含む雷雲が発生するからである。

	ア	イ	ウ	エ
（　あ　）	北　西	北　西	南　東	南　東
（　い　）	対　馬	リマン	対　馬	リマン

問5　（　⑤　）に入る適語を答えよ。

― 2 ―

問6　下線部⑥について、次の表2は、和歌山県で生産がさかんな農産物の出荷量上位3県についてまとめたものである。A～Cの組み合わせとして正しいものを、次のア～カの中から一つ選び、記号で答えよ。

表2

	A	B	C
第1位	和歌山県	和歌山県	和歌山県
第2位	愛媛県	奈良県	群馬県
第3位	静岡県	福岡県	奈良県

（果樹生産出荷統計2016年）

	ア	イ	ウ	エ	オ	カ
A	かき	かき	うめ	うめ	みかん	みかん
B	うめ	みかん	かき	みかん	かき	うめ
C	みかん	うめ	みかん	かき	うめ	かき

問7　（　⑦　）には、水鳥の生息地である湿地を守るための条約が締結された地名が入る。（　⑦　）に入る適語を答えよ。

問8　下線部⑧について、次の図1は静岡県の地形について示したものである。図中で示されている山脈と河川の名称を答えよ。

図1

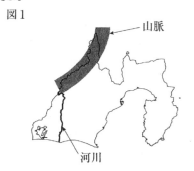

問9　（　⑨　）に入る適語を答えよ。

問10　下線部⑩について、種子島と屋久島の位置を正しく示したものを、次のア～エの中から一つ選び、記号で答えよ。

ア　　　　　イ　　　　　ウ　　　　　エ

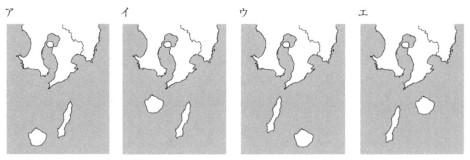

問11　下線部⑪について、図2は緯度と経度を示した図である。愛媛県の位置として最も適当なものを、次のア〜カの中から一つ選び、記号で答えよ。

図2

	東経125°	東経130°	東経135°	東経140°
北緯40°				
北緯35°		ア	イ	ウ
北緯30°		エ	オ	カ

問12　下線部⑫について、四国地方北部や中国地方南部に広がる工業地域を何というか、答えよ。

問13　下線部⑬について、島根県の形として正しいものを、次のア〜エの中から一つ選び、記号で答えよ。なお、県境と海岸線は同じ線で示しており、ア〜エの縮尺は異なっている。便宜上、一部の離島は省いて表示している。

ア　　　　　　　イ　　　　　　　ウ　　　　　　　エ

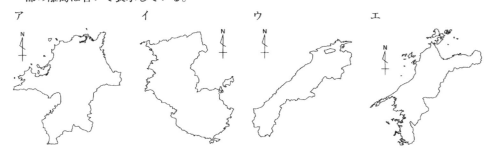

問14　（　⑭　）に入る数字を答えよ。

問15　次の表3は、表1中にある県（静岡県・鹿児島県・群馬県）の農業産出額構成比についてまとめたものである。A〜Cの組み合わせとして正しいものを、次のア〜カの中から一つ選び、記号で答えよ。

表3　　　　　　　　　　　　　　　　　　　　　　　　　　　　　　　　　　（%）

	米	野菜	果実	花き	工芸農作物	畜産
A	8.6	30.9	14.6	7.8	8.9	21.6
B	5.8	40.7	3.6	2.2	3.5	42.7
C	4.3	13.0	2.0	2.7	7.1	62.5

（生産農業所得統計2016年）

	ア	イ	ウ	エ	オ	カ
A	静岡県	静岡県	鹿児島県	鹿児島県	群馬県	群馬県
B	鹿児島県	群馬県	静岡県	群馬県	静岡県	鹿児島県
C	群馬県	鹿児島県	群馬県	静岡県	鹿児島県	静岡県

問16　Aさんは表1を作成するにあたり、あるきまりに従って作成した。表1にみられるきまりとして最も適当なものを、次のア～エの中から一つ選び、記号で答えよ。

　ア　表の上から下に行くに従い、面積が小さくなっている。

　イ　表の上から下に行くに従い、緯度が低くなっている。

　ウ　表の上から下に行くに従い、県庁所在地名がしりとりでつながっている。

　エ　表の上から下に行くに従い、漢字で書いた県名の総画数が多くなっている。

2 　Bさんは、「男女共同参画社会—男性も女性も意欲に応じてあらゆる分野で活躍できる社会—をつくるには」というテーマで授業の自由研究に取り組んでいる。下の資料は、調べた内容の一部である。これらをみて、あとの各問に答えよ。

資料1　男女共同参画社会に関する法律や制度

年	で　　き　　ご　　と
1945年	衆議院議員選挙法が改正され、女性にも①参政権が認められた
1947年	②民法が改正され、男女同権が進む
1979年	③国際連合にて女子差別撤廃条約が採択される
1985年	職場における男女の不平等をなくすため（　④　）法が成立する
1995年	育児休業法が、育児・⑤介護休業法に改正される
1999年	男女共同参画社会基本法が成立する
2015年	⑥女性の職場での活躍を推進するため女性活躍推進法が成立する
2018年	女性議員を増やすことをめざす候補者男女均等法が成立する

資料2　男女共同参画社会のイメージ図

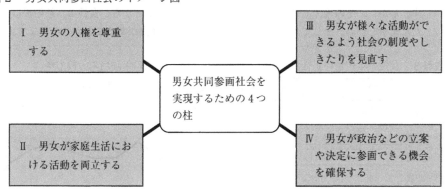

問1　資料1の下線部①について、参政権のうち、国の代表を選ぶ選挙に立候補できる権利を何というか、答えよ。

問2　資料1の下線部②について、Bさんは、2018年6月に民法が改正された際の新聞記事をインターネットで集めた。次の文は、その集めた新聞記事の見出しである。見出しの（　　　）に共通してあてはまる言葉を漢字2字で答えよ。

18歳（　　　）、22年4月から　改正民法が成立	（日本経済新聞　2018年6月13日）
18歳（　　　）、改正民法成立　結婚・契約に保護者同意不要	（朝日新聞　2018年6月13日）

問3　資料1の下線部③について、国際連合の本部がある都市を、次のア～エの中から一つ選び、記号で答えよ。
　　ア　ジュネーブ　　イ　ブリュッセル　　ウ　ワシントン　　エ　ニューヨーク

問4　資料1の（　④　）に入る適語を答えよ。

問5　資料1の下線部⑤について、介護保険は社会保障制度の1つである。社会保障制度について述べた文として誤っているものを、次のア～エの中から一つ選び、記号で答えよ。
　　ア　社会保障制度は厚生労働省が中心となって運営している。
　　イ　社会保障制度は公的扶助、社会保険、社会福祉、公衆衛生の4つに分けられる。
　　ウ　2017年度の国の歳出では社会保障関係費が一番多くなっている。
　　エ　2017年度の社会保障関係費の中では社会福祉費が一番多くなっている。

問6　資料1の下線部⑥について、Bさんは職業に従事する女性の状況を次の資料3・4を使って説明したいと考えている。次の文は、その説明原稿の一部である。文中の（　　　）にあてはまる文を簡潔に書きなさい。

> 　　資料3から日本では30歳以上の女性から非正社員の割合が増加していることがわかります。また、資料4をみると25～29歳から30～34歳の間で労働力率はいったん下がります。しかし、その後、上昇傾向となっています。このことから、女性は、結婚後はいったん仕事を辞め、そして、（　　　　　　　　　　　）傾向があることがわかります。

資料3　女性の年代別の正社員の割合

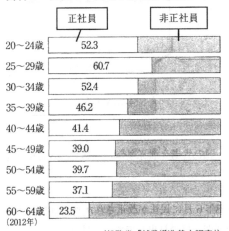

（総務省「就業構造基本調査」）

※非正社員：アルバイトやパートタイムなどで働く人たち
　　　　　　正社員との間に待遇の格差がある

資料4　女性の年齢別の労働力率
（労働力率：働いている人の割合）

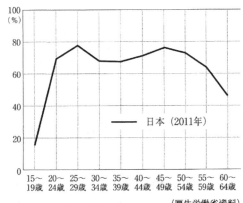

（厚生労働省資料）

中学校　国語　Ａ　（六十分）

一

問6		問5		問4	問3		問1
	問7		鏡で見る顔は、		(2)	(1)	A
							B
					～		問2
					から。	こと。	

2

(1)	①		②		(2)		オ

(3)	

(答) ＿＿＿＿＿＿ オ

3

(1)		理由	

(2)		(3)	

4

(1)	m²	(2)	m²	(3)	m²

5

(1)	cm³	(2)	cm	(3)	

問2 (1) | (2) |

問3 (1) | (2) | mL

3 問1 | 大地が隆起した場合 | 大地が沈降した場合 | 問2 (1) | (2) |

問3 (1) | → → → → → → → |

(2) | (3) |

4 問1 (1) | (2) | (3) |

問2 | 問3 | 問4 |

問5 | 時間がもっとも長いもの | 時間がもっとも短いもの |

	山脈			問8	
問8					
	川	問7	(1)	問9	
問9	港		(2)	問10	
問10		問8		問11	
問11				問12	百姓
問12	工業地域			問13	
問13				問14	
問14	番目			問15	・
問15				問16	満　　　　歳以上
問16				問17	
				問18	
				問19	調査団

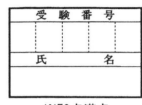
中学校　　社会（Ａ日程）　　（40分）

| | 1 | | 2 | | 3 |

問1		問1		問1	
問2		問2		問2	
問3		問3		問3	
問4		問4	法	問4	
問5		問5		問5	
問6				問6	
問7	条約	問6		問7	

中学校　　理科（A日程）　　（40分）

1　問1　① | ② | ③ | ④ 　　問2

問3　　　　　　　　　　問4

問5　　　　　　　　　　問6

2　問1　(1)　　　　(2) A　　　　B

(3)

中学校　　算数（Ａ日程）　　（60分）

1

(1)		(2)		(3)	
(4)		(5)		(6)	
(7)		(8)		(9)	
(10)		(11)		(12)	
(13)					

【解答用

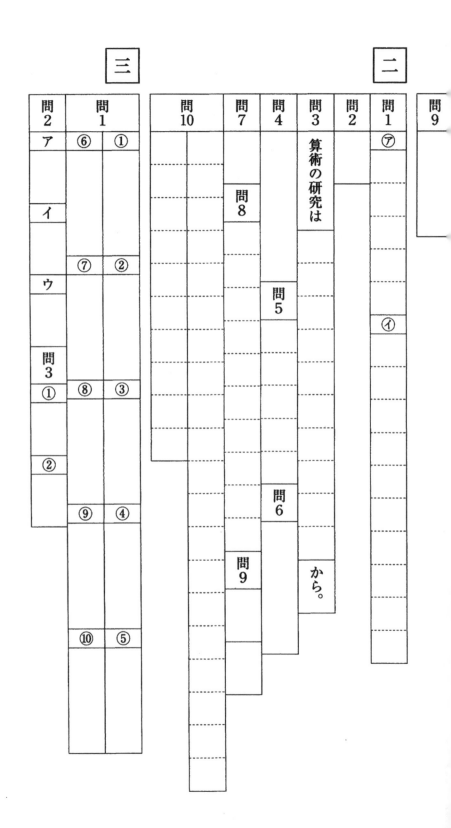

問7　Bさんは資料2の男女共同参画社会のイメージを、内閣府が作成した図を参考に作成した。日本の行政機関は、1府12省庁に分かれており、内閣府もその一つである。日本の行政機関について、次の(1)・(2)の問に答えよ。

(1)　省庁のなかで、教育・文化・スポーツ・科学技術をさかんにすることを目的とするのは何省か。正しいものを、次のア〜エの中から一つ選び、記号で答えよ。

　　　ア　文部科学省　　イ　国土交通省　　ウ　経済産業省　　エ　総務省

(2)　行政を担当する内閣を構成する政党を与党というのに対し、内閣の方針を批判する立場にある政党を何というか、答えよ。

問8　Bさんは、男女共同参画社会を実現するため、資料2のⅠ〜Ⅳの4つの柱に従い、次のような提案を考えた。この中で男女共同参画社会をめざす考えとして適さないものを、次のア〜エの中から一つ選び、記号で答えよ。

　　　ア　女性であれ男性であれ、人はだれでも等しく個人の人権が尊重されるべきだ。

　　　イ　家族みんなで、家事を分担するようにすべきだ。

　　　ウ　女性は女性らしい、男性は男性らしい仕事につくようにすべきだ。

　　　エ　国会や地方の議会でもっと女性の議員が増え、女性の意見が政策に反映されるべきだ。

3 　各時代の人々の暮らしや社会の様子に関する文章を読み、あとの各問に答えよ。

1 　旧石器時代の日本列島はアジア大陸と陸続きになっていた時期があり、①ナウマンゾウなどが
やって来たと考えられている。縄文時代になると地球は温暖化し、日本列島が形成された。大型
動物は絶滅し、動きの速い中小動物が増え、それらを射とめる②弓矢が出現した。この時代の終
わり頃、九州北部に米づくりが伝わり、人々の暮らしはそれまでの狩りや採集の生活から大きく
変化し、③3世紀頃まで続く弥生文化が成立した。

問1 　下線部①について、ナウマンゾウの化石などが発見された野尻湖の場所を、次の地図中の
　　　ア～エの中から一つ選び、記号で答えよ。

問2 　下線部②について、写真は矢の先端のやじりに用いられた石である。この石は十勝岳や和
　　　田峠など特定の場所から産出されたものである。この石を何というか、答えよ。

問3　下線部③について、次の史料は中国の歴史書の一部である。そこには3世紀頃の邪馬台国など当時の日本について記されている。史料の内容として正しいものを、次のア～オの中からすべて選び、記号で答えよ。なお、史料はわかりやすく書き改めている。

> 　倭人は帯方郡の東南の大海の中にある山がちな島に村や国をつくっている。以前は100余国に分かれ、漢の時代に貢物を持って皇帝に会いに行く者もあった。現在、使いを遣わしてくるものは30国である。この国の男子は、成年・年少に関わらず、顔やからだにいれずみをしている。（中略）租税を納める宮殿と倉庫がある。国々には市場があり、物々交換が行われ、大倭という役人にそれを監督させている。女王国の北には、一大率という役人を置いて諸国の様子を監視させている。諸国はそれをおそれている。伊都国に常駐している。（中略）下戸が大人と道路で会えば、下戸はおそるおそる草むらに入ってしまう。下戸が大人に何か申し上げる時にはうずくまったり、ひざまずいたりしながら、うやうやしく両手を地面につける。

ア　倭から中国に使節を送っている国は、以前は30国であったが、現在は100余国である。
イ　男性も女性も年齢にかかわらず、いれずみをしている。
ウ　税を納める制度があった。
エ　大倭という役人が諸国を監視している。
オ　大人は下戸よりも身分的には上位である。

2　奈良時代には律令制度に基づく民衆支配が行われた。6年ごとに作成される（　④　）に基づいて6歳以上の男女には口分田が与えられた。民衆には口分田の収穫から3％程度の稲を納めさせる租という負担が課せられたが、⑤成人男性には調・庸や雑徭という労役の他、兵役などの重い負担が課せられた。

問4　（　④　）に入る適語を答えよ。

問5　下線部⑤について、農民の負担に関して述べた次のA・Bの文の組み合わせとして正しいものを、次のア～エの中から一つ選び、記号で答えよ。
　　　A　成人男性には調・庸を都まで運ぶ負担があった。
　　　B　成人男性には九州の守りにつく衛士という負担があった。
　　ア　A－正　B－正　　　　イ　A－正　B－誤
　　ウ　A－誤　B－正　　　　エ　A－誤　B－誤

3　平家滅亡後、源頼朝は守護・⑥地頭を置くことを朝廷に認めさせた。その後、承久の乱を経て、鎌倉幕府の力は西国にも広くおよぶようになり、朝廷に対する幕府の優位が明らかになった。このような状況の下、地頭の中には農民からきびしく税を取り立てる者もいた。これに対し、⑦紀伊国阿氐河荘の農民たちのように地頭を訴えることがあった。

問6　下線部⑥について、地頭に関して述べた文として正しい組み合わせを、次のア～エの中から一つ選び、記号で答えよ。
　　　Ⅰ　国ごとに置かれ、軍事や警察を担当した。
　　　Ⅱ　公領や荘園に置かれ、土地の管理などを行った。
　　　Ⅲ　源頼朝の家来である旗本が地頭に任命された。
　　　Ⅳ　女性で地頭になる者もいた。
　　ア　Ⅰ・Ⅲ　　　イ　Ⅰ・Ⅳ　　　ウ　Ⅱ・Ⅲ　　　エ　Ⅱ・Ⅳ

問7　下線部⑦について、紀伊国の現在の県名として正しいものを、次のア～エの中から一つ選び、記号で答えよ。
　　ア　愛知　　イ　高知　　ウ　広島　　エ　和歌山

4　鎌倉時代後期、農民たちによって自治的な村が生まれた。村の農民たちは神社で寄合を開いて話し合い、かんがい用水の管理や村の掟、⑧一揆などについて取り決めた。室町時代後期には領国経済の発展をめざす戦国大名の政策もあって、城下町をはじめ、港町、宿場町、⑨門前町などが形成されていった。

問8　下線部⑧について、一揆の際には、馬を使って物資を運ぶ運送業者が大きな役割を果たすこともあった。この運送業者を何というか、答えよ。

問9　下線部⑨について、善光寺の門前町を次のア～エの中から一つ選び、記号で答えよ。
　　ア　平泉　　イ　長野　　ウ　宇治・山田　　エ　石山

5　江戸時代、農業生産の上に成り立つ⑩幕藩体制にとって、村と百姓はもっとも重要な基盤であった。したがって、百姓に対する幕府や藩の統制はきびしく、百姓は重い（　⑪　）などの負担に苦しむことになった。幕府や藩は（　⑪　）の収入を増やすため、新田開発を進めた結果、耕地面積は増えた。⑫土地を持つ百姓と、土地を借りて農業を行う百姓の区別があった。

問10　下線部⑩について、幕藩体制に関して述べた次の文として誤っているものを、次のア～エの中から一つ選び、記号で答えよ。
　　ア　大老は臨時の最高職であった。
　　イ　六波羅探題は天皇や公家の行動を監視した。
　　ウ　将軍から1万石以上の領地を与えられた武士を大名といった。
　　エ　将軍家の一族のうち尾張・紀伊・水戸を御三家といった。

問11　（　⑪　）に入る適語を漢字2字で答えよ。

問12　下線部⑫について、このような百姓を何というか、答えよ。

6　江戸時代後期の⑬18世紀後半になると、農村では一部の有力な百姓が地主に成長し、田畑を小作人に貸して小作料を取り立てるようになった。一方、田畑を失った百姓の中には江戸などの都市に流入する者もいた。このような都市の貧民は、⑭ききんの時などに米屋や有力商人を襲撃する打ちこわしを起こすことがあった。

問13　下線部⑬について、18世紀後半より約30年かけて『古事記伝』を著した人物の姓名を答えよ。

問14　下線部⑭について、江戸幕府の行ったききん対策に関して述べた次のX～Zを古い順に並べかえたものとして正しいものを、次のア～カの中から一つ選び、記号で答えよ。
　　X　ききんに備えて大名に米穀を蓄えさせる囲米を行わせた。
　　Y　ききんに備えて青木昆陽の研究を採用し、さつまいもの栽培を勧めた。
　　Z　ききんで荒廃した農村を再建するため、江戸に流入した百姓を強制的に村にもどした。
　　ア　X－Y－Z　　　　イ　X－Z－Y　　　　ウ　Y－X－Z
　　エ　Y－Z－X　　　　オ　Z－X－Y　　　　カ　Z－Y－X

7　明治時代初期、富国強兵をめざす政府は、西洋の産業技術や社会制度から学問・思想や生活様式にいたるまで積極的に取り入れようとした。これにともない国民生活において、⑮文明開化と呼ばれる新しい風潮が大都市を中心に広まった。一方、政府は廃藩置県や四民平等、⑯徴兵制の実施や⑰地租改正などの近代国家をめざす諸政策を次々と実施していった。

問15　下線部⑮について、文明開化に関して述べた文として正しいものを、次のア～オの中から二つ選び、記号で答えよ。
　　ア　前島密によって新橋と横浜の間に鉄道が開通した。
　　イ　学制が定められ、9年間の義務教育制度が開始された。
　　ウ　銀座には煉瓦造（れんがづくり）建物がつくられ、歩道脇にはガス灯が立てられた。
　　エ　東京専門学校で指導したクラークなどお雇い外国人が招かれた。
　　オ　太陽暦を採用し、1日を24時間とした。

問16　下線部⑯について、満何歳以上が徴兵されることになったか、答えよ。

問17　下線部⑰について、次の写真は地租改正に先立って、政府が土地の所有者に公布した土地所有権の確認証である。これを何というか、答えよ。（写真は一部修正している。）

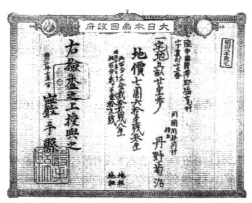

8　世界恐慌の影響を受け、日本が深刻な不景気に見舞われると、軍部を中心に大陸侵略の考えが広がっていった。1931年9月、関東軍は満州で軍事行動を起こし、⑱満州事変が始まった。翌年には満州の主要地域を占領し、満州国の建国を宣言させた。これに対し、国際連盟は⑲調査団を派遣し、その報告に基づき、満州国を承認しないという決議をしたため、日本は国際連盟からの脱退を通告した。

問18　下線部⑱について、満州事変のきっかけとなった事件を何というか、答えよ。

問19　下線部⑲について、この調査団を何というか、答えよ。

K 教英出版